暨南史学丛书

暨南大学高水平建设经费资助丛书

谢肃——著

The Research on the Archaeological
Remains Left by the Sacrificial Offerring Activities
in the Shang Dynasty

商代祭祀遗存研究

社会科学文献出版社
SOCIAL SCIENCES ACADEMIC PRESS (CHINA)

序

　　谢肃现在执教于暨南大学。2003～2006年，他与严志斌、胡进驻在中国社会科学院研究生院攻读博士学位，我是他们的导师。他的博士学位论文《商代祭祀遗存研究》即将付梓，要我为之作序。在这里写几句话，谈谈我对该书的看法。

　　首先，关于选题。2003年秋天，我与他谈及此事，想着他最好根据自己的想法先提出题目，或者由我帮助选择。但他希望我出题。我便出了"殷墟墓葬研究"与"商代祭祀遗存研究"两个题目。不久，胡进驻先选了前一题，谢肃便选择了后者。我认为他对夏商考古资料很熟悉，古文献基础也较好，这一题目对他是适合的。我之所以出此题，是考虑到自20世纪八九十年代至21世纪初，各地商代祭祀遗存发现的数量较多，但研究得不充分，且学者的研究也只限于某些局部问题，如对殷墟丙组基址、王陵区东区祭祀坑、后冈圆形葬坑性质的论证及对铜山丘湾社祀遗迹的推定等。学术界对商代祭祀遗存尚缺乏全面的、系统的研究，迄今为止尚无一部综合研究的专著。所以，这一选题具有开创性。众所周知，商周时代，"国之大事，在祀与戎"。祭祀是当时国家政治生活的头等大事。因而，研究商代祭祀遗存，对于研究商代的礼制、等级关系、意识形态、社会生活等都有重大意义。

　　其次，此书不但较好地总结了前人的研究成果，还有不少独到的看法或创新之处。

　　其一，研究方法上有创新。过去的学者研究商代祭祀遗存，大多主要分析考古资料，有时也引用少量古文献或甲骨文资料做些探讨。但此书将考古资料与搜集到的大量文献资料及甲骨卜辞相印证，如第三章第一节

"商文化的祭品制度"，引用了甲骨卜辞135条和《礼记》《周礼》《仪礼》《左传》《国语》《诗经》等11种文献资料。此书将这几类资料进行综合分析，这样得出的结论有坚实的基础，科学性强。

其二，对商代祭祀遗存进行分类。前人对商代祭祀遗存进行研究时，没有从整体上对它进行分类。此书从宏观上首次将商代祭祀遗存分为宫室类建筑区域的祭祀遗存、社祀遗存、手工业作坊内祭祀或巫术遗存、建筑营造过程中的祭祀或巫术遗存、居址内的其他祭祀遗存、丧葬过程中的祭祀遗存六类，并探讨了各类祭祀遗存之特点，这将为学者对这一课题做进一步研究打下良好的基础。

其三，对商文化落葬过程中的祭祀遗存有独到的看法。商文化晚期大、中型墓的填土中往往发现有人或动物的骨架，过去有不少学者认为这些是在落葬过程中因祭祀而被杀戮的人牲或兽牲，祭祀对象为墓主。此书据文献资料及清代以前的民间习俗，认为这类在墓葬填土中或墓葬附近于落葬过程中形成的祭祀遗存，"可能是祭祀地祇（后土）的遗存，其目的是祈求土地神保护墓主"。

其四，对祭祀坑内青铜器的性质有新的看法。此前，学者将甲骨祭祀卜辞中的爵、斝、觚等器及祭祀坑中出土的青铜礼器称为"祭品"，认为是祭祀时奉献给祖先、神灵之器物。此书据伴出青铜礼器的祭祀坑在整个祭祀坑中所占的比例很少，而且大多无固定的组合；又据文献记载，古人祭祀完毕，祭器不随祭品被处理掉，而是被收藏起来，以备再使用。得出新的认识，认为祭祀坑中出土的青铜礼器属于祭祀时盛祭品的器具。"商文化总体上没有把青铜容器之属用作祭品的习俗；祭祀完毕也没有瘗埋青铜容器之习俗。而有的祭祀坑内与牺牲等伴出的器物，当是偶然的遗留。"

其五，研究祭祀遗存的等级差别。此前，学者在研究商代社会的等级差别时，大多注意分析不同类型的墓葬在形制、面积、随葬品等方面反映的等级差别，但对祭祀遗存所反映的等级差别重视不够。此书较好地探讨了不同祭祀遗存在遗迹的规模、祭品的类别和数量等方面所存在的等级差别，并指出差别的原因是主祭者身份不同。如西北冈王陵区祭祀场、后冈圆形祭祀坑、大司空村祭祀坑存在的等级差别是因为主祭者分别属王（或王室）、高级贵族、一般贵族。"这说明商文化的祭祀已经纳入了礼制的轨道。"

总之，《商代祭祀遗存研究》一书，资料丰富翔实、论述有据、写作规范、文字流畅，是一部水平较高的学术专著。我相信考古工作者、先秦史学者以及历史文物爱好者，会从书中受到裨益。

在《商代祭祀遗存研究》中，谢肃对西周、东周的祭祀遗存已有简略的叙述，希望谢肃今后能在对商代祭祀遗存研究的基础上继续拓展，能完成对两周或整个先秦时期祭祀遗存的研究。那将不仅对古代祭祀遗存，更会对先秦考古及先秦史的研究做出更大的贡献。

刘一曼

2019 年 3 月

目　录

插图目录

| 第一章 |
导　论

祭祀是人们"把人与人之间的求索酬报关系，推广到人与神之间而产生的活动"。其"具体表现就是用礼物向神灵祈祷（求福曰祈，除灾曰祷）或致敬。祈祷是目的，献礼是代价，致敬是手段"。[①]

祭祀在上古社会生活中占有重要地位。《左传》成公十三年有"国之大事，在祀与戎"[②] 的说法。孔子在比较三代治国得失时说："夏道尊命，事鬼敬神而远之，近人而忠焉。先禄而后威，先赏而后罚，亲而不尊。其民之敝，蠢而愚，乔而野，朴而不文。殷人尊神，率民以事神，先鬼而后礼，先罚而后赏，尊而不亲。其民之敝，荡而不静，胜而无耻。周人尊礼尚施，事鬼敬神而远之，近人而忠焉。其赏罚用爵列，亲而不尊。其民之敝，利而巧，文而不惭，贼而蔽。"[③] 可见，三代中商代尤为重祀。

商代频繁的祭祀活动遗留下大量的祭祀遗存，这些遗存为我们研究商代祭祀提供了宝贵资料。而商代上承夏代，下启周代，在中华文明的形成和发展过程中扮演着重要角色，所以对考古发现的商代祭祀遗存进行研究，对于把握商文明，甚至中华文明的礼制和特征均具有重要意义。

虽然目前学界对商代祭祀遗存关注度比较高，但投入不够多，研究相对薄弱。本书欲对考古发现的商代祭祀遗存做一初步的整理、研究，希冀此举能引起学界对此问题的重视，进而推动此研究的深入。

---

① 詹鄞鑫：《神灵与祭祀——中国传统宗教综论》，江苏古籍出版社，1992，第172页。
② 杨伯峻：《春秋左传注》，中华书局，1990，第861页。
③ （汉）郑玄注，（唐）孔颖达疏《礼记正义》卷54《表记》，龚抗云整理，北京大学出版社，1999，第1484～1486页。

本书所说的商代对应于考古学上晚于二里头文化四期的商文化二里岗期至殷墟四期。

第一节　商代祭祀遗存的研究历程

回顾商代祭祀遗存的发现和研究历程，大致可以 20 世纪 70 年代末 80 年代初为界，划分为两个阶段。

一　20 世纪 70 年代末 80 年代初以前商代祭祀遗存的发现与研究

20 世纪 20~30 年代在安阳殷墟发掘到大量的祭祀遗存。主要有小屯乙七建筑基址南、被石璋如称作北组、中组墓葬的祭祀坑，小屯丙组基址附近的"墓葬"和有烧燎痕迹的遗迹等，小屯遗址与甲组、乙组建筑基址有关的"基下墓"和"基上墓"，在安阳西北冈王陵区发现的数以千座的"小墓"以及一些大墓中的祭祀遗存，小屯丙组基址北段墓葬附近的祭祀坑。

由于战乱，这些资料没有得到及时整理，只有少数发掘者对这些遗存做过初步探索。如石璋如对小屯乙七建筑基址南的北组、中组墓葬，乙组建筑基址的"基下墓"和"基上墓"等进行了分析，并引用甲骨卜辞和昆明民俗，提出这些"墓葬"可能与埋祭有关，具体的基下墓"当系奠基的仪式"、基址附近的杀头葬与房屋的落成有关。①

进入 50 年代，考古工作全面展开，在郑州商城、殷墟等遗址都有祭祀遗存发现。郑州商城的主要发现有商城东北隅的社祀遗迹、南关外铸铜作坊遗址内与铸铜祭祀有关的"乱葬坑""殉猪坑"等、聚集在二里岗一条时令小河旁台地上的 12 座祭祀坑、郑州商城内城西墙所开探沟 CWT2 内的"殉狗坑"、彭公祠门前高地上的 3 座"殉牛祭祀坑"等。② 殷墟的主要发现是 1950 年和 1959 年在西北冈王陵区发掘的 30 多座祭祀坑、后冈祭祀坑，1959 年在苗圃北地铸铜遗址发掘的 5 座埋有牛或马的祭祀坑等。60 年

---

① 石璋如：《殷墟最近之重要发现附论小屯地层》，《中国考古学报》第 2 册，商务印书馆，1947。

② 这些遗存的资料散见于河南省文物考古研究所编《郑州商城——1953~1985 年考古发掘报告》（文物出版社，2001）一书的相关章节。

代，先后在江苏铜山丘湾遗址发现了夯土居址和社祀遗址。《江苏省出土文物选集》把丘湾居址附近完整的牛、猪骨架和两具残缺的人骨架与郑州二里岗、安阳殷墟的同类遗存做了比较，并提出"疑当时这些牲畜和人都是用来祭天地或作建筑奠基礼之用的"。①

整体而言，这些祭祀遗存的资料当时多未发表，对它们的性质多不清楚。在一些简要的报道中，常常把它们归为墓葬，个别虽意识到与祭祀有关，但除了言明与奠基有关的祭祀坑外，大多没有说明祭祀对象或祭祀类别。现以研究者关注较多的后冈祭祀坑为例介绍一下这种状况。

郭沫若首先对此坑进行了研究，但他认为此坑是个墓葬。圆坑中央侧身屈肢葬的一具骨架可能就是墓主，墓主"或因罪而死，故葬颇简略，然仍有不少殉葬的奴隶（24 人）和殉葬品"。② 赵佩馨则认为此坑并非独立的墓葬，而是附属于大墓或建筑物的殉葬坑，埋在坑中的是一队戍卒和率领他们的首领——戍嗣子。③《1958—1959 年殷墟发掘简报》认为此坑是杀殉坑。④ 刘克甫认为此坑的年代当属周代。⑤

从 50 年代起，学者在整理 20～30 年代安阳殷墟发掘资料的过程中，对殷墟的祭祀遗存有了进一步的研究。石璋如在《殷墟建筑遗存》中说："这三组墓葬（按：指小屯乙七基址南的北组、中组和南组墓葬）也可以说是一个较大的结构，很可能代表着军事的组织。""如果是在（建筑）落成之后埋入的……也可以说为'落成牲'。这个用意固然在庆祝房屋的落成，同时也希望这些武装的灵魂保护着住在宗庙内的祖宗的灵魂的安全。"⑥ 石璋如在整理小屯丙组基址发掘资料过程中，提出丙组基址中的"丙一、丙二、丙三、丙四、丙七、丙八、丙十一等基址的一带，为祭祀区"。⑦

① 南京博物院、南京市文物保护委员会、江苏省文物管理委员会、江苏省博物馆编《江苏省出土文物选集》，文物出版社，1963，第 27～28 页。
② 郭沫若：《安阳圆坑墓中鼎铭考释》，《考古学报》1960 年第 1 期。
③ 赵佩馨：《安阳后冈圆形葬坑性质的讨论》，《考古》1960 年第 6 期。
④ 中国科学院考古研究所安阳发掘队：《1958—1959 年殷墟发掘简报》，《考古》1961 年第 2 期。
⑤ 刘克甫：《安阳后冈圆形葬坑年代的商讨》，《考古》1961 年第 9 期。
⑥ 石璋如：《小屯第一本·遗址的发现与发掘·乙编·殷墟建筑遗存》，中研院历史语言研究所，1959，第 299～300 页。
⑦ 石璋如：《小屯殷代丙组基址及其有关现象》，《中央研究院历史语言研究所集刊外编第四种·庆祝董作宾先生六十五岁论文集》，中研院历史语言研究所，1961，第 781～802 页。

董作宾在《甲骨学五十年》中提出"黄土基址（按：小屯乙一基址），位居中央，附近又有埋猪的遗迹，似乎是宗庙之一"。[①] 董作宾这种从祭祀遗迹推测建筑性质的研究方法为以后邹衡论证二里头遗址一号宫殿基址是宗庙时所继承和发展。

总之，在 20 世纪 70 年代之前，对商代祭祀遗存的研究尚处于资料积累的阶段，对祭祀遗存性质的认识还很模糊。

进入 20 世纪 70 年代，一些重要的发现和一些发掘报告或简报的发表推动了商代祭祀遗存研究的深入。而这些研究主要体现在祖先祭祀和社祭祀的研究上。

祖先祭祀遗存的发现，首推殷墟西北冈王陵区祭祀坑的发掘。1976 年在这里发掘 191 座；1977 年又发现 120 座，1978 年发掘了其中的 40 座。

1976 年的发掘简报将这次发掘的祭祀坑分为 22 组，认为同一组是同一次祭祀的遗迹。[②] 发掘者杨锡璋、杨宝成结合甲骨卜辞的研究，推定这两次发掘的祭祀坑和 1934～1935 年发掘的 1000 多个"小墓"中的"相当一部分"都属于商王室一个祭祀祖先的公共祭祀场；并推测东西向坑的时代为殷墟二期，南北向坑为殷墟一期。文章还对人殉和人祭进行了区分，提出殉葬主要是同穴，异穴者与它所殉的大墓距离较近；人祭主要是异穴，同穴者少，人祭可以与墓葬同时，也可以是追祭。他们强调用于祭祀的人牲的身份是奴隶。还认为甲骨卜辞和考古发现所反映的殷代用人祭祀日渐减少的现象，是奴隶社会生产和社会发展的结果。[③]

1976 年殷墟王陵区祭祀坑的发掘成果是研究先秦祖先祭祀和墓祭制度的宝贵资料，推动了商代乃至先秦时期墓祭制度的研究。发掘者的研究成果也为以后此类研究所广泛征引。

1971 年在殷墟大司空村附近发掘了一座殷代祭祀坑 71M14，[④] 丰富了与墓地有关的祖先祭祀的资料。但简报仍然把它定性为"杀殉坑"。

1973 年，江苏铜山丘湾遗址的祭祀遗存资料发表，但发掘简报只是笼

① 董作宾：《甲骨学五十年》，台北，艺文印书馆，1955，第 40 页。
② 安阳亦工亦农文物考古短训班、中国科学院考古研究所安阳发掘队：《安阳殷墟奴隶祭祀坑的发掘》，《考古》1977 年第 1 期。
③ 杨锡璋、杨宝成：《从商代祭祀坑看商代奴隶社会的人牲》，《考古》1977 年第 1 期。
④ 安阳市博物馆：《安阳大司空村殷代杀殉坑》，《考古》1978 年第 1 期。

统地认为这是一处可能先后举行过两次祭祀的祭祀遗址。① 俞伟超从文献中社有石主、商代和东夷旧地习惯杀人祭社等记载推定，丘湾商代祭祀遗址为社祀遗址。并认为其时代相当于大司空四期，在武乙之后；该遗址可能与淮夷有密切关系；丘湾的人祭，"最可能就是商代的'血祭'"。② 王宇信和陈绍棣更多地从甲骨卜辞出发，论定丘湾祭祀遗址是"大彭奴隶主阶级的一个祭社遗址"，并认为"为了御除睢水的妖神之害，曾在此举行过御祭"。③

社祀在三代，乃至秦汉以降是社会生活中的重要现象，其所祀之神灵至迟在周代就和宗庙所祀之祖先神成为国家的保护神和象征。关于它的记载屡见于古代文献，甲骨卜辞中也保留了一批关于社祀的资料。丘湾社祀遗址的发掘和认定是首次在考古学上确定古代社祀遗迹，极大地推动了古代社祀研究的进程，并为祭祀遗存的研究开拓了思路。

20 世纪 70 年代初，小屯乙七建筑基址南的"墓葬"资料全面发表。报告认为，北组墓葬"可能是一个告庙献车的典礼。这个典礼有牺牲，有祭品，先分批的埋入各色人等，最后才把牺牲、祭品及首要的人物一齐埋入"。死者"可能有'求仁而得仁'的志士，可能也有被强迫的弱者"。④

《丙区墓葬》公布了小屯丙区丙组基址北段墓地附近的祭祀坑和丙组基址附近的祭祀遗迹资料。⑤ 小屯丙区的资料为以后研究商代社和坛的学者广泛征引。

除了以上研究成果，燕耘结合甲骨卜辞、传世文献和考古发现简要论述了商代与铸铜有关的祭祀。⑥

这一时期的另一重要发现是可能存在墓上建筑的妇好墓。妇好墓的发掘引发了 80 年代初关于商代是否有墓上建筑和墓祭的讨论。

总之，《从商代祭祀坑看商代奴隶社会的人牲》《铜山丘湾商代社祀遗

① 南京博物院：《江苏铜山丘湾古遗址的发掘》，《考古》1973 年第 2 期。
② 俞伟超：《铜山丘湾商代社祀遗迹的推定》，《考古》1973 年第 5 期。
③ 王宇信、陈绍棣：《关于江苏铜山丘湾商代祭祀遗址》，《文物》1973 年第 12 期。
④ 石璋如：《小屯第一本·遗址的发现与发掘·丙编·殷墟墓葬之一·北组墓葬》，中研院历史语言研究所，1970，第 414~415 页。
⑤ 石璋如：《小屯第一本·遗址的发现与发掘·丙编·殷墟墓葬之五·丙区墓葬》，中研院历史语言研究所，1980。
⑥ 燕耘：《商代卜辞中的冶铸史料》，《考古》1973 年第 5 期。

迹的推定》《关于江苏铜山丘湾商代祭祀遗址》等文章的发表标志着商代祭祀遗存研究已经作为一个考古学课题被提了出来,这些研究成果成了以后研究商代祭祀的基础。但这些成果也深深地打着时代的烙印,它们用较大篇幅去研究商代人牲和人殉,以此来探讨商代的阶级关系和社会性质。

二 20 世纪 70 年代末 80 年代初以来商代祭祀遗存的发现与研究

20 世纪 70 年代末 80 年代初以来,新发现的商代祭祀遗存数量大增,分布地区也较广泛。

其中新发现的商文化祭祀遗存主要分布在偃师商城、小双桥、洹北商城和小屯等遗址。

1985 ~ 1986 年,在偃师商城五号宫殿基址发现了 10 座狗坑,六号宫殿基址发现 1 座狗坑,① 从而把商代大型建筑基址营造过程中的用牲时间提早到了商代早期。偃师商城最重要的祭祀遗存位于宫城北部,东西绵延200 米,发掘者把它分作 A、B、C 三区,这是首次在早商宫室类建筑区发现集中的祭祀遗存。在 A、B、C 区以外也有祭祀坑和祭祀场。② 发掘者对祭祀用牲遗留骨骼和可能用作祭品的植物遗存等尽可能完全收集、鉴定。这些细微而重要的工作推动了商代祭祀遗存研究的深入,这种发掘方法也为以后此类遗存的发掘所借鉴。近年偃师商城又发掘了祭祀 D 区。

小双桥遗址在历年发掘中不断有重要的祭祀遗存发现,相关遗存陆续见诸报道,③ 并于近年出版了正式报告。④

---

① 中国社会科学院考古研究所河南第二工作队:《河南偃师尸乡沟商城第五号宫殿基址发掘简报》,《考古》1988 年第 2 期。在此简报中,D5 上基址就是五号基址,D5 下基址是六号基址。

② 中国社会科学院考古研究所:《河南偃师商城商代早期王室祭祀遗址》,《考古》2002 年第 7 期。

③ 河南省文物研究所:《郑州小双桥遗址的调查与试掘》,河南省文物研究所编《郑州商城考古新发现与研究 (1985—1992)》,中州古籍出版社,1993,第 242 ~ 271 页;河南省文物考古研究所、郑州大学文博学院考古系、南开大学历史系博物馆学专业:《1995 年郑州小双桥遗址的发掘》,《华夏考古》1996 年第 3 期;宋国定、李素婷:《郑州小双桥遗址又有新发现》,《中国文物报》2000 年 11 月 1 日,第 1 版。

④ 河南省文物考古研究所编著《郑州小双桥:1999 ~ 2000 年考古发掘报告》,科学出版社,2012。

2001～2002 年，在洹北商城 1 号宫殿基址的庭院内外和基址夯土中发现 40 余处祭祀遗存。①

1989 年，在小屯乙组基址东南约 80 米处发掘到一组建筑基址。其中，北排建筑基址 F1 南面垫土下发现 10 座祭祀坑。发掘者认为这些祭祀坑所反映的杀人祭祀，是在立柱或上梁时进行的。祭祀坑里的人牲是用来为祖先守卫门户的。② 该遗址的正式报告已经出版。③

2003 年，在殷墟孝民屯铸铜遗址发现一些马坑和猪坑，它们当与铸铜祭祀有关。④

邢台葛家庄遗址⑤和垣曲商城也曾发掘到一些祭祀遗存。⑥

在商文化周边地区也有一些重要发现被认为与祭祀有关。主要有 1986 年在三星堆遗址发现的 2 个祭祀器物坑，⑦ 1996～1997 年在山东桓台史家发现的岳石文化晚期木构架祭祀器物坑。⑧

20 世纪 70 年代末 80 年代初以来，对商代祭祀遗存的研究也向深度发展。具体表现在以下两个方面。

1. 出现了对某一时段祭祀遗存的综合研究

《论郑州市小双桥商代前期祭祀遗址》⑨ 和 《商代中期祭祀礼仪考》⑩ 试图对小双桥遗址商代中期的祭祀遗存进行总结。虽然两文在解释祭祀遗存性质时对文献的运用有可商榷之处，但它们（尤其是前文）对商代中期

① 中国社会科学院考古研究所安阳工作队：《河南安阳市洹北商城宫殿区 1 号基址发掘简报》，《考古》2003 年第 5 期。
② 中国社会科学院考古研究所安阳工作队：《河南安阳殷墟大型建筑基址的发掘》，《考古》2001 年第 5 期。
③ 中国社会科学院考古研究所编著《安阳殷墟小屯建筑遗存》，文物出版社，2010。
④ 王学荣：《殷墟孝民屯大面积发掘的主要收获》，《中国文物报》2005 年 6 月 15 日，第 1 版。
⑤ 河北省文物研究所、吉林大学边疆考古研究中心、邢台市文物管理处：《河北邢台市葛家庄遗址 1999 年发掘简报》，《考古》2005 年第 2 期。
⑥ 佟伟华：《商代前期垣曲盆地的统治中心——垣曲商城》，《中国历史博物馆馆刊》1998 年第 1 期；董琦：《城门碟人——垣曲商城遗址研究之二》，《文物季刊》1997 年第 1 期。
⑦ 四川省文物考古研究所：《三星堆祭祀坑》，文物出版社，1999。
⑧ 淄博市文化局、淄博市博物馆、桓台县文物管理所：《山东桓台县史家遗址岳石文化木构架祭祀器物坑的发掘》，《考古》1997 年第 11 期。
⑨ 裴明相：《论郑州市小双桥商代前期祭祀遗址》，《中原文物》1996 年第 2 期。
⑩ 宋国定：《商代中期祭祀礼仪考》，王宇信、宋镇豪、孟宪武主编《2004 年安阳殷商文明国际学术研讨会论文集》，社会科学文献出版社，2004，第 416～422 页。

祭祀遗存的研究实有开拓之功。

马季凡结合甲骨卜辞中的祭祀信息，对小双桥遗址祭祀遗存的类别、用牲法等进行了研究。她还把小双桥与小屯的庙祭遗存进行了比较，认为商代盛行的以人牲进行庙祭的制度，可以追溯到仲丁时期。①

《殷墟的发现与研究》在相关章节中综述了殷墟祭祀遗存的发现和研究概况，并对一些祭祀遗迹提出了看法。②《殷墟文化研究》专列"殷墟的祭祀坑"一章对殷墟的祭祀遗存进行概述。③《中国考古学（夏商卷）》也列有"祭祀遗存"一小节，对商代祭祀遗存做出简明扼要的介绍，④ 这也是目前对商代祭祀遗存所做的最全面的总结，尤其是对商代后期的祭祀遗存。

2. 对各类祭祀遗存的研究更加深入

（1）对小屯、洹北商城等遗址宫室类建筑区的祭祀遗存研究更加深入

《商周考古》对小屯乙七基址南边的"北组墓葬"和"中组墓葬"进行了再研究，指出这些祭祀坑的"时代约从武丁以前直到帝乙、帝辛以前，其中武丁以前的墓极少，武丁至祖甲时的墓也不太多，最多的是属于廪辛至文丁时期的葬坑"。还推测这些祭祀坑"是从武丁以来几次大规模的杀人祭祀埋下的；这些被杀害的人们无疑是失去人身自由的战俘或者奴隶。晚商的帝王们屡次在这里杀人祭祀，也说明了乙七、乙八基址不是普通的房址，而应该是用于祭祀的宗庙遗址"。⑤ 杨宝成则尝试对这些祭祀坑进行了分组。⑥

对小屯丙组基址及其附近祭祀遗迹的研究也进一步深入。《殷墟的发现与研究》认为丙三、丙四、丙五、丙六基址可能是祭坛之类的建筑，与乙组基址中的宗庙基址密切相关。分布在丙二基址周围的小葬坑埋葬的可能是祭祀宗庙中先公先王的牺牲。⑦ 宋镇豪认为丙组的"17 座都是

---

① 马季凡：《商代中期的人祭制度研究——以郑州小双桥商代遗址的人祭遗存为例》，《中原文物》2004 年第 3 期。
② 中国社会科学院考古研究所编著《殷墟的发现与研究》，科学出版社，1994。
③ 杨宝成：《殷墟文化研究》，武汉大学出版社，2002。
④ 中国社会科学院考古研究所编著《中国考古学（夏商卷）》，中国社会科学出版社，2003。
⑤ 北京大学历史系考古教研室商周组编著《商周考古》，文物出版社，1979，第 68 页。
⑥ 杨宝成：《殷墟文化研究》，第 108 ~ 112 页。
⑦ 《殷墟的发现与研究》，第 66 页。

坛墠式建筑，其西南又有 10 余座房基，面积都不大，似即高祖远公'右宗'或'西宗'所在"。① 杜金鹏认为丙一、丙二、丙三、丙四基址是社祭建筑群落遗迹。②

《殷墟宫殿区建筑遗存研究》③ 对小屯宫殿区内与宫殿建筑有关的祭祀遗存做了辨析。

还有学者对花园庄东地 M60④、妇好墓⑤的性质进行了研究，提出它们有是祭祀坑的可能。

杜金鹏对洹北商城 1 号宫殿遗址进行了研究。他认为洹北商城 1 号宫殿基址主殿 1、3 号室中央的狗坑"可能就是祭祀'雍示'的遗存"；门塾附近的空坑或与"酒祭""登禾"等祭祀有关；主殿基下和台阶下面的祭祀坑属于"奠基礼"遗存，门塾附近的一些祭祀坑属于"落成礼"遗存；所有这些祭祀坑都不是宫殿使用过程中形成的。他推测洹北商城 1 号宫殿基址建造年代不早于中商二期，绝对年代可能在盘庚之后、武丁之前，其性质当为宗庙。⑥ 杜金鹏关于洹北商城 1 号宫殿遗址所谓"空坑"的论述，使我们有必要重新审视过去发现的此类遗迹。

李立新对洹北商城 1 号宫殿基址的布局和甲骨文中"囗"字的结构进行了分析，提出"囗"就是后世的"庙"字，洹北商城 1 号宫殿基址就是商代的宗庙。他还强调洹北商城 1 号宫殿基址范围内的祭祀坑应是判定 1 号宫殿基址为王室宗庙的"强有力的证据"。⑦

（2）对族墓地附近祭祀坑的研究有了新进展

对族墓地附近祭祀坑的研究集中体现在对 1959 年发现的后冈祭祀坑的研究上。《商周考古》提出后冈 59H1 是人祭坑，而非殉葬坑，⑧ 纠正了以往关于它是墓葬或杀殉坑的认识。《殷墟发掘报告》在报道该祭祀坑的同

---

① 宋镇豪：《中国风俗通史（夏商卷）》，上海文艺出版社，2001，第 671～672 页。
② 杜金鹏：《殷墟宫殿区建筑布局和性质简论》，《中国文物报》2005 年 3 月 4 日，第 7 版。
③ 杜金鹏：《殷墟宫殿区建筑遗存研究》，科学出版社，2010。
④ 唐锦琼：《殷墟花园庄东地 M60 的葬俗及其性质》，《考古》2010 年第 3 期。
⑤ 郜向平：《殷墟小屯 M5 再探讨》，《中国国家博物馆馆刊》2011 年第 12 期。
⑥ 杜金鹏：《洹北商城一号宫殿基址初步研究》，《文物》2004 年第 5 期。
⑦ 李立新：《甲骨文"囗"字考释与洹北商城 1 号宫殿基址性质探讨》，《中国历史文物》2004 年第 1 期。
⑧ 《商周考古》，第 113～114 页。《中国大百科全书·考古卷》（中国大百科全书出版社，1986，第 204 页）"后冈祭祀坑"条，在对该坑做简要介绍后，也推测其与燎祭有关。

时，推测该坑内的火烧遗迹与燎祭有关。① 刘一曼和徐广德认为此祭祀坑上、中层人骨架和下层人骨架分别是两次时间相距不远的祭祀的遗留。他们还尝试将其与甲骨卜辞中的祭祀方法和祭名相对照，指出下层人骨架采用了"宜"和"伐"两种处理人牲的方法，上层和下层骨架采用了薶、燎等多种祭祀方法。他们推测祭祀坑中的人牲大多是本地居民，可能是高级贵族奴隶主的家内奴隶；祭祀对象是以其西北 200 米左右处的几座"大墓墓主为代表的该族的一群祖先"，主祭者是这些"大墓墓主的后代，是该家族（或宗族）的族长或该族的上层显贵，很可能属王室成员"。② 该文把甲骨卜辞中的用牲法、祭祀方法与考古发现相结合，为我们利用甲骨材料研究商代祭祀遗存提供了范例。该文对祭祀对象和主祭者的推测也是对《从商代祭祀坑看商代奴隶社会的人牲》一文关于商代在墓地附近进行祖先祭祀的论述的发展。

20 世纪 80 年代学术界就商代有无墓上建筑和墓祭进行过热烈的讨论。《商周考古》率先提出商代有用于祭祀死者的享堂类墓上建筑。③ 傅熹年和杨鸿勋均同意此观点，并补充说妇好墓上的建筑遗迹就是此类建筑。④ 以后杨鸿勋又重申商代已经有墓上建筑——享堂和墓祭。⑤ 而杨宽则坚持"古不墓祭"，先秦时期的墓上建筑是墓主灵魂的饮食起居之所——"寝"，而不是用于祭祀的享堂。⑥

进入 20 世纪 90 年代，晁福林将甲骨文中的"□"释作"堂"，认为"武乙以前的各种甲骨卜辞中的堂，就是殷王陵区公共祭祀场的名称"，"自康丁时期开始出现的专属于某位先王或其它人物的堂则可以称其为享堂"。他由卜辞推测，文丁、帝乙时期殷王陵区已经建有武丁、祖甲、康

---

① 中国社会科学院考古研究所编著《殷墟发掘报告（1958—1961）》，文物出版社，1987，第 265～279 页。
② 刘一曼、徐广德：《论安阳后冈殷墓》，中国社会科学院考古研究所编《中国商文化国际讨论会论文集》，中国大百科全书出版社，1998，第 182～200 页。
③ 《商周考古》，第 72～73 页。
④ 傅熹年：《战国中山王𡧛墓出土的〈兆域图〉及其陵园规制的研究》，《考古学报》1980年第 1 期；杨鸿勋：《战国中山王陵及兆域图研究》，《考古学报》1980 年第 1 期。
⑤ 杨鸿勋：《关于秦代以前墓上建筑的问题》，《考古》1982 年第 4 期；杨鸿勋：《〈关于秦代以前墓上建筑的问题〉要点的重申——答杨宽先生》，《考古》1983 年第 8 期。
⑥ 杨宽：《先秦墓上建筑和陵寝制度》，《文物》1982 年第 1 期；杨宽：《先秦墓上建筑问题的再探讨》，《考古》1983 年第 7 期。

丁、武乙、文丁等先王和先妣母癸等的专用享堂。①

杨宝成认为商代墓葬墓口上叠压有夯土房基，是偶然的个别现象。卜辞中提到的诸先王、先妣的宗应该在商王室的宗庙区内。② 他还推测商代大墓可能在建成之后在墓口上营筑有诸如防雨水冲蚀的保护性建筑。③

与墓祭密切相关的是墓上封土的问题。梁思永④、高去寻⑤、石璋如⑥等就殷墟西北冈王陵区或小屯丙区丙组基址北段大墓立论，推测商代已经有墓冢。以后胡方平又补充以罗山天湖墓地的发现，认为商代墓葬已经有坟丘。⑦

杨宝成则持相反的观点，认为殷墟西北冈王陵区大墓没有坟堆。⑧ 杨宝成关于商代墓葬没有墓上建筑和坟堆的分析是客观的。

（3）对商代社祀遗存的研究有了新进展

裴明相的《略谈郑州商代祭祀遗迹》⑨ 对郑州商城的祭祀遗存进行了再"发掘"，使商代早期社祀遗址的轮廓清晰起来。郝本性把裴明相的研究又向前推进了一步，他把郑州商城东北隅祭祀遗存和附近出土的东周陶文"亳"相联系，推断此遗址为商代的亳社。⑩

2003 年，李维明对 1953 年二里岗出土的牛肋骨刻辞进行了再研究，⑪由于该刻辞中有"乇社"二字，遂引发学界对商代社祀研究的小高潮。⑫

---

① 晁福林：《试释甲骨文"堂"字并论商代祭祀制度的若干问题》，《北京师范大学学报》（社会科学版）1995 年第 1 期。

② 杨宝成：《殷墓享堂疑析》，《江汉考古》1992 年第 2 期。

③ 杨宝成：《殷墟文化研究》，武汉大学出版社，2002，第 83～93、226～227 页。

④ 梁思永：《河南安阳侯家庄西北冈殷代墓地发掘报告》第 4 章"西北冈文化堆积之结构与殷代墓葬在堆积层中之位置"，转引自高去寻《殷代墓葬已有墓冢说》，《考古人类学刊》第 41 辑，台湾大学文学院考古人类学系印行，1980。

⑤ 高去寻：《殷代墓葬已有墓冢说》，《考古人类学刊》第 41 辑。

⑥ 石璋如：《小屯第一本·遗址的发现与发掘·丙编·殷墟墓葬之五·丙区墓葬》，中研院历史语言研究所，1980，第 5～7 页。

⑦ 胡方平：《试论中国古代坟丘的起源》，《考古与文物》1993 年第 5 期。

⑧ 杨宝成：《殷墟文化研究》，第 93～96 页。

⑨ 裴明相：《略谈郑州商代祭祀遗迹》，《中原文物》1987 年第 2 期。

⑩ 郝本性：《试论郑州出土商代人头骨饮器》，《华夏考古》1992 年第 2 期；又载《郑州商城考古新发现与研究（1985—1992）》，第 15～20 页。

⑪ 李维明：《郑州出土商代牛肋骨刻辞新识》，《中国文物报》2003 年 6 月 13 日，第 7 版。李维明先生关于该牛肋骨刻辞的系列文章收入氏著《郑州青铜文化研究》（科学出版社，2013）一书。

⑫ 常玉芝：《郑州出土的商代牛肋骨刻辞与社祀遗迹》，《中原文物》2007 年第 5 期；郑杰祥：《郑州商城社祭遗址新探》，《中原文物》2010 年第 5 期。

魏建震的《先秦社祀研究》是关于先秦社祀的综合性著作，书中列有专门章节对商代社祀形态进行探讨。[①]

（4）对商代牺牲遗存有了进一步的研究

自 20 世纪 70 年代始，就有学者结合甲骨卜辞对商代人殉、人祭遗存进行探讨。黄展岳全面考察了考古发现的商代人殉和人牲，对它们进行了区分；并且对墓葬中的祭牲进行了分析，指出商代不存在按不同等级使用不同祭牲的制度。[②] 刘绪对龙山至西周时期"异类葬"的发生、发展与衰落做了梳理、归纳。[③] 有学者开始尝试从动物考古学的角度来探讨商代祭祀用牲制度。[④]

（5）对商文化周边地区祭祀遗存的研究有了一定进展

自三星堆两个祭祀器物坑发现以来，学界对其年代、性质及出土器物的考释等进行过广泛探讨。单就性质来说，《广汉三星堆遗址一号祭祀坑发掘简报》认为一号坑是祭祀后遗留的祭祀坑，祭祀过程包括燎祭、瘗埋等程序，祭祀对象很可能是天、地、山、川等诸自然神祇。[⑤]《广汉三星堆遗址二号祭祀坑发掘简报》认为二号坑是一次综合祭祀活动的遗存。[⑥] 这两个器物坑的重要发掘者陈显丹又补充了迎神驱鬼和迎敌祭祀的祭祀内容。[⑦]《三星堆祭祀坑》修正了发掘简报的观点，认为是由于政权更迭，两个宗庙先后被毁，宗庙中的器物在经过一定的祭祀仪式、焚烧后埋在了两个坑中。[⑧] 有学者同意发掘者关于这两个器物坑是祭祀坑的推断，但对祭祀对象的判断分歧较大。或认为是祭祀岷山之神，[⑨] 或认为是

---

① 魏建震：《先秦社祀研究》，人民出版社，2008。
② 黄展岳：《中国古代的人牲人殉》，文物出版社，1990。
③ 刘绪：《谈一个与早期文明相关的问题》，《中国历史文物》2009 年第 4 期。
④ 袁靖：《动物考古学研究的新发现与新进展》，《考古》2004 年第 7 期；〔日〕冈村秀典：《商代的动物牺牲》，考古杂志社编辑《考古学集刊》第 15 集，文物出版社，2004，第 216 ～ 235 页。
⑤ 四川省文物管理委员会、四川省文物考古研究所、四川省广汉县文化局：《广汉三星堆遗址一号祭祀坑发掘简报》，《文物》1987 年第 10 期。
⑥ 四川省文物管理委员会、四川省文物考古研究所，广汉市文化局、文管所：《广汉三星堆遗址二号祭祀坑发掘简报》，《文物》1989 年第 5 期。
⑦ 陈显丹：《广汉三星堆一、二号坑两个问题的探讨》，《文物》1989 年第 5 期；陈显丹：《三星堆一、二号坑几个问题的研究》，《四川文物》1989 年专辑。
⑧ 四川省文物考古研究所编著《三星堆祭祀坑》，文物出版社，1999。
⑨ 陈德安：《浅释三星堆二号祭祀坑出土的"边璋"图案》，四川大学博物馆、中国古代铜鼓研究学会编《南方民族考古》第 3 辑，四川大学出版社，1990，第 85 ～ 89 页。

杜宇用鱼凫的社树和礼器来祭祀其祖先，① 或认为是祭祀列祖列宗，② 或认为是封禅。③

还有学者不同意祭祀坑说，如林向认为这两个器物坑很可能是"萨满式文化"的产物，是巫术活动后"厌胜"性质的埋藏；④ 张明华认为是蜀王的火葬墓；⑤ 徐朝龙认为是杜宇灭掉鱼凫后，夷其宗庙、焚其彝器的结果。⑥ 郑光则认为这两个器物坑出土器物体现了浓重的"巫风"，它们"或许与国家对巫风的打击有关"。⑦ 施劲松提出一号器物坑或许是宗庙祭祀器物埋藏坑，二号器物坑或许是神庙祭祀器物埋藏坑。⑧

桓台史家遗址的岳石文化祭祀器物坑也引起了学界的注意。张国硕认为史家遗址的木构祭祀器物坑是祭祀大地的祭坑，其族属或为商族，或为东夷族人。⑨ 杨良敏认为此坑是与农业祭祀有关的遗存。⑩

（6）进入 21 世纪以来，涌现一批研究商代祭祀遗存的学位论文，反映出指导老师和青年学者对该课题的关注

如魏建震的《先秦社祀研究》⑪、谢肃的《商代祭祀遗存研究》⑫、刘能的《商文化中非正常埋葬现象的考古学观察》⑬、杨谦的《商代中原地区

---

① 胡昌钰、蔡革：《鱼凫考——也谈三星堆遗址》，《四川文物》三星堆古蜀文化研究专辑，1992。

② 林小安：《三星堆器物坑探幽》，《文物天地》1995 年第 3 期。

③ 樊一、陈煦：《封禅考——兼论三星堆两坑性质》，《四川文物》1998 年第 1 期。

④ 林向：《蜀酒探原——巴、蜀的"萨满式文化"研究之一》，四川大学博物馆、中国古代铜鼓研究学会编《南方民族考古》第 1 辑，四川大学出版社，1987，第 73～85 页。

⑤ 张明华：《三星堆祭祀坑会否是墓葬》，《中国文物报》1989 年 6 月 2 日，第 1 版。

⑥ 徐朝龙：《三星堆"祭祀坑说"唱异——兼谈鱼凫和杜宇之关系》，《四川文物》1992 年第 5 期；徐朝龙：《三星堆"祭祀坑"唱异（续）——兼谈鱼凫和杜宇的关系》，《四川文物》1992 年第 6 期。

⑦ 郑光：《从三星堆文化看古蜀地与中原的关系》，宋镇豪、肖先进主编《殷商文明暨纪念三星堆遗址发现七十周年国际学术研讨会论文集》，社会科学文献出版社，2003，第 110～115 页。

⑧ 施劲松：《三星堆器物坑的再审视》，《考古学报》2004 年第 2 期。

⑨ 张国硕：《史家遗址岳石文化祭祀坑初探》，《中国文物报》1998 年 5 月 27 日，第 3 版。

⑩ 杨良敏：《试析山东桓台县史家遗址岳石文化木构器物坑的性质》，《史学集刊》1998 年第 3 期。

⑪ 魏建震：《先秦社祀研究》，博士学位论文，中国社会科学院研究生院，2006。以同名专著出版（人民出版社，2008）。

⑫ 谢肃：《商代祭祀遗存研究》，博士学位论文，中国社会科学院研究生院，2006。

⑬ 刘能：《商文化中非正常埋葬现象的考古学观察》，硕士学位论文，北京大学，2006。

建筑类祭祀研究》① 和《仪式与晚商社会》②。此外，张明东的《商周墓葬比较研究》③、胡进驻的《殷墟晚商墓葬研究》④、罗运兵的《中国古代家猪研究》⑤、邰向平的《商系墓葬研究》⑥ 和王迪的《中国北方地区商周时期制陶作坊研究》⑦ 也对商代祭祀研究不乏精彩论述。这些学位论文有的已经作为专著出版。

第二节　商代祭祀遗存研究尚待解决
或需注意的问题

检视商代祭祀遗存的研究历程，笔者认为在以后研究中尚需注意以下问题。

1. 要加强从宏观角度对商代祭祀遗存进行综合研究

目前学界的研究多就某一祭祀遗址立论，而考古资料的多年积累和甲骨文献研究的深入，使从宏观上对商代祭祀遗存进行综合研究成为可能。

2. 遗迹之间的相互关系是判断祭祀遗存性质和祭祀对象的重要依据

当前学界对祭祀遗存，尤其是埋有牺牲的祭祀坑的判定标准不一致，致使一些普通的埋有动物或人的坑，被当作牲祭坑或燎祭坑。

其实，后世礼书中就记载有与祭祀无关的埋牲。如，《左传》昭公二十九年：卫侯向鲁昭公献乘马，"堑而死。公将为之椟。子家子曰：'从者病矣，请以食之。'乃以帏裹之"。⑧《礼记·曲礼上》："祭服敝则焚之，

---

① 杨谦：《商代中原地区建筑类祭祀研究》，硕士学位论文，山东大学，2012。
② 杨谦：《仪式与晚商社会》，博士学位论文，山东大学，2016。
③ 张明东：《商周墓葬比较研究》，博士学位论文，北京大学，2005。以同名专著出版（中国社会科学出版社，2016）。
④ 胡进驻：《殷墟晚商墓葬研究》，博士学位论文，中国社会科学院研究生院，2003。以同名专著出版（北京师范大学出版社，2010）。
⑤ 罗运兵：《中国古代家猪研究》，博士学位论文，中国社会科学院研究生院，2007。以《中国古代猪类驯化、饲养与仪式性使用》出版（科学出版社，2012）。
⑥ 邰向平：《商系墓葬研究》，博士学位论文，北京大学，2007。以同名专著出版（科学出版社，2011）。
⑦ 王迪：《中国北方地区商周时期制陶作坊研究》，博士学位论文，山东大学，2014。以同名专著出版（科学出版社，2016）。
⑧ （周）左丘明传，（晋）杜预注，（唐）孔颖达正义《春秋左传正义》卷53，浦卫忠、龚抗云、于振波整理，北京大学出版社，1999，第1501~1502页。

祭器敝则埋之，龟策敝则埋之，牲死则埋之。"① 《礼记·檀弓下》："仲尼之畜狗死，使子贡埋之，曰：'吾闻之也，敝帷不弃，为埋马也。敝盖不弃，为埋狗也。丘也贫，无盖，于其封也，亦予之席，毋使其首陷焉。'路马死，埋之以帷。"② 《礼记·月令》：孟春之月，"掩骼埋胔"。③ 即孟春要掩埋枯骨腐尸。《淮南子·氾论训》也有关于非祭祀埋牲的记载："故马兔人于难者，其死也葬之。牛其死也，葬以大车为荐。"④ 可见古人对一些动物埋葬还是非常讲究的，我们绝不能因为所发现的动物姿态似经专门摆设，而轻易推断其为祭祀的牺牲。

要判定一个遗存是不是祭祀遗存，绝不能仅就此遗存孤立地来评判，而应该结合此遗存周围的遗迹现象来判断。首先，祭祀往往是有祭祀对象的，从祭祀遗迹与周围遗迹的关系来判断这些遗迹的祭祀对象是最关键的。其次，古人祭祀常常有固定的祭所，尤其是居址内的祭祀。祭所是要长期使用的，所以在祭所附近一般不会有单独的祭祀遗存。在判断遗存是否与祭祀有关时要避免孤证。

3. 准确判断年代是进一步研究祭祀遗存的基础

如小屯乙七建筑基址南的北组、中组祭祀坑的年代关系到在这里进行祭祀的次数；三星堆两个祭祀器物坑的年代关系到我们对这两个坑的性质、形成原因的推断。考古学上的年代包括遗迹间的相对年代和陶器、铜器等的编年。而陶器和铜器的编年往往跨度较大，所以在考古发掘和研究中要分外注意遗迹间的叠压打破关系，即层位上的相对年代。

4. 考古发现的祭祀遗存多是一些祭祀坑，这些祭祀坑只有部分与甲骨卜辞中的埋祭有关，而大多数当是祭祀完毕处理祭品的埋藏坑，要对这两类祭祀坑加以区分

关于瘗埋是祭祀的一个环节还是祭祀结束后处理祭品的方式，古人多所辩诘。

《周礼·春官·大宗伯》："以血祭祭社稷、五祀、五岳，以狸沈祭

---

① 此处之牲虽为祭牲，但其与祭祀活动中或祭祀后对用为祭品的牺牲的瘗埋是不同的。（汉）郑玄注，（唐）孔颖达疏《礼记正义》卷3《曲礼上》，第85页。

② （汉）郑玄注，（唐）孔颖达疏《礼记正义》卷10《檀弓下》，第319~320页。

③ （汉）郑玄注，（唐）孔颖达疏《礼记正义》卷14《月令》，第466页。

④ 张双棣：《淮南子校释》卷13《氾论训》，北京大学出版社，1997，第1454页。

山、林、川、泽，以疈辜祭四方百物。"贾公彦疏："此一经言祭地示三等之礼，尊卑之次，亦是歆神始也。"① 《周礼·春官·司巫》云："凡祭事，守瘞。"郑玄注："瘞，谓若祭地祇有埋牲玉者也。守之者，以祭礼未毕，若有事然。祭礼毕则去之。"贾公彦疏："……但祭地埋牲与禋祀同节，作乐下神之后，即有埋牲之事，以后更有祭祀之节事，故使司巫守埋，是以郑云'有祭事然'。"② 这里的瘞埋是祭祀地祇中的一个环节。

但也有认为瘞埋是祭祀完毕后处理祭品的方法。《尔雅·释天》曰："祭地曰瘞薶。"郭璞注："既祭埋藏之。"邢昺疏："孙炎曰：'瘞者翳也。既祭，翳藏地中。'"③ 《史记·封禅书》载："其明年冬，天子（汉武帝）郊雍，议曰：'今上帝朕亲郊，而后土无祀，则礼不答也。'有司与太史公、祠官宽舒议：'天地牲角茧栗。今陛下亲祠后土，后土宜于泽中圜丘为五坛，坛一黄犊太牢具，已祠尽瘞，而从祠衣上黄。'"④

揆之甲骨卜辞，笔者认为商代的埋祭是诸多祭祀的一种。

《殷墟甲骨刻辞类纂》收集有"埋"字的刻辞23条，除去只有一个字的1条，还有22条。单独的埋祭11条（此11条，辞例多残缺，不排除与其他祭名或用牲法相连的可能），其余均与"燎"、"卯"或"宜"（俎）相连。从其相伴祭名或用牲法来看，"埋"在商代绝不是祭祀完毕后处理祭品的方式，而应是向神灵进献祭品的方式。

1）贞：帝于东埋（ ）豕，燎三宰，卯黄牛？（《合集》14313正）

2）辛巳卜，宾贞：埋（ ）三犬、燎五犬、五豕，卯四牛？一月。（《合集》16197正）

3）……埋（ ）于河四宰？（《合集》14611）

---

① （汉）郑玄注，（唐）贾公彦疏《周礼注疏》卷18《大宗伯》，赵伯雄整理，北京大学出版社，1999，第456~457页。

② （汉）郑玄注，（唐）贾公彦疏《周礼注疏》卷26《司巫》，第689页。

③ （晋）郭璞注，（宋）邢昺疏《尔雅注疏》卷6《释天》，李传书整理，北京大学出版社，1999，第180~181页。

④ （汉）司马迁：《史记》卷28《封禅书》，中华书局，1959，第1389页。又见于《史记》卷12《孝武本纪》、《汉书》卷25《郊祀志》。

4）……埋……祖十……（《合集》16199）

第1）辞，埋、燎、卯分别施诸豕、宰、黄牛；第2）辞，埋、燎、卯的牺牲也不相同，而与"埋"并列的"卯"和"燎"自是祭祀中的一个环节，是以"埋"也当是祭祀的一个环节。而作为祭祀的一个环节，"燎""卯"自当发生在祭祀场所内，那么甲骨卜辞中的埋祭所发生之地也当在祭所范围之内。而祭祀完毕后对祭品的瘗埋则不一定在祭所内。

在卜辞中，没有可以确定的"埋"和其他用牲法同施于一只牺牲的辞例，[①]而考古发现的与瘗埋有关的祭牲常有肢体不全者（即被施以非瘗埋的用牲法），它们或仅是祭祀完毕后对牺牲的掩埋。

从卜辞看，关于埋祭的卜辞数量极为有限，它们在关于祭祀的卜辞中只占极小比例，而且它们多集中在武丁时期；而考古发现的祭祀遗存一般都与瘗埋有关，其时代并非都属于武丁时期。卜辞中埋祭祭祀对象主要是河，也有其他地祇［如上引第1）辞中的"东"］，可能还有祖先神［如上引第4）辞，但尚不能确定就是祭祀祖先］，而考古发现中呈坑状埋藏的祭祀遗存的祭祀对象并不限于这些神灵。

总之，祭祀遗存多因瘗埋而得以保存到今天，所以我们看到的祭祀遗存多为坑状堆积。它们中的大多数与甲骨卜辞中的埋祭无关，而是祭祀完毕后对祭品的处理方式。

5. 根据商代祭祀遗存复原商代祭祀制度，呼唤科技考古的介入

传世和出土文献中保存有关于祭祀用牲方法、用牲种类、用牲年龄、祭祀选用牲体部位等的记载。但以往学界对祭牲的考察和记录过于简略，致使考古发现很难与文献相结合来复原商代祭祀用牲制度。文献也有关于粢盛、币帛等制度的描述，而这类祭品的遗留非借助科技手段难以辨认出来。再具体如殷墟西北冈王陵区 M260 的墓道中埋有人头骨，发掘者推测

---

① 以下辞例不能确定燎、埋所施为共同的对象。
戊午卜：王燎于瀧三宰，埋三宰，屮一珏？ 一（《合集》14362）
　　燎宰埋三宰？ 二
　　燎宰埋三宰？ 二　二告（《合集》15601）
　　燎宰埋二宰？ 三
　　［燎宰］埋三宰？ 二（《合集》15602）

这些人的躯体埋在了 M260 附近的祭祀坑中。若借助 DNA 技术，就有可能确定属于同一个体的人头骨和躯体，进而确定祭祀坑和墓葬的关系，即：是墓葬埋葬时的祭祀，还是以后的追祭。

6. 考古发掘是祭祀遗存研究的基础，但对祭祀遗存的研究需要借助文献资料

一方面，在众多的文献中，甲骨文自然是最重要的，时代靠后的礼书中也保存有商代祭祀制度的信息，可以作为重要的参考，但绝不可本末倒置。另一方面，中国文明的起源是多元的，甲骨文保存的商代祭祀信息并不能涵盖商王朝的周边地区，甚至商王朝的统治区域。《荀子·儒效》云："居楚而楚，居越而越，居夏而夏。"[1] 这强调的就是各地风俗文化不同。而晚出的文献或保留有商王朝周边地区祭祀文化的信息。所以在研究商代祭祀遗存时要注意文献的等次。

7. 民俗和民族学研究对商代祭祀遗存研究有重要的参考价值

甲骨刻辞所记基本是商王或社会最顶层的相关事例，后世文献所记也多为国家的大祭祀，它们对社会下层、民间祭祀言之甚少。所以研究商代祭祀遗存，寻求民俗、民族志材料做参照是十分必要的。

8. 应加强对祭祀类别的研究

分类是研究细化、深入的基础。以往在论述祭祀遗存的祭祀对象时，往往过于简单，如墓地的祭祀坑一般只说与墓葬或祭祀祖先有关；而后世礼书言，墓地中有的祭祀与后土有关。再如，与建筑有关的祭祀，学者或只说与建筑有关，或说是祭祀建筑神——雍示；而今河南民俗中与建筑有关的祭祀多与土地神有关。所以对祭祀对象、祭祀类别的研究还有待加强。

9. 要进一步加强对周边地区祭祀遗存的研究

商代祭祀遗存的发现与研究在地区分布上不平衡。商文化分布区祭祀遗存发现较多，而且有甲骨文等文献资料可资参考，所以商文化，尤其是商文化中心区的祭祀遗存研究较好。而商文化周边地区祭祀遗存的发现与研究较薄弱，甚至是空白。今后在加强对商文化祭祀遗存研究的同时，也要注意对周边地区祭祀遗存的发掘和研究。

---

① （清）王先谦：《荀子集解》卷4《儒效》，沈啸寰、王星贤点校，中华书局《新编诸子集成》本，1988，第144页。

第二章

商文化祭祀遗存的种类

商文化的祭祀遗存按其所在位置及其与周边遗存的关系，可以分为居址内的祭祀遗存和墓地内的祭祀遗存两大类。居址内的祭祀遗存又可以分为：宫室类建筑区域的祭祀遗存、社祀遗存、手工业作坊内祭祀遗存、与建筑营造有关的祭祀遗存、门祀遗存、城墙附近的祭祀遗存、与甲骨埋藏有关的祭祀遗存、小聚落内临水的祭祀遗存等。墓地内的祭祀遗存可以分为：丧葬过程中的祭祀遗存和葬后的祭祀遗存，即墓地内或附近祭祀祖先的遗存。下文分类论述之。

第一节　商文化宫室类建筑区域的祭祀遗存

宫室类建筑区域的祭祀遗存，本书特指宫室类建筑使用过程中形成的祭祀遗存。主要见于偃师商城、小双桥、小屯等遗址。洹北商城 1 号宫殿建筑基址内的祭祀遗存和小屯乙组基址内基址上下的"墓葬"是建筑营造过程中的遗存，详见本章第四节。藁城台西、小屯西北地和梁湖遗址的建筑虽然规模较小，不能称为宫室类建筑，但其用途、性质与偃师商城的相类，故列入此节。

一　偃师商城宫室类建筑区域的祭祀遗存

发掘者把偃师商城宫室类建筑区域（或称宫城）的祭祀遗存按位置分为 A、B、C、D 四个区（见图 2.1-1）。其中 A、B、C 三区大体呈东西方

向集中分布于偃师商城宫城的北部，东西跨度 200 余米。[①] 发掘者把这些
祭祀遗迹分别称作祭祀场（具有规模较大、延续时间长的特点）和祭祀坑
（面积较小，使用时间相对较短）。A 区面积近 800 平方米，由若干祭祀场
和祭祀坑组成。B 区和 C 区呈长方形，其中 B 区面积近 1100 平方米，C 区
面积约 1400 平方米，它们是两个自成一体的、主体部分为沟状堆积的祭祀
场。B、C 区的四周有夯土围墙。南围墙的中部开有门道。C 区围墙在偃师
商城商文化第二期 3 段改建过。

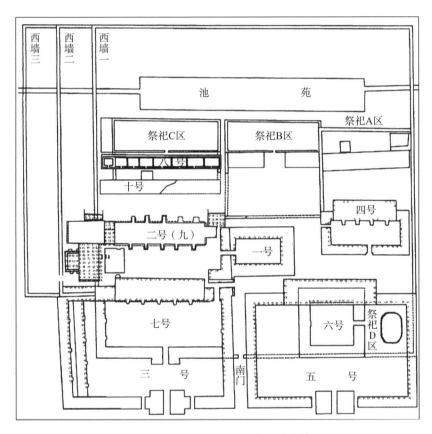

图 2.1 - 1　偃师商城祭祀遗址在宫城中的位置

资料来源：中国社会科学院考古研究所夏商周考古研究室编《三代考古》（七），
科学出版社，2017，第 388 页。

① 中国社会科学院考古研究所：《河南偃师商城商代早期王室祭祀遗址》，《考古》2002 年
第 7 期。

图 2.1－2 偃师商城宫城祭祀 C 区发掘现场（由东向西摄影）

资料来源：中国社会科学院考古研究所：《河南偃师商城商代早期王室祭祀遗址》，《考古》2002 年第 7 期。

A 区祭祀遗存的年代从偃师商城商文化第二期 3 段延续到第三期 6 段，B、C 区的祭祀遗存从偃师商城商文化第一期 1 段延续到第三期 5 段。在 A、B、C 区以外也有祭祀坑和祭祀场。

A 区的祭品主要有人、牛、羊、猪、狗、鱼等牺牲和水稻、小麦等粢盛。A 区的祭祀场或祭祀坑的埋藏情况有以下几种：有的堆积基本是松软的黑灰，夹杂大量稻谷籽粒，有的还伴出无底的陶器；有的"水井"内每隔一定深度埋一条狗，与狗共存有一定数量的石块；有的先埋入牛头，再埋入大量的鱼。其中 H282 内的堆积可分为 14 层，在一些层位发现有人、牛、猪等牺牲和积石。人牲有的被肢解，有的被腰斩，有的为全躯。

B、C 区的牺牲埋藏可以分为两种，即单独埋猪和多种动物牺牲共存。祭品主要是猪，还有牛、羊、鹿、兔（？）。其中 C 区发掘到 100 多头猪的个体。发掘者推测，C 区猪牲的数量接近 300 头。猪牲往往被掩埋在沟或坑的北侧，或挖有浅坑，或只是覆土掩埋而已。猪牲有用全猪的，有头被砍去的，有单独用猪头的，有被剖作两半的，也有仅用猪肢体一部分的，以用全猪的居多。第一期多用个体较小的幼猪，往往同一坑中埋多只幼猪，而被肢解的猪个体较大。第二、三期，猪牲的个体多比较大，或用全猪，或用肢解了的猪。从甲骨卜辞看，用幼猪（豚）或成年猪与祭祀对象和主祭者是没有关系的。

多种牺牲共存的最常见的组合是猪、牛（水牛和黄牛都有）、羊。这些动物都被肢解，掩埋在沟或坑的中部，常与陶器共存。发掘者推测个别地点的牺牲原本放在漆案（盘）之上。

D区位于四号宫殿建筑基址的南侧，早期宫城的东南角。D区主体部分也是一个大型坑状遗迹。该坑平面为不规则椭圆形，南北最长约20米、东西最宽约10米，面积近200平方米，自地表至坑底深约6米。坑的南半部分坑壁陡直，北半部分较平缓。在祭祀坑北缘外侧发现7个猪牲坑，内埋多具猪骨架，最多的有6具；在祭祀坑东北部外侧发现一条南北向灰沟，在沟的底部发现有7具猪骨架（包括1987年解剖沟内发现的1具）。所见祭祀用猪骨架主要出自祭祀坑内地层和祭祀坑周边祭祀坑、祭祀沟内，以属于偃师商城商文化第二期3段的地层出土最多。D区最早的祭祀遗存属于第一期2段，最晚的属于第二期4段。共出土猪骨架96具。[1]

上述祭祀区域"除用于祭祀活动外，还用于储存生活废弃物"，"在灰土堆积表面常见有比较纯净的铺垫土"，[2] 而B区和C区的主体部分是沟状堆积，D区主体为坑状堆积，笔者认为这些区域当是祭祀完毕后集中处理祭品的地方。比较纯净的铺垫土是专门用于掩埋祭品的土。

二 小双桥遗址宫室类建筑区域的祭祀遗存

小双桥遗址发掘到大型夯土建筑基址8座，分布在第Ⅳ、Ⅴ、Ⅷ、Ⅸ发掘区。这些基址分布相对集中。在第Ⅴ、Ⅷ发掘区发现一东北—西南向的夯土墙，此夯土墙东端被破坏，西端向南拐，暴露部分东西长53米，南拐部分残长12.5米。在此夯土墙的南部，"商文化堆积较厚，夯土建筑基址、大部分奠基或祭祀遗存皆发现于这一区域，该处除打破夯土的商代灰层外，少见标准的商代灰坑或窖穴。夯土墙基槽北部则少见商代文化层（也可能与后期人类活动的破坏有关），战国墓葬却十分集中，只是在西北

---

[1] 谷飞：《偃师商城宫城建筑过程解析》，《三代考古》（七），第387~396页。

[2] 中国社会科学院考古研究所：《河南偃师商城商代早期王室祭祀遗址》，《考古》2002年第7期。

部发现大型的以人为牲的祭祀坑和几个袋状窖穴、不规则形的灰坑、长条形的灰沟等。这些现象的出现应和夯土墙的存在有关，该夯土墙有可能为某一重要区域的围护墙"。[①] 报告更明确地推测，该"夯土墙是小双桥遗址某一时期的宫城墙基"。[②] 也有学者认为该夯土墙是宫殿区某建筑遗存的围墙，小双桥遗址宫殿区面积约 10 万平方米。[③]

小双桥遗址的祭祀遗存相对集中地分布在宫殿区。报告把它们分为三个祭祀场。

1. 小双桥遗址Ⅳ区祭祀场

小双桥遗址Ⅳ区发掘到夯土建筑基址一座，即Ⅳ HJ1。Ⅳ HJ1 除北边缘清晰外，其余三边均不能确定。现知Ⅳ HJ1 东西长 50 米以上，南北残宽约 12 米。Ⅳ HJ1 北侧只有 T56H111、T96H121、T116H70 等 3 座祭祀坑。Ⅳ HJ1 南侧，南北约 30 米、东西约 50 米的范围内分布有较多的祭祀坑，约 40 座。[④] 发掘者把该区域称作"Ⅳ区祭祀场"。

报告把这些祭祀坑区分为：牛头（角）类祭祀坑、综合性祭祀坑（多牲坑）、奠基坑（殉狗坑）、其他类祭祀坑等。

牛头坑 H100，坑口平面近椭圆形，南北 3.42 米、东西 2.52 米。直壁，平底，坑自深 0.45 米。填灰褐色夯土，包含物较少。坑内分三层埋置带角的牛头骨 60 多个，牛头骨摆放较凌乱。坑中部被战国灰沟打破（见图 2.1 - 3）。坑内还出土带字陶缸片、铜渣、绿松石、坩埚片等，共发现完整牛头骨、折合牛角及零星散乱牛角 133 个。牛头大小不一，双角多数与头骨相连，从颈部前侧沿上下颌骨间切开，留下骨面部分和突出的两个眼眶，有的牛头连上颌骨上的牙齿也被砍去。

综合性祭祀坑 2 座（H6、H29），这类坑比较大，包含物繁杂。如 H6，坑口形状不规则，东西长 5.8 米、南北残宽 2.1 米，坑深 0.35 米。填灰褐色花土，包含有丰富的烧土颗粒、烧土块。出土物丰富，有牛头骨、牛角、原始瓷片、陶缸片、绿松石嵌片、骨器、铜器、蚌器、孔雀石

---

① 宋国定、李素婷：《郑州小双桥遗址又有新发现》，《中国文物报》2000 年 11 月 1 日，第 1 版。

② 《郑州小双桥：1999～2000 年考古发掘报告》，第 62 页。

③ 侯卫东：《郑州小双桥商代都邑布局探索》，《中国国家博物馆馆刊》2016 年第 9 期。

④ 报告所说的"祭祀坑"中有一部分证据较薄弱，故祭祀坑数量只能当作约数看待。

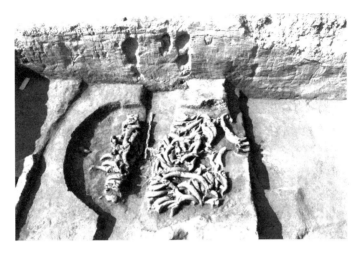

图 2.1 – 3　小双桥遗址牛头祭祀坑 Ⅳ H100

资料来源：《郑州小双桥：1999～2000 年考古发掘报告》，彩版二三。

和猪、鹤、鸡等动物骨骼以及石镰、玉器残片等。报告认为该类祭祀遗存不是原生堆积，"很可能是在附近举行祭祀活动以后的遗留物堆放坑"。①

Ⅳ 区有狗坑 2 座，分别是 H59 和 H90。但它们与夯土建筑基址 HJ1 层位关系不同，报告把它们定性为奠基坑，恐不妥。

在 Ⅶ 区祭祀场内分布有较多的与冶铸青铜有关的遗存。这些遗迹约 40 处，相对集中地分布在 T173、T174、T194、T192、T154、T153、T152、T212、T234、T214、T92、TG4 等相邻或相近的探方或探沟内。它们或开口于④层下，或开口于③层下。

从 Ⅳ 区商代遗迹分布图看，冶铜废弃堆积坑 H53、H49 打破综合性祭祀坑 H29。部分祭祀坑内也出土有与铸铜有关的遗物。简报把 Ⅳ 区"第三层下的大部分遗迹"（不包括第四层下的遗迹及第三层下的部分遗迹）归入其所分的第二组。② 李维明把冶铸青铜的遗存和祭祀遗存归入了他所分的白家庄期第三组。③ 即他们把冶铸青铜遗存和祭祀遗存看作一个时期的。

---

① 《郑州小双桥：1999～2000 年考古发掘报告》，第 117 页。

② 河南省文物考古研究所、郑州大学文博学院历史系、南开大学历史博物馆专业：《1995 年郑州小双桥遗址的发掘》，《华夏考古》1996 年第 3 期。

③ 李维明：《论"白家庄期"商文化》，《中原文物》2001 年第 1 期。

Ⅳ区也有大型夯土建筑基址（宫室类建筑），即Ⅳ HJ1。Ⅳ HJ1叠压在④层下，叠压第⑤至⑨层。

这些祭祀坑中，T54H4开口于③A层下；T92H136、T92H132、T132H188、T134H17、T175H59①、T232H47开口于④层下；T92H141、T92H138、T92H139、T92H143、T92H140、T92H144、T135H113开口于⑤层下；T134H90开口于⑥层下。其余的祭祀坑开口于③层下。

由祭祀坑、夯土建筑基址Ⅳ HJ1和铸铜遗迹的层位关系看，祭祀坑中有早于Ⅳ HJ1者；Ⅳ HJ1与部分铸铜遗址共存过一段时间，Ⅳ HJ1废弃后，铸铜遗址仍存在了一段时间，在铸铜遗址的整个使用期间，都有祭祀发生。

总之，小双桥遗址第Ⅳ区的祭祀遗存主体上和其附近的铸铜遗存是一个时期的，可能是与铸铜有关的祭祀或巫术遗存，但小双桥遗址发掘到的铸铜遗存数量较少，似乎说明这里的铸铜作坊规模不大，使用时间不长。当然还有一种可能，那就是在附近的建筑基址举行祭祀或巫术活动后，把所用的牺牲等埋在了这里。

2. 小双桥遗址Ⅴ区祭祀场

Ⅴ区祭祀场位于夯土墙（或称"宫城墙基"）之南，大体分布在大型夯土基址Ⅴ HJ5、Ⅴ HJ6以西，Ⅷ HJ1以东，Ⅴ HJ1、Ⅴ HJ2和Ⅴ HJ3以北。南北长60余米，东西宽约50米，面积在3000平方米以上。该祭祀场的西部（属于Ⅷ区）没有发掘。

报告认为该祭祀场内属于第Ⅷ发掘区的祭祀坑有12座。Ⅷ T328H11叠压在夯土基址HJ1下，打破⑦层。该坑填疏松的深灰褐色土，没有其他包含物。报告推测其为夯土基址下的奠基坑。② Ⅷ T329H5仅出土陶器残片，与普通灰坑差别不大。把这两座灰坑归为祭祀坑证据显得薄弱，兹存疑。

其余的10座祭祀坑中，埋人牲的有4座，分别是T377内的H17、H18、H22和H24。其中H18内至少有30具人骨架，报告推测该坑"也许与举行'献俘'礼仪有关"。③

---

① 报告正文认为T175H59开口于③层下。
② "小双桥遗址祭祀坑统计表"云其叠压在基址上，报告图二五"小双桥遗址Ⅷ区商代遗迹平面图"中，H11打破HJ1。兹从报告正文。
③ 《郑州小双桥：1999～2000年考古发掘报告》，第75页。

另有 5 座祭祀坑（T228H2、T271H3、T330H22、T331H23 和 T333H9）出土有动物骨骼和陶器残片。其中 H9 开口于④层下，打破⑤层和夯土堆积，报告认为其是奠基坑。但在Ⅷ区总平面图（报告图二五）中，看不到 H9 与夯土堆积的关系。笔者倾向于其不是奠基坑。

"燎祭遗迹" 1 处，编号为 T337H21，开口于③层下，打破宫城夯土墙的基槽。H21 开口近长方形，长 2.1 米、宽 2 米、深 0.1～0.5 米。烧土坑壁局部外张，近平底。刚揭露出开口时即发现 H21 南北两侧与坑壁平行有数道窄的烧土墙，烧土以红褐色和橘红色为主，还有灰黑色或青灰色烧土，填土为红褐色，土质较软。填土中包含有大量陶器残片和少量兽骨残块。底部是由 13 块不规则的板状石块铺成的两道平行的带状平面（见图 2.1 - 4）。①

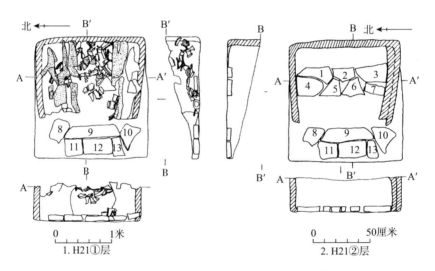

图 2.1 - 4 小双桥遗址祭祀坑Ⅷ H21 平、剖面图

注：图 1、2 中阴影部分为烧土，序号 1～13 为石块。

资料来源：《郑州小双桥：1999～2000 年考古发掘报告》，第 89 页。

报告根据 H21 南北两壁的烧土状况，认为该坑经过数次火烤，并推测该坑可能与燎祭有关，故命名为 "燎祭遗存"。如果这里确曾是祭祀场，那么此遗迹就与祭祀时的烧燎有关。如果不是，那么它们可能是祭祀结束后焚烧祭品的设施。

---

① 报告图四一 1、4 的比例尺可能有误。彩版一五 1 应为 H21②层，2 应为 H21①层。

这些祭祀坑或开口于③层下（H17、H21、T377H22、H24），或开口于④层下（H2、H3、H9、H18），或开口于⑥层下（T330H22、H23）。主体晚于开口于⑥层下的夯土建筑基址 HJ1 和开口于①层下的夯土建筑基址 HJ2。

报告认为该祭祀场内属于第 V 发掘区的祭祀坑有 31 座。[①]

这些祭祀坑中只出土人骨的有 24 座。其中 T15H66 出土人骨架不少于 32 具，T68H45 出土人骨架 4 具，T55H106、T135H112、T15H110、T95H114 等 4 座祭祀坑分别出土人骨架 2 具，T53H108、T9H67、T93H103、T93H104、T17H117、T15H109、T17H119、T133H113、T55H105、T17H116、T17H115、T15H111、T95H121、T67H24（仅有头骨）、T57H107、T97H122、T49H123、T17H118 等 18 座祭祀坑分别只出土 1 具人骨架。

2 座祭祀坑出土人骨和其他动物骨骼。其中 T17H65 出土人骨和兽骨若干，T189M1 出土 1 具幼年人骨架和 1 具羊头骨。

5 座祭祀坑出土一种动物骨骼或骨架。T93H77、T129H98 分别出土 1 具猪骨架，T95H120 出土 1 具鹿骨架（见图 2.1 - 5）。报告认为 H77 和 H120 是奠基坑，但它们与建筑基址没有直接关系，应不是奠基性质遗存。

图 2.1 - 5　小双桥遗址出土的鹿骨架（ⅤT95H120）

资料来源：《郑州小双桥：1999 ~ 2000 年考古发掘报告》，图版一一。

---

① 其中祭祀坑ⅤT129H98 不在报告"附表一　小双桥遗址祭祀坑统计表"内。

T87H36 出土 1 具牛骨架。T88H43 出土大量动物骨骼。①

T15H66，开口平面呈圆角长方形，长 1.88 米、宽 0.85 米、深 0.6 米。坑内填土较少，为深褐色，土质较软，结构较疏松。坑内出土有陶片、少量兽骨和大量人骨。堆积大致可以分为 3 层。第一层约 20 个人骨个体（以头骨计），该层多头骨，少肢骨。头骨与肢骨呈分离状，肢骨、肋骨皆经过肢解，个别折断了的骨骼仍然相连。在多个头骨上发现有被锐器或钝器砍击、戳击、砸击形成的骨折性孔洞和凹陷性骨折。肢骨上也多有砍、砸痕迹。第二层头骨较少，肢骨较多，埋葬凌乱。发现的骨骼中指骨、趾骨数量较少，与坑中个体数不成比例，盆骨也较少。第三层主要是四肢骨，另外有一具拦腰斩断的骨架，腰部以下骨骼排列有序。该坑人牲个体数量不少于 32 个，皆属于青年男性（见图 2.1－6）。

Ⅴ T68H45，开口平面不规则，堆积分两层。上层埋三个人的个体。其中两个仅存头盖骨的顶骨部分，另一个侧身屈肢，右上肢尺骨、桡骨约 1/2 处以下缺失。下层埋一个人，俯身屈肢，左股骨表面有密集的纤细划痕，发掘者推测与啮齿类动物啃咬腐肉有关。

小双桥Ⅴ区祭祀场内的商代灰坑、灰层以及地层中发掘到人骨架 60 多具。其中④A、④B、⑤层内发现人骨架 43 具。这些人骨架多肢体不全，部分带有明显的外伤。葬式不一，有侧身屈肢者，有俯身屈肢者。其中可鉴别性别者，男性 22 具，女性 12 具。多为青年，也有未成年人。

3. 小双桥遗址Ⅸ区祭祀场

位于Ⅸ T283 内，在 70 余平方米范围内发现人骨架 58 具。该祭祀场（编号Ⅸ H63）呈坑状堆积，坑口不规则，底部也不平整。出土有凌乱的人骨、整体的人骨架、人头骨和动物骨架。散乱的人骨多埋在灰土里，完整的骨架埋在专门挖的长方形坑内。在该大坑底部有一个圆形小坑，里面埋有 9 个人头骨（见图 2.1－7）。

Ⅸ区另有 7 座祭祀坑。其中 T132H101 出土绿松石、牛头骨、带字陶缸片、铜渣、木炭等；T165H40 出土陶鬲和兽骨；T209H65 和 T205H23 分别出土人骨架 1 具；T205H26 出土兽骨和牛角；T211H31 出土牛角；T211H64 出土动物骨架 1 具。

---

① 报告正文把 H43 归入"单人葬坑"，误。

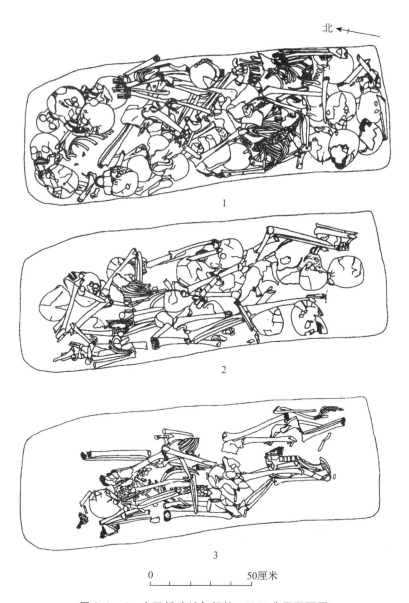

北 ←

1

2

3

0   50厘米

图 2.1 – 6　小双桥遗址祭祀坑ⅤH66 分层平面图

1. 00ZXⅤH66①　2. 00ZXⅤH66②　3. 00ZXⅤH66③

资料来源:《郑州小双桥:1999~2000 年考古发掘报告》,第 71 页。

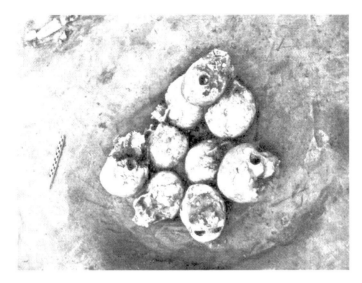

图 2.1 – 7　小双桥遗址 Ⅸ 区祭祀场 H63 内的人头骨坑

资料来源：《郑州小双桥：1999～2000 年考古发掘报告》，彩版一九。

学者多将小双桥遗址的祭祀遗存与商人征伐蓝夷的战争相联系，认为它们是战争前后在宗庙祭祀祖先的遗存。[1]

三　小屯遗址乙七基址南、乙八基址西和乙十二基址北的祭祀遗存

殷墟小屯遗址是商代晚期商王朝的宫殿宗庙所在地，在大型宫室类建筑乙七基址南、乙八基址西和乙十二基址北发现许多葬坑（见图 2.1 – 8）。

石璋如先生把它们分为北组墓葬、中组墓葬和南组墓葬。其中南组墓葬是王室成员或贵族的墓葬，时代为殷墟一期偏早阶段，早于其附近的建筑基址和其他葬坑，与祭祀无关。

关于北组和中组墓葬的性质和年代，学界进行过研究讨论。石璋如在《殷墟建筑遗存》中说："这三组墓葬也可以说是一个较大的结构，很可能代表着军事的组织。""如果是在（建筑）落成之后埋入的……也可以说为

---

[1]　陈旭：《郑州小双桥商代遗址的祭祀遗存分析》，氏著《夏商文化研究续集》，科学出版社，2017，第 98～106 页。原载河南博物院编《河南博物院建院 80 周年论文集》，大象出版社，2007。

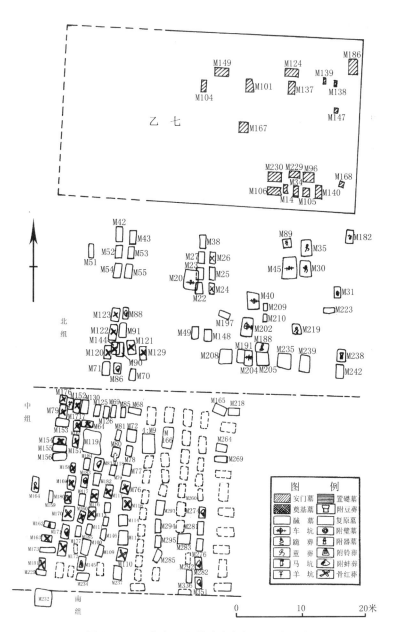

图 2.1－8　小屯乙七基址南祭祀坑分布示意

资料来源：石璋如：《小屯第一本·遗址的发现与发掘·丙编·殷墟墓葬之一·北组墓葬》，第 8 页。改绘。

'落成牲'。这个用意固然在庆祝房屋的落成，同时也希望这些武装的灵魂保护着住在宗庙内的祖宗的灵魂的安全。"① 后来，石璋如在《北组墓葬》中把它们分为车墓、车右墓、车左墓、车前墓。认为它们"可能是一个告庙献车的典礼。这个典礼有牺牲，有祭品，先分批的埋入各色人等，最后才把牺牲、祭品及首要的人物一齐埋入"。死者"可能有'求仁而得仁'的志士，可能也有被强迫的弱者"。② 关于中组墓葬，石璋如把它们分为南北向的 12 行，并认为：除去第一行墓，东边的 11 行墓组成一个方阵，方阵又分为右、中、左三队。它们的排列体现了"右、中、左及三五相配合和运用的观念"。③

邹衡曾对北组、中组和南组墓葬中部分墓葬的年代进行推定。提出南组墓葬属于殷墟一期，与北组和中组没有关系；而北组和中组墓葬也不是同时埋入的，"其年代彼此相距甚远"，有的甚至是西周墓，而绝大部分墓葬大体与殷墟三期相当。④ 后来他在《商周考古》中又强调"根据部分层位关系和出土器物可以断定其时代约从武丁以前直到帝乙、帝辛以前，其中武丁以前的墓极少，武丁至祖甲时的墓也不太多，最多的是属于廪辛至文丁时期的葬坑"。"这些都是祭祀坑，大概是从武丁以来几次大规模的杀人祭祀埋下的；这些被杀害的人们无疑是失去人身自由的战俘或者奴隶。晚商的帝王们屡次在这里杀人祭祀，也说明了乙七、乙八基址不是普通的房址，而应该是用于祭祀的宗庙遗址。"⑤

《殷墟的发现与研究》认为南组即 M232 属于殷墟第一期偏早阶段，不是祭祀遗存，而是殷王室成员或贵族的墓葬。北组墓葬出土器物属于殷墟第二期，其可能是宗庙区最早出现的祭祀场地。而北组的小葬坑至少是两次或两次以上祭祀活动的遗留。5 座车马坑可能是一次埋入的，"也可能是一次祭祖献车的遗留"。中组墓葬是继北组之后形成的。但中组的下限年

---

① 石璋如：《小屯第一本·遗址的发现与发掘·乙编·殷墟建筑遗存》，第 299～300 页。
② 石璋如：《小屯第一本·遗址的发现与发掘·丙编·殷墟墓葬之一·北组墓葬》，第 414～415 页。
③ 石璋如：《小屯第一本·遗址的发现与发掘·丙编·殷墟墓葬之二·中组墓葬》，中研院历史语言研究所，1972，第 336 页。
④ 邹衡：《试论殷墟文化分期》，氏著《夏商周考古学论文集》，文物出版社，1980，第 31～92 页；原载《北京大学学报·人文科学》1964 年第 4 期。
⑤ 《商周考古》，第 68 页。

代难以弄清。

伊藤道治认为乙七基址南部的这三组墓葬是把战争捕获的俘虏，并含有车之类的遗物，作为献给祖先神的牺牲而埋葬的。[①]

杨宝成认为 M238、M31、M51 等死者为全躯，并随葬有铜器、陶器、玉石器等，可能是墓葬，而非祭祀坑。他还把北组墓葬分了组。[②]《中国考古学（夏商卷）》认为北组葬坑的年代为殷墟一期到二期。[③]

杜金鹏认为叠压在乙十、乙十一、乙十二基址甚至乙十三基址下面的葬坑，多数也属于乙七基址前的祭祀场。[④]

岳洪彬、岳占伟认为北组墓葬中的 M31、M197 时代为洹北花园庄时期，早于小屯宫殿基址，性质是墓葬，其余葬坑则是祭祀遗存。中组墓葬中的 M119 是具有冷藏功能的窖穴，其余则是祭祀类遗存。[⑤]

笔者在先学的研究基础上，对北组和中组墓葬做了进一步的分析。

北组墓葬所占范围东西约 40 米、南北约 23 米，约有 920 平方米。北组墓葬有葬坑 51 座，《北组墓葬》发表了北组的 49 座葬坑，[⑥]《南组墓葬附北组墓葬补遗》又补充发表了北组的 2 座墓葬。[⑦]

在北组墓葬范围内有一个约 1.2 米见方的夯土坑，深 0.5 米，其打破水沟 K12。石璋如认为它和水沟同时，是调节水量的水闸。[⑧] 石璋如没有说明此坑填土与水沟填土的异同。如果水沟和水闸同时废弃，其填土应该是相近的；若填土不同，则此夯土坑很可能是打破了已经填平了的水沟，其很可能与祭祀有关。

北组墓葬中有 5 座车马坑，分别编号为 M20、M45、M40、M202 和

① 〔日〕伊藤道治：《古代殷王朝の谜》（讲谈社，2002，第 251~256 页），转引自岳洪彬、岳占伟《殷墟宫殿宗庙区内的墓葬群综合研究》，中国社会科学院考古研究所夏商周研究室编《三代考古》（八），科学出版社，2015，第 260~276 页。
② 杨宝成：《殷墟文化研究》，第 108~112 页。
③ 《中国考古学（夏商卷）》，第 355 页。
④ 杜金鹏：《殷墟宫殿区建筑基址研究》，科学出版社，2010，第 182 页。
⑤ 岳洪彬、岳占伟：《殷墟宫殿宗庙区内的墓葬群综合研究》，《三代考古》（八），第 260~276 页。
⑥ 石璋如：《小屯第一本·遗址的发现与发掘·丙编·殷墟墓葬之一·北组墓葬》。
⑦ 石璋如：《小屯第一本·遗址的发现与发掘·丙编·殷墟墓葬之三·南组墓葬附北组墓葬补遗》，中研院历史语言研究所，1973，第 74~84 页。
⑧ 石璋如：《小屯第一本·遗址的发现与发掘·乙编·建筑遗存》，第 232~233 页。

M204。M20 埋 3 人 4 马 2 车,[①] M45 被隋代墓葬破坏了,M40、M202 和 M204 均埋 3 人 2 马 1 车。M20 打破 M22、M23,或以此推测车马坑晚于其他葬坑。但车马坑 M45 开口于黄灰土下,开口距地表深 1.15 米;而其东侧的 M30 叠压于黄灰土下,又打破黄灰土,开口距地表深 0.7 米(即黄灰土可以再分层)。据此,笔者推测 M45 早于 M30。M191 又打破车马坑 M204,故 M191 也晚于 M204。M40 开口于黄灰土中,其开口距地表深 0.97 米,其东南约 0.6 米处有 M209,M209 南边有 M210,M209 和 M210 开口距地表深均为 0.61 米,它们的开口深度均浅于其附近的 M40,它们的年代很可能也晚于 M40。这些车马坑没有出土已经公认的可资断代的器物。而殷墟发现的其他车马坑也是据其所属墓葬的年代来断代的,一般认为殷墟最早的车马坑为殷墟二期。至于上述 5 座车马坑,在一些著作中多把它们归为殷墟晚期。[②]

其余的 46 座葬坑按所处位置大致可以分作五片。

西北隅共 7 座,分别是 M51、M42、M52、M54、M43、M53 和 M55。它们均为南北向。其中 M51 埋 1 人,为仰身直肢,全躯。M51 还出土有陶鬲、豆和盂(或称簋)。遗憾的是器物在战乱中遗失,报告整理者石璋如凭印象说它们分别与《殷墟器物·甲编:陶器》插图——殷墟陶器图录拾叁、捌、玖中的 349F 类鬲、206F 类豆和 225M 类盂相似,与其相似的器物中豆属于殷墟二期,鬲和盂不是典型器物,但大体上可以归入二期偏晚。其余诸坑埋 4～6 具人骨架,均砍头,俯身。它们多下颌连在颈椎上,石璋如以此推测,它们是被从脑后下刀砍头的。被砍下的头多放在坑内,但有的坑内的头颅和躯体的数目并不相同。如 M52 有 4 具躯体,但只有 2 个头颅;M54 有 5 具躯体,却有 6 个头颅。这 6 座葬坑,开口层位、开口距地表的深度相同,而且均填夯土。它们的年代应该相近,即属于殷墟二期。

西南隅共有 12 座葬坑,分别是 M123、M122、M120、M71、M88、M91、M90、M86、M144、M121、M129、M70,都是南北向。它们埋有 3

---

① 石璋如最初整理时认为是 1 车,后来又整理时认为是 2 车。陈志达和杨宝成均认为是 1 车,分别见陈志达《安阳小屯殷代宫殿宗庙遗址探讨》,文物编辑委员会编《文物资料丛刊》(10),文物出版社,1987,第 68～79 页;杨宝成《殷墟文化研究》,第 108 页。

② 杨宝成:《殷代车子的发现与复原》,《考古》1984 年第 6 期;郑若葵:《试论商代的车马葬》,《考古》1987 年第 5 期。

具、5 具或 7 具人骨架不等，均为砍头葬，头多放在坑内，躯干为俯身。部分葬坑的人骨染有朱红色，只有 M88 伴出有蚌饰。除 M144 填松黄土外，均填夯土。

这些葬坑至少是 3 次埋葬的。西排的 M123、M122、M120 三座葬坑，均开口于黄灰土下，开口距地表深 0.6 米，而它们所处位置的地表高度也一致，所以它们的年代应该相近。M91、M90 等葬坑所在的地表高度与其西诸坑一致，但它们的开口距地表深度为 0.4 米，它们叠压于黄灰土下，但又打破黄灰土，埋葬年代当晚于其西诸葬坑。还有 M144 打破 M90 和 M120，所以 M144 可能是这组葬坑中最晚的。

北部中间有 7 座葬坑，分别是 M38、M22 ~ M27。它们都是南北向。M23 埋 6 具人骨架，其余诸坑均埋 3 具人骨架，都是砍头，俯身。部分葬坑的人骨染有朱红色。均填夯土。它们所处的层位，报告多没有透露。除 M24、M25 所处位置的地表高度不知外，其余诸坑所在的地表高度一致，但它们的开口距地表深 0.45 ~ 0.80 米，自深 0.57 ~ 0.85 米。据此，笔者认为它们也不是同时埋葬的，但从其排列整齐看，它们的时代当相距不远。

东北隅有 5 座葬坑，分别是 M89、M35、M30、M182、M31。它们的层位和性质比较复杂。

M89 埋呈跪姿的人骨架 1 具，其叠压在乙十基址之下。M35 也叠压在乙十基址下，其开口于灰褐土下，又打破灰褐土。埋 9 具人骨架，均全躯，都是儿童，可辨者均俯置。按《殷墟建筑遗存》第 103 页插图三十七"乙十基址平面及断面"，乙十基址自西向东依次是褐土、灰褐土和黄熟土，它们的底部在一个平面上，很可能是乙十基址的垫土，那么 M89、M35 很可能是在乙十基址建筑过程中埋入的，它们的性质当和北组其他葬坑的性质有别。姑且存疑。

据《北组墓葬》，M182 开口于地面土下，打破褐土，开口距地表深 0.4 米。而据《殷墟建筑遗存》第 94 ~ 96 页，M182 在乙八基址的下面，与乙七基址有关；据《殷墟建筑遗存》第 103 ~ 105 页，M182 在乙十基址范围内，为基下墓。查乙八基址平面图，M182 西半部分位于乙八基址基槽外，东半部分叠压于乙八基址下。只能是乙八基址的基槽打破了 M182，M182 与乙八基址的营造无关，当以《北组墓葬》为是。M182 埋有 10 具羊骨架。

M31 南北长 1.75 米、东西宽 0.7 米，有俯身全躯人骨架 1 具，有腰坑，随葬有陶壶及石璧、石戈。M31 应该是正常的墓葬。

M30 埋多具人骨架，其中有 7 个头骨，石璋如据躯骸短小推测所埋为儿童。从《北组墓葬》插图一一一中人头骨乱置的状况分析，这些牺牲是被砍头的。

东南部的葬坑有 M49、M148、M188、M197、M219、M208、M191、M205、M235、M239、M238、M242、M209、M210、M223 等 15 座。除 M197、M188、M223 等为东西向长方形外，其余都是南北向长方形。M209 出土有猪骨骸，M209 打破的 H159 也出土有十几个猪头骨、六七具椎骨及肋骨，不见腿骨。H159 出土的猪骨或是祭祀后瘗埋的祭品，或是猪经肆解后，选出适当的部位作祭品后的剩余。M210 出土 6 根鸟腿骨和少量其他杂骨。其余葬坑均埋人骨架，或砍头，或全躯，或被扰乱仅存腿骨；或俯置，或呈跪姿。人骨架 1、2、3、5 或 7 具以上不等。

M197 应如岳洪彬等所言早于殷墟一期。M238 出土有属于殷墟二期的青铜容器、武器等。M238 被乙十一后期基址打破或叠压，石璋如认为其早于乙十一后期基址，晚于乙十一前期基址，而与乙七基址同时。M188 埋 2 具全躯人骨架，一仰跪、一伏跪。还出土有青铜器 8 件，这些器物属于殷墟二期偏早。M188 打破或叠压 M205，故 M205 不晚于殷墟二期偏早阶段。

在这片葬坑中，M148 为乙十二基址所打破，所以 M148 不晚于乙十二基址。乙十二基址打破出土自组卜辞的 H138，还打破属于祖庚、祖甲时期的乙十一后期基址，故其很可能不早于祖甲时期，在廪辛时期以后。[1] M148 附近的 M49 开口距地表深度与其相同，所埋内容相似，它们的年代当相近。

M191 叠压在黄灰土下，打破 M204 和黄灰土，开口距地表深 0.62 米。其西侧的 M208 开口距地表深 1.24 米，所处的层位关系见图 2.1-9。

---

① 朱凤瀚：《论小屯东北地诸建筑基址的始建年代及其与基址范围内出土甲骨的关系》，北京大学中国考古学研究中心、北京大学震旦古代文明研究中心编《古代文明》第 3 卷，文物出版社，2004，第 167~219 页。

地面土→杂土→黄灰土→夯土→M208→K15

乙十二基址↗

图 2.1 - 9　M208 所处层位关系

注：→表示叠压或打破。

据此，笔者推测 M191 晚于 M208，而 M208 不晚于乙十二基址。

M242 叠压于乙十一后期基址下，又打破乙十一前期基址。而乙十一前期基址建于武丁中期偏早，后期基址建于祖庚、祖甲时期，[①] 那么 M242 的年代很可能属于武丁后期。

总之，北组墓葬中凡出土时代特征鲜明的陶器和铜器的葬坑，均属于殷墟第二期。

中组墓葬分布在北组墓葬的南边，分布范围大致呈正方形，约 30 米见方。中组墓葬共有 80 座葬坑。中组墓葬的东部为乙十二基址所叠压、打破，可能有一部分葬坑遭到了破坏，其原数目要多于 80 座。M119 内填黄灰土和石子，石璋如认为它是"较墓葬群为早的现象而经过扰乱者"。[②] 中组墓葬多为南北向长方形，少数为东西向长方形。均为竖穴土坑。

除 M152 埋 3 羊 3 犬，M164 埋 1 人 1 马 2 犬外，其余都埋的是人。人多被砍头，全躯者只有 M164、M175 两葬坑，躯体多俯置，头颅多放在坑内。每坑 1 ~ 13 人不等。M164 伴出有青铜武器、马饰和陶器。有部分葬坑出土有蚌泡和铜铃。M351 埋 5 具砍头的人骨架，出土有 10 个蚌饰，还发现有漆皮。石璋如认为漆皮是 5 个盾的遗留。大多数葬坑只有人骨架。

关于中组墓葬的年代，从 M164 出土陶圈底罐、盆、罍、器盖、中柱盂等看，其属于殷墟二期。另有 M156、M154、M155 相对集中在一起，它们的开口距地表深均为 0.2 米，所处层位均为：叠压于地面土下，打破黄灰土。而黄灰土又叠压 H117，H117 又打破 H121 和黄灰土，H117 打破的黄灰土又叠压 H127，陈梦家根据 H127 所出刻辞甲骨，推断其属于武丁时

① 朱凤瀚：《论小屯东北地诸建筑基址的始建年代及其与基址范围内出土甲骨的关系》，《古代文明》第 3 卷，第 167 ~ 219 页。
② 石璋如：《小屯第一本・遗址的发现与发掘・丙编・殷墟墓葬之一・中组墓葬》，第 114 页。

期,① 则这几座葬坑的年代当不早于武丁时期。M237、M351 被乙十三基址打破,而乙十三基址建于祖庚祖甲时期,② 故它们不晚于祖庚祖甲时期。4:M9、M166、M293、M294、M295、M285、M283、M292、M260、M259被乙十二基址打破,它们不晚于乙十二基址,乙十二基址很可能不早于祖甲时期,在廪辛时期以后。M336、M274、M281、M276、M282、M218、M264、M269 被乙十一后期基址打破,又打破乙十一前期基址,而乙十一前期基址建于武丁中期,乙十一后期基址建于祖庚祖甲时期,则 M336 等葬坑当不早于武丁中期,不晚于祖庚祖甲时期。M165 打破乙十一前期基址,故其不早于武丁中期。

中组墓葬中有 M152、M153 打破黄灰土,黄灰土又叠压 M176 和 M179。③

北组和中组墓葬中的绝大多数葬坑是在其附近的建筑基址内(或附近)进行祭祀活动后埋藏祭品的瘗埋坑。

在乙组基址内还有一些人或动物的骨骼,它们或出土于地层,或出土于灰坑。如在最初被称作黄土台或黄土堂基的乙一基址的东边 B44、B57、B61、B56、B60 等探坑内"埋有许多猪骨,有的仅有头骨,有的仅有身体,有的则为整体",这些猪骨出土时距地表 1.8～5.6 米不等。在乙一基址北边还有十余个虎头骨。乙一基址叠压的 3:H13 出土有人骨和带角的鹿骨,6:H2、4:H17 出土有带角的鹿头骨和带獠牙的兽头,6:H20、7:H1 等均出土有鹿角。④

董作宾在《甲骨学五十年》中推测"黄土基址,位居中央,附近又有埋猪的遗迹,似乎是宗庙之一"。⑤ 杜金鹏认为乙一基址是"桌台",它旁边的虎、猪等牺牲,是宫殿区开始营建时举行隆重仪式的遗留。⑥ 在此后

---

① 陈梦家:《殷墟卜辞综述》,科学出版社,1956,第 158 页(H127 主要出土子组和宾组卜辞,也有午组和其他不属于这些组的少量卜辞,但其年代均属于武丁时代);《殷墟的发现与研究》,第 63 页。

② 朱凤瀚:《论小屯东北地诸建筑基址的始建年代及其与基址范围内出土甲骨的关系》,《古代文明》第 3 卷,第 167～219 页。

③ M179 在报告发表的系列有关中组、北组墓葬的图中为 M79,当是笔误。本书图 2.1-8 小屯乙七基址南祭祀坑分布示意图,没有对 M79 的编号做改正。

④ 石璋如:《殷墟遗址中的两处重要遗迹——大连坑与黄土台》,《中央研究院历史语言研究所集刊》第 52 本第 4 分,1981 年。

⑤ 董作宾:《甲骨学五十年》,第 40 页。

⑥ 杜金鹏:《殷墟宫殿区建筑布局和性质简论》,《中国文物报》2005 年 3 月 4 日,第 7 版。

出版的《殷墟宫殿区建筑基址研究》中，杜金鹏详细分析了乙一基址东侧的这批牺牲遗存，指出它们与乙一、乙二基址有关，乙一基址是殷墟宫殿区用于辨方正位的专门设施——方位台，这批祭祀遗存与建造方位台的祭祀典礼有关。[①]

笔者认为乙一基址附近的猪骨架埋藏深度不一，很难认定它们是乙一基址营造或落成时埋入的，但这些分布相对于北组和中组墓葬显得零散的人或动物骨架，大多是在附近举行祭祀或巫术活动用牲的瘗埋。

四 小屯丙组基址内的祭祀遗存

小屯丙组基址内的祭祀遗存资料散见于石璋如的《河南安阳小屯殷代的三组基址》《小屯殷代丙组基址及其有关现象》《殷代坛祀遗迹》等论文[②]和《殷墟建筑遗存》《丙区墓葬》两报告。

丙组基址的祭祀遗存主要分布在丙一、丙二、丙三、丙四、丙七、丙八等基址附近。先由基址说起（见图2.1-10）。

丙一基址，残存南北宽约17米，原宽可能为20米，东西尚未发掘到边，就已发掘部分，其东西长约20米，系用黄土夯筑而成。南北两侧各有三层台阶。南面第一层台阶下埋有墓葬，第二层台阶有两组柱洞和一组础石，石璋如认为这些柱洞和础石是两座门的遗迹。第三层台阶上有东西向七个础石，石璋如认为是供立栏杆用的。

丙一基址上有五个小基址，即丙二、丙三、丙四、丙七、丙八等，它们排列成南北三行。

丙二基址在中间，呈长条形，东西长10.2米、南北宽1.7米。其打破丙一基址，系用灰土夯筑而成。现存基面高出丙一基址0.15米。

丙三基址在丙二基址的西北，平面近方形，东西长3米、南北宽2.5米。其打破丙一基址，用黄灰土夯筑而成。现存基面与丙一基址同。

丙四基址位于丙二基址的东北，近方形，东西长2.7米、南北宽2.5米。其打破丙一基址，本身为黄灰土，夯土层不明显。

① 杜金鹏：《殷墟宫殿区建筑基址研究》，第110~113页。
② 三篇分别刊于《大陆杂志》第21卷第1、2期合刊，1960年；《中央研究院历史语言研究所集刊外编第四种·庆祝董作宾先生六十五岁论文集》；《中央研究院历史语言研究所集刊》第51本，1980年。

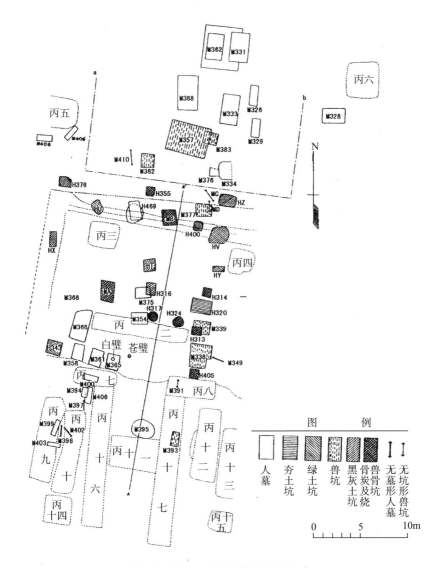

图 2.1 - 10　小屯丙区祭祀遗迹分布

资料来源：石璋如：《小屯第一本·遗址的发现与发掘·丙编·殷墟墓葬之五·丙区墓葬》，第 419 页。

　　丙七基址位于丙二基址的西南，平面呈东西向长方形，东西长 4.8 米、南北宽 1.8 米。基址为褐色软夯土。

　　丙八基址位于丙二基址的东南，平面也是东西向长方形，东西长 4.8 米、南北宽 1.8 米。基址为褐色土，局部为褐色夯土。其四角有四个础石。

石璋如最初认为丙七、丙八基址是沿丙一基址的南边而建的，后他改认为，它们均是建筑在丙一基址范围之内的，只是丙一基址南边被扰乱了。

关于这 6 座基址的时代关系，石璋如认为丙一基址相当于埠，其余 5 座基址相当于坛。它们类似《尚书·金縢》中的"三坛同埠"，那么石璋如是把它们看作同时的建筑了。但从诸基址打破丙一基址，且各基址的土色不一致，建筑方法上或夯筑或不施夯，即便是夯筑质量也不一致等方面分析，它们不可能是同时兴建的。另外，祭祀坑 M354 打破丙一基址，但其又被丙二基址叠压。而 M354 可能是丙一基址使用时期的祭祀遗存，那么丙二基址营造时，丙一基址已经使用了一段时间。从《殷墟建筑遗存》插图六十七提供的层位关系看，自身填夯土的祭祀坑 M400 打破乱夯土，乱夯土又叠压丙七基址。乱夯土是经扰乱的夯土，它们极可能是丙七基址被扰乱后形成的，那么 M400 是丙七基址废弃后的祭祀遗存，这说明丙七基址废弃后，这里仍有祭祀活动存在，也可能有基址仍在使用。

总之，笔者认为这 6 座基址不是同时营造的，废弃时间也不一致，但不排除它们共存过一段时间的可能。

在这些基址的范围内分布有大量基址使用时期的祭祀遗存，按各埋藏内容的不同可以把这些遗存区分为"人墓"、"兽坑"、燎祭遗迹、"绿土坑"和空坑等几类，兹简要介绍于下。

"人墓"即埋有人的祭祀坑，有 M358、M361、M365、M366、M354、M375、M400、M394、M406、M397 等，但从《殷墟建筑遗存》插图六十一、六十看，M365、M375 均开口于基址的夯土层中，那么它们当是基址营造过程中的祭祀遗存，而非基址使用时期的祭祀遗存。这样基址使用时期的"人墓"就只有 8 座。但石璋如多次提到 M358、M361、M365 的层位不相同，不排除 M358、M361 中有一墓也是基址营造过程中形成的可能。此外，"早于基址的墓葬" M349 没有明显的墓圹，也是夹在黄夯土的夯土层中，所以它也是建筑营造过程中的祭祀遗存。[①]

这些"人墓"，M358、M361、M366、M354 相对集中在丙一基址的西

---

① 岳洪彬、岳占伟已经指出其是"奠基类遗存"。见岳洪彬、岳占伟《殷墟宫殿宗庙区内的墓葬群综合研究》，《三代考古》（六），第 260~276 页。

南，其内人牲均被砍头，除 M358 外，人头均置于祭祀坑内。M366 内有 20
具人骨架，其余均为 3 具。M400、M394、M406、M397 等相对集中在丙七
基址的南边，M406 有 2 具成人骨架，其余 3 座分别有 1 具人骨架，似为儿
童。除 M397 形状不清楚外，其余 7 座祭祀坑均填夯土。

从整个祭祀遗存的分布看，"人墓"居于遗址的偏西南。

"兽坑"就是埋牲畜的祭祀坑。有 M338、M339、M377、M391、MD
等。M338 分两层埋 11 具动物骨架，上层有 2 羊 3 犬和许多碎骨；下层埋
5 羊 1 犬。上下层间有 0.25 米厚的土层相隔。M338 的平面形状不规则，
很有可能是这两层骨架原属于两个祭祀坑，发掘时混作一个了。M377 内
有 20 具犬骨架，犬的体形有大小两种，填黄灰土。M339 内有羊骨架 3 具，
填略经夯打过的硬黄土。M391 的形状不清楚，埋 1 犬。MD 被叠压在
M377 之下，包含有多条牛腿骨，这些牛腿骨的关节多未被砍断，仍然系
连着，多被弯曲成三角形，有的堆在陶豆中，有的散在一旁。

燎祭遗迹均含有大量的黑土或灰土，石璋如认为这类土是火烧燎所
致。根据烧燎过程中是否有牺牲，它们还可以细分为两类。

第一类包括 MA、MB、MC、H314、H313、H317、H324、H355、H405
等。它们均包含有被烧过的动物残骨，MA 为 7 节烧过的牛颈椎，MB 为 1
个烧过的牛角，MC 内至少有 8 根烧过的牛腿骨，这些腿骨均从关节处被
砍断。MC 内还有一片直径约 1 米的烧土，可能是原燎祭处。MB、MC 内
均有木炭。H314 是一个约 1 米见方、深 0.4~1.5 米的方坑，内填黑灰土，
下层有被烧过的羊骨，羊的个体至少有 3 只。H313 呈方形，深约 1 米，填
黑灰土，包含有碎小的烧成炭的骨块。H317 是一个圆坑，填黑土，包含有
陶片和兽骨。H324 也是一个圆坑，上层填黑土，下层为绿灰土，包含有烧
成炭的兽骨和陶片，复原了一件陶尊，但不知道兽骨出在哪层。石璋如认
为绿灰土是谷类的残遗。H355 是一个深 0.4 米的方形坑，填黑灰土和木炭
屑，包含有烧烤过的羊、犬的骨骼。H405 内填黑灰土，包含有被烧过的羊
骨 4 块。

另一类在烧燎的过程中没有用牲的痕迹，石璋如称其为"柴灰坑"。
柴灰坑有 H316、HU、HV、HX、HZ、HT、H343、H376 等。其中 H376 是
一个深 0.55 米的方形坑，其上层填黑灰土，下层填绿土。绿土可能是谷类
遗存。还出土一个陶盆和若干块兽骨。

"绿土坑"是坑内填绿土的坑。这些绿土没有化验，石璋如凭经验推测它们是谷类遗存。共有 2 个这样的遗迹。H400 是一个规整但较浅的长方形坑，内填纯净的绿土。石璋如认为它和"献谷或献新的祭祀有关"。HY 是一个深 0.3 米的近长方形坑，其填土分两层，上层为黄礓石，下层为绿土。

空坑只有一个，即 H320，其东西长 2.2 米、南北宽 1.55 米、深 0.5 米，内填夯土。石璋如把它和酒祭联系了起来，推测是"酒池"。[1]

在基址范围内还有一个编号为 H469 的遗迹，没有发掘，其坑口的土为"黄微灰土"。

上述祭祀遗存间有多组叠压打破关系，如 H316 打破 M375、H313 打破 M339、M394 打破 M406、M377 叠压 MD。

石璋如把上述遗迹进行了分组，还原于其原本所祀的基址。但笔者认为在没有搞清基址间的时间关系前，所做的此类工作只能是猜测。

关于丙组上述基址的性质，石璋如早年在《殷墟建筑遗存·自序》中说它们和乙组基址在布局和形制上"颇有左宗庙右社稷的可能"。朱凤瀚也认为丙组基址形制符合典籍所谓"墠上立坛"之社制，用牲遗迹与卜辞社祭之祭法和用牲法相合，故认为其是社。[2] 其文亦认为商代有左宗庙、右社稷之制。杜金鹏也指出丙一、丙二、丙三、丙四基址是社祭建筑群落遗迹。[3] 笔者认为商代社的形制和社在都邑中的位置并不像以上学者所言，详见下节。

石璋如晚年认为上述基址和祭祀遗迹与社祀无关，而是坛祀遗迹。至于所祀神灵，"丙一大基址可能是一处经久性而多目标的祭坛。其上的三坛，很可能在某一时期有相关性"。[4]《殷墟的发现与研究》认为丙三、丙四、丙五、丙六基址可能是祭坛之类的建筑，与乙组基址中的宗庙基址密切相关；丙二、丙十二、丙十三等基址是住人的；分布在丙二基址周围的

---

[1]　石璋如：《殷代坛祀遗迹》，《中央研究院历史语言研究所集刊》第 51 本。

[2]　朱凤瀚：《殷墟卜辞所见商王室宗庙制度》，《历史研究》1990 年第 6 期。

[3]　杜金鹏：《殷墟宫殿区建筑布局和性质简论》，《中国文物报》2005 年 3 月 4 日，第 7 版；杜金鹏：《殷墟宫殿区建筑基址研究》，第 336～374 页。

[4]　石璋如：《小屯第一本·遗址的发现与发掘·丙编·殷墟墓葬之五·丙区墓葬》，第 415 页。

小葬坑可能是祭祀宗庙中先公先王的牺牲。① 笔者倾向于这些基址和祭祀遗存与祖先祭祀有关的观点，理由有三。

首先，甲骨卜辞记载商王的祖先有坛。

1）于毓祖丁旦？（《合集》27308）

2）〔于〕祖丁旦？（《合集》27309）

3）于祖丁旦寻？

于庭旦寻？

于大学寻？（《屯南》60）

4）己酉卜，暊贞：翌日父甲旦（ ▣ ）其十牛？（《合集》27446）

上引诸辞中的"旦"假作"坛"，② "庭旦"可能就是太庙庭院中的坛。③ 唯卜辞过于简略，我们已难知商人在旦所举行的祭祀活动的内容。卜辞中有燎、旦二字见于一辞的。

5）贞：燎于旦……（《英藏》1182）

上辞残泐，虽然难以确定其中的旦就是坛，但也是有可能的，那么在坛的祭祀方法当有燎祭，这与上述祭祀遗存是一致的。

其次，文献记载周初祭祀祖先有坛。

《尚书·金縢》记载：武王有疾，不愈，周公"为三坛同墠。为坛于南方，北面，周公立焉。植璧秉珪，乃告大王、王季、文王"。孔安国传："因太王、王季、文王请命于天，故为三坛。坛筑土，墠除地，大除地，于中为三坛。"孔颖达疏："'请命'请之于天，而告三王者，以三王精神已在天矣，故'因太王、王季、文王以请命于天'。三王每王一坛，故

---

① 《殷墟的发现与研究》，第 66 页。

② 陈梦家：《殷墟卜辞综述》，第 472 页。

③ 连劭名：《商代祭祀活动中的坛位》，安徽大学古文字研究室编《古文字研究》第 22 辑，中华书局，2000，第 13～21 页。陈梦家《殷墟卜辞综述》认为"庭旦"是地名（第 472 页）。中国社会科学院考古研究所编著《小屯南地甲骨》（下册第 1 分册，中华书局，1983，总第 840 页）认为旦是宗庙建筑的一部分。今从连劭名说。

'为三坛'。……周公为坛于南方，亦当在此墠内，但其处小别，故下别言之。"① 可见周初祖先有坛，但需注意的是，周初主祭者也有坛。

再次，后世的宗庙中也有坛。如《礼记·祭法》云："天下有王，分地建国，置都立邑设庙祧坛墠而祭之，乃为亲疏多少之数。是故王立七庙，一坛一墠，曰考庙，曰王考庙，曰皇考庙，曰显考庙，曰祖考庙，皆月祭之。远庙为祧，有二祧，享尝乃止。去祧为坛，去坛为墠。坛、墠有祷焉，祭之；无祷，乃止。去墠曰鬼。诸侯立五庙，一坛一墠，曰考庙，曰王考庙，曰皇考庙，皆月祭之。显考庙、祖考庙，享尝乃止。去祖为坛，去坛为墠，坛、墠有祷焉，祭之；无祷，乃止。去墠为鬼。大夫立三庙二坛，曰考庙，曰王考庙，曰皇考庙，享尝乃止。显考、祖考无庙，有祷焉，为坛祭之。去坛为鬼。適士二庙一坛，曰考庙，曰王考庙，享尝乃止。显考无庙，有祷焉，为坛祭之。去坛为鬼。官师一庙，曰考庙，王考无庙而祭之。去王考为鬼。庶士、庶人无庙，死曰鬼。"②

上引文献对不同等级的庙数和毁庙制度（或坛墠制度）做了描述。据对甲骨卜辞的研究，商代为高祖远公、直系先王和少数直系先王的法定配偶立庙，这些宗庙在商代后期一直存在，没有被毁的信息。③ 商代没有毁庙之制，上引坛墠之制自不合于商制。但周代的坛墠制度不会凭空而生，其极有可能是对商代诸祖先祭祀建筑的功用改革调整的结果。

近代一些民族也有祭祀祖先的坛。凌纯声在《中国祖庙的起源》中列举了台湾少数民族内文社的坛墠、波利尼西亚群岛之社会群岛中大溪地岛（塔希提岛，Tahiti）的三种坛墠形式和托玛土群岛（Tuamotuan）的坛墠，这些民族学资料为中国上古与祭祀祖先有关的坛墠制度做了生动的注脚。④ 凌纯声文中托玛土群岛西部 Napuka、Fakahina、Vahitahi 等岛区的坛墠，其形制如图 2.1-11，坛长 20 呎，广 4 呎，高 1 呎 5 吋⑤。坛后石主高 4 呎，

① （汉）孔安国传，（唐）孔颖达疏《尚书正义》卷13《金縢》，廖名春、陈明整理，北京大学出版社，1999，第 332~333 页。
② （汉）郑玄注，（唐）孔颖达疏《礼记正义》卷46《祭法》，第 1300 页。
③ 朱凤瀚：《殷墟卜辞所见商王室宗庙制度》，《历史研究》1990 年第 6 期。
④ 凌纯声：《中国祖庙的起源》，《中央研究院民族学研究所集刊》第 7 期，1959 年。
⑤ 呎为英尺旧称，1 英尺约等于 0.3 米；吋为英寸旧称，1 英寸为 2.54 厘米。

埠中石座之立石距坛 35 呎。小坛在大坛之左。埠角有一骨坎以小石围成一圈，埠边有 Pisonia 树。坛上的立石象征神祇和祖神，坛前的石座为祭尸之位，埠中的立石有的是祖神之位。在祭坛后或庙地之外建有祖庙，中藏木匣，或小的木神屋，屋中藏木刻神主，祖先的头发、牙齿或指甲，有时也藏人骨。祭祀时把这些东西抬至坛上受祭。

图 2.1 – 11　托玛土群岛西部庙社的坛埠

资料来源：凌纯声：《中国祖庙的起源》，《中央研究院民族学研究所集刊》第 7 期，1959 年。

总之，笔者倾向于小屯丙区的丙一、丙二、丙三、丙四、丙七、丙八等基址是祭祀祖先的祭所，其周围的祭祀遗存是屡次祭祀祖先的遗留。但就目前的资料和研究，不排除在丙组基址范围内的祭祀遗存是多种祭祀遗留的可能。

在上述基址的北边还有丙五、丙六基址，《殷墟的发现与研究》认为它们也是坛类建筑。在丙五基址的南边有 2 座墓葬，分别埋 1 人，填土均非夯土。石璋如认为“它们可能与基址同时。而且可能为基址而葬埋”。[1]

丙十一基址北侧的 M395、叠压 M395 的土层中出土的牛头骨、叠压于丙九基址下的 M403、丙九基址东侧的 M396 等都是在附近举行祭祀活动后的瘗埋，但它们的年代不能确定。

宋镇豪认为丙组的“17 座都是坛埠式建筑，其西南又有 10 余座房基，面积都不大，似即高祖远公‘右宗’或‘西宗’所在”。[2]且备一说。

---

① 石璋如：《小屯第一本·遗址的发现与发掘·乙编·殷墟建筑遗存》，第 178 页。
② 宋镇豪：《中国风俗通史（夏商卷）》，第 671 ~ 672 页。

五 小屯丁组基址的祭祀遗存

1990 年在小屯丁组基址的房址 F1 东南发掘了 6 座祭祀坑。[①] 这 6 座祭祀坑自西向东大致呈一线排列，均为东西向长方形竖穴土坑。其中 M8 ~ M10 分别埋 3 人，其余 3 坑分别埋 1 人，人多被砍头。M8 ~ M10 的人骨架上均覆盖陶片。其中 M10 出土有铜管銎斧 4 件、环首刀 3 件。报告由铜管銎斧推测"人牲有可能是来自北方草原地区的战俘"。这 6 座祭祀坑为大司空一期。

这 6 座祭祀坑与丁组基址的 F1 没有层位关系。它们应是丁组基址内祭祀后的祭品瘗埋坑。

六 藁城台西遗址祭祀遗存

1973 ~ 1974 年，在藁城台西遗址的房基 F2 北室的东侧发掘到 4 座祭祀坑（编号分别为 H82、H83、H76 和 H104）。[②] H82 平面呈长方形，长 75 厘米、宽 60 厘米、深 30 厘米；H83 平面近长方形，长 70 厘米、宽 50 厘米、深 30 厘米；H76 略呈平行四边形，长 170 厘米、宽 70 厘米、深 50 厘米；这三个坑分别埋牛、羊、猪三牲。H104 呈圆角长方形，长 150 厘米、宽 130 厘米、深 162 厘米，内埋 3 具人骨架。两具为成年男子，一具为 14 岁左右男子。报告根据骨架展现的姿态推测，这 3 具人牲是被捆绑后活埋的，它们属于中商时期。报告认为这些祭祀坑是 F2 营建过程中形成的。宋镇豪、王震中推测这 4 座祭祀坑是房子 F2 建成后举行落成仪式的遗存。[③] 宋镇豪后来改变了看法，"疑此为邑内宗族或家族特置的祀先祖祭所"。[④]

这些祭祀坑平面形状不一致，深浅也不一致，虽然集中在一起，但分布没有规律（见图 2.1 - 12）。据此，笔者倾向于它们不是同时形成的，但都是 F2 使用过程中形成的。宋镇豪后来的看法是正确的。

---

① 《安阳殷墟小屯建筑遗存》，第 89 ~ 106 页。
② 河北省文物研究所：《藁城台西商代遗址》，文物出版社，1985，第 17 ~ 20、35 ~ 36 页。
③ 宋镇豪：《中国上古时代的建筑营造仪式》，《中原文物》1990 年第 3 期；王震中：《商代史·卷五·商代都邑》，中国社会科学出版社，2010，第 299 页。
④ 宋镇豪：《商代邑制所反映的社会性质》，《中国史研究》1994 年第 4 期；宋镇豪：《夏商城邑的建制要素》，中国文物学会、中国殷商文化学会、中山大学编《商承祚教授百年诞辰纪念文集》，文物出版社，2003，第 149 ~ 168 页。

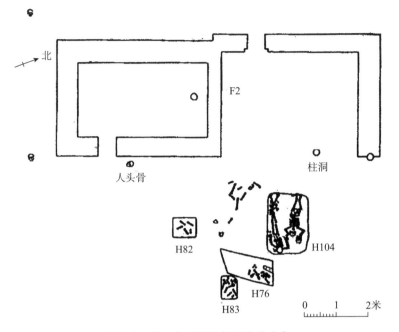

图 2.1 - 12　台西遗址祭祀遗迹分布

资料来源:《藁城台西商代遗址》,第 18 页。

七　小屯西北地祭祀遗存

小屯西北地遗址的东边缘距小屯乙二十基址 130 多米,属于过去认定的殷代宫殿宗庙区范围。1985 年在小屯西北地发掘到 17 座祭祀坑。这些祭祀坑东北距妇好墓约 50 米,在殷代大型房基 F29 南和 F27 东南。其中 F29 东南 3~5 米处,东西长约 10 米、南北宽约 8 米的范围内集中了 M39、M49、M50、M51、M52、M53、M54、M55 和 M62 等 9 座祭祀坑。这些祭祀坑的西边有 M57、M60,但在报告平面图中不见 M57、M60,殆为被扰乱故。它们的东边有 M64。M42、M45、M46 集中分布在 F27 东南,它们的北侧有 M58(见图 2.1 - 13)。

除 M58 是平面略呈椭圆形的土坑,埋一条狗外,其余均是长方形竖穴,埋人。多数坑穴窄小浅坦、简陋,仅够容身,填土也未经夯打。其中埋 1 人的 6 坑,埋 2 人的 9 坑,埋 3 人的 1 坑。一人坑中只有一座的人牲为砍头,其余都是全躯。两人坑中至少有 8 具人牲为砍头,头颅和躯体共

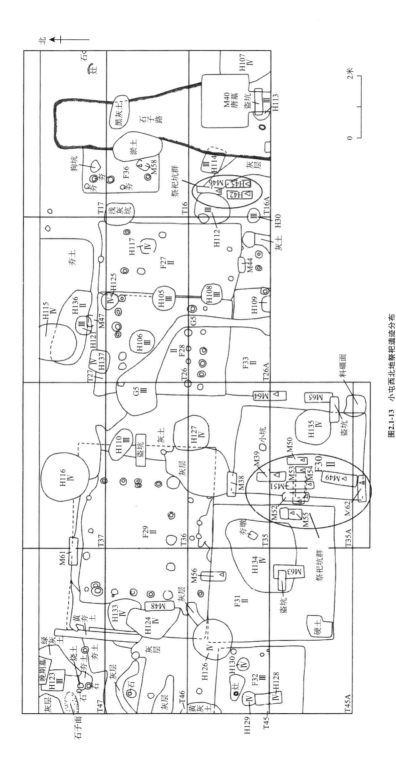

图2.1-13　小屯西北地祭祀遗迹分布

资料来源：中国社会科学院考古研究所编著《安阳小屯》，世界图书出版公司，2004，第17页。

存。三人坑的人牲也是砍头。人牲中有儿童，也有成年男性。与人牲伴出的有少量玉柄形器和饰品。

祭祀坑多为南北向，只有 M53、M54、M60、M62 等 4 座为东西向。其中有南北向祭祀坑 M52 叠压东西向祭祀坑 M53、南北向祭祀坑 M51 打破东西向祭祀坑 M53 和 M54。报告据这些层位关系推测，东西向祭祀坑早于南北向祭祀坑。报告还从南北向祭祀坑 M46 被殷墟三期灰坑 H112 打破、祭祀坑出土玉柄形器与属于二期的妇好墓所出者近似、多数祭祀坑位于第二期建筑 F29 的南面等推测，"这批祭祀坑很可能属殷墟第二期……祭祀活动至少分两次进行，第一次 4 坑 8 人，第二次 13 坑 19 人和 1 只狗"，[①] 而祭祀坑附近的建筑 F29 可能是殷墟 "第二期修建的祭祀性建筑，大概是甲骨卜辞中所见的 '宗'"。[②]

在认同报告对祭祀坑年代所做推论的同时，学者也注意到祭祀坑 M56 打破 F29，而对 F29 年代的认识也不一致。如《殷墟的发现与研究》第 74 页认为，F29 在殷墟二期偏晚阶段起已逐步废弃；而报告第 41 页认为：大概到第四期才废弃。而这 17 座祭祀坑并不集中于一处，因此很难说方向相同的祭祀坑时代就相同。总之，笔者对这 17 座祭祀坑的年代存疑，但它们当是在其附近建筑中（或建筑附近）举行祭祀活动的遗存。

关于祭祀对象，《殷墟的发现与研究》第 76 页认为，这些 "小墓和祭祀坑，大概都是祭祀墓主时所用的人牲"。报告修正为 "大概是为祭祀殷王室成员而挖埋和被杀戮的人牲"。笔者认为，小屯西北地 F29 规模较小屯乙组基址小，其附近祭祀坑的规模也小于北组和中组墓葬，故其可能是某个高级贵族的宗庙性建筑。那么这里的祭祀遗存也当是高级贵族的庙祭遗存。[③] 最近，刘一曼撰文从非王卜辞中的宗庙祭祀、小屯出土非王卜辞地点等方面论证了 F29 是与王有密切血缘关系的某一个子族的宗庙。[④]

① 《安阳小屯》，第 169 页。
② 《安阳小屯》，第 41 页。
③ 从小屯宫殿宗庙区内出土有非王卜辞，分布有小屯 18 号墓、花园庄 54 号墓等看，此区域内除了居住有时王，还有王室成员、高级贵族。
④ 刘一曼：《殷墟商代族宗庙的发现与研究》，殷墟科学发掘 90 周年纪念大会暨殷墟发掘与考古论坛会议论文，2018。

八 郑州梁湖遗址祭祀遗存

梁湖遗址位于郑州市区东南部，郑州市经济技术开发区梁湖村以东，南三环以北，西北距郑州商城约 8000 米。该遗址处于"圃田泽"西部的边缘地带。其地势西高东低，为起伏不平的岗地。遗址面积达 20 万平方米。遗址主体是龙山和商文化堆积。晚商时期的主要发现是房址 F6、F7 和一批祭祀坑（见图 2.1－14）。

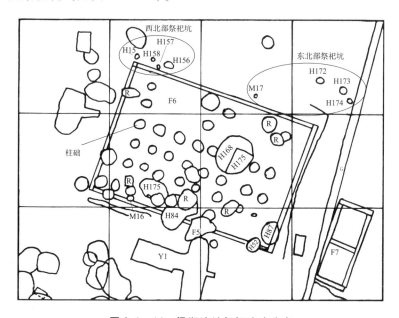

图 2.1－14 梁湖遗址祭祀遗迹分布

资料来源：信应君：《梁湖遗址商代大型建筑基址性质初探》，《黄河·黄土·黄种人》2017 年第 10 期。改绘。

F6 平面呈长方形，方向 200°。东西长 20.75 米、南北宽 15.25 米，面积 300 余平方米。采用中间立柱、周围用夯土打墙、上部起架的建筑方式。F6 的地面没有经过夯打。屋内发现残存夯土坑 35 个，其布局为东西 8 排，南北 6 排。房址墙体西部、南部破坏无存，仅残存东墙和北墙东端部分，墙壁夯筑，残高 0.12 米。房址外围西南部、东部和东北部发现有宽 0.5 米、残深 0.1 米的小水沟，可能是房屋的散水。

F6 西北部有 4 座祭祀坑 H156、H157、H158 及 M15；东北部有 4 座祭祀坑 H172、H173、H174 及 M17；西南部有一座祭祀坑 M16；在发掘东南部时，也发现有已遭破坏的小孩骨骼。

其中，M15 平面呈圆形，陶瓮内有一具人头骨。M16 平面呈圆角长方形，打碎的陶瓮内有一具幼儿骨骼。M17 平面呈长方形，内有一具人头骨。

祭祀坑 H156、H157、H158、H172、H173、H174 的内涵，信应君文没有详细介绍，但发表有遗迹的照片（见图 2.1 - 15）。据照片分析，它们就是所谓的"陶器坑"。此外，M13 形制近椭圆形，骨架散乱，头骨与肢

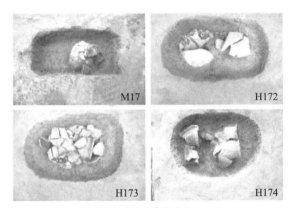

F6 东北部祭祀坑

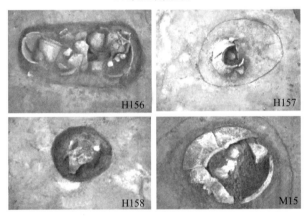

F6 西北部祭祀坑

图 2.1 - 15　梁湖遗址祭祀坑

资料来源：信应君：《梁湖遗址商代大型建筑基址性质初探》，《黄河·黄土·黄种人》2017 年第 10 期。

体分离，头骨上有一铜镞。墓主人显系非正常死亡，可能与战争或祭祀相关。

发掘者信应君根据 F6 的形制、规模推测，该房屋应为居住或聚议或祭祀所用。文末他又明确指出："推断这座大型建筑基址应当是一处举行重要祭祀活动的宗庙场所。东侧的 F7 可能是举行祭祀活动的神职人员或守护人员的居住场所。其周边的祭祀坑可能与这处大型建筑奠基祭祀有关。"

已知的 10 座祭祀坑，除了 M16 外均不在 F6 范围内，祭祀坑 H172、H173、H174 距离 F6 约 5 米。M16 与 F6 的层位关系也不清楚。笔者倾向于 M16 是与 F6 营造有关的祭祀遗存，其他祭祀坑中至少有一部分是 F6 使用期间留下的遗存。

九 相关讨论

以上所述祭祀遗存多是在附近的建筑范围内举行完祭祀活动后对祭品的瘗埋。

陈梦家把商代的建筑分为藏主之所、祭祀之所、居住之所、享宴之所和治事之所。藏主之所有：宗、升、家、室、亚、宎、旦、宎。祭祀之所有：宗、东室、中室、南室、血室、大室、𡩜室、南宣、公室、皿宫、庭。[①] 东室、中室、南室、血室、大室、𡩜室、南宣、公室、皿宫都是祭祀所在的宗室，大室也兼作治事之所。上述祭祀遗存附近的建筑大抵就是以上建筑。

之后小屯南地又出土有甲骨，其中有：

6）辛巳贞：其刚于祖乙寝？（《屯南》1050）

朱凤瀚认为此反映了前庙后寝的宗庙制度，寝也用于祭祀。[②]
甲骨卜辞中也有在寝进行巫术活动用牲的记录：

---

① 陈梦家：《殷墟卜辞综述》，第 468～482 页。
② 朱凤瀚：《殷墟卜辞所见商王室宗庙制度》，《历史研究》1990 年第 6 期。

7）庚辰卜，大贞：来丁亥寇寝屮机岁羌三十，卯十牛？十二月。（《合集》22548）

于省吾认为上辞中的寇是"搜索宅内，以驱疫鬼之祭"，[1] 而寇寝亦用牺牲。后世文献亦有安宅的巫术记载。如《周礼·春官·视祲》载：视祲"掌安宅叙降。正岁则行事，岁终则弊其事"。即视祲主管安宅定居、依次占测凶祸所降之地，而进行禳除或迁移。贾公彦疏："此官主安居者，人见妖祥则意不安，主安居其处（或作'主安其居处'），不使不安。故次叙其凶祸所下之地，禳移之，其心则安。"[2]

总之，商代在寝中也进行祭祀或巫术活动，这些活动也是要用牺牲的。但从甲骨卜辞看，其与陈梦家所举诸祭祀场所中进行祭祀活动的用牲相比，规模要小，频率也少得多。所以，上述祭祀遗存不排除有一部分是在寝中举行祭祀或巫术活动时所用牺牲等祭品的瘗埋，甚至还有其他性质的祭祀，但其主体应该是陈梦家所列在祭所内举行祭祀活动后对祭品的瘗埋。其所祀神灵，大多当和祖先神有关，当然也可能有其他神灵。这类祭祀遗存或可称作庙祭遗存。

偃师商城、小双桥宫殿宗庙区祭祀遗存都是相对集中地分布在祭所（房屋类建筑）附近。小屯北组墓葬因受制于 20 世纪 30 年代的学术背景，发掘时没有弄清其与乙七基址的关系，即是在乙七基址范围内（包括庭等部位）还是在乙七基址外。笔者倾向于它分布在基址范围外。[3] 而丙组基址的祭祀遗存则分布在基址范围内或近侧。丁组基址的布局尚存在分歧，祭祀坑与现发掘房址的关系也不明晰。[4] 西周时期被认为是宗庙建筑的凤

---

① 于省吾：《甲骨文字释林》，中华书局，1979，第 48~49 页。
② （汉）郑玄注，（唐）贾公彦疏《周礼注疏》卷 25《视祲》，第 657~658 页。
③ 时代介于小双桥和小屯宫殿宗庙区祭祀遗存之间的洹北商城一号宫殿基址的庭院部分没有完全发掘，不知道有没有基址使用时期的祭祀坑。若有（但这种可能性极小），那么北组墓葬则可能分布在乙七基址范围内。
④ 报告认为丁组基址不是有计划、一次建成的。但有学者推测丁组基址为四合院式建筑，其由 F1、F2、F3 和可能被洹河冲毁的东庑组成。也就是说，F1、F2、F3 是共存过相当时期的，甚至是同时营造的。参见岳洪彬、何毓灵、岳占伟《殷墟都邑布局研究中的几个问题》，中国社会科学院考古研究所夏商周考古研究室编《三代考古》（四），科学出版社，2011，第 248~278 页。

雏甲组建筑基址①和云塘 A、B 两组基址②的范围内均没有成组的祭祀坑。被认为是秦宗庙的秦雍城马家庄一号建筑基址的庭院内却有大量成组的祭祀坑（见图 2.1 - 16）。③ 造成这种变化的原因，笔者推测是宗庙功能日益专门化，主要用于祭祀。在商代和西周时期，宗庙除了祭祀外还有其他功能，④ 故祭祀后的祭品没有掩埋于宗庙内，否则会影响在这里进行的其他

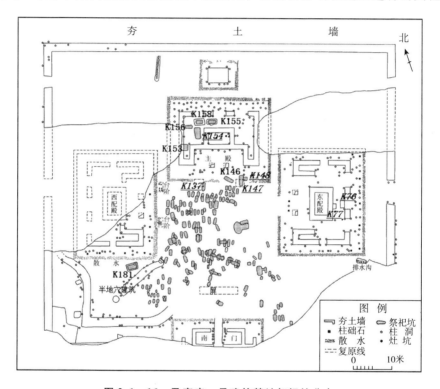

图 2.1 - 16 马家庄一号建筑基址祭祀坑分布

资料来源：尚志儒、赵丛苍：《〈凤翔马家庄一号建筑群遗址发掘简报〉补正》，《文博》1986 年第 1 期。笔者稍做修改。

---

① 陕西周原考古队：《陕西岐山凤雏村西周建筑基址发掘简报》，《文物》1979 年第 10 期。

② 周原考古队：《陕西扶风县云塘、齐镇西周建筑基址 1999 ~ 2000 年度发掘简报》，《考古》2002 年第 9 期；徐良高、王巍：《陕西扶风云塘西周建筑基址的初步认识》，《考古》2002 年第 9 期。

③ 陕西省雍城考古队：《凤翔马家庄一号建筑群遗址发掘简报》，《文物》1985 年第 2 期；滕铭予：《秦雍城马家庄宗庙遗址祭祀遗存的再探讨》，《华夏考古》2003 年第 3 期。

④ 西周的宗庙"在宗族中具有礼堂的性质"，除了祭祀，族中一些重要礼节和政治上的重要典礼、军事上的大事都在宗庙举行，宗庙还具有留宿贵宾及主人的功能。详见杨宽《西周史》，上海人民出版社，1999，第 427 ~ 433 页。

活动。小屯丙组基址是坛墠类祭所，其功能相对于房屋类（宗庙）祭所是单一的，可能就是为了祭祀，故祭祀后把祭品掩埋于基址范围内不影响基址的使用。

偃师二里头遗址宫室类建筑区也发现有祭祀遗存。

二里头遗址一号宫殿基址范围内有明确的祭祀遗存。[①] 邹衡、黄展岳、杜金鹏等都对其进行过研究。[②]

其中 V M60 位于主殿南面西起第二檐柱的外侧，填土经过夯打，内埋一无足的人骨架。V M59 位于一号基址南墙墙基内侧柱子洞之间，其内发现有木板灰和半个陶盆，没有发现骨架，填土也经过夯打。简报和报告认为它们都属于二里头文化四期。但邹衡认为 M60、M59 "应该与宫殿的建造有密切的关系，也许是举行某种建房仪式留下的祭祀坑"。[③]

在一号基址主殿的北侧有 V M52、V M54、V M55，[④] 均埋一具人牲，它们围绕着一座 "圆形夯土深坑"。在主殿西侧有 V M57，内有一具人骨架，坑狭窄，人是勉强埋入的。一号基址庭院的东南有 V M27，内有一具人骨架，下肢被砍断，折叠成跪坐状，手足均被砍掉。简报把 V M52、V M54、V M55、V M57、V M27 的年代定为四期；报告把它们归入二里头文化三期遗存内介绍，并认为它们 "可能为宫殿的祭祀墓"，即它们是一号基址使用时期的祭祀遗存。

从报告第 139 页图 84 看，庭院内还有 M9，但报告正文没有介绍，其也有可能是祭祀坑。在基址庭院的西南部有 V H108，内有一具人骨架（编号 M62），人骨上面 70 厘米处有一具完整的兽骨架。在基址主殿东侧有 V H37，出土有牛头骨一个，还有大量烧红的夯土块和烧红的草拌泥块。V H108 和 V H37 都属于二里头文化四期偏早阶段。V H108 和 V H37 也可能是一号基址使用时期的祭祀坑。

---

① 中国科学院考古研究所二里头工作队：《河南偃师二里头早商宫殿遗址发掘简报》，《考古》1974 年第 4 期；中国社会科学院考古研究所：《偃师二里头（1959 年～1978 年考古发掘报告）》，中国大百科全书出版社，1999，第 27、139～151、339 页。

② 邹衡：《试论夏文化》，氏著《夏商周考古学论文集》，第 95～182 页；黄展岳：《古代人牲人殉通论》，文物出版社，2004，第 43～44 页；杜金鹏：《二里头遗址宫殿建筑基址初步研究》，氏著《夏商周考古学研究》，第 28～85 页。

③ 邹衡：《试论夏文化》，氏著《夏商周考古学论文集》，第 95～182 页。

④ 报告第 139 页图中，这三座祭祀坑编号为 H52、H54、H55。

二里头遗址二号基址范围内也可能有祭祀遗存。[①] 二里头文化二期的埋犬祭祀坑（Ⅱ·ⅤH147），[②] 也在二里头遗址的宫室类建筑群范围内。[③]

以上除去ⅤM60、M59可能为建筑营造过程中祭祀或巫术遗存外，其他诸祭祀坑都当与在建筑范围内进行的祭祀有关。它们极可能属于庙祭遗存。唯异于商文化者，它们中有较多的分布在基址的范围内。笔者曾推测：二里头遗址二里头文化的宫殿区持续时间较长，规模较大，现在所发现的祭祀遗存的数量是不能与其相匹配的；在二里头遗址宫殿区附近有像商代那样的大规模瘗埋庙祭祭品的处所还没有被发现。而一号基址范围内的祭祀坑只是在这里进行的众多祭祀活动中的某几次祭祀后瘗埋祭品的遗迹。一号基址范围内的这些祭祀遗迹基本分布在比较偏僻的地方，其所埋也当是以不影响在一号基址举行其他活动为前提的。[④] 近些年，二里头遗址的新发现在一定程度上证实了笔者的推测。

2010年，在二里头遗址宫城北部发现了1号巨型坑（见图2.1-17）。该坑面积约2200平方米，解剖发掘了30余平方米。1号巨型坑内堆积以二里头文化第二期遗存为主。发现以猪为祭品的祭祀遗迹多处，有的用猪的某一部位，有的用完整的幼猪。其他遗迹还有活动面、道路、房址及灶等。发掘者认为1号巨型坑是大型夯土建筑的取土坑，后又用作祭祀、居住等活动，其与偃师商城宫殿区祭祀遗迹有相似处，应是二里头宫殿区内专门用于祭祀的场所。[⑤]

在二里头遗址中、东部的宫殿区北部和西北部一带（第Ⅵ、Ⅸ区南部）发现有"祭祀区"，该区域东西绵延二三百米，区域内发现多处与祭祀有关的建筑基址和其他遗迹。[⑥] 但资料尚未发表。简要报道的一些遗迹现象不见于商文化。笔者对此类遗迹的性质持保守态度。

① 杜金鹏：《洹北商城一号宫殿基址初步研究》，《文物》2004年第5期；杜金鹏：《二里头遗址宫殿建筑基址初步研究》，氏著《夏商周考古学研究》，第28~85页。
② 《偃师二里头（1959年~1978年考古发掘报告）》，第80页。
③ 李志鹏：《二里头文化祭祀遗迹初探》，中国社会科学院考古研究所夏商周研究室编《三代考古》（二），科学出版社，2006，第170~182页。
④ 谢肃：《商代祭祀遗存研究》，博士学位论文，中国社会科学院研究生院，2006，第140页。
⑤ 中国社会科学院考古研究所二里头工作队：《河南偃师市二里头遗址宫殿区1号巨型坑的勘探与发掘》，《考古》2015年第12期。
⑥ 《中国考古学（夏商卷）》，第129~130页。

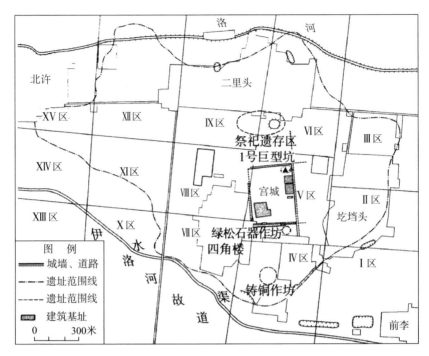

图 2.1 – 17　二里头遗址 1 号巨型坑和 "祭祀遗存区" 位置

资料来源：中国社会科学院考古研究所二里头工作队：《河南偃师市二里头遗址宫殿区 1 号巨型坑的勘探与发掘》，《考古》2015 年第 12 期。

　　总之，二里头遗址二里头文化宫室类建筑区瘗埋祭祀用品场所的选择是与商、西周时期大体一致的。

第二节　商文化社祀遗存

一　考古发现的社祀遗址

商代的社祭遗址目前发现两处。一处在郑州商城，[①] 一处在铜山丘湾遗址。[②]

1. 郑州商城社祀遗址

郑州商城的社祀遗址是 1955 年发掘的，但对其性质的认识却经历了一

①　《郑州商城——1953 ~ 1985 年考古发掘报告》，第 493 ~ 506 页。
②　南京博物院：《江苏铜山丘湾古遗址的发掘》，《考古》1973 年第 2 期。

个漫长的过程。安金槐在 1961 年发表的《试论郑州商城遗址——隞都》一文中介绍了此社祀遗址内的狗坑;[①] 1977 年发表的《郑州商代城遗址发掘报告》发表了该遗址的部分材料,并认为是祭祀遗存。[②] 1985 年,裴明相对该遗迹做了简单介绍,认为其是祭祖的地方。[③] 后来,裴明相又查阅发掘记录,注意到祭祀场内的石块堆,认为 C8T27 内包括 8 个殉狗坑在内的祭祀遗迹与铜山丘湾祭祀遗迹相似。裴明相还认为这处商代祭祀遗迹与周代祭祀有某些因缘联系,"它或似禋礼之迹,或类埋沈之地,或仿疈辜之墟,或为肆献祼之处"。[④] 2001 年出版的《郑州商城》对这处社祀遗址进行了相对详细的报道。[⑤]

裴明相和《郑州商城》虽然都认为这是一处重要的祭祀遗址,但都没有指明它就是社祀遗址。最早明确说明这是社祀遗址的是郝本性,他还将这处社祀遗迹与在其附近出土的东周陶文"亳"和"亳丘"联系起来,认为此遗址附近当是商代的亳社所在,在此社祀遗迹附近发现的人头骨饮器与宗庙或社的献俘有关。[⑥]

郑州商城的社祀遗迹属于二里岗上层。

郑州商城的社位于郑州商城东北部商代内城墙东段内侧的一片高地上。整个遗址北高南低,但社祀遗迹所在地层(或活动面)相对平坦。其西南距宫殿区约 150 米。《郑州商城》认为该处遗迹约 100 平方米。但从《郑州商城》第 495 页提供的平面图分析,社祀遗址约有 220 平方米。在发掘区的西侧,即探方 C8T27 以西,还应该有祭祀遗存没有发掘。

遗址由"埋石"、烧土坑、狗坑、"单人坑"(即埋人牲的坑)等组成(见图 2.2 - 1)。

① 安金槐:《试论郑州商城遗址——隞都》,《文物》1961 年第 4、5 期。

② 河南省博物馆、郑州市博物馆:《郑州商代城遗址发掘报告》,文物编辑委员会编《文物资料丛刊》(1),文物出版社,1977,第 1~47 页。

③ 裴明相:《商代前期国都的结构和布局》,中国古都学会第三届年会论文(1985 年,洛阳),中国古都学会编《中国古都研究(第三辑)——中国古都学会第三届年会论文集》,浙江人民出版社,1987,第 86~96 页。

④ 裴明相:《略谈郑州商代祭祀遗迹》,《中原文物》1987 年第 2 期。

⑤ 《郑州商城——1953~1985 年考古发掘报告》,第 493~506 页。裴明相文与报告对社祀遗存的描述有出入,本书从报告。

⑥ 郝本性:《试论郑州出土商代人头骨饮器》,《华夏考古》1992 年第 2 期;又载《郑州商城考古新发现与研究(1985—1992)》,第 15~20 页。

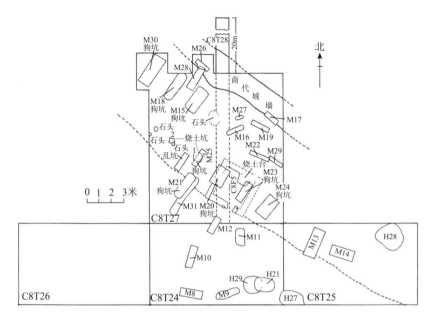

图 2.2 - 1　郑州商城社祀遗址平面图

资料来源：《郑州商城——1953～1985 年考古发掘报告》，第 495 页。笔者改绘。

"埋石"共有 6 块，都是不太规整的扁平状红色砂石。其中有 3 块埋在这片祭祀场地靠西南部的空地中间。它们中较大的一块高约 30 厘米、宽约 45 厘米、厚约 15 厘米，较平滑的一面略朝西南方向，其下部埋入地下。另外的 3 块石头较小，散布在祭祀场地的东南部。狗坑、人坑和烧土痕迹"好像都是围绕着中间较大的'埋石'而进行布局的"。[①] 位于祭祀场东南较小的"埋石"可能原来和较大的"埋石"在一起，它们共同构成社的主，只是在社废弃后被移动了。

烧土坑 2 个，两坑相距 1.6 米。两坑的平面形状不规则，略呈五边形，即裴明相所说的"圭"形。位置靠东南的第 1 号坑纵长 0.7 米、中宽 0.6 米，其内堆积有深灰色的油腻灰烬。坑壁上存留有灰黄色的薄层，手触之，异常光滑，或是"坑内牲体，于焚烧时浸及坑壁所致"。[②] 另一个烧土坑，《郑州商城》称作"烧土面"。在它的东侧有一石块。该烧土遗迹的南边有一残长 0.89 米的土墙，有火烧痕迹，可能是该烧土遗迹的南墙。那么

---

① 《郑州商城——1953～1985 年考古发掘报告》，第 496 页。

② 裴明相：《略谈郑州商代祭祀遗迹》，《中原文物》1987 年第 2 期。

这处烧土痕迹，即烧土面，则是在选定的烧燎处筑矮墙，形成类似于坑的形状，用于烧燎祭祀。

狗坑 8 个，其平面形状和结构大体上可区分为长方形竖穴土坑和长椭圆形竖穴土坑两种。一般长 1.66～2.46 米、宽 0.5～1.17 米、残深 0.25～0.75 米。它们都是东北—西南向，和"埋石"中最大者的方向一致。这些狗坑大致呈三行分布。M15、M18、M30 一行在中间"埋石"的西北侧，M25、M20、M23、M24 在中间"埋石"的南侧偏东，M21 在中间"埋石"的南侧。

出于保护狗坑的考虑，这些狗坑都没有发掘到底。据发掘者所能观察到的情况，共有 92 个狗的头骨，其中 M30 最多，有 23 个，M15、M25 各 6 个，其余都在 8～16 个。发掘者估计，这 8 个坑所埋狗的个数在 100 只以上。裴明相认为这些狗是杀死后埋入坑中的；《郑州商城》则强调在埋葬时，有些狗似被捆缚着，并有挣扎的样子。M15 的狗骨架下发现有 2 具人骨架。其中一具在坑的西北隅，仰身屈肢，下肢有些紊乱。另一具在坑的西南隅，上身已腐蚀，从下身判断为俯身。M18 的狗骨架下也埋有因腐蚀严重而显凌乱的人骨。M24 的狗骨架下还出土了一件扭成圆团的夔纹形薄金片装饰品。这些狗坑都填比较纯净的黄绿色土，《郑州商城》认为这种土与狗毛、狗的肌肉腐蚀后的浸染和渗透有关。

单人坑 14 座，分别编号为 M4、M9、M10、M11、M12、M13、M14、M16、M17、M19、M22、M26、M27、M29。它们分布在狗坑的周围，但 M4 在《郑州商城》第 495 页所提供的"商城内东北部二里岗上层一期祭祀场地内殉狗坑、埋石、单人坑等祭祀遗迹平面图"上找不到，此图上的 M28 和 H28，报告没有说明时代。这些单人坑为长方形或椭圆形竖穴土坑。坑的面积极小，有的甚至连所埋人的躯体都放不下，而是勉强塞入的。除 M10、M13 分别出土有残陶豆柄、爵和玉柄形器外，其余都没有"随葬品"。M11 为缺少下肢下部的儿童骨架，M27 为小孩骨架，其余当都是成人骨架。据发掘者对骨架的观察分析，大部分死者在埋入坑时是被捆缚着的。笔者认为捆缚并不意味着活埋，因为他们被杀戮时可能是捆缚着的，埋入时捆缚的绳索就没有解开。而且这些埋人骨架的坑多狭小，若是活人，很难塞进去。M26 人头骨处有朱砂。这些埋入坑中的人，当是祭社的人牲。

在这片祭祀场地的南部，有属于二里岗上层一期的"灰坑"——H21、H27。[①] 它们与社的层位关系和堆积状况，《郑州商城》没有说明。不排除它们也是祭祀坑的可能性。

裴明相文中还提到了房基C8G5，认为它是祭祀场地的组成部分，曾在屋内举行祭礼。查阅历年对该遗址的报道，在此社祀遗址范围内有G2、G3、G4、G5、G6、G7等6座房基。它们之间有叠压打破关系，而且各自的地坪和屋内的灶都经多次修补或重筑，说明这里被作为一般居址使用过一段时间。查所发表的3幅C8T27东壁剖面图，这里的层位关系可以表示如图2.2-2。

图2.2-2 C8T27东壁层位关系

注：→表示叠压或打破。

二A、二B、二C层都属于二里岗上层一期。而狗坑M20、M23打破G5。综合这些层位关系，笔者倾向于这样理解这里的堆积：人们先在二C层上建了房屋，后来在这里建社，就毁掉了房屋，社废弃以后商人又在其上堆积了二B、二A层。即这里的房屋早于社，与这里的社祀无关。

从M22打破M29、M21打破M31、1号烧土坑打破M25等层位关系判断，这里曾举行多次祭祀活动。

2. 丘湾社祀遗址

丘湾遗址位于徐州市北17公里，铜山县茅村公社（今铜山区茅村镇）檀集的东南。遗址坐落在近山傍水的台地上，地势由西北向东南倾斜，略呈扇形斜坡。遗址面积约3000平方米，以商代堆积为主。商代堆积分为上、下两层，上层大体相当于殷墟四期，下层相当于白家庄期至殷墟一期之间阶段。[②]

---

① 据"商城内东北部二里岗上层一期祭祀场地内殉狗坑、埋石、单人坑等祭祀遗迹平面图"，该祭祀场地内还有H29、H28。但对于H29，《郑州商城》第200页的统计表把它归为二里岗下层二期，而第545页统计表把它归入二里岗上层一期；对H28，《郑州商城》没有给出年代。

② 燕生东：《江苏地区的商文化》，《东南文化》2011年第6期。

这里的社祀遗存属于商代堆积的上层，在遗址的偏南部。从整个土丘的地形看，这一带已是从高向低逐渐下降的坡地，原地面已经受到不同程度的破坏。社祀遗迹面积约为 75 平方米。社祀遗迹所在的地层是黄土，土质坚硬，似乎经过夯打，包含商代晚期遗物，不同于遗址其他地方的灰土。遗存有石块、人和狗的骨架等（见图 2.2 - 3）。

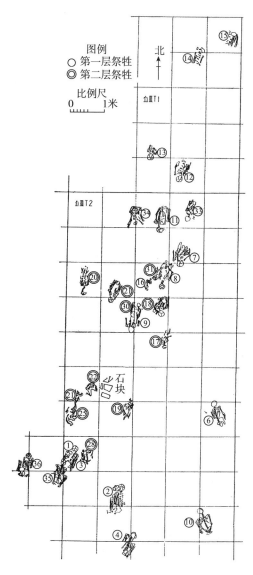

图 2.2 - 3　丘湾社祀遗址平面图

资料来源：南京博物院：《江苏铜山丘湾古遗址的发掘》，《考古》1973 年第 2 期。

社祀遗迹的中心是有意放置的 4 块形状不规则的自然石块，它们的下部埋在土中，南、北、西各一块，中心一块。中间的一块体积最大，略呈方柱体，下端如楔形插在土中，体积 0.22 米 ×0.23 米 ×1 米。这些石块共同构成了社的主（见图 2.2－4）。

图 2.2－4　丘湾社祀遗址的社主

资料来源:《商周考古》，图版叁拾贰。

在石块的周围分布着人和狗的骨架。其中全躯人骨架 20 具、人头骨 2 个、狗骨架 12 具。这些人骨架和狗骨架的头向都对准大石块。它们分布疏密不一致，埋藏的深度也不同，有的还有叠压关系，大体可以分作两层。第一层（上层）有全躯人骨架 17 具、人头骨 1 个、狗骨架 2 具；第二层（下层）有全躯人骨架 3 具、人头骨 1 个、狗骨架 10 具。这些人骨架和狗骨架都没有固定的墓圹，没有葬具和随葬品。人骨架都是俯身屈膝，双手多被反绑在身后，表现出被迫死亡的状态（见图 2.2－5）。狗骨架一般是侧身，混杂在人骨架之间。人骨架和狗骨架都是全躯，只有上层的 13 号、14 号、15 号人骨架的肢骨或头骨不全。约一半头骨破碎，M4 头部、M10 腕骨旁各有一石块，“似表明主要是被砸死的”。[1] 经鉴定，有男性 6 人、女性 4 人，其中中年 5 人、青年 4 人。用牲法有砍头和击杀、弹击等。发掘者认为至少是两次埋葬的。

丘湾古代属于大彭氏国，在商代曾为商侯伯，在商末为商所灭。丘湾商代上层文化的面貌虽然与殷墟商文化有较大的差异，但学界多把它归为

---

① 俞伟超:《铜山丘湾商代社祀遗迹的推定》，《考古》1973 年第 5 期。

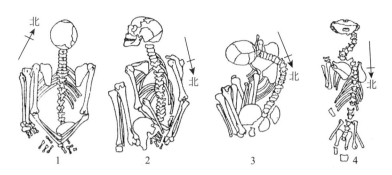

1~3 人骨架（10、11、18 号）　4. 狗骨架（20 号）

图 2.2－5　丘湾社祀遗址的牺牲

资料来源：南京博物院：《江苏铜山丘湾古遗址的发掘》，《考古》1973 年第 2 期。

商文化。关于这里社祀遗址的族属，俞伟超认为可能与淮夷有密切关系。①
王宇信等认为是"商代方国之一——大彭奴隶主的一个祭社遗址"。①

该遗址还发现有商代的"石垫"和"陶垫"，"都是圆饼状的，石垫
制作粗糙，留有打制痕迹"。遗憾的是没有发表器物图，描述也过于简略。
参照其他地区出土的圆饼形石器多和祭祀有关的事实，② 这些"石垫"和
"陶垫"或许也和祭祀有关。

二　商代社的几个问题

接下来结合甲骨卜辞和传世文献谈谈关于商代社的几个问题。

1. 社的渊源和神格

关于社的起源，文献有不同的说法。或曰社起源于有虞氏的时代。如
《管子·轻重戊》云："有虞之王，烧曾薮，斩群害，以为民利。封土为
社，置木为间，始民知礼也。"③《淮南子·齐俗训》亦云："有虞氏之祀，
其社用土，祀中霤。"④ 或曰社起源于夏初。如《论语·八佾》载：鲁哀公

---

① 王宇信、陈绍棣：《关于江苏铜山丘湾商代祭祀遗址》，《文物》1973 年第 12 期。

② 朱延平：《辽西区古文化中的祭祀遗存》，张忠培、许倬云主编《中国考古学跨世纪的回
顾与前瞻（1999 年西陵国际学术研讨会文集）》，科学出版社，2000，第 207～226 页。

③ （清）黎翔凤：《管子校注》卷 24《轻重戊》，梁运华整理，中华书局《新编诸子集成》
本，2004，第 1507 页。

④ 刘文典：《淮南鸿烈集解》卷 11《齐俗训》，冯逸、乔华点校，中华书局《新编诸子集
成》本，1989，第 357 页。

向宰我问社，"宰我对曰：'夏后氏以松，殷人以柏，周人以栗，曰使民战栗。'"① 此外，《水经注》卷32 潧水条："潧水北出大义山南，至厉乡西，赐水入焉。水源东出大紫山，分为二水，一水西径厉乡南，水南有重山，即烈山也。山下有一穴，父老相传云：是神农所生处也，故礼谓之烈山氏……有神农社。"② 或谓"有神农社"即神农时已经有社。笔者以为，解释作后人在此建社纪念神农比神农时就有此社更合适。

除了《论语》，其他文献也有关于夏社的记载。《尚书·甘誓》记载启与有扈在甘之野决战前誓师："用命，赏于祖。弗用命，戮于社。"③ 《史记·封禅书》云："自禹兴而修社祀，后稷稼穑，故有稷祠，郊社所从来尚矣。"④ 《古本竹书纪年》云："夏桀末年，社坼裂。"（《太平御览》卷八八○咎征部引）⑤ 《书序》云："汤既胜夏，欲迁其社，不可，作《夏社》、《疑至》、《臣扈》。"⑥ 《夏社》篇已亡佚，仅存篇目。或认为二里头遗址的二号宫殿基址就是《书序》中的"夏社"，但此基址与文献中社的形制是不相符合的，且就现有发表材料看，二号宫殿基址并没有与社祀相匹配的祭祀遗存；亦有学者认为二里头遗址五区属于二里头文化三期的 F3 是夏代的王社，⑦ 但证据单薄，尚难取信。故夏社的发现还有待于今后的考古工作。

目前所知，关于社的最早记载是二里岗上层时期的牛肋骨刻辞。

1）又乇土羊

乙丑贞，从孚……

七月

---

① （魏）何晏注，（宋）邢昺疏《论语注疏》卷3《八佾》，朱汉民整理，北京大学出版社，1999，第41页。

② （北魏）郦道元著，陈桥驿校正《水经注校正》卷32，中华书局，2007，第745页。

③ （汉）孔安国传，（唐）孔颖达疏《尚书正义》卷7《甘誓》，第173页。

④ （汉）司马迁：《史记》卷28《封禅书》，第1357页。

⑤ 方诗铭、王修龄：《古本竹书纪年辑证》，上海古籍出版社，2005，第19页。

⑥ （清）孙星衍撰《尚书今古文注疏》卷30《书序上》，陈抗、盛冬铃点校，中华书局十三经清人注疏本，2004，第565～566页。

⑦ 郑杰祥：《早期中国文明·新石器文化与夏代文明》，江苏教育出版社，2005，第416～418页。

此版刻辞中的"土"当释作"社"。① 此辞虽然是习刻文字，但所刻内容绝不会脱离现实生活，所以此版刻辞尽管不一定是某一次社祀活动的专门刻辞，但反映了商代前期社祀活动的存在。而郑州社祀遗址的发现也正好和此刻辞相印证。

关于社神，《礼记·郊特牲》云："社祭土而主阴气也"，"社所以神地之道也"。郑玄以为社祭土神，即祭地祇，勾龙配祀。但贾逵、马融、王肃等以为社祭勾龙，祭人鬼也。② 近人又有社是丛林崇拜说、生殖器崇拜说、图腾崇拜说、高禖即社说、社是地母，以及社是举行巫术仪式的场所、是原始社会集会的圣所、是聚落的标志，商代的社祭是始地之祭等说法。③ 从卜辞中向社神占卜、祈告的内容主要是莘雨、莘年、莘禾、宁雨、宁风等来看，商代社神的主要权能是影响风雨、天象与年成。④

此外，从卜辞和文献记载看，商代社与战争有一定的关系。表现在以下两个方面。

（1）在社献俘

2）辛巳贞：其执以至于商？一
丝用于土。一
辛巳丝用于……一 （《合集》32183）

---

① 此版刻辞最早著录于陈梦家的《解放后甲骨的新资料和整理研究》，《文物参考资料》1954年第5期；关于它的年代见裴明相的《略谈郑州商代前期的骨刻文字》（胡厚宣主编《全国商史学术讨论会论文集》，《殷都学刊》增刊，1985，第251～253页）；释文参考了李学勤的《谈安阳小屯以外出土的有字甲骨》（《文物参考资料》1956年第11期）、河南省文化局文物工作队第一队的《郑州商代遗址的发掘》（《考古学报》1957年第1期）、河南省文化局文物工作队的《郑州二里冈》（科学出版社，1959，第38页）、李学勤的《郑州二里岗字骨的研究》（中国社会科学院历史研究所学刊编辑委员会编辑《中国社会科学院历史研究所学刊》第1集，社会科学文献出版社，2001，第1～5页）、李维明的《郑州出土商代牛肋骨刻辞新识》（《中国文物报》2003年6月13日，第7版）、李维明的《"乇"辨》（《中原文物》2006年第6期）。

② （汉）郑玄注，（唐）孔颖达疏《礼记正义》卷25《郊特牲》，第788～793页。

③ 参见凌纯声《中国古代社之源流》，《中央研究院民族学研究所集刊》第17期，1964年；赵林：《商代的社祭》，《大陆杂志》第57卷第6期，1978年。

④ 朱凤瀚：《商人诸神之权能与其类型》，吴荣增主编《尽心集》，中国社会科学出版社，1996，第57～79页。

此辞即是卜问是否将战争所俘献于社。

（2）田蒐祭社

　　3）己亥卜：田率，燎土豕，𡴀豕，河豕，岳〔豕〕？（《合集》34185）

此辞的意思是在率地田猎时，燎豕来祭祀社，还各燎一豕来祭祀𡴀、河、岳。《周礼·夏官·大司马》："中春，教振旅……遂以蒐田，有司表貉，誓民，鼓，遂围禁，火弊，献禽以祭社。"郑玄注："春田主祭社者，土方始生也。"① 《周礼·春官·小宗伯》："若大甸，则帅有司而馌兽于郊，遂颁禽。"郑玄注："'甸'读曰'田'……馌，馈也。以禽馈四方之神于郊，郊有群神之兆。"② 由3）辞看，后世田蒐祭社及群神，当渊源于商代。

从甲骨卜辞看，商社虽然与军事战争有一定关联，但与周代的社神相比，商代的社神还没有成为国防大神或战神。③

甲骨卜辞中有社、方并祭的现象。

　　4）燎于土㝷方𥄬（禘）？ 一　二（《合集》11018 正）
　　5）……午卜：方𥄬（禘）三豕，屮犬，卯于土㝷，莽雨？三月。
一　二　三（《合集》12855）

以上诸辞中的"方𥄬（禘）"是"𥄬（禘）方"之倒文，也即𥄬（禘）于方的省文。④ "方"除了具有社的莽雨、莽年、莽禾、宁雨、宁风等权能外，还有宁夜敊、受年、宁疾等权能。总体上看，社和"方作为土地神在神性与类属上是一致的"。⑤

后世文献亦有社、方并祭的记载。《诗经·小雅·甫田》："以我齐明，与我牺羊，以社以方。"毛亨传："器实曰齐，在器曰盛。社，后土也。

---

① （汉）郑玄注，（唐）贾公彦疏《周礼注疏》卷29《大司马》，第765～768页。
② （汉）郑玄注，（唐）贾公彦疏《周礼注疏》卷19《小宗伯》，第495页。
③ 丁山：《中国古代宗教与神话考》，上海文艺出版社，1988，第46页。
④ 于省吾：《甲骨文字释林》，第184～188页。
⑤ 朱凤瀚：《商人诸神之权能与其类型》，吴荣增主编《尽心集》，第57～79页。

方，迎四方气于郊也。"郑玄笺："以洁齐丰盛，与我纯色之羊，秋祭社与四方，为五谷成熟，报其功也。"①《左传》昭公十八年："郑子产为火故，大为社，祓禳于四方，振除火灾，礼也。"②

2. 文献所记社的形制

文献中有关于周代等不同时期社的形制的描述，可作为我们了解商代社的参考。

《管子·轻重戊》云："有虞之王……封土为社。"③《风俗通义·祀典》云："《孝经说》：'社者，土地之主。土地广博，不可遍敬，故封土以为社而祀之，报功也。'"④《太平御览》卷532引《礼记外传》也有相似的记载。可见，社有土筑的坛。

对坛的大小和土色也有规定。《礼记·郊特牲》孔颖达疏："其社稷制度，《白虎通》云：'天子之社，坛方五丈，诸侯半之。'说者又云：'天子之社，封五色土为之，若诸侯受封，各割其方色土与之，则东方青，南方赤之类是也。'上皆以黄土也。"⑤

《礼记·郊特牲》云："社祭土而主阴气也，君南乡于北墉下，答阴之义也。日用甲，用日之始也。天子大社，必受霜露雨，以达天地之气也。是故丧国之社屋之，不受天阳也；薄社北牖，使阴明也。"⑥《周礼·地官·大司徒》："设其社稷之壝而树之田主，各以其野之所宜木。"郑玄注："社稷，后土及田正之神。壝，坛与埒坎也。田主，田神后土田正之所依也，诗人谓之田祖。所宜木，谓若松柏栗也。"⑦《韩非子·外储说》载："故公问管仲'治国最奚患？'对曰：'最患社鼠矣。'公曰：'何患社鼠哉？'对曰：'君亦见夫为社者乎？树木而涂之，鼠穿其间，掘穴托其中，熏之则恐焚木，灌之则恐涂陁，此社鼠之所以不得也……'"⑧《晏子春

① （汉）毛亨传，（汉）郑玄笺，（唐）孔颖达疏《毛诗正义》卷14《甫田》，龚抗云、李传书、胡渐逵整理，北京大学出版社，1999，第838页。
② （周）左丘明传，（晋）杜预注，（唐）孔颖达正义《春秋左传正义》卷48，第1377页。
③ （清）黎翔凤：《管子校注》卷24《轻重戊》，第1507页。
④ （汉）应劭撰，王利器校注《风俗通义校注》卷8《祀典》，中华书局，1981，第354页。
⑤ （汉）郑玄注，（唐）孔颖达疏《礼记正义》卷25《郊特牲》，第791页。
⑥ （汉）郑玄注，（唐）孔颖达疏《礼记正义》卷25《郊特牲》，第788页。
⑦ （汉）郑玄注，（唐）贾公彦疏《周礼注疏》卷10《大司徒》，第242页。
⑧ （战国）韩非著，陈奇猷校注《韩非子新校注》卷13《外储说右上》，上海古籍出版社，2000，第784页。

秋·内问》、《韩诗外传》、《说苑》卷7有相似的记载，唯《晏子春秋·内问》《韩诗外传》作景公问晏子。或以为《韩非子·外储说》中管仲的话说明社主是以木涂泥做成的。① 但《韩诗外传》卷7作："晏子曰：'社鼠出窍于外，入托于社，灌之恐坏墙，熏之恐烧木，此鼠之患……'"② 看来管仲所说的"涂阤"当是晏子的"坏墙"。古代的墙多为木骨泥墙，此处的"涂"和"木"均与墙有关。

可见社除了中间有坛，四周还有矮墙。亡国之社，坛上还要建屋。

文献中还有社宫的称呼。如《左传》哀公七年："初，曹人或梦众君子立于社宫……"杜预注："社宫，社也。"③ 此事亦见于《史记》之《十二诸侯年表》和《管蔡世家》。《史记·管蔡世家》裴骃集解："贾逵曰：'社宫，社也。'郑众曰：'社宫，中有室屋者。'"④ 今人傅亚庶认为诸侯的社与祖庙同处，春秋时期宗庙多称宫，而社也称宫。上引之社宫之社，是曹国的国社，宫是围墙，可作社的代称。⑤ 其实在文献里，宫也有训作垣墙或坛者。如《仪礼·觐礼》："为宫三百步。"郑玄注："宫，谓壝土为埒，以象墙壁也。"⑥《礼记·儒行》："儒有一亩之宫。"郑玄注："宫，谓墙垣也。"⑦ 《左传》庄公二十六年："士蒍城绛，以深其宫。"⑧ 此"宫"也当是指城墙。宫还可以指代茔域。如《礼记·祭法》："王宫，祭日也。"郑玄注："宫，坛，茔域也。"⑨

近年在周原遗址发现了西周时期的凤雏三号建筑基址，或认为其是周代的社。该基址周围有房屋类建筑，⑩ 但还不足以证成郑众"社宫，中有

---

① 王慎行：《殷周社祭考》，《中国史研究》1988年第3期；丁山：《古代神话与民族》，商务印书馆，2005，第275~276页。
② （汉）韩婴撰，许维遹校释《韩诗外传集释》卷7，中华书局，1980，第249页。
③ （周）左丘明传，（晋）杜预注，（唐）孔颖达正义《春秋左传正义》卷58，第1643~1644页。
④ （汉）司马迁：《史记》卷35《管蔡世家》，第1573页。
⑤ 傅亚庶：《中国上古祭祀文化》，东北师范大学出版社，1999，第143页。
⑥ （汉）郑玄注，（唐）贾公彦疏《仪礼注疏》卷27《觐礼》，彭林整理，北京大学出版社，1999，第525页。
⑦ （汉）郑玄注，（唐）孔颖达疏《礼记正义》59《儒行》，第1583页。
⑧ （周）左丘明传，（晋）杜预注，（唐）孔颖达正义《春秋左传正义》卷10，第284页。
⑨ （汉）郑玄注，（唐）孔颖达正义《礼记正义》卷46《祭法》，第1295~1296页。
⑩ 周原考古队：《周原遗址凤雏三号基址2014年发掘简报》，《中国国家博物馆馆刊》2015年第7期。

室屋者"的说法。

郑州商城和丘湾的社都不见封土为坛的痕迹，但这两处祭祀场地都是经过特意处理的。如郑州商城的社就先夷平了以前的民居，平整了地面；丘湾社祀遗存所在的地层是黄土，土质坚硬，似乎经过夯打，不同于遗址其他地方的灰土。另外，从郑州和丘湾的社看，商代的社是没有墙的，但不排除这两处社祀遗址均没有发掘到边的可能。

社要有社树。《墨子·明鬼下》载："昔者虞夏商周三代之圣王，其始建国营都日……必择木之修茂者，立以为菆位（社）。"① 《周礼·地官·大司徒》云："设其社稷之壝而树之田主，各以其野之所宜木，遂以名其社与其野。"②《论语·八佾》载：鲁哀公向宰我问社，"宰我对曰：'夏后氏以松，殷人以柏，周人以栗，曰使民战栗。'"③

商代社有无社树从考古遗迹上无从判断。

社是有主的，主有用木制作的，也有用石制作的。

据《淮南子·齐俗训》等，社祀，有虞氏用土，夏后氏用松，殷人用石，周人用栗，即虞夏商周社主的材质因时而不同。但一般认为，社主盖因时因地制宜，并不像文献所说一定因朝代更迭而变换。

其中，石社主主要有以下记载。《吕氏春秋·贵直论》："城濮之战，五败荆人；围卫取曹，拔石社。"④ 《淮南子·齐俗训》云："殷人之礼，其社用石。"⑤《周礼·春官·小宗伯》："若大师，则帅有司而立军社，奉主车。"郑玄注："（军社）社之主盖用石为主。"贾公彦疏："案许慎云'今山阳俗祠有石主'。"《周礼·夏官·量人》贾公彦疏："在军，不用命，戮于社，故将社之石主而行……"⑥ 但也有学者认为《吕氏春秋》中

① （清）孙诒让：《墨子间诂》卷8《明鬼下》，孙启治点校，中华书局《新编诸子集成》本，2001，第235～236页。
② （汉）郑玄注，（唐）贾公彦疏《周礼注疏》卷10《大司徒》，第242页。
③ 或说是哀公问主于宰我，那么宰我所答当是三代制作主的不同木材；或说宰我所答是社树。见（魏）何晏注，（宋）邢昺疏《论语注疏》卷3《八佾》，第41页。
④ （战国）吕不韦著，陈奇猷校释《吕氏春秋新校释》卷22《贵直论》，上海古籍出版社，2002，第1543页。
⑤ 刘文典：《淮南鸿烈集解》卷11《齐俗训》，第357页。
⑥ （汉）郑玄注，（唐）贾公彦疏《周礼注疏》卷19《小宗伯》、卷30《量人》，第493～494、792页。

的"石社"可能是指用石头做社坛的社。①

石主是我们今天认定郑州商城和丘湾社的重要依据，倘若是不易保存的木主，这两处祭祀遗址的性质恐今天仍难以辨识出来。

3. 商代社的种类

甲骨卜辞中有亳社、邦社。

6）于亳（字）土御？（《合集》32675）

7）癸丑卜：其又（侑）亳（字）土蚩蓰？（《合集》28106）

8）其又燎亳（字）土有雨？（《合集》28108）

9）戊子卜：其有岁于亳（字）土三小牢？（《合集》28109）

10）其䂂于亳字土？（《屯南》59）

"字""字""字"过去一般释作"亳"，"土"即"社"，"亳土"也就是亳地之社。但李学勤认为上引诸辞中的"亳"字，上半从"高"省，下半作"屮"或"屮"形。而《说文》"亳"字"从高省，乇声"，西周金文、东周陶文和货币文字中的"亳"字均从"乇"。甲骨文中的"乇"作"丨"形，是以原来释作"亳"的字不可释"亳"。从其从"屮"，"高"省声看，它们当是"蒿"字的另一种写法。在以上诸辞中，"蒿土"当读作"郊社"，并解释说郊是祭天的圜丘、社是祭地之处。② 但第9）辞中的"字"，分明是从"丨"，是以不能否定"亳"字和亳社的存在。郝本性认为，郑州商城的社就是"亳社"。朱凤瀚认为亳社可能相当于周代的大社，单称的"土"（社）相当于周代的王社。③

11）贞：勿䂂年于邦土？（《合集》846）

---

① 凌纯声：《中国古代社之源流》，《中央研究院民族学研究所集刊》第 17 期，1964 年。
② 李学勤：《释"郊"》，中华书局编辑部编《文史》第 36 辑，中华书局，1992，第 7～10 页。
③ 朱凤瀚：《商人诸神之权能与其类型》，吴荣增主编《尽心集》，第 57～79 页。

12）壬申卜，亘贞：祟[卜]，不于鼓，由八人，邦五人？一　二（《合集》595 正）

陈梦家把第 12）辞中的"邦"释作地名，故而把"邦土"释作邦地之社。[①] 王国维认为邦社就是《礼记·祭法》中的国社，汉人讳邦，乃云国社。[②] 李孝定从王国维的说法，同时指出，邦又为方国之名。[③] 赵林则认为亳社和邦社都是商人的国社。[④]

甲骨文中还有"唐土""豙土""中土""聿土"。

13）贞：作大邑于唐土？（《英藏》1105 正）

14）……日舌方其至于豙土方无咎……（《合集》3298）

15）乙丑卜，設贞曰：舌方其至于豙土，其有……三（《合集》6128）

16）于中土燎。一（《合集》21090）

17）在聿土，御。（《合集》30525）

关于"唐土"，陈梦家认为"可以是唐社，也可以是'唐土'"。[⑤] 赵林认为"唐土""豙土""中土""聿土"等，"土"前的字为地名，即某地之社；并引用《礼记·祭法》"王为群姓立社曰大社，王自为立社曰王社，诸侯为百姓立社曰国社，诸侯自为立社曰侯社，大夫以下成群立社曰置社"说，认为"在商代，社至少已经有王朝、诸侯、地方之分了"。[⑥]

郑州商城和丘湾遗址社的发现说明商代都邑和地方都有社，但尚看不出它们的差别。

《礼记·郊特牲》云："家主中霤而国主社。"郑玄注："中霤，亦土

---

① 陈梦家：《殷墟卜辞综述》，第 584 页。
② 王国维：《殷礼征文·外祭》，转引自于省吾主编《甲骨文字诂林》，中华书局，1996，第 1180~1181 页。
③ 李孝定：《甲骨文字集释》，中研院历史语言研究所，1970 年（再版），第 2168~2169 页。
④ 赵林：《商代的社祭》，《大陆杂志》第 57 卷第 6 期，1978 年。
⑤ 陈梦家：《殷墟卜辞综述》，第 584 页。
⑥ 赵林：《商代的社祭》，《大陆杂志》第 57 卷第 6 期，1978 年。赵文"聿"释作"津"，今从王慎行《殷周社祭考》（《中国史研究》1988 年第 3 期）释文。

神也。"《礼记·月令》云："其祀中霤。"郑玄注："中霤，犹中室也。土主中央，而神在室。古者复穴，是以名室为霤云。"① 也就是说，中霤是具体而微的社，在人的家里，在国则为社。云梦睡虎地秦简《日书》（乙）中有"内中土"，秦简注释者认为"内中土"就是中霤。② 该简文表明中霤亦称"内中土（社）"，即中霤为社之一种。

18）丁巳卜：重小臣剌以闪于中室？兹用。一（《合集》27884）

沈建华认为卜辞的祭"中室"均应与社祭之祭中土有关。③

此外，见诸文献的还有"桑林之社"、古公亶父在岐下所建的社。

4. 社在都邑中的位置

19）庚辰卜：于卜（外）祀土？

庚辰卜：于入（内）祀土？（《安明》2331，见图2.2-6）

《周礼·春官·典祀》载：典祀"掌外祀之兆守……"郑玄注："外祀，谓所祀于四郊者。"④ 第19）辞表明商代在城或邑的内外都有社。商初的桑林之社正是在城邑之外。郑州商城社的发现表明，商代前期都邑内就有社。《逸周书·克殷》《史记·周本纪》俱载周武王占领商都后，在殷都祭社，⑤ 表明商代后期商都内是有社的。

关于社祀的卜辞多记载社祀时用"沉"这种祭祀方法，如：

20）贞：燎于社三小宰、卯一牛、沉十牛？（《合集》779正）

---

① （汉）郑玄注，（唐）孔颖达疏《礼记正义》卷25《郊特牲》、卷16《月令》，第788、517页。

② 吴小强：《秦简日书集释》，岳麓书社，2000，第198～199页。"祠五祀日，丙丁灶，戊巳内中土，〔甲〕乙户，壬癸行，庚辛〔门〕。"（简四〇贰）

③ 沈建华：《由卜辞看古代社祭之范围及起源》，中国文物研究所编《出土文献研究》第5集，科学出版社，1999，第73～78页。

④ （汉）郑玄注，（唐）贾公彦疏《周礼注疏》卷21《典祀》，第560页。

⑤ 《史记·周本纪》关于克殷的描述多取材于《逸周书·克殷》，但关于殷社的描述却详于今本《克殷》。前儒多认为是今本《克殷》脱简所致。

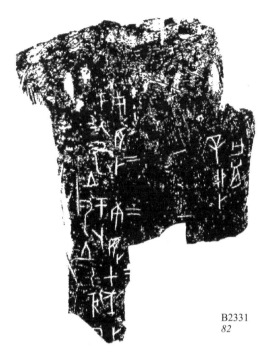

B2331
82

图 2.2 – 6 《安明》2331

资料来源：Hsu Chin-hsiung, *The Menzies Collection of Shang Dynasty Oracle Bones*, 1972, The Royal Ontario Museum Toronto, Canada, p. 288。

据此推测商代的社多建于水边。而丘湾社祀遗址正是临近小河。后世桑林之社、云梦之社等皆在水滨。[1] 但近水之社多为都邑外之社。

卜辞中有关于社与作邑的记载：

21）己亥卜，内贞：王屮石，在麓北东，作邑于之？一（《合集》13505 正）

钟柏生认为此辞中的"石"与"祐"可以互用，是一种不知其详的祭祀。[2] 赵林认为"屮石"就是侑祭拟作社主的石。[3] 宋镇豪也认为"石"

---

① 陈梦家：《射与郊》，《清华学报》第 13 卷第 1 期，1941 年。

② 钟柏生：《〈乙〉三二一二版卜辞与作邑前之祭祀》，《中国文字》新 15 期，1991 年。

③ 赵林：《商代的社祭》，《大陆杂志》第 57 卷第 6 期，1978 年。

即社主。① 李雪山认为是用石作奠基。② 连劭名认为上辞中的"石"读作
"庶"，如"拓"字又作"摭"。③ 今从赵、宋二先生，那么此辞说明商代
晚期作邑时，先营筑社，并且要祭祀社神。这和典籍的记载是相符合的。
《周礼·春官·大祝》："建邦国，先告于后土，用牲币。"郑玄注："后
土，社神也。"④《墨子·明鬼下》："且惟昔者虞夏商周三代之圣王，其始
建国营都日，必择国之正坛，置以为宗庙，必择木之修茂者，立以为菆位
（社）。"⑤

　　《诗经·大雅·緜》记载了古公亶父在岐下营造宗庙、宫室、"冢土"
的事。毛亨传："冢土，大社也。"孔颖达疏："……大王于是之时……乃
立其国诸侯之社，后遂为王之大社……"⑥《尚书·召诰》则有召公、周公
奉成王命经营洛邑，召公于三月戊申先至于洛，卜宅、攻位、丁巳郊天、
戊午社于新邑的记载。

　　可见，先周、周初的岐邑和洛邑的营建是与立社同时进行的，并且要
祭祀社。

　　关于社在都或邑中的位置，《周礼·春官·小宗伯》云："小宗伯之
职，掌建国之神位，右社稷，左宗庙。"《周礼·冬官·匠人》亦云："左
祖右社，面朝后市。"⑦《礼记·祭义》："建国之神位，右社稷而左宗庙。"
郑玄注："周尚左也。"孔颖达疏："周人尚左，故宗庙在左，社稷在
右。"⑧ 据《通典》卷45，此社当指王为群姓所立大社、诸侯为百姓所立
国社（诸侯有三门：外曰皋，次曰应，内曰路。国社在皋门之西）。而王
和诸侯的王社与侯社则在籍田中。"左祖右社"之社当指大社和国社。

　　世人也每以上文所引典籍来推测商代社的位置，甚至以此为据来论证

---

① 宋镇豪：《中国风俗通史（夏商卷）》，第74～75页。
② 李雪山：《商代分封制度研究》，中国社会科学出版社，2004，第33～34页。笔者认为后
　　世的奠基石当是商代作邑祭社的孑遗。
③ 连劭名：《商代礼制论丛》，华学编辑委员会编《华学》第2辑，中山大学出版社，1996，
　　第11～32页。
④ （汉）郑玄注，（唐）贾公彦疏《周礼注疏》卷25《大祝》，第674页。
⑤ （清）孙诒让：《墨子间诂》卷8《明鬼下》，第235～236页。
⑥ （汉）毛亨传，（汉）郑玄笺，（唐）孔颖达疏《毛诗正义》卷16《緜》，第989页。
⑦ （汉）郑玄注，（唐）贾公彦疏《周礼注疏》卷19《小宗伯》、卷41《匠人》，第487、
　　1149页。
⑧ （汉）郑玄注，（唐）孔颖达疏《礼记正义》卷48《祭义》，第1344页。

一些祭祀遗存就是社祀遗存。但商代社的位置是否就和周社一致？至少汉人不这样认为。如刘向的《五经通义》云："质家左社稷，右宗庙。"① 《公羊传》桓公二年："取部大鼎于宋……纳于大庙。"何休解诂："质家右宗庙，尚亲亲；文家右社稷，尚尊尊。"② 商人尚质，故右宗庙，那么社自然不会在右了。需要说明的是，文献中"左祖右社"的城邑规划思想是以"外宗庙"，即宗庙在库门内、雉门外为基础的，而今之考古发现尚不能证明商代城邑已是此种布局。汉代还有商代"内宗庙"的说法。《礼记・表记》："殷人尊神，率民以事神，先鬼而后礼。"郑玄注："先鬼后礼，谓内宗庙，外朝廷也。"③

单就考古发现来说，郑州的社与宗庙不在一处，更不符合都城布局"左祖右社"的原则。但此尚是孤例，而且不能代表商代晚期都城布局的原则。

22) 甲申卜：㞢土？（《合集》34031）

23) 甲寅卜，𣪏贞：燎于屮土？（《合集》10344 正）

或以为上引二辞中的"㞢土""屮土"即"右社"，表明了社的位置，进而说明商代有"左祖右社"之制。笔者以为不妥。如果商代的社果真在宗庙的右侧，且为定制，那么又何必在其前加右呢？何况卜辞中也有"右宗"。

从卜辞看，商人对社的祭祀，无论是次数、祭品规模还是向社神所祈告的内容等，都无法与对祖先神的隆重祭祀相比，说明商代社神的地位远远低于祖先神。"左祖右社"之神位布置应是西周以后社神地位提升的结果，"是社神地位被提升后作为一种空间的象征而存在的"。④

5. 社祭的祭品

甲骨文中关于社祀的卜辞反映了商代社祭的祭品。如：

---

① 《玉函山房辑佚书》第 3 册，广陵书社，2004，第 2030 页。
② （汉）公羊寿传，（汉）何休诂，（唐）徐彦疏《春秋公羊传注疏》卷 4，浦卫忠整理，北京大学出版社，1999，第 73～75 页。
③ （汉）郑玄注，（唐）孔颖达疏《礼记正义》卷 54《表记》，第 1485 页。
④ 王震中：《商代王都的"社"与"左祖右社"之管见》，氏著《中国古代文明的探索》，云南人民出版社，2005，第 475～497 页。

24）庚申卜：又（侑）土燎羌，宜小宰？（《屯南》961）

25）……申贞：又（侑）、伐于土，羌一……（《合集》32119）

26）贞：燎于土三小宰，卯一牛，沉十牛？（《合集》779 正）

27）戊子卜：其又岁于亳土三小〔宰〕？（《合集》28109）

28）壬寅贞：月又（有）戠，其又土，燎大牢？（《屯南》726）

29）癸丑卜：其又（侑）亳土，虫福？（《合集》28106）

30）戊申：其毛于土牛？（《合集》34190）

31）甲辰卜，争：翌乙巳燎于土牛？（《合集》14395 正）

32）□〔寅〕米酓伐于土。（《合集》34188）

从上引 1）～32）卜辞和考古发现看，商代社祀的祭品主要是人牲、牺牲，还有粢盛、酒等。牺牲的种类有大牢、小宰、牛、豕、犬等，用牲法有燎、伐、卯、沉、岁、毛等。社祀有时采用一种用牲法、一种牺牲，有时采用数种用牲法、数种牺牲。卜辞和考古发现均不见商代用币祭社，但《逸周书·克殷》记周武王灭商后，在殷都祭社，“召公奭赞采，师尚父牵牲”。① 《史记·周本纪》袭用了该句。张守节正义：“采，币也。”② 商末祭社可能也以币帛为祭品。③

再来看后世社祀的祭品。《礼记·郊特牲》云：“唯社，丘乘共粢盛，所以报本反始也。”孔颖达疏：“向说‘祭社用牲’，此明祭社用米也……皇氏云：‘若天子诸侯祭社，则用藉田之谷。大夫以下无藉田，若祭社，则丘乘之民共之，示民出力也。’”④ 《周礼·春官·大祝》：“建邦国，先告后土，用牲币。”⑤ 《左传》庄公二十五年：“夏，六月，辛未，朔，日有食之。鼓，用牲于社，非常也。唯正月之朔，慝未作，日有食之，于是乎用币于社，伐鼓于朝。‘秋，大水。鼓，用牲于社、于门’，亦非常也。凡天灾，有币，无牲。”杜预注：“天灾，日月食、大水也。祈请而已，不

---

① 黄怀信、张懋镕、田旭东：《逸周书汇校集注》卷 4《克殷解》，上海古籍出版社，2007，第 353 页。

② （汉）司马迁：《史记》卷 4《周本纪》，第 126 页。

③ 也可能商代周人祭祀用币，商人不用。

④ （汉）郑玄注，（唐）孔颖达疏《礼记正义》卷 25《郊特牲》，第 788～790 页。

⑤ （汉）郑玄注，（唐）贾公彦疏《周礼注疏》卷 25《大祝》，第 674 页。

用牲也。"① 可见后世社祀除了用牺牲，还有以粢盛、币作祭品者。而上引第28）辞之"月又（有）戠"，或认为是"月亮的颜色，忽然变赤"，②或认为是发生了月食，③ 总之是月亮发生了异常（应属于杜预所说的天灾）。商人只是用牲祭祀于社，而不用币。

后世社祀也有酒。《周礼·春官·鬯人》：鬯人"掌共秬鬯而饰之。凡祭祀，社壝用大罍……"④

此外，在用人牲上，周代和商代亦有差别。《左传》昭公十年"秋七月，平子（鲁国季平子）伐莒，取郠，献俘，始用人于亳社"。杜预注："以人祭殷社。"此举遭到了臧武仲的反对，他批评道："周公其不飨鲁祭乎！周公飨义，鲁无义……"⑤ 可见在鲁国周人的祭祀礼仪中是不用人牲的。这也应适用于周人的社祭制度，即周代社祭用人牲只见于殷遗民（亳社）和东夷诸社。

周代用人牲于社的具体方法，《左传》僖公十九年："宋公使邾文公用鄫子于次睢之社。"杜预注："盖杀人而用祭。"⑥ 《公羊传》僖公十九年作："恶乎用之？用之社也。其用之社奈何？盖叩其鼻以血社也。"⑦ 《穀梁传》作："用之者，叩其鼻以衈社也。"范宁集解："衈者，衅也，取鼻血以衅祭社器。"⑧ 若传不误，则周代社祭所用人牲的祭祀方法和商代相去甚远。

后世以五土配五色，代表五方之帝，祭祀时祭牲的颜色要与五方帝色相配。《尚书·禹贡》曰："厥贡惟土五色。"孔安国传"王者封五色土为社"。⑨《诗·小雅·无羊》云："三十维物，尔牲则具。"毛亨传："异毛色者三十也。"郑玄笺："牛羊之色异者三十，则女之祭祀，索则有之。"

① （周）左丘明传，（晋）杜预注，（唐）孔颖达正义《春秋左传正义》卷10，第282～283页。
② 胡厚宣：《重论"余一人"问题》，四川大学历史系古文字研究室编《古文字研究》第6辑，中华书局，1981，第15～33页。
③ 冯时：《中国天文考古学》，社会科学文献出版社，2001，第234～237页。
④ （汉）郑玄注，（唐）贾公彦疏《周礼注疏》卷19《鬯人》，第511页。
⑤ （周）左丘明传，（晋）杜预注，（唐）孔颖达正义《春秋左传正义》卷45，第1280～1281页。
⑥ （周）左丘明传，（晋）杜预注，（唐）孔颖达正义《春秋左传正义》卷14，第393页。
⑦ （汉）公羊寿传，（汉）何休诂，（唐）徐彦疏《春秋公羊传注疏》卷11，第240页。
⑧ （晋）范宁集解，（唐）杨士勋疏《春秋穀梁传注疏》卷9，夏先培整理，北京大学出版社，1999，第138页。
⑨ （汉）孔安国传，（唐）孔颖达疏《尚书正义》卷6《禹贡》，第143页。

孔颖达疏："经言'三十维物'，则每色之物皆有三十，谓青赤黄白黑，毛色别异者各三十也。祭祀之牲，当用五方之色，故笺云：'汝之祭祀，索则有之。'"①《史记·封禅书》云：秦襄公"作西畤，祠白帝，其牲，骝驹、黄牛、羝羊各一"；秦并天下后，祭祀雍四畤，"畤驹四匹，木禺龙栾车一驷，木禺车马一驷，各如帝色"。②

卜辞中有商代祭社方选择牺牲颜色相匹配的记载：

33）五白牛侑南。（《合集》203 反）

34）……西❋犬燎白□、〔幽〕□。[《合集》14331（2）]

35）燎于东西，又伐卯青、黄牛。一　二告

　　贞：燎东西南，卯黄牛？[《合集》14315 正（3）、（4）]

36）贞：禘于东埋❋豕、燎三宰，卯黄牛？（《合集》14313 正）

37）甲申卜，宾贞：燎于东三豕、三羊、❋犬，卯黄牛？一　二告　二　不玄冥　三告 [《合集》14314（4）]

陈梦家认为"凡此秦汉以黄牛或小黄牛祭天帝后土，与卜辞祭四方之用黄牛，似可推为一种传袭的关系"。③

据文献，后世祭祀不同等级的社，所用祭品是不同的。《礼记·王制》："天子社稷皆太牢。诸侯社稷皆少牢。"④《公羊传》庄公二十三年何休解诂：祭社，"天子用三牲，诸侯用羊豕"。⑤ 但就目前所见甲骨卜辞所记和考古发现的社祀祭品，尚看不出商代社祀在等级上的差别。

第三节　商文化手工业作坊内的祭祀或巫术遗存

一　相关考古发现

在商代手工业作坊内或附近往往有埋人或动物的坑，学者们认为这些

---

① （汉）毛亨传，（汉）郑玄笺，（唐）孔颖达疏《毛诗正义》卷11《无羊》，第693页。
② （汉）司马迁：《史记》卷28《封禅书》，第1358、1376页。
③ 陈梦家：《殷墟卜辞综述》，第587页。
④ （汉）郑玄注，（唐）孔颖达疏《礼记正义》卷12《王制》，第391页。
⑤ （汉）公羊寿传，（汉）何休诂，（唐）徐彦疏《春秋公羊传注疏》卷8，第164页。

遗存与手工业祭祀有关。这些遗存主要见于郑州商城南关外铸铜作坊遗址，殷墟的苗圃北地铸铜作坊遗址、孝民屯铸铜作坊遗址，郑州商城紫荆山北制骨作坊遗址和殷墟大司空村制骨作坊遗址及刘家庄北地制陶遗址等。下文分类说明。

1. 铸铜作坊遗址内的祭祀或巫术遗存

（1）1954～1959 年在南关外铸铜作坊遗址内发现 2 座"丛葬坑"C9M172、C9M167 和"殉猪坑"C5.3H307，它们当与铸铜巫术或祭祀有关。其年代属于二里岗上层一期。[①]

C9M172 是一座南北向长方形的土坑（见图 2.3 – 1）。南北长 1.7 米、宽 1.12 米、深 1.2 米。坑比较规整，四壁竖直、坑底平坦。坑底东西并列

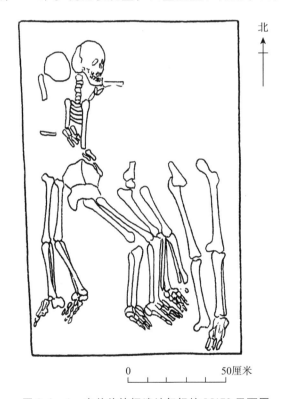

图 2.3 – 1　南关外铸铜遗址祭祀坑 M172 平面图

资料来源：《郑州商城——1953～1985 年考古发掘报告》，第 506 页。

---

① 《郑州商城——1953～1985 年考古发掘报告》，第 506～507、510～511 页。

放置4具人骨架，头均向北。西起的第1具人骨架保存较完整，第2具除上肢残损外，其余尚好，第3、4具人骨架仅存下肢骨。C9M167是一座近南北长方形的土坑（见图2.3-2）。南北长2.2米、宽1.2米、深0.6米。坑比较规整，坑内东西并列放置4具人骨架，头皆向北。但4具人骨架遭后期破坏，仅剩头骨及下肢骨。从C9M172、C9M167规整的形状和位置相对较浅、牺牲置于坑底等判断，它们是专为埋牺牲而挖掘的。

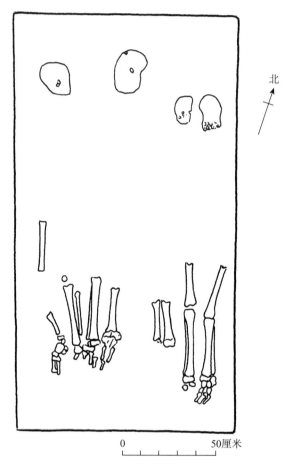

北

0　　　　　　50厘米

图2.3-2　南关外铸铜遗址祭祀坑 M167 平面图

资料来源：《郑州商城——1953~1985年考古发掘报告》，第507页。

C9M172位于铸造场地内，C9M167位于铸铜作坊的附近。

C5.3H307是一座东西向长方形的竖井形土坑。坑口残长1.65米、宽1.2米，坑底长1.2米、宽0.62~0.77米、深2.6米。坑的南北壁有不规则的脚窝。填土由下到上依次为黄花土、深灰黑土、黄褐色土。在距坑口深约 1.4 米和 1.9 米处，分别有一具完整的猪骨架。靠下面的猪骨架前肢和后肢均作交叉状，好似被捆绑的样子。从 C5.3H307 的形制分析，其最初的功用当如《郑州商城》所说，为储存东西的窖穴，[①] 只是废弃后用来埋牺牲了。C5.3H307 位于铸铜遗址南区。其周围和其同期的与铸铜有关的遗迹有 H301、H303、H308、H309、H310 等（见图 2.3 - 3）。

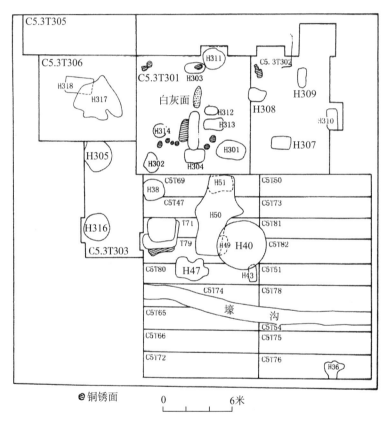

图 2.3 - 3　南关外铸铜遗址祭祀坑 H307 与周围遗迹的相对位置

资料来源：《郑州商城——1953～1985 年考古发掘报告》，第 316 页。

（2）小双桥遗址Ⅵ区的祭祀遗存可能与铸铜有关。详见本章第一节。

（3）1959 年在苗圃北地铸铜遗址发现 5 座埋有牛或马的土坑，其时代属于苗圃三期。报告认为"这种土坑里所埋的牛或马显然是有一定意义

---

① 《郑州商城——1953～1985 年考古发掘报告》，第 322 页。

的，可能是一种与铸铜有关的祭祀用牲"。①　其中两座各埋一头牛，牛都是被捆缚着掩埋的，一头作跪卧状，一头作蜷曲状。牛坑 PNH202 平面近圆形，南北长 1.1 米、东西宽 1 米、深 2.7 米。填土分两层，第一层为深黑土，厚 1.6 米，第二层为灰褐土，厚 1.1 米。在深 1 米处出土牛骨架 1 具。牛躯体沿坑壁蜷伏，四肢内屈，作捆缚状。牛骨架放置规整，应是杀死后埋入废弃的 PNH202 中的（见图 2.3 - 4）。

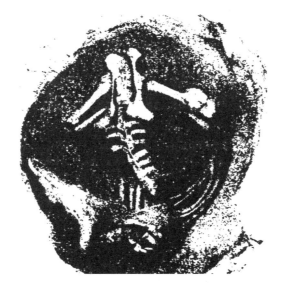

图 2.3 - 4　苗圃北地铸铜遗址祭祀坑 H202（牛坑）

资料来源：《殷墟发掘报告（1958—1961）》，图版五。

　　其余三坑均埋一匹马，其中一匹为整马，另两匹则无头。

　　马坑 PNⅥT3A④H36，为不规则的长方形，东西长 2.4 米、南北宽 0.7 ~ 1.1 米、深 0.5 米。坑内埋马一匹，有头，但残。马四肢蜷曲，似被杀后埋入的。坑内堆积为灰土。马坑 PNⅥT3A④H36 打破半地穴式无围墙的工棚建筑 PNⅥF1，还打破工棚内的大型陶范（见图 2.3 - 5），报告推测此范可能是大方鼎的铸范。PNⅥF1 也属于苗圃三期。笔者认为马坑 PNⅥT3A④H36 极有可能与大型方鼎铸成时的巫术或祭祀活动有关。

　　马坑 T130⑤H25 的填土分两层，无头马骨架出土于第一层，此层还出土人的下肢骨 2 块。马坑 T129⑤H39 深 1 米，填土不分层，但不知道无头

　　①　《殷墟发掘报告（1958—1961）》，第 26、27、288 页。

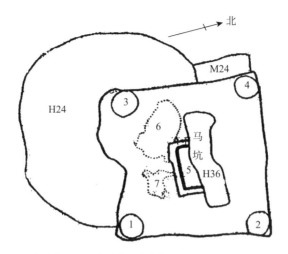

1~4 柱洞　5. 大陶范　6、7 碎陶范、烧土块等

图 2.3 – 5　苗圃北地铸铜遗址祭祀坑 H36 与周围遗迹关系

资料来源：《殷墟发掘报告（1958—1961）》，第 20 页。

马骨架埋藏的深度。

（4）1960 年秋发掘的孝民屯西铸铜遗址与 2003~2004 年发掘的孝民屯南铸铜遗址仅隔一条铁路，它们当是同一个遗址。遗址面积 4 万平方米左右。其主要使用和兴盛时期为殷墟文化三、四期，很可能是一处商王室控制下的铸铜作坊遗址。

1960 年在孝民屯 T106 内发现一具完整的牛骨架，此牛骨架属苗圃三期。在 T106 所属的第一发掘区，有一部分苗圃二、三期的灰坑出土与铸铜有关的遗物。[①] 此牛骨架或许与铸铜有关。

2003~2004 年，在这里发现埋有人、马、牛、猪、狗等与铸铜活动有关的祭祀坑多个。这些祭祀坑主要分布在遗址的南北边缘地带，如祭祀坑 H226、H265 位于遗址的南部边缘，H41 位于遗址的北部边缘。其中，H265 坑口呈椭圆形，圜底，保存有较好的踩踏硬面。坑口东西长 6.22 米、南北宽 5.25 米、深 1.90 米，坑底东西长 4.82 米、南北宽 4.22 米。坑的西壁呈斜坡状，有台阶，共六级旋转至坑底。坑内堆积为黄土，结构较紧密，土质较纯净，出土陶片较少，但出土一些牛下颌骨，尤其是集中出土

---

① 《殷墟发掘报告（1958—1961）》，第 66 页。

3600 多颗牛的门齿。此坑的年代为殷墟三期。H265 位于铸铜遗址的南部，北距铸造工棚 F43 仅数十米，简报认为其内的大型祭祀活动或许与 F43 内大型青铜容器的铸造有关。① H226 位于 H265 东侧，埋有 2 具人骨和大量的牛下颌骨，这些牛下颌骨皆为 1/2 部位，牙齿全部被拔去，总数超过 100 件，分 2 层，每层约 60 件。②

与该遗址相距近 200 米的孝民屯东南的铸铜遗址，面积约 1 万平方米。在这里也发现有与铸铜有关的祭祀或巫术遗存。其中 2001AGH27，平面呈椭圆形，长径为 10.25 米，短径为 6.4 米，深 2.9 米。填灰色土，质地疏松。在坑西北边缘有一堆废弃的炉壁。坑的东南边缘有一具牛骨架。此坑属于殷墟三期，原应为取土坑，后填入垃圾。该坑内的牛骨架可能与铸铜祭祀有关。③

（5）近年在洹北商城遗址的韩王度村东发掘了洹北商城时期的铸铜、制骨手工业作坊区，发现有"人祭坑""牛角坑"，此外还有大量使用过的卜用龟甲和牛肩胛骨。这些遗存应与铸铜、制骨手工业相关。④

此外，安阳辛店晚商铸铜遗址也发掘到祭祀坑，⑤ 可能也与铸铜有关。

2. 制骨作坊遗址内的祭祀或巫术遗存

（1）在郑州商城紫荆山北制骨作坊遗址的二里岗下层二期的地层中发现有 5 具人骨架，其中 1 具无头人骨架和 5 具猪骨架埋在一起。在一个狭窄的墓坑内还发现了一具俯身葬的人骨架。简报、报告认为这些遗存或与祭祀有关。⑥

① 殷墟孝民屯考古队：《河南安阳市孝民屯商代铸铜遗址 2003～2004 年的发掘》，《考古》2007 年第 1 期。

② 王学荣：《殷墟孝民屯大面积发掘的主要收获》，《中国文物报》2005 年 6 月 15 日，第 1 版。祭祀坑的编号 H226 是笔者据该文和《河南安阳市孝民屯商代铸铜遗址 2003～2004 年的发掘》推知。

③ 中国社会科学院考古研究所安阳工作队：《2000—2001 年安阳孝民屯东南地殷代铸铜遗址发掘报告》，《考古学报》2006 年第 3 期。

④ 何毓灵：《无心插柳柳成荫　洹北商城铸铜、制骨手工业作坊的发现》，《大众考古》2017 年第 3 期。

⑤ 孔德铭、申明清、李贵昌、孔维鹏：《河南省安阳市辛店商代铸铜遗址发掘及学术意义》，《三代考古》（七），第 52～62 页；孔德铭：《安阳辛店商代晚期铸铜遗址的发现与发掘》，《大众考古》2017 年第 6 期。

⑥ 《郑州商城——1953～1985 年考古发掘报告》，第 462、467 页；河南省文物研究所郑州工作站：《近年来郑州商代遗址发掘收获》，《中原文物》1984 年第 1 期。

（2）1960 年在大司空村制骨作坊遗址发现 3 个灰坑，分别埋有马骨架或牛骨架一具。报告认为其可能与祭祀有关。① 其中，H415 为椭圆形土坑（见图 2.3－6），南北径为 2.65 米、东西径为 2.35 米，深 0.25 米。坑壁不甚平整。填黑灰土。坑底有马骨架一具，骨架放置规整。在马骨架两前肢之间，有铜镞一枚。H415 为第三期。马坑 H415 附近有同时期的骨料坑 H411、H413、H416、H403 等。

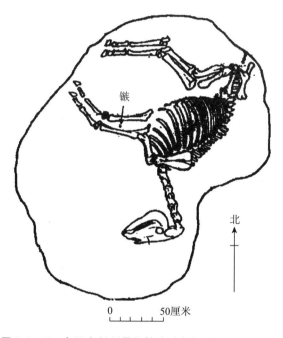

图 2.3－6 大司空村制骨作坊遗址祭祀坑 H415 平面图

资料来源：《殷墟发掘报告（1958—1961）》，第 82 页。

在马坑 H415 附近，有 H418 和 H420，它们分别埋有牛、马骨架一具。H418、H420 都在探方 T407 中，叠压于第四层下，属于第二期。但 H418 打破 H419，H419 又打破 H420，即它们非同时埋葬。

大司空村制骨作坊属于苗圃第二、三期。

（3）1986 年在殷墟花园庄南地废骨堆积坑 H27 的西北面发掘了一座祭祀坑 M3。M3 开口于 T4④层下，长 1.7 米、宽 0.9 米，深约 0.25 米。

①《殷墟发掘报告（1958—1961）》，第 76、81、82、308 页。

出土两具俯身直肢的少年骨架。北边骨架的双手被砍掉，胸部下面有一残柄形器；南边骨架的左手、右脚被砍掉，左手压在身下。报告认为其可能是祭祀坑。① 该祭祀坑可能与制骨有关。

3. 制陶作坊遗址内的祭祀或巫术遗存

（1）1977 年在河南柘城孟庄遗址第一发掘地点发掘到一座陶窑。在陶窑附近的灰坑 H16 和 H33 内分别出土一具人骨架。其中 H16 内人骨架位于 H16 填土中，仰身，双手交叉放在盆骨上，手腕骨上残留有 2 道绳捆痕迹。下肢胫骨残缺，股骨倾斜紧贴着穴的北壁。报告推测死者是被活埋的。

在陶窑附近的地层中还发现有 4 具人骨架。其中 M1 是两具人骨架的编号。位于东边的是小孩骨架，仰身直肢，头骨被 H8 破坏。西边的是成人骨架，身、首分离，颅骨朝下，仰身直肢。M1 东侧另有一具人骨架，编号为 M7。它们位于 T2 北部第一层商文化堆积的下部，处于陶窑的西侧。H8 出土一具女性头骨。在陶窑的东南侧，另有一具人骨架，编号 M2，叠压于 T3 南部第二层商文化堆积下。②

报告对遗址的层位关系报道不详，这些人骨架或与陶窑同时，是与陶窑相关的祭祀或巫术遗存。在该遗址第二发掘地点，发掘到铸铜遗址。孟庄遗址面积约 3 万平方米，估计第一、二发掘点相距不会太远。不排除第一发掘点的陶窑与铸铜有关的可能性。

报告对孟庄遗址的年代估计偏早，应以不早于二里岗上层为是。③

（2）安徽含山县孙家岗遗址曾发现一处重要遗迹：在一具完整的成人骨架周围埋着 9 具十岁左右的小孩骨架，在成人骨架附近发现有陶鬲和卜骨。简报认为这是一处墓葬。在该遗迹北约 4 米的地方发现一座陶窑。④笔者倾向于这处遗迹与该陶窑有关，这 10 具人骨是与制陶有关的祭祀用人牲的遗存。孙家岗遗址发表材料有限，其时代可能在二里岗上层至殷墟一

① 中国社会科学院考古研究所安阳工作队：《1986—1987 年安阳花园庄南地发掘报告》，《考古学报》1992 年第 1 期。

② 中国社会科学院考古研究所河南一队、商丘地区文物管理委员会：《河南柘城孟庄商代遗址》，《考古学报》1982 年第 1 期。

③ 河南省文物研究所郑州工作站：《近年来郑州商代遗址发掘收获》，《中原文物》1984 年第 1 期。该文最早指出孟庄报告对遗址年代的误判。

④ 安徽省展览博物馆：《安徽含山县孙家岗商代遗址调查与试掘》，《考古》1977 年第 3 期。

期之间。①

（3）河北临城补要遗址南区发掘到中晚商祭祀坑 2 座。其中祭祀坑 H303 与陶窑 Y6 同在探方 ST13 内，且均开口于第一层下。H303 坑口呈不规则的圆角长方形，东西最长 4 米、南北最长 4.4 米、深 1.25～1.3 米。坑口外西、南侧各发现一具牛骨架，似经捆绑，牛骨上有较厚炭灰。坑内填土可分七层，从西向东倾斜堆积。②

（4）河北邢台粮库遗址曾发现一处由一座陶窑、一个储藏黄膏泥的窖穴、一条淘洗泥土的沟和一座工作场地组成的属于殷墟晚期的制陶作坊。在陶窑南约 5 米处有一座埋有完整小牛骨架的坑Ⅰ H74。Ⅰ H74 填土较硬，"似经夯打"，也比较纯净，没有陶片出土。此坑和制陶遗迹均开口于②层下，报告推测它们的时代可能相近，而牛坑Ⅰ H74 可能是与制陶有关的祭祀遗存。③

（5）安阳殷墟刘家庄北地制陶作坊遗址面积在 6 万平方米以上，制陶始自殷墟文化第一期，至少延续至殷墟文化第三期，是殷墟重要的作坊遗址。④ 2010～2011 年在这里发掘到多座祭祀坑。⑤ 按祭牲的种类与组合可分为：人祭坑、人牛混祭坑、牛角祭祀坑、猪祭坑等。这些祭祀坑应与制陶作坊有一定关联。

其中人祭坑共 3 座。以 H77 规模最大。H77 东部被 G1 打破，南部有少部分位于发掘区外。坑口呈不规则形，南北发掘长 15 米、东西发掘宽 14.75 米、坑深 1.8 米。坑壁略呈斜坡状，坑底不平。坑内填土较松散，可分三层。第一层为黑灰土，结构疏松，最厚约 0.7 米。第二层主要分布于坑中部，为浅灰土，厚 0.2～0.5 米。第三层为灰土，夹杂水锈斑点，较硬，最厚约 0.8 米。填土内含大量的陶片、兽骨等遗物，还出土有铜印章、

① 曹斌：《从商文化看商王朝的南土》，《中原文物》2011 年第 4 期。
② 北京大学考古文博学院、河北省文物局、邢台市文物管理处、临城县文化旅游局：《河北临城县补要村遗址南区发掘简报》，《考古》2011 年第 3 期。
③ 河北省邢台市文物管理处编著《邢台粮库遗址》，科学出版社，2005，第 156～168、170～171 页。
④ 中国社会科学院考古研究所安阳工作队：《河南安阳市殷墟刘家庄北地制陶作坊遗址的发掘》，《考古》2012 年第 12 期。
⑤ 中国社会科学院考古研究所安阳工作队：《河南安阳市殷墟刘家庄北地 2010～2011 年发掘简报》，《考古》2012 年第 12 期。

陶鸮身人面像以及较多的原始瓷和硬陶残片。第二层内有 4 具人骨，大体摆成半圆形，编号为 A～D，其中 A～C 位于坑东部，D 位于坑中部。A 仅存上半身，头朝南，仰身。B 仅存上半身，头朝东，仰身。C 仅存中半身，无头，俯身，男性。D 头北脚南，仰身直肢，无腰椎和盆骨，女性。第三层内有 2 具人骨，编号为 E、F，均为男性。E 位于灰坑东部，头南脚北，俯身。F 位于坑东北部，仅存上半身，头朝东，俯侧身。

人牛混祭坑共 4 座。以 H1050 内牛骨保存最为完整，其余均为零乱放置。H1050 坑口呈圆形，袋状，口径 1.5 米、底径 1.7 米、深 1.74 米。填松散的灰花土，出有少量陶片。在距坑口 0.55 米深处出土卜骨 1 块。坑底有 2 颗人头骨和无头人肢骨、牛骨各 1 具，编号为 A～D。人头骨 A 位于坑底西北侧，缺下颌骨。人头骨 B 位于坑底东南侧，紧贴牛背，亦不完整。人肢骨 C 置于牛后腿上，只有胸部、肋部与脊椎部分。牛骨 D 应是处死后摆放于坑底，十分规整，基本上沿坑底放置，背部紧贴坑壁，头部扭曲（见图 2.3－7）。

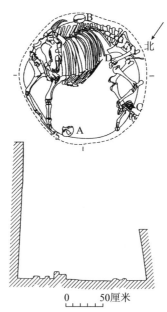

A、B 人头骨　C. 人肢骨　D. 牛骨

图 2.3－7　刘家庄北地制陶作坊遗址祭祀坑 H1050 平、剖面图

资料来源：中国社会科学院考古研究所安阳工作队：《河南安阳市殷墟刘家庄北地 2010～2011 年发掘简报》，《考古》2012 年第 12 期。

H77 和 H1050 属于殷墟文化二期。

（6）河北磁县下七垣遗址曾发掘到商代陶窑 4 座，其中晚商陶窑 1 座，编号 Y4。在 Y4 西、南方向 10 米开外分别有同时期的祭祀坑 K89 和 K27。K89 为袋形坑，深 1.75 米。距坑底 1.2 米深处出土一具完整牛骨架。发掘者从骨架状况分析：牛是被捆绑杀死未僵硬时埋入的。K27 为一圆形坑，直径 1.35 米、残存深 0.35 米。出土一具公猪骨架，拱身蜷腿，缺前腿下段。[①]

二 相关讨论

1. 关于遗存的性质

甲骨文和典籍中有关于青铜器铸造过程中使用牺牲的巫术或祭祀的记载：

    1）王其铸黄吕，奠〔血？〕，叀今日乙未利？（《英藏》2567）

    2）丁亥卜：大……其铸黄吕……作凡利叀……（《合集》29687）

燕耘认为铸黄吕就是铸铜，"奠"意为"置而祭也"，"奠血"是用牲血祭新铸的铜器。[②] 连劭名从之，并强调第 1）辞的内容相当于文献中的"釁"（衅）。[③]

衅新铸成的铜器也见于后世文献。《礼记·杂记下》云："凡宗庙之器，其名者成，则衅之以豭豚。"孔颖达疏："'凡宗庙之器，其名者成，则衅之以豭豚'者，器之名者，尊、彝之属也。若作名者成，则衅之，若细者成，则不衅。名器则杀豭豚血涂之也。不及庙，故不用羊也。"[④] 即宗庙中的器物，凡大的，铸成后要用猪衅之。

具体的事例如《左传》昭公四年："叔孙为孟钟，曰：'尔未际，飨大

---

① 河北省文物管理处：《磁县下七垣遗址发掘报告》，《考古学报》1979 年第 2 期。祭祀坑 K27 在报告的图三中标为 H47，当误。

② 燕耘：《商代卜辞中的冶金史料》，《考古》1973 年第 5 期。

③ 连劭名：《再论甲骨刻辞中的血祭》，吉林大学古文字研究室编《于省吾教授百年诞辰纪念文集》，吉林大学出版社，1996，第 31～36 页。

④ （汉）郑玄注，（唐）孔颖达疏《礼记正义》卷 43《杂记下》，第 1229、1231 页。

夫以落之。'"杜预注:"以貑猪血衅钟曰落。"①《孟子·梁惠王上》:齐宣王"坐于堂上,有牵牛而过堂下者,王见之曰:'牛何之?'对曰:'将以衅钟。'王曰:'舍之,吾不忍其觳觫,若无罪而就死地。'对曰:'然则废衅钟与?'曰:'何可废也,以羊易之。'"② 可见衅新成之器用猪、牛或羊。

典籍中还有衅军器、玉器的记载。《周礼·夏官·小子》载:小子掌"衅邦器及军器"。《周礼·春官·天府》载:天府掌"上春,衅宝镇及宝器"。③ 但它们不一定新成才衅。

具体衅器的方法,《孟子章句·梁惠王上》赵岐注:"新铸钟,杀牲以血涂其衅郄,因以祭之,曰衅。"④

甲骨卜辞中也有祭祀玉器的辞例:

> 3) 辛〔酉〕卜,宾贞:于二珏侑五人卯十牛?
> 五人卯五牛于二珏。(《合集》1052 正)
> 4) 王固曰:祀珏。(《合集》5611 反)

王宇信认为第 3) 辞的意思是:"商王武丁侑祭五人并剖杀十牛(或五牛)以祭宝玉(二珏)。"⑤ 我们已无法知道这是在"二珏"制作过程中进行的祭祀,还是在"二珏"使用时期的祭祀,如果是在使用时期的祭祀,那么后世衅玉器之礼俗,当与商礼对玉器的祭祀有一定的渊源关系,只是祭祀方式不一样了。

关于衅的目的,《孟子·梁惠王上》赵岐注:"新铸钟,杀牲以血涂其衅郄,因以祭之,曰衅。"孙奭疏:"盖古者器成而衅以血,所以厌变怪,御妖衅。"焦循《孟子正义》云:"衅本间隙之名,故杀牲以血涂器物之隙,即名为衅。"焦循还引用周柄中《四书典故辨正》云:"衅之义有三:一是被

---

① (周)左丘明传,(晋)杜预注,(唐)孔颖达正义《春秋左传正义》卷 42,第 1206 页。
② (汉)赵岐注,(宋)孙奭疏《孟子注疏》卷 1 下《梁惠王章句上》,廖名春、刘佑平整理,北京大学出版社,1999,第 19 页。
③ (汉)郑玄注,(唐)贾公彦疏《周礼注疏》卷 30《小子》、卷 20《天府》,第 795、531 页。
④ (汉)赵岐注,(宋)孙奭疏《孟子注疏》卷 1 下《梁惠王章句上》,第 19 页。
⑤ 王宇信:《殷人宝玉、用玉及对玉文化研究的几点启示》,《中国史研究》2000 年第 1 期。

除不祥；一是弥缝罅隙，使完固之义；一是取其膏泽护养精灵。"①

也有学者认为衅礼与祭祀无关。②

商代手工业作坊附近埋有牺牲的坑中的牺牲之一部分，或即为衅新成之器取牲血后的牺牲。

文献中还有在铸造过程中用人做牺牲的事例。《吴越春秋·阖闾内传第四》记载：干将为阖闾铸剑，三月不成。"莫耶曰：'夫神物之化，须人而成之。今夫子作剑，得无得其人而后成乎？'干将曰：'昔吾师作冶，金铁之类不销，夫妻俱入冶炉中，然后成物。至今后世即山作冶，麻绖葌服，然后敢铸金于山。今吾作剑不变化者，其若斯耶？'莫耶曰：'师知烁身以成物，吾何难哉！'于是干将妻乃断发剪爪，投于炉中，使童女、童男三百人鼓橐装炭，金铁乃濡。遂以成剑……"③同文还记载有吴人以其二子血衅金，制作成金钩，献于阖闾求赏的故事。

以上记载未必可信，但它说明在当时人们的心目中，在铸造过程中使用人牲可以使器物有灵性。

后世诸行业多有其行业的神灵，都要在适当的时候对其进行祭祀。商代手工业是否有行业神，我们尚不知晓。若有，则手工业作坊内的一些牺牲坑当与祭祀行业神有关。

王迪在分析商周时期制陶作坊内的祭祀或巫术遗存时认为它们与祭祀窑神、火神和社有关。④

2. 商文化手工业作坊内祭祀或巫术遗存的源流

手工业作坊内或附近的巫术或祭祀遗存在中原地区早于商文化的文化中屡有发现。

① （清）焦循：《孟子正义》卷3，沈文倬点校，中华书局，1987，第81~82页。
② 衅与祭的关系，向有争议，杨华在《先秦衅礼研究——中国古代用血制度研究之二》（《江汉论坛》2003年第1期）中把前人的观点归纳为三：（1）赵岐《孟子注》、许慎《说文解字》、高诱《吕氏春秋注》、应劭《风俗通义》、颜师古《汉书注》、司马贞《史记索隐》、孙希旦《礼记集解》等均认为衅兼有祭，近人裴锡圭、连劭名、黄俊杰等也持此说；（2）臣瓒《史记》注、焦循《孟子正义》、孙诒让《周礼正义》认为衅礼不与祭礼并行，近人江绍原也将衅礼专门加以讨论，杨华从之；（3）郑玄《周礼·春官·大祝》注"凡血祭曰衅"，但他在《天府》和《龟人》注中却认为衅礼仅限于"杀牲以血血之"。
③ 周生春：《吴越春秋辑校汇考》，上海古籍出版社，1997，第40页。
④ 王迪：《中国北方地区商周时期制陶作坊研究》，科学出版社，2016，第188~190页。

在安阳鲍家堂遗址的仰韶时代陶窑 Y1 北侧 1.3 米处、Y2 西侧 1.5 米处各有一个埋有猪的袋形坑 H25、H5（见图 2.3 − 8）。H25 口径 0.8 米、底径 1.47 米、深 1.47 米。坑内堆积分 4 层。第一层有 1 具猪骨架；第二层有 3 具猪骨架；第三层有 2 具猪骨架；第四层有 4 具猪骨架。这些猪骨

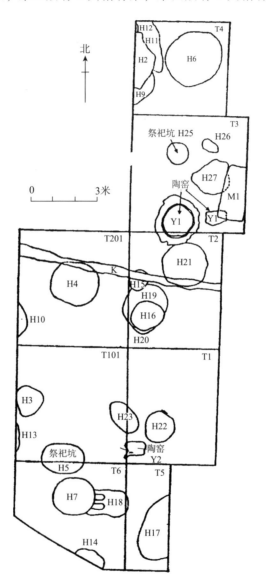

图 2.3 − 8　鲍家堂遗址祭祀坑与周围遗迹的相对位置

资料来源：中国社会科学院考古研究所安阳队：《安阳鲍家堂仰韶文化遗址》，《考古学报》1988 年第 2 期。

架的前肢和后肢分别并拢，似是捆缚后埋入坑中的。坑底东北部还发现有一堆动物骨头。H5 坑底有 1 具猪骨架，前后肢分别合拢，似是捆缚后埋入的。猪骨架旁有一彩陶罐，罐内有 1 件蚌锥。

报告认为 H25 和 H5 分别与 Y1、Y2 "同层出土，且相距不远"，埋于其中的猪骨架 "当为烧制陶器过程中的一种牺牲"。① 这些遗存属于仰韶文化大司空类型。

在郑州洛达庙遗址曾发掘到洛达庙一期（相当于二里头文化二期）的制陶作坊遗址。其中陶窑 Y13、Y14、Y15、Y16 位于 T58、T59 两个相邻的探方中，"相距很近，并且基本在一个平面"。在 T59 中发现有和这些陶窑同期的 "埋人坑" H245 和 "兽坑" H246。H245 填土中（即非坑底）有东西并列的 2 具人骨架，一具为成年人，一具为小孩。H246 填土中（即非坑底）有一具完整的牛骨架。报告认为，坑内的人和牛是随便被掷在灰坑中掩埋的。② 考虑到其与制陶作坊的关系，笔者倾向于其是与制陶有关的巫术或祭祀活动中的牺牲，在仪式结束后掩埋在了灰坑中，尤其是牛骨架的可能性更大。

郑州黄委会青年公寓发现有洛达庙晚期（相当于二里头文化四期）的陶窑 Y1，在 Y1 以东约 12 米处有洛达庙晚期的 H70。H70 出土猪骨架 1 具，猪骨架南边出牛胛卜骨 1 块、北边出羊胛卜骨 2 块。报告认为它们可能与祭祀有关。③ 王迪认为祭祀坑 H70 与制陶有关。④ 但 Y1、H70 分别叠压于④、⑤层下。报告没有说明这两层的分布范围。笔者存疑。

在二里头遗址二里头文化的青铜冶铸作坊使用时期，在作坊内屡见埋成年人的现象。《中国考古学（夏商卷）》认为成人墓或是正常死亡的铸铜工匠的墓葬，或是铸铜工程中某种仪式的牺牲。⑤

这些分布于夏商文化区内的早于商文化的遗存，当与商文化手工业作坊内的巫术或祭祀活动用牲遗存有渊源关系。

---

① 中国社会科学院考古研究所安阳队：《安阳鲍家堂仰韶文化遗址》，《考古学报》1988 年第 2 期。
② 河南省文物研究所：《郑州洛达庙遗址发掘报告》，《华夏考古》1989 年第 4 期。
③ 河南省文物研究所：《郑州黄委会青年公寓考古发掘报告》，《郑州商城考古新发现与研究（1985—1992）》，第 185～227 页。
④ 王迪：《中国北方地区商周时期制陶作坊研究》，第 176 页。
⑤ 《中国考古学（夏商卷）》，第 103、111～112 页。

周代手工业作坊内也普遍有祭祀或巫术遗存发现。具体如洛阳北窑铸铜遗址①、新郑冯庄郑国铸钱遗址②等。可参阅《周代祭祀遗存研究》,③兹不赘述。周代手工业作坊内的祭祀或巫术遗存是周代手工业继承商代手工业文明的一个方面。

第四节　商文化建筑营造过程中的祭祀或巫术遗存

商人在建筑过程中往往进行一些祭祀或巫术活动。就目前考古发现看,这样的祭祀或巫术活动主要存在于城墙和大型房屋的营造过程中。

一　与城墙营造有关的祭祀遗存

我们对商代城墙的了解多是通过打解剖沟,没有也不可能完全发掘,所以对城墙营造过程中祭祀遗存的发现只是局部的、片面的。就目前所知,在郑州商城、偃师商城、望京楼商城、垣曲商城、洹北商城、孟庄商城等城墙营造过程中均有祭祀现象。详述于下。

1955 年发掘郑州商城城墙北墙东段的探沟 C8T27 时,发现在夯土城墙的底部压有一些零乱的人头骨、肋骨、盆骨和肢骨。④《郑州商城》把这些遗存与城墙的奠基联系了起来。⑤

偃师商城探沟 T1 内城墙东侧附属堆积下层的东端,下压一条南北向的小沟,沟内发现人骨架 1 具,没有墓圹和葬具。在探沟 T2 内的城墙附属堆积下,叠压有"墓葬" T2M2。M2 竖穴土坑,长方形,南北 1.9 米、东西 0.45 米、深 0.2 米。"墓边"不整齐。M2 填土与城墙附属堆积下层土相同。M2 出土人骨架 1 具,无随葬品。这两具人骨架皆仰身直肢,双足并拢,手置于盆骨处,肋骨受压变形而重叠在一起。简报从地层叠

---

① 洛阳市文物工作队:《1975—1979 年洛阳北窑西周铸铜遗址的发掘》,《考古》1983 年第 5 期。

② 河南省文物考古研究所:《新郑监狱春秋铸钱遗址发掘简报》,《中国钱币》2012 年第 4 期。

③ 谢肃:《周代祭祀遗存研究》,待版。

④ 河南省博物馆、郑州市博物馆:《郑州商代城遗址发掘报告》,《文物资料丛刊》(1),第 1~47 页。

⑤ 《郑州商城——1953~1985 年考古发掘报告》,第 187 页。

压关系及埋藏情形推测，死者"当同筑城这一大型土建工程有着某种内在联系"。[①]

1983 年在偃师商城大城西二城门南侧大城城墙夯土中发现一座"小孩墓"M11。[②] 据杜金鹏讲，M11 打破夯土城墙，M11 圹长 0.67 米、宽 0.35 米、深 0.06 米。M11 内仅余小孩头骨。M11 内大部分被一件打碎的细绳纹深腹陶罐覆盖。陶罐时代属于偃师商城商文化第二期第三段。杜金鹏认为此墓"是营造城墙时为某种宗教仪式而埋下的"。[③] 报告认为 M11 是修筑城墙时埋葬于城墙夯土中的瓮棺葬，或许为祭祀性质。[④] 另外在封堵西二城门的堆积内发现 20 多块大小不等的红烧土块和一完整的猪头骨。[⑤] 笔者认为这与封堵西二城门时的祭祀活动有关。

望京楼遗址探沟 I T1 内二里岗期城址内城北墙东段护坡底部发现一座"墓葬"。"墓为土圹竖穴，墓口为长方形，东西长 1.7、南北宽 0.5 米，墓边不整齐，墓内填土为夯土。墓内放置人骨一具，无任何随葬品。人骨为仰身直肢，双足并拢，手置盆骨处，肋骨受压变形重叠在一起。从地层叠压关系及埋葬情况来看，死者社会地位甚低，他的死当与这一大型土建工程有着某种联系。"[⑥] 笔者倾向于其本来不是墓葬，也没有墓边，是夯筑城墙护坡时夯筑在夯层内的祭祀遗存。但正式报告与简报有较大出入。报告公布的 I T1 内与城墙护坡存在直接层位关系的"墓葬"有 2 座，分别编号为 M45、M46。它们均被城墙护坡叠压或打破，且分别叠压在二里岗上层二期灰沟 G2 的第 3、4 层下。M45 长 1.74 米、宽 0.4 米、深 0.2 米，M46 长 1.91 米、宽 0.6 米、深 0.28 米。分别出土仰身直肢的人骨架 1 具，其中 M45 的人骨缺少上肢骨和脚骨。报告把 M45、M46 时代推定为二里岗下

① 中国社会科学院考古研究所洛阳汉魏故城工作队：《偃师商城的初步勘探和发掘》，《考古》1984 年第 6 期。
② 中国社会科学院考古研究所河南第二工作队：《1983 年秋季河南偃师商城发掘简报》，《考古》1984 年第 10 期。简报认为 M11 叠压在 4A 层下，但在简报图二中 M11 位于大城城墙范围内，故本书从杜金鹏。
③ 杜金鹏：《偃师商城初探》，中国社会科学出版社，2003，第 115、118 页。
④ 中国社会科学院考古研究所编著《偃师商城》第 1 卷，科学出版社，2013，第 395 页。
⑤ 中国社会科学院考古研究所河南第二工作队：《1983 年秋季河南偃师商城发掘简报》，《考古》1984 年第 10 期；《偃师商城》第 1 卷，第 204 页。
⑥ 郑州市文物考古研究院：《望京楼二里岗文化城址初步勘探和发掘简报》，《中国国家博物馆馆刊》2011 年第 10 期。

层一期，认为它们与建造城墙时的祭祀有关。[1]

垣曲商城西城墙内墙与外墙交接处（报告称横墙）的城墙夯土基槽内有一个生土台，生土台上发现一座祭祀坑 H665。H665 开口于③B 层下，被 G29 打破，H665 打破生土。H665 呈长方形，长 0.66 米、宽 0.37 米、深 0.14~0.2 米。填纯净的浅黄土。出土叠置堆放在一起的人骨架 1 具，人骨被肢解，放置无序。肢骨上有被肢解的切断痕迹，头盖骨上有一块绿色铜锈（见图 2.4-1、图 2.4-2）。报告认为 H665 是修筑城墙时的人祭坑。[2] 垣曲商城建于二里岗下层偏晚阶段。

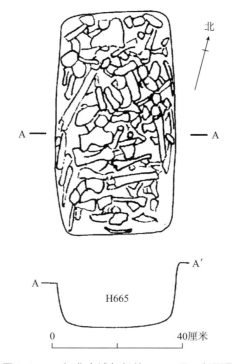

图 2.4-1 垣曲商城祭祀坑 H665 平、剖面图

资料来源：《垣曲商城（二）——1988~2003 年度考古发掘报告》，第 272 页。

---

[1] 郑州市文物考古研究所编著《新郑望京楼：2010~2012 年田野考古发掘报告》，科学出版社，2016，第 480~482、834 页。

[2] 中国国家博物馆田野考古研究中心、山西省考古研究所、垣曲县博物馆编著《垣曲商城（二）——1988~2003 年度考古发掘报告》，科学出版社，2014，第 237~238、271~272 页。

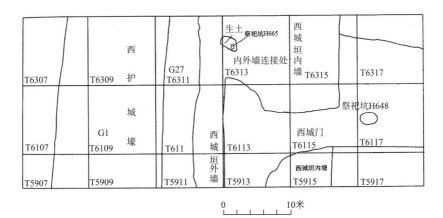

图 2.4－2　垣曲商城祭祀坑 H665、H648 与周围遗迹的相对位置

资料来源：《垣曲商城（二）——1988～2003 年度考古发掘报告》，图一五九，插页，改绘。

洹北商城西墙中段解剖沟的外槽夯土中，比较集中地出土完整的狗骨架和猪的头骨，简报认为可能与基槽内夯土填夯时的祭祀活动有关。除了西城墙外，在城墙其他基槽的解剖沟内的夯土中也出土了零散的兽骨，其用途和性质不能确定。①

辉县孟庄商代晚期城是由龙山、二里头文化时期城址修补而成的。在探方ⅩT51 内晚商城墙夯土层下有一座椭圆形祭祀坑ⅩT51H18，出土一具完整的猪骨架。报告推测是建筑城墙时的奠基遗存。②

由上可知，商文化城墙营造之初和夯筑过程中都要举行祭祀活动。营造之初的祭祀活动遗存叠压在城墙之下，所用牺牲有人牲、猪等。夯筑过程中的祭祀活动遗存被夯筑在城墙夯土层内，所用牺牲有人牲、猪、狗等。

城墙营造过程中进行祭祀的遗存在早于商文化的城址发掘中也屡有发现。如郑州西山仰韶时代城址、八十垱彭头山文化城址、城头山大溪文化城址、寿光边线王和茌平教场铺龙山文化城址、神木石峁龙山时代晚期城址、二里头文化的东赵城址。在濮阳高城春秋时期城址发掘中也有发现，

---

① 中国社会科学院考古研究所安阳工作队：《河南安阳洹北商城的勘察与试掘》，《考古》2002 年第 5 期。

② 河南省文物考古研究所编《辉县孟庄》，中州古籍出版社，2003，第 306、388 页。

详见《周代祭祀遗存研究》，兹不赘述。

二　与房屋类建筑营造有关的祭祀或巫术遗存

商文化房屋类建筑营造过程中普遍存在祭祀或巫术现象。20 世纪 20 ～ 30 年代安阳殷墟就发掘到大量的此类遗存。因为战乱，这些资料没有得到及时整理。发掘者石璋如对这些遗存做了初步研究。他把小屯遗址中与建筑基址有关的"墓葬"按与基址的层位、位置关系区分为三类：被压在基址下的狗坑、压在基址上的方形坑、基址前面的牛羊坑与旁边的杀头葬。他还根据甲骨卜辞和昆明民俗分析了"墓葬"的用途和性质：第一类与奠基有关，第二类方坑内所埋之人是房屋的保卫者，第三类则与落成仪式有关。[①] 稍后，他对之前的论述做了修改补充，把与基址有关的"墓葬"修正为奠基、置础、安门、落成等性质不同的几类。并对不同性质遗存中的用牲情况进行了归纳。[②]

人类学家也注意到人类在建造房屋等建筑时常常伴有祭祀或巫术活动。认为这是对地（或称地母）的自然崇拜行为，并解释说"人类常以为……建筑物的基础插入土内时，地神必因而动怒。……在世界上许多地方，直至今日，人类常把一个活的牺牲（常为动物）埋于新建筑的基础下，或墙的里面，其意以为这样方可以平地神的怒"。[③]

林惠祥和石璋如的研究基本奠定了此后数十年来此类研究的基础。

自 50 年代起，学者在整理 20 ～ 30 年代殷墟小屯发掘资料的过程中，对殷墟的祭祀遗存有了进一步的研究。石璋如在《殷墟建筑遗存》中提出：小屯乙七基址南的北组、中组和南组墓葬"也可以说是一个较大的结构，很可能代表着军事的组织"。"如果是在落成之后埋入的……也可以说为'落成牲'。这个用意固然在庆祝房屋的落成，同时也希望这些武装的

---

① 石璋如：《殷墟最近之重要发现附论小屯地层》，《中国考古学报》第 2 册，商务印书馆，1947。石璋如：《小屯后五次发掘的重要发现》，《六同别录》（上），中研院历史语言研究所集刊外编第三种，1945。该文是在《殷墟最近之重要发现附论小屯地层》基础上修改而成的。

② 石璋如：《殷墟最近之重要发现附论小屯地层后记》，《中国考古学报》第 4 册，商务印书馆，1949。

③ 林惠祥：《文化人类学》，商务印书馆，1991（第 2 版，初版于 1934 年），第 224 页

灵魂保护着住在宗庙内的祖宗的灵魂的安全。"① 对与建筑基址有层位关系的"墓葬"的看法，石璋如执笔的《殷墟建筑遗存》《乙区基址上下的墓葬》② 大体延续了其先前的观点。

70 年代以来，学者对人祭进行广泛讨论的同时，往往对与宫室类建筑营造过程中的祭祀和巫术现象也有所论及。但专门研究商代建筑营造过程中祭祀或巫术现象的成果较少。

宋镇豪根据考古发现、甲骨卜辞等材料，认为商代宫室建筑营造要经历卜宅、奠居、正位、置础、安宅、落成、迁宅等系统化仪式。③ 杜金鹏对洹北商城一号宫殿基址的祭祀坑做了研究，认为1、3 号室中央的狗坑可能是祭祀主管房舍安全之神——"雍示"的遗存；主殿台基下和台阶下的祭祀坑为"奠基礼"遗存；门塾附近的某些祭祀坑可能是"落成礼"遗存；门塾附近的"空坑"可能与酒祭、登禾有关。④ 杜金鹏还对小屯宫殿区内与宫殿建筑有关的祭祀遗存做了辨析。⑤ 杨谦对商代中原地区的奠基遗存做了梳理、对祭品进行了分析，探讨了奠基祭祀的动因。⑥ 贺俊探讨了奠基概念、奠基遗存的甄别标准。⑦

就目前考古发现来看，商代大型宫室⑧类建筑营建过程中有较多的祭祀或巫术遗存，大型宫室类建筑营造工序在地层上能较好地体现出来，而且礼制在社会上层一般能较好地贯彻执行。所以笔者首先考察偃师商城、洹北商城、小屯等普遍被认为与王室有关的宫室类建筑营造过程中的祭祀或巫术遗存，然后再考察其他宫室类建筑和中小型居室类建筑营造过程中的祭祀或巫术遗存。

---

① 石璋如：《小屯第一本·遗址的发现与发掘·乙编·殷墟建筑遗存》，第 299、300 页。
② 石璋如：《小屯第一本·遗址的发现与发掘·丙编·殷墟墓葬之四·乙区基址上下的墓葬》，中研院历史语言研究所，1976。该书下文简称《乙区基址上下的墓葬》。
③ 宋镇豪：《中国上古时代的建筑营造仪式》，《中原文物》1990 年第 3 期。
④ 杜金鹏：《洹北商城一号宫殿基址初步研究》，《文物》2004 年第 5 期。
⑤ 杜金鹏：《殷墟宫殿区建筑遗存研究》。
⑥ 杨谦：《商代中原地区奠基遗存初探》，《中原文物》2013 年第 3 期。
⑦ 贺俊：《关于史前夏商时期奠基遗存的几个问题》，《中国国家博物馆刊》2018 年第 10 期。
⑧ "宫室"一词的内涵见许宏《宫室建筑与中原国家文明的形成》，中国社会科学院考古研究所夏商周考古研究室编《三代考古》（五），科学出版社，2013，第 3～18 页。

（一）宫室类建筑营造过程中的祭祀或巫术遗存

除了20世纪20~30年代小屯甲、乙组建筑基址外，商文化宫室类建筑营造过程中的祭祀或巫术遗存主要有以下发现：1985~1986年在偃师商城五号宫殿基址发现10座狗坑，六号宫殿基址发现1座狗坑；① 1989~1991年在小屯乙组基址东南约80米处发掘到一组建筑基址，其中北排建筑基址F1南面垫土下发现10座祭祀坑；② 小双桥遗址自1995年以来陆续有祭祀遗存发现，部分或与宫室类建筑的营造有关；③ 2001~2002年在洹北商城1号宫殿基址的庭院内外和基址夯土中发现40余处祭祀或巫术遗存；④ 2008年发掘的洹北商城2号宫殿基址主殿前的台阶夯土内发现有少量的兽骨；⑤ 偃师商城三号宫殿基址的正殿东北角和台阶附近也发现了4座狗坑。⑥

这些遗存或在宫室类建筑基址夯筑之初，或在宫室类建筑基址的夯筑过程中，或在宫室类建筑基址夯筑完成之后。

现逐类分析这些遗存。

1. 基址夯筑之初的祭祀遗存

（1）材料辨析

此类遗存形成于基址的基坑挖好后，基址还没有夯筑前，层位关系上

---

① 中国社会科学院考古研究所河南第二工作队：《河南偃师尸乡沟商城第五号宫殿基址发掘简报》，《考古》1988年第2期。在此简报中，D5上基址以后改称五号基址，D5下基址以后改称六号基址。中国社会科学院考古研究所河南第二工作队：《河南偃师商城宫城第五号宫殿建筑基址》，《考古》2017年第10期。

② 中国社会科学院考古研究所安阳工作队：《河南安阳殷墟大型建筑基址的发掘》，《考古》2001年第5期。该组基址以后称作丁组基址。中国社会科学院考古研究所编著《安阳殷墟小屯建筑遗存》，文物出版社，2010。

③ 《郑州小双桥：1990~2000年考古发掘报告》，第117~121页。小双桥遗址的狗坑95ZXⅣH59、96ZXⅣH90，猪坑00ZXⅨH64、00ZXⅤH77，鹿坑00ZXⅤH120，"祭器坑" 96ZXⅧH3、96ZXⅧH49、96ZXⅧH2、96ZXⅧH22等被认为是 "奠基坑"。但这些遗迹或在层位关系上晚于建筑基址，不可能是建筑营造过程中形成的遗存；或不在基址的范围内，很难确定就是建筑营造过程中形成的。

④ 中国社会科学院考古研究所安阳工作队：《河南安阳市洹北商城宫殿区1号基址发掘简报》，《考古》2003年第5期。

⑤ 中国社会科学院考古研究所安阳工作队：《河南安阳市洹北商城宫殿区二号基址发掘简报》，《考古》2010年第1期。

⑥ 中国社会科学院考古研究所河南第二工作队：《河南偃师商城宫城第三号宫殿建筑基址发掘简报》，《考古》2015年第12期。

表现为被直接叠压在夯土基址下面。所以石璋如形象地称其为"基下墓"。由于对大型建筑基址的发掘往往发掘到基址面即止，或仅对基址局部做解剖，所以此类遗存往往不易被发现、发掘。

现知有此类遗存的宫室类建筑主要见于20世纪30年代发掘的小屯乙组基址中的部分基址。具体有乙五基址的M41，乙七基址的M138、M139、M147、H104，乙八基址的M207（见图2.4-3）、M241，乙九基址的M246、M254，乙十一后期基址的M245、M299，乙十一前期基址的M298，乙十三基址的M356，乙二十一基址的M415等。

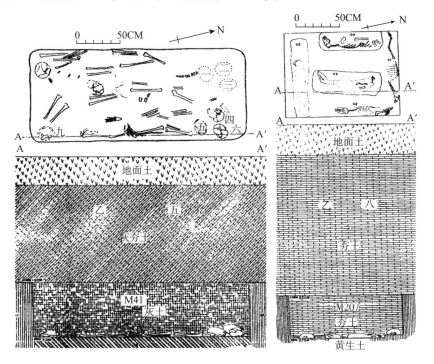

左为殷墟小屯乙五基址 M41 平、剖面图　右为殷墟小屯乙八基址 M207 平、剖面图

图 2.4 - 3　基址夯筑之初的祭祀坑

资料来源：石璋如：《乙区基址上下的墓葬》，第17、114页。

需要说明的是，小屯乙七基址 A 部夯土叠压 H104，H104 口距地表深 1.29 米、底距地表深 2.09 米，内置大量兽骨，填夯土。杜金鹏认为 H104 也是祭祀坑，[①] 笔者赞同杜先生的看法。

---

① 杜金鹏：《殷墟宫殿区建筑遗存研究》，第 162 页。

乙八基址叠压的 M182，出土 10 具羊骨架。据《殷墟建筑遗存》第 94～96 页，M182 在乙八基址的下面，与乙七基址有关；而据《殷墟建筑遗存》第 103～105 页，M182 在乙十基址范围内，为"基下墓"；《北组墓葬》①则将其归入"北组墓葬"。查乙八基址平面图，M182 西半部分位于乙八基址基槽外，东半部分叠压于乙八基址下。只能是乙八基址的基槽打破了 M182，M182 与乙八基址的营造无关。M182 确实属于北组墓葬，是乙七基址前的祭祀坑。

小屯乙九基址的 M254，在《殷墟建筑遗存》插图八十一中表现为开口于基址中，这与其他地方的表述不一致，笔者推测插图有误，仍把 M254 归入此类遗存。

乙十基址叠压 M89、M35，石璋如把它们归入北组墓葬，即乙七基址前的祭祀坑。其中 M89 出土呈跪姿的人骨 1 具，开口于灰褐土层下。M35 埋 9 具全躯的儿童，开口于灰褐土下，又打破灰褐土。两处遗迹均填夯土。按《殷墟建筑遗存》第 103 页插图三十七"乙十基址平面及断面"，乙十基址自西向东依次是褐土、灰褐土和黄熟土，它们的底部在一个平面上，很可能是乙十基址的垫土，那么 M89 则是乙十基址营造之初的祭祀遗存，M35 很可能是乙十基址营造过程中的祭祀遗存，它们的性质与北组墓葬不同。笔者虽然存疑，但证据不充分，仍将它们归入北组墓葬。

小屯乙二十一基址建在乙二十基址之上，M415 被压在乙二十基址下，与乙二十一基址没有直接的层位关系，对 M415 所属建筑基址笔者存疑。

现把此类遗存列为表 2-1。

表 2-1　商文化宫室类建筑基址夯筑之初的祭祀遗存统计

所属基址	遗迹编号	遗迹形制（单位：厘米，深指底距开口深度）	包含物	备注
小屯乙五基址	M41	南北长方形（245×105，深60）	人9，报告据第一具人骨架位置推测都是全躯；可能是孩童	填灰土

① 石璋如：《小屯第一本·遗址的发现与发掘·丙编·殷墟墓葬之一·北组墓葬》。

续表

所属基址	遗迹编号	遗迹形制（单位：厘米，深指底距开口深度）	包含物	备注
小屯乙七基址	M138	南北长方形［86×（22～32），深18］	犬1，躯北	填黄土
	M139	南北近长方形［90×（20～35），深40］	犬1，躯北	填黄土
	M147	南北长方形［85×（44～48），深55］	犬1，躯北	填夯土
	H104	东西长方形（大小不详，深约80）	有大量兽骨	填夯土
小屯乙八基址	M207	南北长方形（150×110，深55）	犬5，中间1具，四周各1具	填夯土
	M241	南北长方形［110×（80～90），深20～30］	犬3，躯南	填夯土
小屯乙九基址	M246	南北长方形（85×60，深10）	犬1，躯南	填夯土
	M254	近方形（90×115，深11）	犬1，躯东南	填夯土
小屯乙十一基址（后期建筑）	M245	南北长方形［146×（50～62），深50］	儿童1，全躯俯身，躯北；伴出圭形小石器和笄形石器	填灰夯土
	M299	南北长方形［（86～93）×35，深10］	儿童1，全躯，躯北	填黄灰土
小屯乙十一基址（前期建筑）	M298	南北长方形（86×40，深20）	儿童1，全躯，躯北，下肢蜷曲	填黄土
小屯乙十三基址	M356	南北长方形（130×44，深10）	儿童1，俯身，躯北	填夯土；M356西南出犬1
小屯乙二十一基址	M415	M415上部为圆形（直径130～140）；底近东壁有南北长方形坑	犬1，躯南	填黄夯土
小双桥Ⅷ HJ1		Ⅷ HJ1为残存400余平方米的宫室类建筑基址。其基槽底部可能有骨肉器物坑		《郑州小双桥》第66页

资料来源：石璋如：《小屯第一本·遗址的发现与发掘·乙编·殷墟建筑遗存》；石璋如：《乙区基址上下的墓葬》；《安阳殷墟小屯建筑遗存》。

（2）遗存性质分析

由表2-1可知，此类遗迹的坑穴一般较浅，除小屯乙七基址下的H104深约0.8米外，其余深度均不超过0.6米。填土一般经过夯打。牺牲为儿童或犬，儿童与犬不共存。小屯乙五基址M41不能分辨出儿童是全躯

还是砍头，报告根据第一具人骨架位置推测 9 具儿童骨架都为全躯。其他
祭祀坑所埋牺牲都是全躯。再参诸其他遗址叠压于房屋建筑下的此类遗存
（见后文），除藁城台西 F6 所埋为 18 岁左右女性头骨外，[①] 房屋类建筑营
造之初的此类遗存所埋也是儿童或犬。

此类遗存是在建筑基址的基坑挖成而基址没有夯筑前埋入的。《殷墟
建筑遗存》认为它们的性质是奠基。[②] 笔者赞同这种说法。但《殷墟建筑
遗存》认为奠基墓中的奠基牲（即犬或儿童）和墓葬腰坑中犬的寓意相
似，均取"守卫"意，即奠基牲是用来守卫建筑的。[③] 笔者不敢苟同。

从犬的用途看，有守犬、田犬和食犬等。[④] 而腰坑中的犬有时和人共
存，有时还伴出戈之类的武器，故腰坑中的牺牲可以看作守犬，是用于守
卫墓穴的，是一种巫术。而叠压于基址下的此类遗迹或有犬，或有儿童，
除了小屯乙十一基址的 M245 伴出有圭形小石器和笄形石器外，其他遗存
均不见伴出物。M245 与儿童伴出的这些石器可以视作祭祀时对祭品的装
饰，即"饰牲"（详见第三章第二节）。它们的性质应该和腰坑中的性质有
别，更可能是献祭神灵，供其食用的祭品。甲骨卜辞中用犬祭祀的辞例已
广为人知，兹不赘述。卜辞里还有用儿童做祭品的记载：

1）贞：燎于高妣己𠄝青，曶三𠨷、垂，卯宰？（《合集》710）
2）𠄝于母己十垂𠄝卯宰？（《合集》6475 反朱书）

上引两辞中的"垂"，甲骨文作"𣏓"，罗琨认为其"很可能是由儿
童的象形演化而来，表示未成年者"。在卜辞中，"垂"往往和"𠨷"一起
用作祭祀女性祖先的人牲，且不用"卯""伐"等砍头肢解的用牲方式。
罗琨曾推测殷墟西北冈掩埋有全躯女性和儿童的祭祀坑，"至少有一部分

---

① 《藁城台西商代遗址》，第 23～25 页。
② 通常意义的奠基是指打下或奠定建筑物的基础，没有祭祀的意义。石璋如所言奠基，当
是与奠基有关的祭祀、巫术活动。
③ 石璋如：《小屯第一本·遗址的发现与发掘·乙编·殷墟建筑遗存》，第 281～283 页。
④ 《礼记·少仪》："犬则执缳，守犬、田犬则授摈者，既受，乃问犬名。"孔颖达疏："犬
有三种：一曰守犬，守御宅舍者也；二曰田犬，田猎所用也；三曰食犬，充君子庖厨庶
羞用也。"（汉）郑玄注，（唐）孔颖达疏《礼记正义》卷 35《少仪》，第 1033、1036 页。

是献祭叒垂的遗存"。① 宫室类建筑基址下此类遗迹中的儿童牺牲的用牲方法与卜辞里"垂"的用牲方法不悖，都是全躯，而不是砍头、肢解。

至于所祭奠的神灵，甲骨卜辞和典籍均无征，但甲骨文中有作邑祭社的记载：

> 3）己亥卜，内贞：王屮石，在麓北东，作邑于之？一（《合集》13505 正）

赵林认为"屮石"就是侑祭拟作社主的石。② 宋镇豪也认为"石"即社主。③ 李雪山认为是用石作奠基。④ 此辞说明商代晚期作邑时，先营筑社，并且要祭祀具有土地神属性的社神。这和典籍记载是相符合的。《尚书·召诰》记有召公、周公奉成王命经营洛邑之事。⑤ 召公于三月戊申先至于洛，卜宅、攻位，周公到达后，于丁巳郊天，戊午"社于新邑，牛一、羊一、豕一"，七天后的甲子日，方开工。⑥ 《周礼·春官·大祝》："建邦国，先告后土，用牲币。"郑玄注："后土，社神也。"⑦ 而今河南民俗奠基时所祭之神也为土地神。这也与上引文化人类学者所持观点一致。⑧ 据此可以推测，商文化建筑奠基时所祭祀的对象也与地祇有关。宋镇豪认为奠基包括有正位（即测定方向），"住房的正位乃出于向阳的实际生活经验，和适应自然气象变化的原则，故奠祭的神格很可能是天神，尤其是日神，当然也不能排除祭地祇的可能性"。⑨ 但建筑基址基槽规整的四边就说明了正位是在开挖基址的基槽前，要早于基址夯筑之初的祭祀遗存。正位

---

① 罗琨：《商代人祭及相关问题》，胡厚宣等著《甲骨探史录》，生活·读书·新知三联书店，1982，第 112~191 页。相关观点分别见于第 152、149、150 页。
② 赵林：《商代的社祭》，《大陆杂志》第 57 卷第 6 期，1978 年。
③ 宋镇豪：《中国风俗通史（夏商卷）》，第 74~75 页。
④ 李雪山：《商代分封制度研究》，第 33~34 页。笔者认为后世的奠基当是商代作邑祭社的孑遗。
⑤ 朱渊清认为《尚书·召诰》所记"经营"者只是宫庙，即王居住之宫室、宗庙，而与建城邑无关，此亦古文经原旨。若是，则更能说明西周早期营造宫室要先祭社。朱渊清：《成王始即政考略》，《文史》2001 年第 4 辑。
⑥ （汉）孔安国传，（唐）孔颖达疏《尚书正义》卷 15《召诰》，第 390~392 页。
⑦ （汉）郑玄注，（唐）贾公彦疏《周礼注疏》卷 25《大祝》，第 674 页。
⑧ 林惠祥：《文化人类学》，第 224 页。
⑨ 宋镇豪：《中国上古时代的建筑营造仪式》，《中原文物》1990 年第 3 期。

过程中的祭祀遗存不会被保存在基址基槽的范围之内。也有学者认为奠基时所祭的对象是专司建筑的神。[①]

2. 基址夯筑过程中的祭祀或巫术遗存

（1）材料辨析

此类遗存形成于宫室类建筑基址的夯筑过程中，在层位关系上表现为遗迹开口于基址的夯土层中，或遗物直接被夯打在夯土中。石璋如在《乙区基址上下的墓葬》中把小屯遗址大部分此类遗存归入了"基下乙种墓"。

宫室类建筑基址夯筑过程中的祭祀或巫术遗存主要有：洹北商城1号宫殿建筑基址的NJK11、NJK13及主殿前台阶两侧的系列"祭祀坑"，洹北商城2号宫殿建筑基址主殿前台阶中的兽骨遗存，小屯乙组的乙五基址夯土中的人头骨及H29、H19、H20、H22、H37，乙七基址的M105、M168、M230、M229、M96、M106、M141、M94、M140，乙十三基址的M367、M363、M390、M368、M364、m2、m1、M401、M380（见图2.4-4），乙

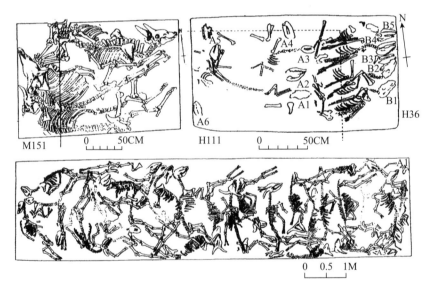

左上　殷墟小屯乙七基址M230平面图（5具牛骨）　　右上　殷墟小屯乙七基址M106平面图（A1～A6羊骨，B1～B5犬骨）　　下　殷墟小屯乙十三基址M390平面图（A1～A3羊骨，其余为30具牛骨）

图2.4-4　基址夯筑过程中的祭祀坑

资料来源：石璋如：《乙区基址上下的墓葬》，第76、86、187页。

[①]　《中国考古学（夏商卷）》，第359页。

十九基址的 M348 和甲组的甲十二基址夯土中的"俯身葬"及兽骨等。

其中小屯乙五基址的 H29 位于基址 A 部与 I 部夯土交界处，叠压于 I 部夯土下，打破 A 部夯土。故其可能是 A 部夯土夯筑过程中或 A 部土夯筑完成后形成的遗存，也有可能是增筑 I 部夯土之初形成的遗存。笔者且把它归入基址夯筑过程中的遗存。A 部夯土位置还发现有圆形或近圆形土坑 H19、H20、H22、H37，它们的开口距地表深分别为 0.75 米、0.55 米、0.8 米、0.8 米。A 部夯土表面距地表深 0.3 ~ 0.5 米，夯土厚 1.6 ~ 3 米。所以这些"土坑"是开口于基址夯土层中的，是在基址夯筑过程中形成的，与建筑过程中的祭祀活动相关。① 乙五基址 B 部夯土出土白陶大口尊，大口尊出土位置距地表深 0.6 米，B 部夯土表面距地表深 0.35 ~ 0.5 米，杜金鹏认为这是"宫殿建造过程某种祭祀活动（大口尊是盛酒器皿）的遗存"。② 杜先生的分析是有道理的。

乙七基址的 M105、M168、M230、M140 等可以通过比较它们的开口距地表深度与夯土基址的表面与底部的深度，确定它们是开口于夯土基址中的。M229、M106、M141 等三个遗存是夯土基址发掘完毕才发现的，报告推测它们的开口在基址夯土中。笔者赞同报告的分析。③

在乙十二基址中有一个夯土坑，④ 开口于灰夯土层中，它是乙十二基址营造过程中形成的，但报告没有对其做具体说明，不排除其与祭祀有关的可能。

乙十三基址的 M367 在基址夯土发掘完才被发现，开口深度不详。原始发掘记录云其"打破生土及夯土"，⑤ 那么它开口于夯土基址中。石璋如认为 M368 埋葬后隔了一段时间才建乙十三，笔者认为此说尚缺乏依据。《乙区基址上下的墓葬》说 M364 周围是生土，即 M364 可能开口于基址

---

① 杜金鹏：《殷墟宫殿区建筑遗存研究》，第 132 页。
② 杜金鹏：《殷墟宫殿区建筑遗存研究》，第 125 页。
③ 杜金鹏认为"乙七基址的所谓中层祭祀坑和上层祭祀坑以及中组墓葬和北组墓葬，均应为祭祀供奉在乙七基址的神主之遗存"。参见杜金鹏《殷墟宫殿区建筑遗存研究》，第 183 页。但乙七基址的"中层祭祀坑"与乙十三基址此类遗存用牲方式相似，故笔者从报告。
④ 石璋如：《小屯第一本·遗址的发现与发掘·乙编·殷墟建筑遗存》，第 241 ~ 243 页。
⑤ 石璋如：《乙区基址上下的墓葬》，第 173 页。

下。据《殷墟建筑遗存》插图四十五"乙十三基址平面及断面",① M364
与 M368、M363、m1、m2 等均开口于基址的夯土层中,所以它们也是基址
夯筑过程中形成的遗存。

《殷墟建筑遗存》把 M380 归入了乙十一前期基址,从平面图看,M380
叠压在乙十一前期基址的 D 部夯土下,但 D 部夯土被破坏,其范围是推测出
来的。《乙区基址上下的墓葬》把 M380 归入了乙十三基址,并强调乙十三
是乙十一基址的一部分。据《乙区基址上下的墓葬》第 224 页插图八十
四,M380 开口于乙十三基址的夯土层中。兹从《乙区基址上下的墓葬》。

叠压于小屯乙十三基址夯土层中的"葬坑",普遍规模较大、埋牲数
量多,如 M390 埋牛 30 头、羊 3 头,M380 埋犬 20 条、羊 31 头以上,与洹
北商城 1、2 号宫殿基址的此类遗存差别较大;而且这些遗迹又靠近中组墓
葬。杜金鹏认为"叠压在乙十一、乙十二、乙十三基址下面的葬坑,恐怕
许多都是乙七基址祭祀坑",② 这是有一定道理的。但报告所提供的材料尚
不足以支持我们把这些遗迹归入乙七基址的祭祀坑中去。笔者且把这些遗
存视作建筑基址夯筑过程中形成的祭祀遗存,下文归纳此类遗存特征、分
析其性质时,这些遗存仅作参考。

现把宫室类建筑基址夯筑过程中的祭祀或巫术遗存材料整理作表 2 - 2。

表 2 - 2　商文化宫室类建筑基址夯筑过程中的祭祀或巫术遗存统计

所属基址	遗存编号及位置	遗迹形制（单位：厘米，深指底距开口深度）	包含物	备注
洹北商城一号宫殿基址	NJK11 位于主殿自西向东第 1 间正室的正中	南北长方形（50 × 约 30）	犬，数目不详	填夯土
	NJK13 位于主殿自西向东第 3 间正室的正中	南北长方形（50 × 约 30）	犬，数目不详	填夯土
	主殿前自西向东数第 3、4、5、6、9 个"祭祀坑"	不详	坑内分别埋一人；部分坑有玉柄形器	据简图四推测

① 石璋如：《小屯第一本·遗址的发现与发掘·乙编·殷墟建筑遗存》，第 128 页。
② 杜金鹏：《殷墟宫殿区建筑遗存研究》，第 162 页。

续表

所属基址	遗存编号及位置	遗迹形制（单位：厘米，深指底距开口深度）	包含物	备注
洹北商城二号宫殿基址	主殿前台阶夯土中	无坑穴	极少量兽骨	夯打在台阶内
小屯乙五基址	乙五 A 部夯土中	无坑穴	人头骨	夯打在基址中
	H29 位于乙五 A 部与 I 部夯土交界处	圆形（大小不详）	不详	填夯土
	H19、H20、H22、H37 等，位于乙五 A 部	圆形或近圆形（大小不详）	不详	是否填夯土不详
小屯乙七基址	M105 位于乙七东南隅	南北长方形（150×105，深 65）	羊 4，犬 3，躯南	填夯土
	M168 位于乙七东南隅	近方形（90×76，深 65）	人 1，东向跪坐	下层填灰土，上层填夯土
	M230 位于乙七东南隅	东西长方形 [225×（146~154），深 153]	黄牛 5	填夯土
	M229 位于乙七东南隅	东西长方形（200×110，残深 70）	犬 1、羊 2；坑底有席纹	填夯土；夯土基址发掘完才发现
	M96 位于乙七东南隅	东西长方形（195×145，深 150）	牛 3；南壁有席纹痕，兽骨下无	填黄夯土
	M106 位于乙七东南隅	东西长方形（210×120，残深 90）	兽骨（11 具）分 3 排：犬 5 在东端、羊 4 在中间、羊 2 在西	填夯土；夯土基址发掘完才发现
	M141 位于乙七东南隅	南北长方形（145×70，深 75~85）	犬 2、羊 1	填夯土；夯土基址发掘完才发现
	M94 位于乙七东南隅	南北长方形（163×73，深 65）	犬 2、羊 1	填夯土
	M140 位于乙七东南隅	南北长方形（190×120，深 70）	牛 3；坑底有席纹	填夯土
小屯乙十三基址	M367 位于乙十三东部的北边	形制不清	人 1，躯西	基址发掘完才发现。填土应为夯土
	M363 位于乙十三南部东端	东西长方形（240×170，深 125）	羊 17，分作三排	填夯土
	M390 位于乙十三南部偏东，M363 西 7 米处	东西长方形（990×230，深 262，底部东边比西边深 63）	牛 30、羊 3，放置较乱	填夯土

续表

所属基址	遗存编号及位置	遗迹形制（单位：厘米，深指底距开口深度）	包含物	备注
小屯乙十三基址	M368 位于乙十三南部偏东，M363 西北	东西长方形（420×175，深 123）	犬 10、羊 10，分两排	填夯土
	M364 位于乙十三南部偏东，M368 西	东西长方形（375×170，深 142）	可辨认的犬 20、羊 10	填夯土
	m2 位于 M364 西	东西长方形（320×160）	确有羊、犬	未发掘
	m1 位于 m2 西	东西长方形（280×150）	确有羊、犬	未发掘
	M401 位于 m1 西，与 M364、M368 东西一排	东西长方形（270×183，深 130）	犬 10、羊 10，分两排	填黄夯土
	M380 位于乙十三北部	南北长方形（315×260，深 123）	可辨认出犬 20、羊 31，犬羊混放	填夯土
小屯乙十九基址	M348 位于乙十九中部	南北长方形（88×45，深 5）	犬 1，躯南	填黄夯土
小屯甲十二基址	甲十二在 D80 部分的夯土中有俯身葬及兽骨			见《殷墟建筑遗存》第 52～53 页表十二

资料来源：中国社会科学院考古研究所安阳工作队：《河南安阳市洹北商城宫殿区 1 号基址发掘简报》，《考古》2003 年第 5 期；中国社会科学院考古研究所安阳工作队：《河南安阳市洹北商城宫殿区二号基址发掘简报》，《考古》2010 第 1 期；石璋如：《殷墟建筑遗存》；石璋如：《乙区基址上下的墓葬》；《安阳殷墟小屯建筑遗存》。

（2）遗存性质分析

从表 2－2 可以看出基址夯筑过程中形成的祭祀或巫术遗存，如果有坑穴，坑穴的深度一般在 0.6 米以上（乙十九基址的 M348 除外），相对于基址夯筑之初所形成的祭祀遗存的坑穴要深。填土基本均经过夯打。其分布位置，或在室中央，如洹北商城 1 号基址 NJK11、K13，或在基址的南边，如乙七、乙十三基址的此类遗存。[①]

这类遗存的用牲主要是人、牛、羊、犬。人牲单独埋，且均为成人。洹北商城 1 号宫殿基址主殿前台阶两侧的诸"祭祀坑"、小屯乙七基址的 M168、乙十三基址的 M367 分别埋 1 人。洹北商城 1 号宫殿基址的人牲

---

① 石璋如认为乙十三基址实际是乙十一基址南边的附基。见石璋如《乙区基址上下的墓葬》，第 267 页。

"葬式"不详。乙七基址 M168 为跪坐，乙十三基址 M367 为全躯。其他牺牲或单独埋，或犬、羊共存。只有乙十三基址的 M390 为牛、羊牲共存。

小屯乙五基址的 H29、H19、H20、H22、H37 等都表现为所谓的"空坑"。杜金鹏曾根据甲骨卜辞和文献记载，提出这类遗存或原埋有粮食、酒类等祭品，只是这些祭品易腐朽，不能保存下来，故形成了这样的遗存。① 笔者赞成杜先生的分析。

《殷墟建筑遗存》认为大部分此类遗存②是"建筑基址到达一个阶段，停止下来，再在基址的南面另辟一部埋入的墓葬，排上础石然后随着本基址一齐向上建筑"，并称其为"置础墓"，墓中的牺牲是"置础牲"，同一基址的这类"墓葬"是同时埋入的。③ 但以 20 世纪 50 年代以来对商代大型夯土建筑基址的了解，置础立柱都是在夯土基址夯筑完成以后，再在基址相应部位挖柱础槽，放柱础石，立柱，最后再往柱础槽内填土并夯打至与基址表面平。而此类遗存则是在基址的夯筑过程中埋入的，在时间上早于置础立柱时间。故与置础无关。

就性质而言，笔者认为基址夯筑过程中形成的这类遗存大部分与祭祀有关，其中的牺牲、粢盛或酒类是献给神灵食用的祭品，所祀神灵抑或与地祇有关。而小屯乙七基址 M168 中跪坐的人牲、乙十三基址 M367 内的人牲、洹北商城 1 号宫殿基址 NJK11、K13 中的犬，则当是一种巫术，宫室的建造者希冀通过它们来保护宫室类建筑。也有学者认为洹北商城 1 号宫殿基址狗坑 NJK11、K13 是祭祀"主管房舍安全之神"——"雍示"的遗存。④ 由于狗的多种用途，这两个狗坑的性质还需深入研究。

3. 基址夯筑甫就的祭祀或巫术遗存

（1）材料辨析

基址夯筑甫就的祭祀或巫术遗存形成于建筑基址夯筑完成之时，在层位关系上表现为此类遗存打破夯土基址，又为居住面或活动面所叠压。石

---

① 杜金鹏：《洹北商城一号宫殿基址初步研究》，《文物》2004 年第 5 期。
② 石璋如文中称基下乙种墓，具体指乙七、乙十三基址的相关遗迹和乙十六基址西侧的 M255，而 M255 位于乙十六基址西侧，与基址没有层位关系，其底距地表深 0.17 米，而乙十六基址面距地表深 0.35 ~ 0.6 米。M255 不在本书考察范围。
③ 石璋如：《殷墟建筑遗存》，第 283 ~ 285 页。
④ 杜金鹏：《洹北商城一号宫殿基址初步研究》，《文物》2004 年第 5 期。

璋如把殷墟小屯乙组基址的此类遗存大多归入了"基上墓"。建筑使用过程中或建筑废弃后也会进行祭祀或巫术活动，留下打破建筑基址居住面的遗迹。由于建筑基址居住面，甚至基址的上部多被破坏，所以有一部分开口于夯土基址夯土层中的和原本打破居住面的祭祀或巫术遗迹在被发现时的层位关系表现为直接打破夯土基址。把这些遗存与基址夯筑甫就的祭祀或巫术遗存区分开来实非易事。本书所分的基址夯筑甫就的祭祀或巫术遗存中应包含有这些遗存。

商文化宫室类建筑基址夯筑甫就的祭祀或巫术遗存主要有：偃师商城5号宫殿基址的10座狗坑、6号基址的1座狗坑、3号基址的4座狗坑，洹北商城1号宫殿基址主殿前台阶东侧的埋人坑、西配殿前台阶附近的7座空坑、门塾附近的20多座祭祀坑及主殿和西配殿台基前部的动物骨骼，小屯丁组基址的M3、M2、M21、M20、M19、M18、M17、M14、M15、M16等，乙五基址的M57，乙七基址的M167、M104、M101、M137、M149、M124、M186、H60、H68等（见图2.4-5），乙八基址的M196、M199等，乙十一后期基址的M277、M287、M286、M275、M297、M280等，乙十一前期基址的M271、M284、M270等，乙二十基址的M414、M335、M411等。1987年，小屯甲十二基址第12号柱基近底部发现埋有一块人的头盖骨，从层位关系上讲，也可以归入此类遗存。

需要说明的是，小屯丁组基址F1的东南还有6座祭祀坑。报告认为它们是F1"修建完成后进行祭祀埋入的"。[①] 由于它们不在F1基址范围内，F1的活动面也已无存，很难确定它们是在建筑落成时埋入的，还是在建筑使用过程中埋入的。笔者把它们列入了第一节。

小屯乙五基址有"基上墓"4座。其中3：M14为长方形竖穴，填黄土。埋1人，全躯，俯身葬。随葬羊腿骨1，陶豆、鬲、罐，铜觚、爵各一件。M33位于乙五A部两行柱础之北，长方形竖穴，填软黄土。埋1人，全躯，俯身。它们更像是打破基址的墓葬，与基址夯筑甫就的祭祀或巫术活动无关。M66位于乙五基址A部夯土西北隅外，与基址没有直接层位关系。残存俯置的下肢骨1双，随葬铜器盖、残陶罐各1件。它也不在本书讨论范围。

---

① 《安阳殷墟小屯建筑遗存》，第60页。

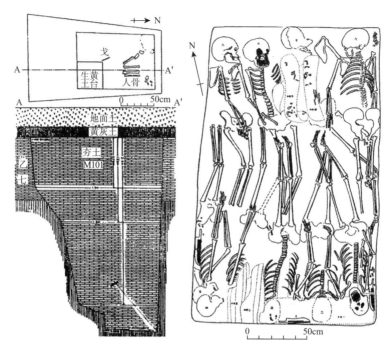

左为殷墟小屯乙七基址 M101 平、剖面图　右为殷墟小屯乙七基址 M186 平面图

图 2.4 - 5　基址夯筑甫就的祭祀或巫术坑

资料来源：石璋如：《乙区基址上下的墓葬》，第 24、26 页。

小屯乙七基址 C 部夯土有长方形坑 H60、H68，填绿灰色土，石璋如认为它们很可能"直接与基址有关，其中的绿灰土当是使用时的遗存"。[1]杜金鹏认为可能与祭祀有关。[2] 这种绿灰土，在小屯丙组基址范围内的 H400、HY 两个祭祀坑内也有发现，石璋如曾推测"绿土是谷类的残迹"。[3] 小屯丁组基址 F1 的 M15 等两座祭祀坑内也有很厚的绿灰土，并且有谷壳碎末。郑振香介绍说"类似现象曾发现过，经取样作硅酸体分析，鉴定结果为粟类，坑内所出也似粟类外壳"。[4] 本书也将它们归入基址夯筑甫就的祭祀遗存。乙七基址 B 部夯土有一座圆形夯土坑 H84，深约 0.45

---

① 石璋如：《殷墟建筑遗存》，第 85 页。

② 杜金鹏：《殷墟宫殿区建筑遗存研究》，第 162 页。

③ 石璋如：《小屯第一本·遗址的发现与发掘·丙编·殷墟墓葬之五·丙区墓葬》，第 373 页。

④ 中国社会科学院考古研究所安阳工作队：《河南安阳殷墟大型建筑基址的发掘》，《考古》2001 年第 5 期。

米，打破基址。其或与酒类祭祀遗存有关。

乙八基址南部对应台阶 C1 的部位有一座黄土坑打破 A、B 部夯土，杜金鹏推测该坑可能与用粮食或酒祭祀有关。[1]

《乙区基址上下的墓葬》把 M389、M414、M411、M335 等归入了"属于乙二十基址的墓葬"。M389 虽然正对门道，但并不在乙二十夯土范围内，其上叠压有坚硬的路土。杜金鹏推测其可能是乙二十基址建成后形成的。[2] M414 和 M411 的北部打破乙二十基址的边缘，均填夯土。M335 紧贴乙二十基址南边缘，填黄软土。据《殷墟建筑遗存》第 153 页插图五十六，乙二十基址的 25 号柱础石叠压在 M335 上。所以 M335 应当是基址夯筑甫就，开挖柱洞前形成的遗存。

现把基址夯筑甫就的祭祀或巫术遗存整理为表 2 – 3。

表 2 – 3　商文化宫室类建筑基址夯筑甫就的祭祀或巫术遗存统计

所属基址	遗存编号及位置	遗迹形制（单位：厘米，深未特殊注明者皆指底距开口深度）	包含物	备注
偃师商城 5 号基址	正殿南侧台阶附近有 8 个狗坑	南北长方形〔（60～70）×（30～40），深 18～30〕	分别埋犬 1，头南	是否填夯土不详。原简报分别依次编号为 G1～G8，复查简报中被破坏的 G8 被销号
	正殿南排柱基槽附近（正殿外）有 2 个狗坑	不详	埋犬	是否填夯土不详。复查简报编号为 G8、G9
偃师商城 6 号基址	北面基址范围内有 1 个狗坑	南北长方形，尺寸不详	埋犬	是否填夯土不详
偃师商城 3 号基址	正殿东北角和台阶附近有 4 个狗坑	不详	分别埋犬	是否填夯土不详
洹北商城 1 号宫殿基址	主殿前有（自西向东第 1、2、7、8、10）小型祭祀坑	不详	1 坑埋 1 人，部分坑可能伴出有玉柄形饰	是否填夯土不详

---

[1] 杜金鹏：《殷墟宫殿区建筑遗存研究》，第 193 页。《殷墟建筑遗存》第 90 页插图三十四、96 页插图三十五中有该遗迹剖面图。

[2] 杜金鹏：《殷墟宫殿区建筑遗存研究》，第 282 页。

续表

所属基址	遗存编号及位置	遗迹形制（单位：厘米，深未特殊注明者皆指底距开口深度）	包含物	备注
洹北商城1号宫殿基址	西配殿前台阶左右有7个空坑	7个坑大小不等，尺寸不详	空坑	是否填夯土不详
	门垫附近有20多个祭祀坑	除SJK14为长方形外，其余皆方形空坑。尺寸不详	SJK14有被砍去半个头颅的人1，其余为空坑	是否填夯土不详
	主殿台阶前部有零碎的动物骨骼	无坑穴	主要是羊	
	西配殿台阶前部有零碎的动物骨骼	无坑穴	北部台阶为猪骨，中部台阶为羊骨，南部台阶为不知名的个体较大的哺乳动物骨骼	
小屯丁组基址之F1	M3位于F1西部南排柱础南侧（即室外），3号门西	东西长方形［200×（90~91），底距地表深210］	人3，砍头，仰身直肢，有垫尸板；骨镞1，海贝1；陶盆、圜底尊、罍等共7件	填夯土
	M2位于F1西部南排柱础南侧（即室外），3号门西	东西长方形（195×95，深190）	人3，砍头，俯身直肢；骨镞2；陶盆、圜底尊、罍等共8件	填夯土
	M21位于F1西部南排柱础南侧（即室外），3号门西	东西长方形（230×100，底距地表深220），东端有二层台，北壁有壁龛	坑底人3，砍头，俯身，上肢散乱；壁龛人1，跪姿；陶盆、圜底尊、罍等共9件	填夯土
	M20位于F1西部南排柱础南侧（即室外），3号门门道正中	不详	不详	未发掘
	M19位于F1西部南排柱础南侧（即室外），3号门东	东西长方形（200×100，底距地表深220）	人3，砍头，俯身；陶盆、圜底尊、罍等共6件	填夯土
	M18位于F1西部南排柱础南侧（即室外），2号门西	东西长方形（220×100，深175）；北壁有壁龛	坑底人3，砍头，俯身；骨镞3；壁龛人1，砍头，呈跪姿，双膝向南，头被砍下；陶盆、圜底尊、罍盖等	壁龛内填虚土，其余填夯土
	M17位于F1西部南排柱础南侧（即室外），2号门东侧	不详	不详	未发掘

所属基址	遗存编号及位置	遗迹形制（单位：厘米，深未特殊注明者皆指底距开口深度）	包含物	备注
小屯丁组基址之 F1	M14 位于 F1 东部南排柱础南侧（即室外），4 号门西侧	东西长方形（230×90，深 205）；北壁有壁龛	坑底人 3，砍头，俯身；距口深 1.2 米以下人 1，跪姿。填土中有牛肋骨	填夯土
	M15 位于 F1 东部南排柱础南侧（即室外），4 号门门道正中	东西长方形［210×（90～100），深 180］；坑底有台，台上有一长方形坑，类似头箱	坑底人 3，砍头，俯身；骨镞 2；头箱填满腐朽谷物，羊肩胛骨 1；人头部有团状绿色食物；陶盆、圈底尊、罍等共 8 件	可能填夯土
	M16 位于 F1 东部南排柱础南侧（即室外），4 号门门道东侧	东西长方形［180×90，底深 210（不知是距地表还是距开口）］	人 3，砍头，俯身，上肢被刴截，两脚捆绑，均男性；陶盆、圈底尊、罍等	填夯土
小屯乙五基址	M57 位于乙五 A 部南行柱础南侧	近圆形（直径约 60）	人头骨 3	填软黄土
小屯乙七基址	门部 M167 位于门前（南）	近方形（约 155 见方）	人 1，面北而跪；戈 1；干 1	填夯土
	门部 M104 位于门右（西）	南北长方形，被破坏（170×110，深 230）	人 1，面南而跪	填夯土；石璋如推测 M104 当有一戈
	门部 M101 位于门中	上部梯形，下部近方形［200×（95～132），深 290］	人 1，面南而跪；戈 1	填夯土
	门部 M137 位于门左（东）	不规则南北长方形，被破坏［（173～180）×（105～108），深 290］	人 1，面南而跪；戈 1	填夯土
	室周 M149 位于乙七南门西侧，东西行柱础南（即室外）	东西长方形（220×138，深 110）	人 2，均俯身全躯，1 人骨上有红色；小型石饰、蛙形、龟形石器、贝、簪形铜器等	填夯土
	室周 M124 位于乙七南门东侧，东西行柱础南（即室外）	东西长方形［225×（145～150），深 190］	人 3，躯西，2 具全躯，1 具上肢杇，可能全躯；犬 2，躯西，1 具身上及附近有席纹；贝 7	填夯土

续表

所属基址	遗存编号及位置		遗迹形制（单位：厘米，深未特殊注明者皆指底距开口深度）	包含物	备注
小屯乙七基址	室周	M186 位于乙七东部柱础的外周	南北长方形 [（243～245）×（140～155），深220]	人9，均全躯，葬式不定；铜刀5、木器5（其中1件可能为俎）和蚌、牙饰及绿松石、贝等	填夯土
		H60、H68 位于乙七C部夯土	均东西长方形（大小不详）	出绿灰土	是否填夯土不详
乙八基址		M196 位于乙八北部，东行柱础西侧，北门南侧	南北长方形（206×165，残深95）	被扰乱，残存人骨2根和碎骨1块	填黄虚土和夯土块
		M199 位于乙八中门和北门之间，东行柱础之东	东西长方形（150×105，深85）	被扰乱，残存腿骨、盆骨数块	填黄虚土和夯土块；石璋如推测人为跪姿
小屯乙十一后期基址	南门	M277 位于门右侧（西）	南北长方形（100×90，深101）	人1，面南而跪	填夯土
		M287 位于门左侧（东）	南北长方形（140×122，深201），底有一小坑	人1，似面南而跪于小坑中；贝10	填黄夯土
		M286 位于 M287 南侧	正方形（边长100，深104），底有一小坑	被扰乱，仅余腿骨1节	填夯土；石璋如推测人面南而跪
		M275 位于门的南端	南北长方形 [（125～130）×（110～115），深163]，底有一小坑	人1，在小坑内，面南而跪	填夯土
	旁门	M297 位于基址西南隅角门中间	南北长方形 [106×82，深（110～153）]	人1，头上脚下，人骨上有红色	上层填夯土，下层填黄土
	室内	M280 位于基址的西部中间	被扰乱	人1，面东而跪；犬1	是否填夯土不详
小屯乙十一前期基址	南门	M271 位于门中央	正方形（边长约100，深102）	仅存腿骨1根、碎骨若干	上部填乱分土，下部填黄土；石璋如推测人为跪姿
		M284 位于门左（东）	东西长方形（127×94，深170）	人1，头上脚下；绿松石、蚌圈等饰品	填夯土
		M270 位于 M271 南约4.2米处	南北长方形 [250×（75～100），深101]，底有一方坑	人1；犬1；陶鬲1；铜戈1	填乱夯土和黄土

续表

所属基址	遗存编号及位置	遗迹形制（单位：厘米，深未特殊注明者皆指底距开口深度）	包含物	备注
小屯乙二十基址	M414 位于西数第一、二台阶间	东西长方形（140×100，深126）	人 1、犬 1；人面北而跪，犬头南；石戈 1；贝约 144	填夯土
	M335 位于西数第二、三台阶间	南北长方形（100×95，深104）	人 1，面南而跪；石戚 1；石刀 1；贝 139	填黄软土
	M411 位于西数第三台阶之东	南北长方形（145×110，深94）	人 1、犬 1；人面而跪	填夯土

资料来源：中国社会科学院考古研究所河南第二工作队：《河南偃师尸乡沟商城第五号宫殿基址发掘简报》，《考古》1988 年第 2 期（简报中的下层基址，以后编号为 6 号基址）；中国社会科学院考古研究所河南第二工作队：《河南偃师商城宫城第三号宫殿建筑基址发掘简报》，《考古》2015 年第 12 期；中国社会科学院考古研究所安阳工作队：《河南安阳市洹北商城宫殿区 1 号基址发掘简报》，《考古》2003 年第 5 期；中国社会科学院考古研究所安阳工作队：《河南安阳市洹北商城宫殿区二号基址发掘简报》，《考古》2010 年第 1 期；石璋如：《殷墟建筑遗存》；石璋如：《乙区基址上下的墓葬》；《安阳殷墟小屯建筑遗存》。

小屯丁组基址 F1 的 M2、M19、M18、M15 等叠压在基址最上层垫土或夯土下，该垫土层广布于 F1 室内和廊庑。其他遗存之上的垫土层被后世破坏。其中，M21、M20、M19、M18、M17、M15 等又分别被柱础坑或河卵石坑叠压或打破。

乙七基址的 H60、H68 旁边分别有柱础石 15 号、16 号，它们距地表深分别为 0.35 米、0.18 米，而 H60、H68 开口距地表深分别为 0.55 米、0.4 米。那么必定是柱础石 15 号、16 号所在的柱础坑打破或叠压着 H60、H68。

乙二十基址的 M335 被 25 号柱础石所在的柱础坑打破。

乙十一后期基址的 M287、M286、M275 等上叠压一层黄土，"这层黄土系分布在门的南面及基址的西侧"。[①] 这层黄土似丁组基址 F1 的最上层垫土或夯土。

由此看来，此类遗存中至少有一部分是宫室类基址夯打完毕后所举行的某种仪式的遗留。仪式结束后，还在遗存上铺垫了一层土，随后才开挖柱坑。

小屯丁组建筑基址简报认为，F1 的祭祀坑"可能是在主体建筑完成之

---

① 石璋如：《乙区基址上下的墓葬》，第 135 页。

后挖的。当挖柱坑时，各门道的位置即已确定，大多数祭祀坑位于门道两侧的础石之外，少数压在门道两侧的础石之下。杀人祭祀大概是在立柱或上梁时进行，祭祀完毕，将祭祀坑填土夯实，并在其上普遍铺垫一层夯土"。① 从上文所述此类遗迹的层位关系看，这些遗存与立柱或上梁活动存在时间差。

（2）遗存性质分析

基址夯筑甫就的祭祀或巫术遗存多分布在门附近、室的外围（犹以分布在室的南边常见）和室内。遗迹一般为竖穴土坑，相对较深，填土或经夯打，或不夯打。

这类遗存所用牺牲一般为人和犬。人牲或全躯，或砍头。只有小屯乙五基址的 M57 埋 3 个人头骨，比较特殊。犬均全躯。人、犬或单独埋，或全躯的人牲与犬牲合埋，不见砍头的人牲与犬牲共存。全躯人牲常与戈、贝等共存，砍头人牲则多伴出打碎的陶容器。丁组基址 F1M15 内的人骨头长方形坑内填满绿灰土，报告认为是腐朽谷物，人头部还有团状绿色食物。除了牺牲，也有一些绿灰土坑，应是粢盛类遗存。还有"黄土坑"或"空坑"，应与酒类遗存有关。

门附近此类遗存中的人牲多采用跪姿，常伴出戈。有学者将其与门祀相联系。其实，门祀是发生在建筑使用过程中，而此类遗存则是建筑营造过程中的行为，遗存产生时基址刚夯筑完毕，尚未开始建门。而且祭祀所用祭品当以食物为主，② 而门附近的"基上墓"多有"随葬品"，甚至兵器。所以其作用应该是守卫，更具有巫术性质，而非献祭。

小屯丁组基址 F1 的此类遗迹分布于门道旁或室外的南侧，其中人牲都被砍头，部分人骨上还残留有骨镞。人牲与打碎的陶质盛器盆、尊、罍共存，个别还伴出粢盛类遗存。而乙组基址同类遗存中人牲多为全躯、跪姿，不出陶容器，人牲或伴出戈。这种差异或反映了丁组基址 F1 的此类遗存是祭祀遗留，其中的人牲是供神灵食用的祭品、陶盛器是盛装粢盛等祭品的祭器，祭祀完毕，陶祭器随着祭品一起被埋在了坑内。小屯乙五基

① 中国社会科学院考古研究所安阳工作队：《河南安阳殷墟大型建筑基址的发掘》，《考古》2001 年第 5 期。
② 《礼运》："夫礼之初，始诸饮食。"见（汉）郑玄注，（唐）孔颖达疏《礼记正义》卷 21《礼运》，第 666 页。

址 M57 的 3 个人头也是奉献给神灵的祭品。乙组基址的其他此类遗存更多地具有巫术性质，这些人牲被寄托了保护建筑的愿望。

宋镇豪曾推测偃师商城 5 号宫殿基址正殿南侧柱基槽附近的三个狗坑（G8～G10），可能是正位仪式的遗存。基址南部边沿的七个狗坑（Gl～G7）可能是安宅仪式的遗存。狗坑 G11 可能是奠居仪式的遗存。① 但如前文所述，正位发生于建筑基坑开挖前，故狗坑 G8～G10 与正位无涉。狗坑 G11 是属于 6 号基址的。这四个狗坑当与 Gl～G7 等狗坑及石璋如所说的"室周墓"性质类似，是被寄望于守卫建筑的，属于安宅类巫术。

室内的此类遗存如乙十一后期基址 M280，埋人、犬各一，人面东而跪。其当和洹北商城 1 号基址正殿室内的狗坑 NJK11、K12 一样，类似墓葬内的腰坑，用以防卫保护，也是安宅类巫术遗存。

1979 年春在小屯北地一座房址的室内柱洞下发现一幼童骨，站立在柱洞中。② 1987 年对小屯甲十二基址进行再发掘，发现第 12 号柱基近底部埋有一块人的头盖骨。③ 此类遗存在商文化中比较少见。安阳后冈遗址后冈二期文化有一座"孩童墓"M11 埋葬在房子的柱洞下，其开口于散水下，打破房址垫土，没有葬具和随葬品。报告认为是"为立柱而埋"。④ 长清仙人台遗址西周早期的部分房址柱洞底部或居住面下有埋幼兽或儿童的现象。其中半地穴式房址 F1，面积 10 余平方米，其第 1、2 号柱洞底部各出土一具幼兽骨架。⑤ 民族调查材料中也有在立柱时举行祭祀或巫术活动的信息。云南景洪县雅奴寨基诺族在盖新房立柱时，要在柱洞内埋槟榔、芋头 3 片、生姜 3 块、当留（疑为达溜）3 个、铝巴 3 块、铜 3 块，还要杀牲举行隆重祭祀仪式，并进行诵经，经文大意为：埋芋头、姜、当留（疑为达溜）作祭祀地神，请保佑房中的人平安。⑥ 即基诺族柱洞里祭品的祭

---

① 宋镇豪：《中国上古时代的建筑营造仪式》，《中原文物》1990 年第 3 期。

② 中国社会科学院考古研究所安阳工作队：《1979 年安阳后冈遗址发掘报告》，《考古学报》1985 年第 1 期。

③ 中国社会科学院考古研究所安阳工作队：《1987 年安阳小屯村东北地的发掘》，《考古》1989 年第 10 期；《安阳殷墟小屯建筑遗存》，第 118 页。

④ 中国社会科学院考古研究所安阳工作队：《1979 年安阳后冈遗址发掘报告》，《考古学报》1985 年第 1 期。

⑤ 山东大学考古系：《山东长清县仙人台遗址发掘简报》，《考古》1998 年第 9 期。

⑥ 《中国少数民族社会历史调查资料丛刊》修订编辑委员会云南省编辑组编《云南民族民俗和宗教调查》，民族出版社，2009，第 194 页。

祀对象是地神。其他地区也有在柱洞内埋牺牲的现象，如斐济人在建筑王的房子时要把活人埋在柱子洞里。但杨景鹀认为斐济人的行为是一种巫术，即在建筑过程中杀人血祭以增强建筑物的生命力或做它的守卫者。[①]

笔者倾向于商文化建筑立柱时也有一定的埋牲祭祀仪式，但还需要更多考古资料的证明。

至于洹北商城 1 号宫殿基址西配殿前台阶附近的 7 个空坑、门塾附近的 20 多个祭祀坑及主殿和西配殿台基前部的动物骨骼等遗存（见图 2.4 - 6），则应与建筑落成礼仪有关。

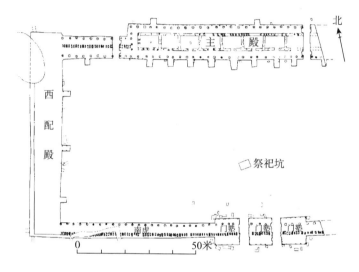

图 2.4 - 6 　洹北商城宫殿区 1 号基址祭祀坑分布

注：主殿、西配殿及门塾两侧方坑均为祭祀坑。

资料来源：中国社会科学院考古研究所安阳工作队：《河南安阳市洹北商城宫殿区 1 号基址发掘简报》，《考古》2003 年第 5 期。

后世文献记载有关于宗庙建筑落成的礼仪。《礼记·杂记下》云："成庙则衅之……衅屋交神明之道也。"郑玄注："庙新成必衅之，尊而神之也。"《礼记·杂记下》还描述了衅庙的场景："成庙则衅之，其礼：祝、宗人、宰夫、雍人皆爵弁、纯衣。雍人拭羊，宗人视之，宰夫北面于碑南，东上。雍人举羊升屋自中；中屋南面，割羊，血流于前，乃降。门、夹室皆用鸡，先门而后夹室。其衈皆于屋下。割鸡，门当门，夹室中室。有司

---

① 杨景鹀：《殉与用人祭（下）》，《大陆杂志》第 13 卷第 9 期，1956 年。

皆乡室而立，门则有司当门北面。既事，宗人告事毕，乃皆退。反命于君曰：'衅某庙事毕。'反命于寝，君南乡于门内，朝服。既反命，乃退。"①《大戴礼记·诸侯衅庙》② 所记与《礼记》近同。衅庙所用牺牲为羊和鸡。

清华简《楚居》篇记载，熊绎时，楚国徙居夷夐屯，为橼室（即宗庙），室成后窃取鄀国牛（犅）以祭。③ 此牺牲则是牛。

对于宗庙落成仪式的性质，则有不同说法。《诗·小雅·斯干》郑玄笺："宣王于是筑宫庙群寝，既成而衅之，歌《斯干》之诗以落之。此之谓成室。宗庙成，则又祭先祖。"④《春秋》隐公五年："考仲子之宫。初献六羽。"杨伯峻注："考仲子之宫是为庙成而举行落成之祭，所祭为门、户、井、灶、中霤之神。"⑤ 基诺族"上新房要杀牛祭祀死去的父母"，与郑玄所说近似。但基诺族同时还要"杀猪、鸡祭祀所供奉的各种鬼神"，其中最隆重的仪式才是杀牛祭父母。⑥ 而《礼记·杂记下》云衅庙的目的是"交神明之道"，那么衅庙则是一种巫术。

4）于新室奏？

　于盂庭奏？（《合集》31022）

5）于盂庭奏？

　□室奏？大吉 （《合集》31014）

6）贞：奏父门？

　勿奏父门？（《合集》3604 正）

7）奏家？（《合集》13590）

8）庚申卜：其奏宗勺又燎东□小宰？（《合集》27884）

9）丁卯卜：作（乍）∩于汕？

　勿作（乍）∩于汕？四月。

　呼（乎）妇奏于汕，宅？

① （汉）郑玄注，（唐）孔颖达疏《礼记正义》卷43《杂记下》，第1228~1229页。
② （清）王聘珍：《大戴礼记解诂》卷10《诸侯衅庙》，王文锦点校，中华书局，1983，第202~203页。
③ 清华大学出土文献研究与保护中心编《清华大学藏战国竹简（壹）》，中西书局，2010。
④ （汉）毛亨传，（汉）郑玄笺，（唐）孔颖达疏《毛诗正义》卷11《斯干》，第680页。
⑤ 杨伯峻：《春秋左传注》，第40页。
⑥ 《云南民族民俗和宗教调查》，第184页。

勿乎妇奏于沘，宅？（《合集》13517）

上引卜辞中的"奏"，在4）~8）辞中为用牲法，晁福林认为"其办法可能是与《礼记·杂记》下篇所载周代衅庙方式相近"。① 9）辞中的∩，《说文》："宀，交覆深屋也，象形。"② 故张秉权认为"乍宀"就是建造房屋。③ 笔者推测∩是一种宗庙类的建筑。"沘"或释作"泥"，为地名。其中的"宅"，或读作磔，是一种割裂牺牲肢体的用牲法，"奏于沘，宅"，即"将牲体磔而奏进之"。④ 但"宅"亦可以当"迁宅"解，引申出建筑投入使用意。那么9）辞是先对贞是否在沘地作宗庙性质的房屋类建筑，大概是过了一段时间，建筑完工了，又对贞是否让妇在沘奏祭，将∩投入使用。除了4）、9）辞可能于新建成的建筑奏祭外，其他辞例中的庭、门、家、宗是不是新成而祭，尚不得知。这里的室、庭、门、家等均是宗庙建筑的建筑单元。⑤

10）癸亥卜：宗成，右（侑）羌三十，岁十牢？（《合集》32052）

10）辞中的"成"从戌从丁，在此可以训为"毕"或"定"。全辞是贞问宗庙建成后，是否用30个羌人侑祭，刌割10头经圈养的牛以祭。

洹北商城1号宫殿基址西配殿前台阶附近的7个空坑、门塾附近的20多个祭祀坑或与衅庙之礼有关。

文献中还记载有解土的习俗。《后汉书》卷41李贤注引《东观汉记》："意（钟离意）出奉钱帅人作屋……功作既毕，为解土，祝曰：'兴功役者令，百姓无事。如有祸祟，令自当之。'"⑥ 其具体的仪节，《论衡》卷25《解除篇》如是说："世间缮治宅舍，凿地掘土，功成作毕，解谢土神，名曰'解土'。为土偶人，以像鬼形，令巫祝延，以解土神。已祭之后，心

---

① 晁福林：《作册般鼋与商代厌胜》，《中国历史文物》2007年第6期。
② （汉）许慎撰，（宋）徐铉校定《说文解字》卷7下，中华书局，1963，第150页。
③ 张秉权：《甲骨文与甲骨学》，"国立编译馆"，1988，第523页。
④ 晁福林：《作册般鼋与商代厌胜》，《中国历史文物》2007年第6期。
⑤ 陈梦家：《殷墟卜辞综述》，第475~482页。
⑥ （宋）范晔：《后汉书》卷41《第五钟离宋寒列传》，中华书局，1965，第1411页。

快意善，谓鬼神解谢，殃祸除去。"① 解土巫术实施之初，也要进行祭祀，②祭祀的对象可能是土地神或"宅神"。只是不能从考古遗存上判断商代宫室建筑完工后是否也有解土习俗。

4. 建筑营造过程中的祭祀或巫术行为与建筑性质的关系

《礼记·杂记下》云："路寝成，则考之而不衅。"郑玄注："言路寝者，生人所居。不衅者，不神之也。考之者，设盛食以落之尔。"③《左传》昭公七年有楚国落章华台事、八年有晋国落虒祁宫事。

甲骨卜辞里有关于宅寝、室的辞例，但都没有说迁宅时是否祭祀。

11）贞：今二月宅东寝？（《合集》13569）

12）……三妇宅新寝？卒宅。十月。（《合集》24951）④

13）丁未卜，贞：今日王宅新室？一（《合集》13563）

14）其宅北室，亡（无）蒻？（《花东》3）

宅寝、室即迁居寝或室。这里的室当是寝类建筑内部的室。14）辞的蒻，"像人腹部有疾，卧于床上，身体下有草铺垫，下腹亦用草覆盖。该字有疾病、灾祸之意。'亡蒻'，义与'亡祸'相近"。⑤ 14）辞是贞问迁居北室是否有灾祸。

由以上关于宅寝、室的卜辞推测，商代寝类新建筑投入使用，要进行占卜，但可能与周代一样不举行专门的祭祀或巫术活动。由宗庙和寝在落成礼上的差异推测，宫室类建筑营造过程中所实施的祭祀或巫术行为与宫室类建筑的用途或性质有密切关系。

石璋如注意到甲组基址"看不出含有宗教意味的遗迹"，进而认为其可能是住人的。⑥ 石璋如还注意到小屯乙组基址"面东基址中的墓葬少，

---

① 黄晖：《论衡校释》，中华书局《新编诸子集成》本，1990，第1044页。

② 《论衡·解除篇》："解除初礼，先设祭祀。"参见黄晖撰《论衡校释》，第1041页。

③ （汉）郑玄注，（唐）孔颖达疏《礼记正义》卷43《杂记下》，第1229页。

④ "卒"字从黄天树释。参见黄天树《殷墟甲骨文"有声字"的构造》，《中央研究院历史语言研究所集刊》第76本第2分，2005年。

⑤ 中国社会科学院考古研究所编著《殷墟花园庄东地甲骨》（六），云南人民出版社，2003，第1557页。

⑥ 石璋如：《河南安阳小屯殷代的三组基址》，《大陆杂志》第21卷第1、2期合刊，1960年。

面南基址中的墓葬多，而面南基址则以规模大的其中墓葬多，规模小的其中墓葬少"，他还认为"性质不同的建筑，其设施也不相同"（石璋如所言"设施"，即基址上下"墓葬"的安排与组合。见图 2.4 - 7）。[①] 石氏的尝

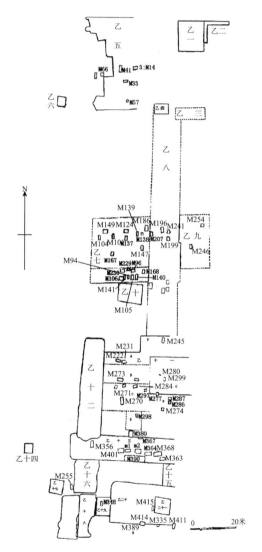

图 2.4 - 7　殷墟小屯乙组基址与建筑（基址）营造有关的
祭祀或巫术遗迹分布

资料来源：石璋如：《乙区基址上下的墓葬》，第 2 页。

---

① 石璋如：《乙区基址上下的墓葬》，第 265、260 页。

试是可嘉的。但限于学术背景，石氏并没有弄清楚 20 世纪 30 年代发掘的小屯乙组基址之间的关系。杜金鹏也注意到了商文化宫室类建筑营造过程中祭祀类遗存的差异，并指出："就殷墟考古资料而言，商代晚期无论朝堂抑或宗庙建筑，在建造过程中都可以使用牺牲进行祭祀，而寝殿建筑则一般不使用牺牲来祭奠。"①

兹把商文化宫室类建筑营造不同阶段的祭祀或巫术遗存在不同建筑（或建筑群）中的发现情况列为表 2 - 4。

杜金鹏把小屯乙组基址区分为几组建筑群。这个分组大体是可信的，表 2 - 4 采用了杜先生这一成果。其中洹北商城 2 号、小屯甲十二基址此类遗存数量较少，它们似应与没有此类遗存的其他宫室建筑基址一样，为"生人所居"，故"不神之也"。甚至偃师商城 6 号基址也可以归入此类。这种"生人所居"主体上应归入文献或出土文字里的寝类建筑。表 2 - 4 中的其他宫室类建筑基址诚如杜金鹏分析，当是宗庙或朝堂。但笔者倾向于春秋以前宗庙与朝堂没有严格的区分，② 因为祭祀本身就是最主要的政务。春秋时期一些诸如发放兵器、燕飨等与祭祀无关的活动也常常在宗庙举行。庙与寝是宫室类建筑里最重要的两类建筑，所以文献里也常常寝庙连言、寝庙互文，甚至相互借代。

表 2 - 4　商文化建筑营造过程中的祭祀或巫术遗存
在宫室类建筑基址中的分布统计

基址	基址夯筑之初	基址夯筑过程中	基址夯筑甫就	建筑性质					
				石璋如	陈志达	唐际根	杜金鹏	王学荣、谷飞	王震中
偃师商城 5 号基址			10 座				宗庙	宗庙	宗庙
偃师商城 6 号基址			1 座				庖厨	庖厨	庖厨
偃师商城 3 号基址			4 座				朝堂之外朝	朝堂之外朝	

---

① 杜金鹏：《洹北商城一号宫殿基址初步研究》，《文物》2004 年第 5 期。
② 陈梦家曾指出，卜辞里的"大室"是祭祀、治事之所；庭为祝祭之所，亦是飨宴之所。意即商代治事、祭祀、飨宴场地共用。参见陈梦家《殷墟卜辞综述》，第 477 ~ 478 页。

续表

基址	基址夯筑之初	基址夯筑过程中	基址夯筑甫就	建筑性质					
				石璋如	陈志达	唐际根	杜金鹏	王学荣、谷飞	王震中
洹北商城1号宫殿基址		6座以上	较多			行政宫殿和宗庙一体	宗庙		宗庙
洹北商城2号宫殿基址		有				与王室生活有关			
小屯乙五基址	1座	6座	1座	铸铜场所	铸铜场所		朝		
小屯乙七基址	4座	9座	9座	乙组基址为宗庙	宗庙	宗庙	右宗		
小屯乙八组 乙八基址	2座		2座		宗庙	宗庙	朝堂		
小屯乙八组 乙九基址	2座								
小屯乙十一组 乙十一后期基址	2座		6座				朝		乙十一北半部、乙十二、乙十三组成的建筑群是宫寝
小屯乙十一组 乙十一前期基址	1座		3座						
小屯乙十一组 乙十三基址	1座	9座							
小屯乙十一组 乙二十一基址	1座								
小屯乙二十组 乙十九基址		1座					外朝		宗庙
小屯乙二十组 乙二十基址			3座			宫殿			
小屯甲十二基址		有		住人的		寝殿和享宴之所	甲组大部分是洹北商城外围居民点	寝	
小屯丁组基址 F1			10座				宫殿	宗庙	

资料来源：石璋如：《殷墟建筑遗存》。石璋如：《河南安阳小屯的三组基址》，《大陆杂志》第21卷第1、2期合刊，1960年。陈志达：《安阳小屯殷代宫殿宗庙遗址探讨》，《文物资料丛刊》（10），第68~79页。《中国考古学（夏商卷）》，第298、355页，该部分唐际根执笔。唐际根：《安阳殷墟宫庙区简论》，中国社会科学院考古研究所夏商周研究室编《三代考古》（一），科学出版社，2004，第291~297页。唐际根、荆志淳、何毓灵：《洹北商城宫殿区一、二号夯土基址建筑复原研究》，《考古》2010年第1期（由该文看，唐际根所言之"宫殿"指行政场所，应同于"朝"）。杜金鹏：《洹北商城一号宫殿基址初步研究》，《文物》2004年第5期。杜金鹏：《偃师商城第八号宫殿建筑基址初步研究》，《考古》2006年第6期。杜金鹏：《殷墟宫殿区建筑遗存研究》（关于殷墟小屯诸建筑基址性质的研究状况参见该书）。王学荣、谷飞：《偃师商城宫城布局与变迁研究》，《中国历史文物》2006年第6期。王震中：《商代史·卷五·商代都邑》。

（二）商文化其他居室类建筑营造过程中的祭祀遗存

1. 与居室类建筑营造有关的"瓮棺葬"

在商代的一些房基中，甚至是较大的建筑基址，如大司空 C 区建筑群，[①] 屡有"瓮棺葬"或"陶棺葬"发现（见表 2－5）。除少量"瓮棺葬"埋在墙基槽内（如藁城台西 F2）外，其余均埋在房屋基址的夯土层或垫土层中，少量叠压在基址下。它们或有坑穴，或没有坑穴而被直接夯打在基址夯土中或直接填埋在基址垫土中。

表 2－5　商文化中与居室类建筑营造相关的"瓮棺"祭祀遗存统计

遗址	所属房屋基址	房屋基址概况	遗迹概况	资料出处
藁城台西	F2	地面双间建筑，约 39m²	西墙有 2 只水牛角；西墙基槽内有 1 座瓮棺葬	《藁城台西商代遗址》第 17～20 页
小屯	乙十七基址	地面建筑，约 22.5m²	白灰地坪下有 1 座瓮棺	《殷墟建筑遗存》第 145～146 页
小屯村西北	F14	地面建筑，约 40m²	柱洞 5 西北有 1 座瓮棺	《安阳小屯》第 19、20、162 页
	F7	地面建筑，约 120m²	柱洞 14、15 间有瓮棺葬 M9，F7 西侧有瓮棺葬 M16、无葬具的 M15	《安阳小屯》第 24～27 页；《殷墟的发现与研究》第 72～73 页
	F22	长方形地面建筑，约 24m²	第 1 层居住面下有 1 座瓮棺	《安阳小屯》第 46～48 页
小屯西地	T301～T311 内建筑	只遗留柱础石	南排柱础石外侧有 4 座瓮棺；柱础石范围内有人骨架 4 具	《殷墟发掘报告（1958—1961）》第 98～99 页
王裕口南地	F2	地面建筑，残存约 19m²	夯土（实为垫土）中有 4 座瓮棺	《河南安阳市王裕口南地殷代遗址的发掘》，《考古》2004 年第 5 期

---

① 中国社会科学院考古研究所编著《安阳大司空——2004 年发掘报告》，文物出版社，2014。

续表

遗址	所属房屋基址	房屋基址概况	遗迹概况	资料出处
白家坟东地黑河路南段	F34	夯土基址，近 190m²	1997 年发掘到 50 座瓮棺，大多埋在房基夯土中。其中 F34 夯土中有 18 座瓮棺	《殷墟考古又有重大发现》，《中国文物报》1997 年 8 月 31 日，第 1 版；《中国考古学（夏商卷）》，第 349 页
白家坟东地	编号不详	双间夯土基址，51.2m²	夯土中发现成排的瓮棺	《中国考古学（夏商卷）》，第 329 页
新安庄西地	F13	夯土基址，约 70.8m²	基址东部有瓮棺 W2，内填陶瓮、砺石、蚌片各 1。垫土最底层有瓮棺葬 W5、W6，W5 仅存少量儿童头骨，W6 仅存少量儿童肢骨。垫土中还有 1 座"小孩墓"	《河南安阳市殷墟新安庄西地 2007 年商代遗存发掘简报》，《考古》2016 年第 2 期
殷墟大司空	F1	夯土基址，50m² 以上	基址叠压 1 座瓮棺 M107	《安阳大司空——2004 年发掘报告》
	F3	夯土基址，破坏严重	基址叠压 1 座瓮棺，夯土层中有 1 座瓮棺	
	F9	单间夯土基址，约 20m²	瓮棺 M103 可能与 F9 有关	
	F11	夯土基址，31m² 以上	瓮棺 M68、M71、M82 可能与 F11 有关，其中 M68、M71 打破 F11	
	F45	多间夯土建筑，280m² 以上	夯土层、垫土层中有 14 座瓮棺。其中 M404 所埋幼儿约 5 岁，人骨架腰部以下缺失	
	F20	夯土基址，50.4m²	夯土层中有 8 座瓮棺	
	F32	夯土基址，120.4m²	夯土层中有 1 座瓮棺，东侧垫土层下有 1 座瓮棺	
	F19	夯土基址，118.4m²	基址解剖沟中有 1 座瓮棺	
	F34	夯土基址，95.2m²	夯土层中有 8 座瓮棺，东侧垫土层有 2 座瓮棺。夯土层中有 M204，埋犬 1	
	F24	夯土基址，169m²	夯土层中有 3 座瓮棺。增筑的走廊夯土层中埋陶罐 1，内置卜骨 1 块	
	F23	夯土基址，200m² 以上	夯土层中有 7 座瓮棺，基址叠压 1 座瓮棺；垫土层中有 2 座瓮棺。其中 M245、M246 开口于下层夯土层中	

遗址	所属房屋基址	房屋基址概况	遗迹概况	资料出处
殷墟大司空	F28	夯土基址，破坏严重	夯土层中有 1 座瓮棺	
	F38 和 F40	夯土基址，226.5m² 以上；F38 和 F40 为一座建筑	垫土层中有 3 座瓮棺。其中 M335、M342 罐内无骨骼，但有暗绿色腐朽物，似为植物类遗存	
	F21	夯土基址，26.7m² 以上	东侧院落垫土层中有 3 座瓮棺	
	F35	夯土基址，45m² 以上	夯土层中有 2 座瓮棺	
	F36	夯土基址，30m² 以上	夯土层中有 2 座瓮棺	
	F37	夯土基址，残存 55m²	瓮棺 M122 可能是 F37 营造过程中形成的	
	F42	不详	瓮棺 M317 可能是 F42 营造过程中形成的	
	F44	夯土基址，残存约 65m²	夯土层中有 2 座瓮棺，基址叠压 1 座瓮棺	
郑州梁湖	F6	地面建筑，约 300m²	西南部有 M16，打碎的陶瓮内有一具幼儿骨骼	信应君：《梁湖遗址商代大型建筑基址性质初探》，《黄河·黄土·黄种人》2017 年第 10 期
泗水天齐庙		几座房址的垫土或居住面下有"奠基性质"的墓葬，死者为儿童，有的用瓮、缸做葬具		《泗水天齐庙遗址发掘的主要收获》，《文物》1994 年第 12 期

　　在发掘报告和一些通论性著作中，如《中国考古学（夏商卷）》，[①] 多把它们与建筑奠基时的祭祀活动或建筑过程中的其他祭祀活动相联系，但都没有进行论证。最近李斌对新石器时期位于城墙夯土中、房屋墙体下和居住面下瓮棺的性质进行了讨论，认为它们可能是奠基仪式或祭祀的产物，其目的无非借牺牲来慰解鬼神，以求建筑的稳固。[②]

　　笔者赞同基址夯土层或垫土层中的瓮棺和基址叠压的瓮棺是建筑营造过程中祭祀活动遗留的看法。但就笔者所知，此种习俗尚未见于文献记载和民族学

① 《中国考古学（夏商卷）》，第 359 页。
② 李斌：《试论黄河流域新石器时代的建筑奠基习俗》，《中原文物》2017 年第 1 期。

调查资料。笔者仅就大司空遗址的资料对李斌的论证做一补充。

大司空 F38 和 F40 是同一座夯土建筑基址，面积在 226.5m² 以上。其垫土层内有 3 座瓮棺，其中 M335、M342 的瓮棺——罐内无骨骼，但有暗绿色腐朽物。这些暗绿色腐朽物一般是植物类遗存，应是粢盛类残迹。F45 没有全部发掘，由发掘部分推测其面积在 280m² 以上。F45 夯土层、垫土层中有 14 座瓮棺。其中夯土层中瓮棺 M404 所埋幼儿约 5 岁，人骨架腰部以下缺失。报告推测是腰斩后埋入。这些瓮棺里分别盛装的粢盛和残缺腰部以下的人骨架，应是供奉给神灵享用的祭品。叠压于 F3 下的瓮棺 M199，骨骼已经腐朽成粉状，报告认为葬具陶罐"体积较小，即使是刚出生的婴儿也很难葬入，因此推测不是婴孩"，而是其他动物。[1] 若此推测不误，那么 M199 陶罐内的骨骼也当是供奉给神灵享用的祭品的遗留。同理，与上述瓮棺埋藏环境相似的其他瓮棺，也当是建筑营造过程中的祭祀遗存。葬具瓮棺是盛祭品的祭器，其内的婴孩、其他动物和粢盛等是祭品。瓮棺盛装肢解的儿童，似与前文所引罗琨观点甲骨卜辞中儿童牺牲——"垂"不用砍头、肢解的用牲方式矛盾。其实卜辞反映的是王族的情况，而建筑过程中使用瓮棺盛装祭品祭祀则多是非王族所采用的祭祀方式。

在建筑营造过程中举行祭祀活动，并把祭品盛装在瓮棺内掩埋在建筑内，在夏商文化分布区有悠久的传统。郑州西山仰韶时期古城址内多座房基底部的垫土层中埋有 1 件或数件罐、鼎等陶器，部分陶器内有婴儿骨骼。这些骨骼并不完整，有的仅有头骨或部分肢骨，有的缺失盆骨以下的整个下肢。这些专门埋设的陶器，往往多层埋设而相叠压。[2] 其中的空陶器很可能埋藏时装有祭品，唯其今天已经腐烂不可知为何物了。而陶器中儿童的残躯，则是经过专门肢解的供奉给神灵享用的牲体。

安阳后冈的后冈二期文化遗存中也有与房址有关的瓮棺葬。[3] 其中瓮棺葬 M16 叠压于 F19 东墙下，打破房基垫土。M16 内的骨架紊乱，故发掘者认为其是二次葬。今参考西山儿童经肢解的瓮棺葬和大司空儿童被腰斩的瓮棺葬 M404，后冈 M16 内紊乱的骨架可能也是儿童牺牲被肢解的结果。

---

① 《安阳大司空——2004 年发掘报告》，第 39、41 页。
② 国家文物局考古领队培训班：《郑州西山仰韶时代城址的发掘》，《文物》1999 年第 7 期。
③ 中国社会科学院考古研究所安阳工作队：《1979 年安阳后冈遗址发掘报告》，《考古学报》1985 年第 1 期。

其为二次葬的推断可能有误。

2. 殷墟黑河路 F34 祭祀遗存分析

1997 年在安阳殷墟白家坟东发掘殷代墓葬 466 座、房基 35 座。其中黑河路房基 F34 较为重要，在相关报道、论文或通论性著作中屡有提及。F34 位于殷墟白家坟东地黑河路南段第二区，整体上呈长方形，南北长约 17 米、宽约 11 米，面积约 190 余平方米。发掘者曾推测 F34 门朝东。基址的"前中部系一大间，犹如'厅'"①或称"前堂"，"前堂"的南、北、西三面是"宽约 3 米的狭长通间，相互之间未见隔墙痕迹"。②后来唐际根又提出 F34 是一座地面式的四合院建筑（见图 2.4－8）。③也即以前认为是"厅"或"前堂"的 F34 中东部，其实应该是四合院的庭院。

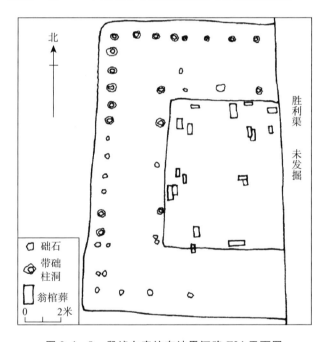

图 2.4－8　殷墟白家坟东地黑河路 F34 平面图

资料来源：唐际根、荆志淳：《安阳的"商邑"与"大邑商"》，《考古》2009 年第 9 期。

---

① 唐际根：《安阳白家坟东地殷代遗址》，中国考古学会编《中国考古学年鉴（1998）》，文物出版社，2000，第 155 页。

② 考古所安阳队：《殷墟考古又有重大突破》，《中国文物报》1997 年 8 月 31 日，第 1 版。

③ 唐际根、荆志淳：《安阳的"商邑"与"大邑商"》，《考古》2009 年第 9 期。

2002 年在殷墟北徐家桥村北也曾发掘到晚商时期类似的四合院式建筑。如Ⅳ号四合院，房基东西长 19.5 米、南北宽 15 米，总面积约 292.5 平方米。由北、西、南、东四座建筑基址相接围合而成（四座基址依次编号为 F44、F45、F57、F58）。F44、F45、F57、F58 的进深均在 3.5 米左右。这些基址内部整体上没有发现隔墙痕迹。F44 前有台阶与庭院相连（见图 2.4 – 9）。Ⅳ号四合院属于殷墟四期。① 参考北徐家桥Ⅳ号四合院基址，黑河路 F34 也应该是一座四合院式建筑。至于其门是否向东，还有待进一步研究。

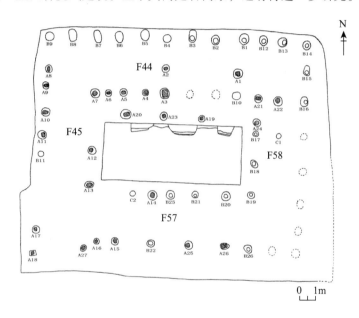

图 2.4 – 9　殷墟北徐家桥村北Ⅳ号四合院建筑平面图

注：A 式柱基表示础石在基面上　B 式柱基表示础石在柱洞内　C 式柱基表示柱基内无础石

资料来源：安阳市文物考古研究所：《2002 年安阳北徐家桥村北商代遗址发掘简报》，《中原文物》2017 年第 5 期。

在黑河路 F34 庭院"夯土中发现 18 座儿童瓮棺葬"，发掘者认为这 18 座瓮棺葬是 F34 建筑过程中举行祭祀活动的遗存，从基址的位置、规模、结构及瓮棺推测，F34 应是宗庙一类建筑。② 从《殷墟考古又有重大突破》

① 安阳市文物考古研究所：《2002 年安阳北徐家桥村北商代遗址发掘简报》，《中原文物》2017 年第 5 期。

② 考古所安阳队：《殷墟考古又有重大突破》，《中国文物报》1997 年 8 月 31 日，第 1 版。

一文发表的照片判断，F34 只是发掘至基址面，即这些祭祀坑是开口于 F34 现存的面，而不是被夯打在基址夯土内，即打破基址夯土层又为基址夯土层所叠压。类似现象也见于前述之洹北商城宫殿区 1 号基址。笔者倾向于它们大部分与建筑落成礼仪有关。

总之，黑河路 F34 庭院内的大部分祭祀坑——瓮棺应是 F34 落成礼的遗留。

3. 商文化与居室类建筑营造有关的其他祭祀遗存

商文化与居室类建筑营造有关的其他祭祀或巫术遗存（瓮棺除外）见于：郑州的任砦、紫荆山北铸铜遗址 C15F1、商城内城西墙 CWG1，新郑的望京楼 F16，柘城孟庄，夏邑清凉山 F5，洹北商城花园庄东地 F1、F2，邢台曹寅庄 F2，藁城台西 F6，荥阳关帝庙，殷墟的小屯村西北 F29、F6、F13、花园庄东地 F1、小屯南地 F8、小屯村北 F11、苗圃北地 F8、大华商贸城、新安庄西地 F10 和 F13、刘家庄北地 F1，西安老牛坡 Ⅱ 区二号夯土基址等。其中，孟庄、大华商贸城、老牛坡等遗址的相关基址规模较大（详见表 2-6）。

（三）小结

考古资料显示，居室类建筑营造过程中的祭祀行为在仰韶文化中已经发生（见表 2-7）。[①] 进入龙山文化时期后，王湾三期文化出现了宫室类建筑。[②] 与宫室类建筑从众多小型房屋中脱颖而出相适应，宫室类建筑营造过程中也开始使用更多的人牲和犬牲来作为与建筑有关的祭祀或巫术活动的道具。[③]

---

① 中国科学院考古研究所、陕西省西安半坡博物馆编著《西安半坡》，文物出版社，1963，第 13~19 页。

② 杜金鹏：《新密古城寨龙山文化大型建筑基址研究》，《华夏考古》2010 年第 1 期。许宏：《宫室建筑与中原国家文明的形成》，《三代考古》（五），第 3~18 页。

③ 参见河南省文物研究所、中国历史博物馆考古部编《登封王城岗与阳城》，文物出版社，1992，第 38~42 页。河南省文物考古研究所、新密市炎黄历史文化研究会：《河南新密市古城寨龙山文化城址发掘简报》，《华夏考古》2002 年第 2 期。蔡全法：《古城寨龙山城址与中原文明的形成》，《中原文物》2002 年第 6 期。方燕明：《河南禹州市瓦店遗址龙山文化大型聚落》，国家文物局主编《2008 中国重要考古发现》，文物出版社，2009，第 34~37 页。方燕明：《河南禹州瓦店龙山文化遗址》，国家文物局主编《2010 中国重要考古发现》，文物出版社，2011，第 33~36 页。河南省文物考古研究所编著《禹州瓦店》，世界图书出版公司，2004，第 19~20 页。

但王湾三期文化的小型居室类建筑中此类遗存并不普遍。与此对照，后冈二期文化白营和后冈两个遗址的众多小型房屋及房屋营造过程中的祭祀或巫术遗存却没有出现相应的层级分化。这似乎反映出王湾三期文化文明化进程快于周边地区。经过二里头文化时期的发展，有商一代商人建立了更多的宫室类建筑。与此相应，营造过程中的祭祀或巫术遗存也被更多地发掘出来。

依据商文化宫室类建筑基址中祭祀或巫术遗存的层位关系，可以把这些遗存分为基址夯筑之初的遗存、基址夯筑过程中的遗存和基址夯筑甫就的遗存等三大类。基址夯筑之初的遗存是奠基时祭祀地祇的遗存，这类遗存均被埋在相对较浅的坑穴中，用牲为儿童或犬。基址夯筑过程中的此类遗存大部分是祭祀遗存，祭祀对象可能是地祇，小部分可能与巫术有关。它们或被埋在相对较深的坑穴中，或被直接夯打在基址的夯土层中。所用牺牲有犬、羊、牛、人等，但人牲均单独埋。另外还有酒和粢盛类祭品。基址夯筑甫就的此类遗存大部分是巫术遗存，也有一小部分可能与建筑落成礼仪有关。此类遗存大多被埋在相对较深的坑穴中，所用牺牲为人和犬。犬或单独埋，或与全躯的人牲埋在一起。全躯人牲常常伴出武器。全躯人牲和犬当是被寄予了守卫、保护宫室的厚望。砍头的人牲则是祭祀的祭牲。还有一部分酒和粢盛类祭品。商王室的宫室类建筑营造过程中罕见用所谓"瓮棺"盛装祭品进行祭祀，但非王族的居室类建筑，尤其是规模较大的建筑中常见这种祭祀方式。

商文化宫室类建筑在营造过程中是否实施祭祀或巫术活动应与宫室类建筑的用途有关。生人所居之寝类建筑当不实施此类活动，神灵所居之宗庙类建筑往往被实施祭祀或巫术活动，以"交神明之道"。

相较其先行及周边文化，商文化宫室类建筑营造过程中的祭祀或巫术遗存所反映的礼仪与信仰更加复杂、系统。但进入西周，这类遗存就鲜有发现了。[①] 这究竟是对周代宫室类建筑发掘较少的原因，还是时代变迁的原因，有待进一步研究。

---

① 周代与居室类建筑营造有关的祭祀或巫术遗存，详见谢肃《周代祭祀遗存研究》。

表 2－6　商代可能与居室类建筑营造有关的祭祀遗存统计

遗址	建筑编号	居室遗迹概况	祭祀遗存概况	时代	性质、备注	资料出处
郑州任砦	C15F1	夯土房基长 9.3 米，宽 3.8 米	夯土层或墙头下有小孩骨架及狗头骨	二里岗时期	简报认为是奠基	《八个月来的郑州文物工作概况》，《文物参考资料》1955 年第 9 期
郑州紫荆山北铸铜遗址		地面双间建筑，长 9.7 米，宽 4.4 米	在西间中部有 1 狗头。坑长 0.3 米，深 0.12 米	二里岗上层	简报认为是改建地坪时的奠基	《郑州商代二里岗期铸铜基址》，《考古学集刊》第 6 集
郑州商城内城西墙	CWG1	半地穴式，长 2.3 米，宽 2 米	北壁下有猪骨架，房中部有 CWM10。CWM10 有人骨架 1 具，俯身屈肢，上肢交叉压于腹下，似捆绑。还有人头 1	二里岗上层一期	简报认为是奠基	《郑州商代城址发掘报告》，《文物资料丛刊》（1）
郑州商城正兴商务大厦	基槽 II	基槽口长 3.5 米，宽 0.5～0.6 米	基槽填土中出土刻意摆放的陶鬲、牛角、兽骨、龟甲	二里岗时期	笔者认为这些遗存应与祭祀有关	《郑州市正兴商务大厦商代遗址发掘简报》，《华夏考古》2016 年第 4 期
望京楼商城	F16	地面建筑，9 平方米以上	活动面（垫土层下）统计表云在垫土层下有 M56，M57。两坑均长 1.2 米，宽 0.45 米，深 0.23 米。分别埋儿童 1	二里岗下层二期	报告认为是营造 F16 时的祭祀遗存。M57 开口层位不详	《望京楼》，第 486、835 页
柘城孟庄	第一发掘点夯土台基	长方形地面建筑，残存 250 平方米	基址南缘中部有人骨架 1 具（M4），被夯打在基址下	二里岗上层	简报认为是奠基	《河南柘城孟庄商代遗址》，《考古学报》1982 年第 1 期
夏邑清凉山	F5	方形地面建筑	F5 南部散水下有狗 1，捆绑状	殷墟早期	报告认为是奠基	《河南夏邑清凉山遗址发掘报告》，《考古学研究（四）》，第 499 页

续表

遗址	建筑编号	居室遗迹概况	祭祀遗存概况	时代	性质、备注	资料出处
邢台曹演庄	F2	圆形半地穴式建筑，直径3.3米	F2东部地面下埋兽骨架1具。似是葬狗	中商	简报认为是奠基	《邢台曹演庄遗址发掘报告》，《考古学报》1958年第4期
洹北商城花园庄东地	F1	地面夯土建筑，约103平方米	夯土和垫土中至少有人骨架7具	洹北花园庄早期	简报认为是奠基，7具人骨架可能有属于F2者	《1998年~1999年安阳洹北商城花园庄东地发掘报告》，《考古学集刊》第15集
洹北商城花园庄东地	F2	地面夯土建筑，不小于280平方米	夯土层中不少于5人	洹北花园庄早期	简报认为是奠基	《1998年~1999年安阳洹北商城花园庄东地发掘报告》，《考古学集刊》第15集
藁城台西	F6	曲尺形地面建筑，约149平方米	西排第三室西南拐角埋人头1，为18岁左右女性	中商三期	简报认为是奠基	《藁城台西商代遗址》，第23~25页
小屯村西北	F29	地面建筑，约96平方米	F29北边缘有M61打破基址。M61俯身直肢，伴出陶器1。M61为大司空二期	建于大司空二期，废于四期	报告认为M61与营造F29的祭祀有关	《安阳小屯》，第39~41页
小屯村西北	F6	圆形地面建筑，约11平方米	F6东南部有小圆坑，埋婴儿1。报告认为是夯筑基址过程中埋人的	建于大司空二期	报告认为是奠基坑	《安阳小屯》，第41~42页
小屯村西北	F13	地面建筑，约19平方米	F13叠压H49，填灰土，坑底埋狗1。F13外南侧有狗坑1	建于大司空四期	报告认为其南侧狗坑或与F13修建时祭祀有关。存疑	《安阳小屯》，第53~54页
殷墟徐家桥南大华商贸城	2006年发掘夯土基址	基址东西长25米以上（东部不到边），南北宽约15米	基址中间叠压H49、南侧1座、北侧有1座"小墓"。发掘者推测该基址是祭祀遗址	商代晚期	墓葬的具体层位不详，由彩版五○推测可能叠压在夯土层中，也可能叠压在基址下	《安阳殷墟徐家桥郭家庄代墓葬》，第128页

续表

遗址	建筑编号	居室遗迹概况	祭祀遗存概况	时代	性质、备注	资料出处
殷墟花园庄东地	F1	长方形，长6.45~6.9米，宽4.85~5.65米	东南部夯土内有人头1。西边缘中部有M57。M57内小孩骨架只剩上半身	殷墟二期偏晚	报告推测可能是奠基	《安阳殷墟花园庄东地商代墓葬》，第6、255页
苗圃北地	F8	房基遭破坏	房基范围内有圆形坑，直径0.55米，深0.2米。坑底人头骨2，西侧人头下压1块肋骨	苗圃三期	似为儿童头骨；报告认为是奠基	《殷墟发掘报告（1958—1961）》，第19页
西安老牛坡II区	第二号夯土基址	原为长方形地面建筑，原面积约为276平方米	从打破它的现窑剖面看，基址夯土层中有小孩骨架1具	相当于殷墟文化早期	从报告图七人看，小孩骨架在夯土层上的踏层中	《老牛坡》，第106~109页
小屯村北	F11	地穴式建筑，面积近15平方米	F11中部有祭祀坑1。坑内置肢解人骨与铜器盖上面，异乎周围经火烤过的硬土面	商代晚期，或可晚至大司空四期	F11为制骨工作坊；报告认为祭祀坑是F11建成后所挖，具有奠基性质。但不能排除其为F11使用过程中的祭祀遗存的可能性	《1975年安阳殷墟的新发现》，《考古》1976年第4期，第77页；《安阳殷墟小屯建筑遗存》，第141页
小屯南地	F8		F8东北角有M22。人1，俯身直肢，人骨上有席痕	殷墟三期	简报认为是奠基	《1973年安阳小屯南地发掘简报》，《考古》1975年第1期；《1973年小屯南地发掘报告》，《考古学集刊》第9集
新安西地	F10	F10为西屋，长16.2米，宽3.2~3.6米	北部最底层垫土内有人骨。仅有盆骨、脚骨和腿骨	殷墟四期	简报认为是奠基	《河南安阳市殷墟新安庄西地2007年商代遗存发掘简报》，《考古》2016年第2期

续表

遗址	建筑编号	居室遗迹概况	祭祀遗存概况	时代	性质、备注	资料出处
新安庄西地	F13	F13 长 9.7 米，宽约 7.3 米	西部垫土中有 M148。小孩直肢1，仰身直肢，无脚	殷墟四期	另有 3 座瓮棺葬。简报认为是奠基	《河南安阳市殷墟新安庄西地 2007 年商代遗存发掘简报》，《考古》2016 年第 2 期
刘家庄北地	F1	东西两开间地面建筑，约 31 平方米	F1 房间外的东北角夯土层内有 M13、M14。M13 出土婴儿骨骼1。M14 位于料礓石面下，内有细小骨骼	殷墟四期		《河南安阳市殷墟刘家庄北地铅锭贮藏坑发掘简报》，《考古》2018 年第 10 期
荥阳关帝庙	F1	半地穴单室建筑	一座房址的底部活动面下，有排列有序的小圆坑，坑底分别放置陶器或蚌壳、石块等	商代晚期	简报认为是奠基	《河南荥阳市关帝庙遗址商代晚期遗存发掘简报》，《考古》2008 年第 7 期；《河南荥阳关帝庙遗址考古发现与认识》，《华夏考古》2009 年第 3 期

表 2-7 早于商文化的与居室类建筑营造有关的祭祀遗存

遗址	时代	遗存概况	建筑类别	资料出处
西安半坡	仰韶文化	F1 西壁居住面下有粗陶罐，南壁下的白色灰层中有 1 人头骨和 1 粗陶罐	房屋建筑	《西安半坡》，第 18、221 页
郑州西山	仰韶文化	房基底部的垫层中，常见埋有 1 件或数件罐、鼎等陶器，部分陶器内有婴儿骨骼。这些骨骼并不完整，有的仅有头骨或部分肢骨，有的缺失骨盆以下的整个下肢	房屋建筑	《郑州西山仰韶时代城址的发掘》，《文物》1999 年第 7 期
巩义滩小关	仰韶文化	F1 基槽底部正中有 1 人骨架，墙基之下有 "瓮棺" W8 和 "墓葬" M2	房屋建筑	《河南巩义市滩小关遗址发掘报告》，《华夏考古》2002 年第 4 期

续表

遗址	时代	遗存概况	建筑类别	资料出处
巩义灰嘴	仰韶文化	F15垫土层中有10余件陶罐，罐内不见骨骼、种子。个别房址垫土下有猪坑	房屋建筑	《河南偃师市灰嘴遗址2006年发掘简报》，《考古》2010年第4期
郑州大河村	仰韶文化	F26地坪的一至四层之间有小孩墓M109	房屋建筑	《郑州大河村》，第253页
尉氏椅圈马	仰韶文化	F2垫土中有一小孩瓮棺葬	房屋建筑	《河南尉氏县椅圈马遗址发掘简报》，《华夏考古》1997年第3期
兰州青岗岔	马家窑文化	房址F4居住面下有1座瓮棺葬（在房屋建好，烘烤居住面前埋人）。余婴儿朽骨	房屋建筑	《甘肃兰州青岗岔半山遗址第二次发掘》，《考古学集刊》第2集
安阳后冈	后冈二期文化	部分房基下、室外堆积或散水下、墙基下，泥墙中都有儿童骨架（大部分有瓮棺）和大量的河蚌。埋有1人的房基8座；埋3人的2座；埋4人的1座	房屋建筑	《1979年安阳后冈遗址发掘报告》，《考古学报》1985年第1期
汤阴白营	后冈二期文化	F36房基填土和F16房基墙内各发现1具置于陶罐的童性	房屋建筑	《河南汤阴白营龙山文化遗址》，《考古》1980年第3期；《汤阴白营河南龙山文化村落遗址发掘报告》，《考古学集刊》第3集
安邱堌堆	造律台类型	F4门道下夯土层中有1具女性骨架	房屋建筑	《菏泽安邱堌堆遗址发掘简报》，《文物》1987年第11期；《山东菏泽安邱堌堆遗址1984年发掘报告》，《考古学研究》（八），第229~331页
永城王油坊	造律台类型	F20地基内埋3具人骨架；T29一东西向墙内埋3具儿童骨架	房屋建筑	《河南永城王油坊遗址发掘报告》，《考古学集刊》第5集
茌平教场铺	龙山文化	2001年发现6座"奠基坑"，分别埋成人、儿童和狗牲	房屋建筑	《鲁西教场铺龙山文化遗址发掘的重要收获》，《中国文物报》2001年9月2日，第1版

续表

遗址	时代	遗存概况	建筑类别	资料出处
绛县周家庄	陶寺文化	2011年在一处房址外围垫土下发现数座弧形排列的"小孩墓"	房屋建筑	《山西绛县周家庄遗址》，《2011中国主要考古发现》，第15页。但简报没有报道
登封王城岗	王湾三期文化	13个埋人的夯土坑，夯土层底部或多埋全躯成人或小孩，也有埋肢解的人头骨、肢骨和盆骨	夯土建筑	《登封王城岗与阳城》，第38~42页
	王湾三期文化	夯土基址WD2F1夯土层中夹杂人骨。基址表面有人骨架数具，在院落垫土中有2具人骨架。东墙南部还发现1具动物骨骼（似为猪）。1997年，VT1H16有出不同人体的头骨、盆骨和肢骨	夯土建筑基址	《河南禹州市瓦店遗址龙山文化大型聚落》，《2008中国重要考古发现》，第34~37页；《河南禹州市瓦店龙山文化遗址1997年的发掘》，《考古》2000年第2期；《禹州瓦店》，第19~20页
禹州瓦店	王湾三期文化	IVT1F2的墙F2A中部墙体下有1狗坑。狗应为房基垫土过程中埋人	房屋建筑	《禹州瓦店》，第16~19页
	王湾三期文化	IVT1F8垫土上有小坑，出土小动物骨骼	房屋建筑	《河南禹州市瓦店龙山文化遗址1997年的发掘》，《考古》2000年第2期；《禹州瓦店》，第18~20页
新密古城寨	王湾三期文化	F1东侧夯土层中发现1人的头盖骨，F1的廊庑建筑F4发现有"奠基坑"，内埋1狗	大型夯土建筑基址	《河南新密市古城寨龙山文化城址发掘简报》，《华夏考古》2002年第2期；《古城寨龙山城址与中原文明的形成》，《中原文物》2002年第6期
延安芦山峁	庙底沟二期晚段至龙山时代末期	大型房址、院墙、广场的夯土中，多次发现有猪下颌骨、玉器	大型房址、院墙、广场	《陕西延安芦山峁遗址发掘取得重要收获》，《中国文物报》2018年11月16日，第7版
神木石峁后阳湾	龙山晚期	二号剖面处灰面下叠压2座瓮棺。其中W2内婴儿骨骼较零散，W3内婴儿骨骼完整。W2打破W3	房屋建筑	《陕西神木县石峁遗址后阳湾、呼家洼地点试掘简报》，《考古》2015年第5期

续表

遗址	时代	遗存概况	建筑类别	资料出处
平顶山蒲城店	二里头文化	发现20多座二里头文化房址，"有的还有奠基遗存"。"奠基遗存"的内涵没有报道	房屋建筑	《河南平顶山蒲城店发现龙山文化与二里头文化城址》,《中国文物报》2006年3月3日,第1版;《河南平顶山蒲城店遗址发掘简报》,《考古》2008年第5期
偃师二里头	二里头文化	一号宫殿基址Ⅴ M59、M60打破基址。邹衡认为其是与宫殿营造有关的祭祀坑	宫室类建筑	《河南偃师二里头早商宫殿遗址发掘简报》,《考古》1974年第4期;《偃师二里头》,《考古》,第136~151、335、337页;《夏商周考古学论文集》,第170页

三 其他类建筑营造过程中的祭祀或巫术遗存

商代与建筑有关的祭祀或巫术活动不仅见于城墙和房屋类等建筑，在一些特殊建筑的营造中也有此类活动。

小屯丙组诸基址规模较小，多无柱础石，基址附近又分布有祭祀坑，异于一般房屋建筑。在小屯丙组基址中也有与建筑营造有关的祭祀或巫术遗存。可确知的有以下几处。

丙一基址有基中墓 M365 和 M375。M365 内有 3 具全躯的俯身人骨架，M375 内有 3 具无头人骨。丙一基址下还有葬坑 M349，埋一儿童，全躯、俯身，头骨碎为数块。此葬坑的形制不清，周围是夯土，很可能是夯打在夯土中的。M349 当是其周围夯土所属基址的基中墓。① 丙六基址打破的灰夯土下有 M328，M328 填夯土，其内有 9 具东西向俯置的人骨架。它可能是灰夯土所属建筑的基下墓。丙九基址下有 M399、M403。M399 内有仰置的人骨架，左臂有朱红；M403 早于基址，与丙九基址的营造无关，参见本章第一节。丙十七基址下有 M393，内填夯土，埋有 5 羊、7 狗。②

2003～2004 年在安阳殷墟孝民屯发掘到一处特殊遗迹——环状沟 03AXSG1，③ 环状沟围合成四边形，每边的长度在 30～33.7 米。该沟第一层填土经夯打，未见文化遗物出土。第二层填土较纯净、疏松，该层出土人骨架 15 具、牛头骨 1 个、铜镞 1 枚。其中 14 具人骨架被砍头，有的还被截肢，有 1 具人骨架下面有 1 枚铜镞。环状沟所围区域的上部被破坏，仅遗留一个生土台面，其上原来是否有建筑不详。简报推测环状沟所围区域是一处祭祀场所，沟内的人骨、兽骨是修建该祭祀场所——祭坛时的遗存。环状沟时代不晚于殷墟三期。

打破该环状沟的 03AXSG2 内有 3 具人骨架，03AXSH83 内有 1 具完整的猪骨架。时代为殷墟四期，简报认为其是后期祭祀用牲。

---

① 石璋如：《小屯第一本·遗址的发现与发掘·丙编·殷墟墓葬之五·丙区墓葬》上册，第 416～419 页。石璋如认为 M349 早于丙一基址。

② 以上资料均见《殷墟建筑遗存》。M393 在丙十二基址之西，正对其台阶（石璋如认为是门），石璋如认为 M393 与丙十二基址同时（见《殷墟建筑遗存》第 191 页）。笔者认为此说尚缺乏证据。

③ 殷墟孝民屯考古队：《河南安阳市孝民屯商代环状沟》，《考古》2007 年第 1 期。

商文化的手工业作坊工作面营筑过程中也存在祭祀现象。

郑州商城铭功路西制陶作坊遗址中部的 F102，为长方形地面建筑，东西长 8.4 米、南北宽 3.7～3.9 米。F102 的地坪经过六次铺垫。在这些地面下分别叠压有 6 座头向在 185°～194° 的长方形竖穴小型土坑"墓"。"墓"内或为成年人，或为儿童。叠压于第六层下的 M129，为屈肢葬的小孩，没有"随葬品"；叠压于第四层下的 M124 为一仰身直肢的成年人，"随葬"陶盆、陶瓮各一件；叠压于第三层下的是 M127 和 M128，分别是仰身直肢的少年和俯身的儿童，没有"随葬品"；叠压于第二层下的是 M129，为仰身屈肢的成年人，没有"随葬品"。另有 M131 打破第一层垫土（白灰面），"随葬"陶鬲、簋、尊各一件。《郑州商城》认为 M131 是 F102 废弃后埋入的；F102 是利用原有的白灰面地坪建筑的，原有的白灰面地坪可能是制造陶器坯胎的场地。从 F102 平、剖面图看，第 1～6 层地坪均延伸到 F102 外，基于此，笔者赞同《郑州商城》的推断。那么，M130、M128、M127、M124、M129 等就是与建筑制陶场地有关的遗存。其中 M129 属于基下墓，其余则为基中墓。在制陶作坊遗址 T103 内残存一片白灰面地坪，东西长 5 米、南北宽 2 米。在这片地坪下有 3 座小孩"墓"，三"墓"均为竖穴土坑，大小仅能容身，它们并列相连，没有"随葬品"，可能也是这片地坪的奠基。①

2000～2001 年在孝民屯铸铜作坊发掘到房址 F6。F6 中部有烘范窑 Y1，Y1 北约 3 米处有一堆熔炉残块 L1，F6 活动面上还有 3 块没有使用过的陶范。F6 是一处与制范、烘范、熔铜有关的铸铜作坊遗存。F6 只残存基础部分，基址表面残存柱础石 1 件、柱洞 1 个、灶 2 处（Z2、Z3）。F6 垫土可以分为两层。垫土内有 3 座"瓮棺葬"（W3～W5）。F6 时代为殷墟三期。②

殷墟小屯北 F11 是制玉作坊，③ 在其中央地坪下有 0.8 米见方的祭祀坑，埋一具被肢解的人骨架，人骨下面伴出一件青铜器盖。祭祀坑口有 15 厘米厚的硬土面，异于周围经火烤过的硬面（即居住面）。报告认为祭祀

① 《郑州商城——1953～1985 年考古发掘报告》，第 397～399、402 页。

② 中国社会科学院考古研究所安阳工作队：《2000—2001 年安阳孝民屯东南地殷代铸铜遗址发掘报告》，《考古学报》2006 年第 3 期。

③ 杜金鹏：《殷墟宫殿区玉石手工业遗存探讨》，《中原文物》2018 年第 5 期；《安阳殷墟小屯建筑遗存》，第 141 页。

坑是在 F11 建成后所挖，具有奠基的性质。笔者认为此祭祀坑尚不能排除是 F11 使用过程中形成的遗存的可能性。

在营造手工业工作面的过程中的祭祀或巫术活动，在二里头文化中就有发现。1982～1984 年，在二里头遗址东南部（Ⅳ区）二里头文化青铜冶铸遗址发掘到 3 座比较清楚的浇铸场地（编号为 F9、Z1、Z2）。F9 是一座半地穴式场地，残存部分长 11 米、宽 6 米、深 0.8 米。始建于二里头文化二期，废弃于四期，使用期间屡有整修、改建。初始在场地北缘埋"小孩墓" 5 座，工作面上埋"成人墓" 1 座，第一次整修后工作面中部埋"成人墓" 3 座，第二、三次整修后工作面上各埋 2 座。《中国考古学（夏商卷）》认为初始时小孩的"墓"或许与奠基有关，而"成人墓"或是正常死亡的铸铜工匠的墓葬，或是铸铜工程中某种仪式的牺牲。Z2 北边缘也分布着几座"小孩墓"，场地内路土层间排列着几座"成人墓葬"。[1]

洹北商城南墙和东墙外侧发现有道路，道路由南墙中部偏东向南延伸，东南部随城墙转而向北，一直延伸到东城墙中部。路面宽 8.6～9.6 米，并排四道车辙。道路两侧是宽 2 米的人行道。"在路面下的垫土中发现多处用牛头祭祀坑，推测可能是修筑道路时举行祭祀活动的遗存。"[2]

第五节　商文化居址内的其他祭祀遗存

商文化居址内还有一些祭祀遗存，它们或数量较少，或不易确定性质，兹放在此节予以叙述。

一　门祀遗存

垣曲商城西城门和望京楼商城东一城门发现有此类祭祀遗存。

在垣曲商城西城门门内东西干道上，距城门约 4 米的地方，发现 1 座祭祀坑 H648。H648 开口于 G27①层下，打破生土。坑口近椭圆形，口径 1.75～2.6 米、深 0.2～0.3 米。锅底状壁，底部略平。[3] 填白花土，并有

---

① 《中国考古学（夏商卷）》，第 111～112 页。
② 何毓灵、岳洪彬：《洹北商城十年之回顾》，《中国国家博物馆馆刊》2011 年第 12 期。
③ 《垣曲商城（二）——1988～2003 年度考古发掘报告》，第 271 页。

一层大小不等的鹅卵石，其间夹杂有 6 块陶片。鹅卵石下有 1 具零散的人骨架。人骨架为俯身，头向东，头盖骨呈扁平状，其上压数块鹅卵石；上肢骨残缺不全；肋骨散乱；下肢骨也残缺，且有骨折痕（见图 2.4 - 2、图 2.5 - 1）。董琦认为鹅卵石堆"显然系人工摆放而成"，这具人骨架是"被割裂肢体而杀之以祭"的"城门磔人"遗迹，石块堆是磔人遗迹的重要组成部分，遗迹中的陶片"似乎亦是磔人以祭时有意扔进去的"。[①] H648 时代为二里岗下层偏晚阶段。

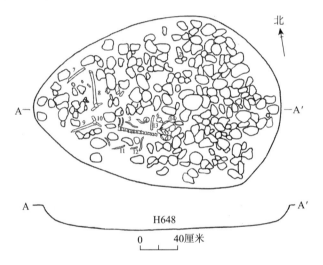

1~14 人骨

图 2.5 - 1　垣曲商城西城门门祀遗迹 H648 平、剖面图

资料来源：《垣曲商城（二）——1988~2003 年度考古发掘报告》，第 272 页。

望京楼商城东一城门外发现 1 座祭祀坑 M28。[②] M28 位于 IV T1708 中南部，路 L1 北侧，开口于 2 层下，打破二里岗文化踩踏面和城墙护坡。坑口呈长方形，直壁平底，长 0.8 米、宽 0.48 米、深 0.2 米。M28 内仅见 1 块中年男性的头骨。时代为二里岗上层一期。报告认为 M28 是"城墙夯筑时的祭祀遗存"。但报告把 M28 时代定为二里岗上层一期，明显晚于城墙的夯筑。M28 应是商城使用时期的门祀遗存（见图 2.5 - 2）。

---

① 董琦：《城门磔人——垣曲商城遗址研究之二》，《文物季刊》1997 年第 1 期。

② 《新郑望京楼：2010~2012 年田野考古发掘报告》，第 568、52 页。第 25 页云 M28 开口于 3 层下，与第 568 页异。

图 2.5 - 2 望京楼商城东门门祀遗迹 M28 的位置

资料来源:《新郑望京楼:2010~2012 年田野考古发掘报告》,图版一七八。

商代晚期甲骨卜辞中有门神。

　　1)庚寅,门示若?(《合集》34126)

"门示"是门神的主,此辞意思是门神可否保佑平安无灾。[1]

　　2)帝乇燎门?(《合集》22246)
　　3)宾门于彡?(《合集》30282)

第2)、3)辞意即燎祭门神和彡祭时举行宾门之祀。[2]

────────────

①　宋镇豪:《中国风俗通史(夏商卷)》,第645~646页。
②　宋镇豪:《中国风俗通史(夏商卷)》,第646~647页。

4）丙申卜，王贞：勿𦍒，囡（）于门，辛丑用？十二月。（《合集》19800）

关于第4）辞中的“囡”，《殷契遗珠》三四：“古有祀门之祭……囡读若薶，用女俘也。”裘锡圭认为“囡”是动词“坎”的异体，在此辞中读作“坎女”或“坎奴”。[①] 丁山把“囡”释作“瘗”，并认为《礼记·祭法》中“天子七祀，诸侯五祀，大夫三祀，士二祀”，均具有门神，《礼记·月令》亦有三秋之月“其祀门”的记载，唯商祭门神于岁末，周祭于三秋，时令不同耳。他还发挥说，以女子瘗于门下，显见其时或以门神为女性，异于后世所谓“神荼郁垒”。[②] 宋镇豪认为“勿𦍒”即勿祥，该辞意思为：十二月丙申日占卜，问因不祥是否于辛丑日坎瘗女性祀门神。[③]

5）十人屮
方其围于门。
方不围于门。
方其围［于］尌。
［方不］围［于尌］。（《屯南》591）

宋镇豪认为屮是一种割裂牺牲的祭仪，尌是某个障塞名字，辞中的门是该障塞之门。该辞是贞问敌方是否来围尌门，是否在敌方没有到达前举行割裂10个人牲的祀门礼以禳息敌方来围之殃。[④]

文献也有商代祀门的记载，如《淮南子·齐俗训》：“殷人之礼……祀门。”[⑤]

---

① 裘锡圭：《释“坎”》，氏著《古文字论集》，中华书局，1992，第48～49页；原载《古文字研究》第4辑，中华书局，1984。为《甲骨文字考释》（八篇）之一。所引《殷契遗珠》论述也转引自裘文。

② 丁山：《中国古代宗教与神话考》，上海文艺出版社，1988，第505页。

③ 宋镇豪：《甲骨文所见殷人的祀门礼》，刘源副主编《甲骨文与殷商史》新2辑，上海古籍出版社，2011，第5～33页。

④ 宋镇豪：《甲骨文所见殷人的祀门礼》，刘源副主编《甲骨文与殷商史》新2辑，第5～33页。

⑤ 刘文典：《淮南鸿烈集解》卷11《齐俗训》，第357页。

殷墟门祀卜辞里的门多是宗庙类建筑之门，但目前尚未发现该类建筑之门使用时期形成的祭祀遗存。这当与该类建筑之门和该类建筑一样，被频繁使用，若祭祀后将祭品埋在附近，会妨碍建筑的使用，故门祀活动之后，没有把祭品埋在门附近。

后世亦有门祀的礼俗。新蔡葛陵楚简①、包山楚简、九店楚简②等均有关于门祀等"五祀"的记载。特别是包山2号墓还出土了祭祷"五祀"的神牌，五块小木牌分别书有"室、门、户、行、灶"五字。③

    6）……一犬，门一羊。（新蔡甲一：2）

    7）……戠牛，乐之。賣（就）祷户一羊，賣（就）祷行一犬，賣（就）祷门……（新蔡甲三：56）

    8）……閟于大门一白犬。（包山简233）

《包山楚简》认为閟，"读作阀，《广雅·释诂一》'伐，杀也'"，并解释说"《风俗通义校注》太史公记：'秦德公始杀狗磔邑四门，以御蛊灾'，今人杀白犬以血题门户，正月白犬血辟除不祥，取法于此也"。④ 宋华强据郭店楚简《老子》甲27号简，认为"閟"是"闭"字的省写，读为"伏"，即《周礼·秋官·犬人》"凡祭祀，共犬牲，用牷物，伏瘗亦如之"的伏犬之祭。⑤ 清华简《系年》第18章第101简中亦见"閟"字，整理者认为："閟"字疑从戈门声，为动词"门"专字，训为攻破。《左传》文公三年："门于方城。"包山简233"閟于大门一白犬"，"閟"读为"衅"。⑥ 曹锦炎认为"閟"当释作"闭"，闭有掩藏意。该简意为：对大门的祭祀是埋葬一条白犬。⑦ 尽管对"閟"的释读意见不一致，但均认为

---

① 河南省文物考古研究所编著《新蔡葛陵楚墓》，大象出版社，2003。

② 湖北省文物考古研究所、北京大学中文系编《九店楚简》，中华书局，2000。

③ 湖北省荆沙铁路考古队编《包山楚墓》，文物出版社，1991，第156页。

④ 湖北省荆沙铁路考古队编《包山楚简》，文物出版社，1991，第57页。

⑤ 宋华强：《包山楚简祭祷名"伏"小考》，简帛网，2001年11月7日，http://www.bsm. org. cn/show_article. php? id = 749。

⑥ 李学勤主编《清华大学藏战国竹简（贰）》，中西书局，2011，第180、182页。

⑦ 曹锦炎：《说清华简〈系年〉的"閟"》，李守奎主编《清华简〈系年〉与古史新探》，中西书局，2016，第363～371页。

该简是"閍"一犬来祭祀门神。

9）……利昌（以）祭门、禁（行），叙（除）疾……（九店M56
简28）

《礼记·曲礼下》云："天子祭天地，祭四方，祭山川，祭五祀，岁
遍。诸侯方祀，祭山川，祭五祀，岁遍。大夫祭五祀，岁遍。士祭其先。"
郑玄注："五祀，户、灶、中霤、门、行也。此盖殷时制也。《祭法》曰天
子立七祀，诸侯立五祀，大夫立三祀，士立二祀，谓周制也。"① 即在郑玄
看来，商代天子、诸侯、大夫均有祀门之礼。至周代，士也有祀门之礼。
《说苑》卷20亦云："天子祭天地、五岳、四渎，诸侯祭社稷，大夫祭五
祀，士祭门户，庶人祭其先祖。"② 但近年出土有关"五祀"的简文表明，
过去所说的古代贵族按照等级祭祷家居之神的说法是错误的，至少大夫以
上的贵族恒祭"五祀"。③ 那么郑玄用殷礼和周礼的差别来解释文献中包括
门祀的"五祀"与"七祀"的不同说法也是靠不住的。④

传世文献也记载有在都邑门用牲进行祭祀或巫术等活动的事例。《春
秋》庄公二十五年："（鲁国）秋，大水。鼓，用牲于社，于门。"杜预
注："门，国门也。"《左传》襄公十八年："十二月戊戌，及秦周伐雍门
之萩。范鞅门于雍门，其御追喜以戈杀犬于门中。"杜预注："杀犬示闲
暇。"⑤ 侯乃峰受清华简《系年》简文等启示，提出"以戈杀犬于门中"
当是"门祭"礼俗，而不是如杜预所说的"杀犬示闲暇"。⑥《史记·封禅
书》也载：秦德公居雍，"磔犬邑四门，以御蛊灾"。⑦《礼记·曲礼下》
和《礼记·祭法》所说的王和诸侯之"七祀"或"五祀"中的门祀，皆

---

① （汉）郑玄注，（唐）孔颖达疏《礼记正义》卷5《曲礼下》，第153~154页。
② （汉）刘向撰，向宗鲁校正《说苑校证》卷20《反质》，中华书局，1987，第512页。
③ 杨华：《"五祀"祭祷与楚汉文化的继承》，《江汉论坛》2004年第9期。
④ 詹鄞鑫认为把五祀神作为一个系统，称为"五祀"，始于春秋战国时期。参见詹鄞鑫《神
灵与祭祀——中国传统宗教综论》，江苏古籍出版社，1992，第74~75页。
⑤ （周）左丘明传，（晋）杜预注，（唐）孔颖达正义《春秋左传正义》卷10、卷33，第
281、951~952页。
⑥ 侯乃峰：《据清华简〈系年〉辨正〈左传〉杜注二例》，《古籍整理研究学刊》2017年第
3期。
⑦ （汉）司马迁：《史记》卷28《封禅书》，第1360页。

有在国门祭祀。

后世在城门附近进行的祭祀或巫术活动礼俗可追溯至商代。

二　城墙附近的祭祀遗存

在郑州商城和垣曲商城的城墙附近发现有城墙使用时期的祭祀遗存。

郑州商城内城西墙上所开探沟 CWT2 内的二里岗上层一期"殉狗坑"也与祭祀有关。此狗坑位于西城墙内侧，平面为方形，东西残长约 2.6 米、南北宽约 2.31 米、残深约 0.75 米。坑的南、西、北三壁有台阶（报告称二层台）。在坑底四角，分别埋侧身屈肢的狗一只（见图 2.5 - 3）。在此狗坑南百余米处的西城墙内侧近夯土墙底处，发现一座没有随葬品的仅能容身的单人坑。此人坑可能也和祭祀有关。①

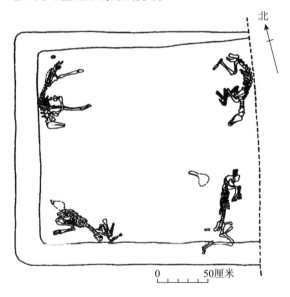

图 2.5 - 3　郑州商城内城西墙附近的祭祀坑

资料来源：《郑州商城——1953～1985 年考古发掘报告》，第 213 页。

垣曲商城南城墙内侧分布有二里岗下层的祭祀坑 H11，其平面呈椭圆形，直壁、平底。长径 1 米、短径 0.62 米、深 0.2～0.25 米。坑内有一具

---

① 河南省博物馆、郑州市博物馆：《郑州商代城遗址发掘报告》，《文物资料丛刊》（1），第 1～47 页；《郑州商城——1953～1985 年考古发掘报告》，第 212～213、506 页。

幼年猪骨架，头向北，侧身屈肢（见图 2.5 - 4）。H11 填松软的黄沙土。①

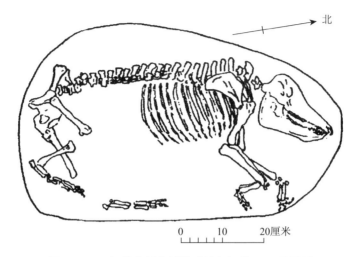

图 2.5 - 4　垣曲商城南城墙附近祭祀坑 H11 平面图

资料来源:《垣曲商城（一）——1985—1986 年度勘察报告》，第 164 页。

后世也有在城墙旁祭祀（或祭祀城墙）的事例。《左传》襄公九年：
"春，宋灾（天火曰灾）……祝、宗用马于墉，祀盘庚于西门之外。"杜预
注："墉，城也，用马祭于四城以禳火……城积阴之气，故祀之。凡天灾
有币无牲，用马祀盘庚，皆非礼。"孔颖达疏："城以积土为之。土积则为
阴积，积阴之气，或能制火，故祭城以禳火，礼亦无此法也。"② 先儒认为
禳火用牲祀城非礼，盖就周礼而论，作为商后裔的宋国为禳火在城墙用牲
祭祀或是商代的礼俗。③《左传》昭公十八年：郑国大火，"禳火于玄冥、
回禄，祈于四庸"。④ 而郑州商城和垣曲商城在城墙内侧的祭祀遗存，或就
是此礼俗的反映。

《左传》襄公九年，杨伯峻注："据沈彤《小疏》，古代祈禳之事，皆

---

① 中国历史博物馆考古部、山西省考古研究所、垣曲县博物馆编著《垣曲商城（一）——
　1985—1986 年度勘察报告》，科学出版社，1996，第 164 页。
② （周）左丘明传，（晋）杜预注，（唐）孔颖达正义《春秋左传正义》卷 30，第 861 ~
　866 页。
③ 《左传》庄公二十五年，杨伯峻注：天灾，诸侯只能用币，天子则可以用牲。参见杨伯峻
　《春秋左传注》，第 232 页。
④ （周）左丘明传，（晋）杜预注，（唐）孔颖达正义《春秋左传正义》卷 48，第 1375 页。

以马为牲。用马于四墉，此城隍神之滥觞。"① 荣真也指出："春秋宋、郑两国所祀皆为城墉，没有隍，而且是直接向城垣献祭，尚处于比较原始的阶段上，不是庙祀。"② 总之，由郑州商城和垣曲商城城墙内侧的祭祀遗存看，城隍神可溯源至商代。

三　与甲骨埋藏有关的祭祀遗存

在殷墟的一些甲骨埋藏坑中与甲骨伴出的有人骨、兽骨。过去石璋如推测小屯北 YH127 坑内的人骨架是甲骨的保管者，系因甲骨被埋藏而殉职。③ 后来刘一曼综合考察了这些甲骨坑，提出"在掩埋一些较重要的甲骨时，有时要举行祭祀仪式，用人或动物作祭品，然后将人牲与兽牲与甲骨一起同埋于坑中"。④ 联系到落葬过程中对地祇的祭祀，笔者推测甲骨埋藏时的祭祀对象可能也是地祇类神灵，旨在祈求神灵对甲骨的保护。

此类遗存有小屯北 YH127、小屯南地 H23、H50、H103 等。其中小屯北 YH127 在紧靠坑之北壁有一蜷曲的人骨架，人骨架大部分压在龟甲上，头及上躯在龟甲层之外。小屯南地 H23 出土 405 片甲骨，在该坑东部靠近坑壁处出土一具侧身屈肢的人骨架，在人骨架髋骨前方，伴出一具狗骨架（见图 2.5 - 5）。H103 出土甲骨 122 片，在距坑口深 1.81 米处出土一大块完整的牛臀骨，牛臀骨周围有 3 片较大的卜骨（见图 2.5 - 6）。H50 出土甲骨 218 片，从坑口至潜水面，甲骨与陶片、兽骨、人骨等混杂在一起。距地表 0.7 米深处出土一具人骨架，侧身，下肢蜷曲于胸前，左肢上举，在人骨架头部另有两根下肢骨，同出卜骨 2 片；在距地表 1.15 米深处，出土人头骨、腿骨和马腿骨；在距地表 2.2 米深处出土残缺下肢的少年人骨一具，同出卜骨 6 片。⑤

---

① 杨伯峻：《春秋左传注》，第 963 页。
② 荣真：《中国城隍祭祀三题》，《对外经济贸易大学学报》1990 年第 4 期。
③ 石璋如：《小屯后五次发掘的重要发现》，《六同别录》（上），第 1 ~ 36 页。
④ 刘一曼：《论殷墟甲骨的埋藏状况及相关问题》，张政烺先生九十华诞纪念文集编委会编《揖芬集——张政烺先生九十华诞纪念文集》，社会科学文献出版社，2002，第 147 ~ 164 页。
⑤ 中国社会科学院考古研究所安阳工作队：《1973 年小屯南地发掘报告》，《考古》编辑部编《考古学集刊》第 9 集，科学出版社，1995，第 45 ~ 137 页；中国社会科学院考古研究所编著《小屯南地甲骨》上册，中华书局，1980，"前言"。

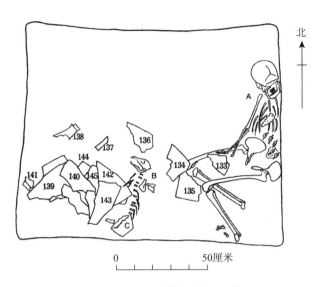

A. 人骨架　　B. 狗骨架　　C. 陶罐底（图中数字编号是卜骨）

图 2.5 – 5　小屯南地甲骨坑 H23 距地表 4.3 米深处平面图

资料来源：《小屯南地甲骨》上册，第 9 页。

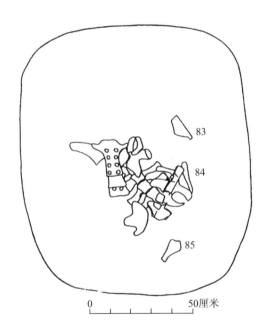

图 2.5 – 6　小屯南地甲骨坑 H103 内的牛臀骨

注：图中数字编号为卜骨。

资料来源：《揖芬集——张政烺先生九十华诞纪念文集》，第 164 页。

四　小聚落内临水的祭祀遗存

2010 年在郑州梁庄遗址发现白家庄期的大型水塘（H292），围绕着 H292 分布着牛头坑、马坑、人坑等祭祀遗迹。[①] 2007～2008 年在郑州凤凰台遗址发掘到商代牲祭坑 4 个、人祭坑 2 个。[②] 凤凰台的祭祀坑可能也是绕着水分布的。信应君称此类遗存为"水祭"，但没有做进一步解释。

《礼记·郊特牲》云："天子大蜡八，伊耆氏始为蜡。蜡也者，索也，岁十二月，合聚万物而索飨之也。蜡之祭也，主先穑而祭司穑也。祭百种，以报穑也。飨农及邮表畷、禽兽……迎猫，为其食田鼠也。迎虎，为其食田豕也。迎而祭之也。祭坊与水庸，事也。曰：'土反其宅，水归其壑，昆虫毋作，草木归其泽。'……"郑玄注："蜡祭有八神，先穑一，司穑二，农三，邮表畷四，猫虎五，坊六，水庸七，昆虫八。""伊耆氏，古天子号也。""水庸，沟也。"孔颖达疏："坊者，所以蓄水，亦以鄣水。庸者，所以受水，亦以泄水。谓祭此坊与水庸之神。"[③] 即蜡祭起源甚为久远，蜡祭的八个神灵都与农业生产有关，其中的坊和水庸是与农田水利相关的神灵。甚至有学者认为坊是堤坝，水庸是水沟之类的水利设施。[④] 郑州梁庄遗址、凤凰台遗址是位于郑州商城东郊的小聚落，其应以农业为主要生业。这两个遗址内环水的祭祀遗存极有可能是类似《礼记·郊特牲》所言之蜡祭中祭祀坊与水庸的遗存。

五　其他

商文化考古中还发现了一些祭祀对象不明确的祭祀遗存。

郑州商城遗址有较多的这类遗存，而又以二里岗为多。聚集在二里岗一条时令小河旁台地上的 C5.1H171、C9.1H111、C9.1H110、C9.1M101、C9.1M102、C9.1M121 和与之相距 10 米开外的 C9.1M122、C9.1M106、

---

① 信应君：《郑州市梁湖龙山文化与商代遗址》，中国考古学会编《中国考古学年鉴（2011）》，文物出版社，2012，第 308～311 页。

② 信应君、闫付海：《郑州市凤凰台商代遗址及宋代和清代墓葬》，中国考古学会编《中国考古学年鉴（2009）》，文物出版社，2010，第 269～270 页。

③ （汉）郑玄注，（唐）孔颖达疏《礼记正义》卷 26《郊特牲》，第 802～804 页。

④ 荣真：《中国城隍祭祀三题》，《对外经济贸易大学学报》1990 年第 4 期。

C9.1M123、C9.1M124，以及临近 C9.1 区的 C5.1H161 等都是祭祀坑。[①]
1953 年在二里岗发掘的祭祀坑 M1 位于 C1 区西部，也临近 C9.1 区。[②] 这
12 座祭祀坑除 C1M1 不知道属于何期外，其余都属于二里岗下层二期，它
们构成了一个重要的祭祀区。这是郑州商城，也是商文化二里岗下层二期
最大的祭祀区之一。

　　1974 年在距离郑州商城社祀遗迹不远的宫殿区发现一条南北向的壕
沟，该沟内堆积的灰土上部发现近百个人头骨（见图 2.5 – 7）。绝大部分
是头盖骨，其边缘有锯痕，一般是从人头骨的眉部和耳部上端横截锯
开（见图 2.5 – 8）。人头骨的堆放没有规律，从北向南分别是 40 多个、30
多个、近 20 个，相对集中成三堆。另有牛头骨、猪头骨各一个以及一些

图 2.5 – 7　郑州商城白家庄期人头骨沟靠北的两堆人头骨

　　资料来源：河南省博物馆、郑州市博物馆：《郑州商代城址试掘简报》，《文物》
1977 年第 1 期。

① 河南省文化局文物工作队第一队：《郑州第 5 文物区第 1 小区发掘简报》，《文物参考资
　料》1956 年第 5 期；《郑州商城——1953～1985 年考古发掘报告》，第 484～493 页。
② 《郑州二里冈》，第 38～40 页；北京大学历史系考古教研室商周组编著《商周考古》，文
　物出版社，1979，第 112 页。

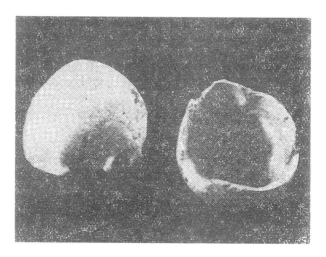

图 2.5 – 8　郑州商城白家庄期人头骨沟内带锯痕的人头骨

资料来源：河南省博物馆、郑州市博物馆：《郑州商代城址试掘简报》，《文物》
1977 年第 1 期。

猪的肢骨、鹿角等堆积在这些头骨附近。① 此堆积人头骨的壕沟属于白家
庄期。②

关于这些人头骨，简报和报告认为是用奴隶头骨制作器皿的遗留，黄
展岳亦从之。③ 但也有认为是祭祀遗存的，如陈旭在《郑州商文化的发现
与研究》中将其视为祭祀遗存。④ 郝本性则认为这里不是骨器作坊，而是
被遗弃的废物堆积；这些人头骨的主人是异族俘虏，被弹杀献祭给商人的
祖先，其头骨被制作成饮器。但郝本性又认为"人头骨饮器与附近的建筑
基址，与亳社应有联系"，即这些头盖骨有可能是祭祖的，还可能是祭社
的。⑤ 郑杰祥认为这些人头盖骨是祭器，"这条埋藏着众多人头盖骨的壕
沟，也应是商王朝前期商人祭社或祭祀祖先神灵留下来的遗物和遗迹"。⑥

① 河南省博物馆：《郑州商城遗址内发现商代夯土台基和奴隶头骨》，《文物》1974 年第 9
　 期；河南省博物馆、郑州市博物馆：《郑州商代城址试掘简报》，《文物》1977 年第 1 期；
　 《郑州商城——1953 ~ 1985 年考古发掘报告》，第 476 ~ 483 页。
② 陈旭：《郑州商城宫殿基址的年代及其相关问题》，《中原文物》1985 年第 2 期。
③ 黄展岳：《中国古代的人牲人殉》，第 44 页。
④ 陈旭：《郑州商文化的发现与研究》，《中原文物》1983 年第 3 期。
⑤ 郝本性：《试论郑州出土商代人头骨饮器》，《郑州商城考古新发现与研究（1985—1992）》，
　 第 15 ~ 20 页。
⑥ 郑杰祥：《郑州商城社祭遗址新探》，《中原文物》2010 年第 5 期。

近来，吴伟华认为这些头盖骨不是"饮器"，它们"是商人在征伐东夷胜利后在此向社神献俘后留下的遗迹"。[①]

笔者认为人头骨有锯痕不是其被制作骨器的必然证据，因为在祭祀过程中往往有纷繁的处理牲体的程序，此也可能是某种特殊处理牲体方法的遗留。殷墟出土有人头骨刻辞。胡厚宣曾列举11片人头骨刻辞，指出这些刻辞"乃是殷王对方国作战，俘虏了伯长，杀其头颅以祭祀祖先，并在他们的头骨上刻下铭辞，以记载殷王的胜利和武功"。[②] 这些刻辞的人头骨，也是商人对祭品的一种特殊处理方式。一些动物头骨刻辞的性质也与此相似。这可以作为郑州商城宫殿区人头骨曾用为祭品的旁证。

至于其祭祀对象，笔者倾向于是祖先神。白家庄期，商王朝的都城迁到了小双桥遗址，但作为故都的郑州商城并没有被废弃。[③] 尽管目前没有从层位上可以确认的白家庄期宫室类建筑存在，但作为故都的郑州商城理论上应该有旧宗庙存在。类似春秋的曲沃、秦汉的雍城。这些头盖骨是宗庙祭祀的遗存，当然也极有可能与宗庙献俘祭祀有关。因尚缺乏证据，且将此遗存列于此。

1955年在彭公祠门前约25平方米范围内发现4座二里岗一期的祭祀坑。[④] 其中C7H125出土1具牛骨架和一些羊骨，C7H127和C7H131分别出土1具牛骨架。还有一个"殉牛坑"被破坏。

2012年在郑州商城内城的中心位置，今正兴商务大厦项目工程范围内发现有夯土基址、基槽、灰坑、水井、墓葬等商代遗迹。其中祭祀坑H264填土中发现一具家猪骨架，在家猪骨架下方发现1具人骨架。[⑤]

1954～1955年在郑州人民公园发掘到2座祭祀坑。其中C7H13出土1具猪骨架，C7H106出土狗骨架、猪骨架各1具，[⑥] 其年代介于洹北商城商

---

① 吴伟华：《郑州商城人头骨壕沟的几个问题》，《黄河·黄土·黄种人》2018年第16期。
② 胡厚宣：《中国奴隶社会的人殉和人祭（下篇）》，《文物》1974年第8期。
③ 谢肃：《论郑州商城的性质》，《中原文化研究》2015年第2期。
④ 《郑州商城——1953～1985年考古发掘报告》，第507～510页。
⑤ 河南省文物考古研究院：《郑州市正兴商务大厦商代遗存发掘简报》，《华夏考古》2016年第4期。
⑥ 《郑州商城——1953～1985年考古发掘报告》，第885～886页。

文化与大司空一期之间。①

据顾万发介绍，近些年在郑州商城的西北部发现有以人、牛为牺牲的祭祀场，在河南省体育场也发现有祭祀遗迹。顾万发认为它们分别与祭祀天地、祭祀先王或去世清王的设施及活动有关，省体育场的联排房子可能是存放先祖牌位之所。②《叩醒商城 郑州商城考古发现史》所发表的图——"郑州商城示意"中标注有省体育场祭祀遗址的位置。③

1989 年在偃师商城大城东墙内侧发掘到祭祀坑 H1。④ H1 开口于⑤层下，打破城墙附属堆积、路土层、墓葬 M31、M30。H1 坑口表面踩踏痕迹明显。H1 又被墓葬 M13 打破。

H1 平面呈圆角长方形，长 3.2 米、宽 2.4 米。距坑口深 0.5 米以下，坑的横截面收缩成长方形，长 2.5 米、宽 1.92 米，深 0.78～0.84 米。H1 内堆积分四层。第一层厚 0.05～0.1 米，M14、M17 被叠压在该层下。M14 有人骨架 1 具，腰部以下被 M13 破坏，人头骨上方出土残陶鬲 1 件。M17 有 1 具人骨架，俯身屈肢。出土有陶盆、蚌刀各 1 件。人骨架上覆盖石块 8 块，头、脚端各 1 块，其余 6 块分两排摆放在身上。第二层厚 0.48～0.5 米，该层下有 2 具人骨架，分别编号为 M27、M28。在坑东南部还发现人头盖骨 1 块，坑中部有猪骨架 1 具，缺后肢骨。在猪骨架的西南发现部分零散的猪骨，有趾骨、桡骨。第三层厚 0.15 米，从该层起，H1 横截面收缩为长方形。该层夹杂大量石块，石块呈水平状密集铺放在坑内。该层下有 1 具人骨架，编号 M29，人骨架附近石块较稀疏。第四层厚 0.08～0.1 米，较纯净，系铺垫在底部的生土碎块。M14、M17、M27、M28、M29 等人骨架长度在 0.9～1.3 米，报告推测它们是 5 个儿童的骨架，年龄在 7～10 岁。

报告认为 H1 的第三、四层是祭祀坑的基础部分，第三层下的人骨架 M29 是奠基遗存。第二层下的人骨架 M27、M28、猪骨等是一次祭祀活动的遗存。第一层下的 M14、M17 是第二次祭祀活动的遗存。该祭祀坑为偃

---

① 朱光华、潘付生、魏继印：《试论郑州人民公园期商代遗存与盘庚复亳问题》，《中原文物》2005 年第 2 期。

② 顾万发编著《文明之光：古都郑州探索与研究》，科学出版社，2016，第 61 页。

③ 苏媛、郝红星：《叩醒商城 郑州商城考古发现史》，《大众考古》2017 年第 10 期。

④ 《偃师商城》第 1 卷，第 400～403、428～433 页。

师商城商文化第三期早段。

与 H1 一样开口于⑤层下的遗迹还有 M11、M13、M15、M16、M18、M19、M26。其中 M11、M19 和开口于③层下的 M25 等人骨或凌乱或缺失骨骼，发掘者分析可能是迁葬墓。其实它们也可能是祭祀坑。

报告推测 H1 与墓葬祭祀有关。笔者大体赞同报告的分析，但也不能排除 H1 是与城墙有关的祭祀的可能性。

此外，1992 年在偃师商城东北部的第Ⅳ发掘区 T33、T34 内发掘到建筑基址 F11、F12。其中 F11 西北角有一座羊坑，羊坑打破踩踏面。报告认为，羊坑可能是与 F11 相关的祭祀遗存。F11 属于偃师商城商文化二期 4 段。F12 南部有 2 座祭祀坑 M31、M32，它们打破 F12，其中 M31 打破柱洞的边缘。两座祭祀坑各埋有 1 个幼儿骨架。F12 不晚于偃师商城商文化三期 5 段。1996 年在第Ⅳ发掘区偏南的探方 T103 发掘 1 座兽骨坑，该坑内出土 1 具牛骨架。①

ⅣT33、T34、T103 位于偃师商城的作坊区，故桑栎、陈国梁认为这些祭祀遗存（原文称居址葬）与作坊区内的祭祀有关。②

王城岗和望京楼遗址也曾发现出土人头骨的祭祀坑。王城岗 WT236H630 在距离坑口深 0.3 米处，出土 5 个人头骨。其中 1～4 号为女性，5 号为男性。除 3 号为 35 岁左右外，其余年龄在 20～25 岁。③ 在 W5T0544 的第⑧层出土 4 个不带面部的人头盖骨。其中 1、4 号人头骨有砍痕，④ "其性质与郑州商城者类似"。⑤ 望京楼遗址在 20 世纪 70 年代中期平整土地时发现有人头骨坑，⑥ 但不知是属于二里头文化还是二里岗期商文化。

望京楼商城中南部有二里岗时期大型夯土基址 F10。F10 为一座围合式建筑（四合院），残存面积达 942.5 平方米。在 F10 西边建筑 F10-4 西侧有祭祀坑 K1。K1 平面形状不规则，口长 6.7 米、宽 1.3～2.1 米、深 1 米。K1 东部被 F10 叠压，坑西南出土螺壳摆放的图案。坑内堆积集中在东

① 《偃师商城》第 1 卷，第 355、357、433～435 页。

② 桑栎、陈国梁：《偃师商城几种丧葬习俗的探讨》，《考古》2017 年第 4 期。

③ 《登封王城岗与阳城》，第 157～158 页。

④ 北京大学考古文博学院、河南省文物考古研究所编著《登封王城岗考古发现与研究（2002～2005）》，大象出版社，2007，第 272 页。

⑤ 刘绪：《谈一个与早期文明相关的问题》，《中国历史文物》2009 年第 4 期。

⑥ 《新郑望京楼：2010～2012 年田野考古发掘报告》，第 721 页。

部靠近 F10 处。K1 内堆积分两层。第一层厚 0.8 米，为黄灰褐色夯土。出土陶片较多，有的明显是同一件器物打碎后放入坑内。该层出土 6 具人骨架，保存完整者仅 1 具。其余人骨较凌乱，有的头骨或肢骨有被砍的痕迹，有的脊椎骨扭曲。6 具人骨中，5 具男性，1 具女性，其中有 1 具为幼儿。第二层厚 0.2 米，为黄褐色夯土。第一层出土陶片为二里岗上层一期，第二层出土陶片最晚为二里岗下层二期。[①]

报告认为 K1 "应是建造这座大型夯土建筑所进行的祭祀"，但又说"祭祀行为应是在 F10 建造之初及使用过程中所进行的"。意即把第二层年代视为 F10 建造之初，第一层年代视为 F10 的使用时期。就报告所描述，K1 第二层没有与祭祀有关的遗存。K1 虽被 F10 叠压，但 F10 叠压的是 K1 的哪一层堆积，报告没有说明。

殷墟也有较多尚不能确定祭祀对象的祭祀遗存。其中以 1973 年在小屯南地发掘的近圆形祭祀坑 H33 最为学界熟知。该坑底部中央有一个长方形坑，内埋一马，在马的周围埋 5 具人牲和 1 个猪头。[②] 黄展岳认为该祭祀坑是用来祭祀其北边以妇好墓为首的贵族墓地祖先的遗存。[③] 但妇好墓所在的墓地兴于殷墟二期偏早阶段，衰于殷墟二期偏晚阶段，[④] 而 H33 属于小屯南地早期 1 段，相当于殷墟一期早段，绝对年代为盘庚、小辛、小乙时期，即其早于妇好墓所属的墓地，故其祭祀对象还不能确定。

2002 年在小屯南地又发掘了 2 座祭祀坑。其中 JK1 埋 16 具人牲，有成人也有小孩。其中 B 人骨架的颈部有 1 串蚌片制成的项链，盆骨处有骨质蛙首小刻刀 1 件。C 人骨架左侧有骨笄 1 件。还发现有苇秆和席纹痕迹。JK1 的年代在殷墟二期晚段和四期早段之间。JK1 是殷墟小屯宫殿宗庙区人牲数量仅次于丙区 M366（20 具人牲）的祭祀坑。祭祀坑 JK2 深约 13.45 米，在深 12.1 米以下，发现 10 余具散乱的人骨架，人骨上多有朱砂，伴出有数十个文蛤。还发现扁平木质锥状物 10 余个、竹器和红漆器各

① 《新郑望京楼：2010～2012 年田野考古发掘报告》，第 422～427 页。
② 中国科学院考古研究所安阳工作队：《1973 年安阳小屯南地发掘简报》，《考古》1975 年第 1 期；中国社会科学院考古研究所安阳工作队：《1973 年小屯南地发掘报告》，《考古学集刊》第 9 集，第 45～137 页。
③ 黄展岳：《中国古代的人牲人殉》，第 63 页。
④ 《殷墟的发现与研究》，第 70 页。

1 件。人骨架下铺垫一层泥质红陶片，陶片下是厚约 0.2 米的浅黄土。JK2 最初是供储藏用的窖穴，后来用作祭祀坑。其属于殷墟四期。① 报道说还有一个奠基坑，但没有具体说明。

2006 年在安阳文峰大道西段南侧的徐家桥南（大华商贸城）发掘到商代晚期夯土基址，基址东西长 25 米以上，南北宽约 15 米。基址中间叠压 10 座、南侧有 7 座、北侧有 1 座"小墓"。墓葬一般长 1.5 米、宽 0.6 米。其中 M5 出土铜戈，其他出土的还有铜铃、海贝等。发掘者推测该建筑基址是祭祀遗址。该书没有说明这些"墓葬"的具体层位，但发表有局部照片（彩版五○）。由照片判断它们可能被夯打在基址的夯层中，也可能叠压在基址的夯土下，即它们中的一部分可能是基址营造过程中的祭祀遗存。②

2008 年在安阳殷墟刘家庄北地第 XII 发掘区发掘到道路遗迹。其中东西向道路 1 条，编号 L10。在 L10 的南、北两侧分布有较多的祭祀遗迹。其中 L10 南侧大多没有发掘，仅于扩方处发现沟状遗存，内有大量动物骨骼。已发掘的祭祀遗迹均呈坑状堆积，坑内填灰土，出土有大量完整或被肢解的人及动物骨骼，共清了 18 处。用于祭祀的人牲多数为青壮年，也有部分属未成年人；动物种类有牛、马、猪、狗、羊等，其中马最为常见，狗和羊数量较少（见图 2.5 - 9）。这些祭祀坑年代为殷墟三期或四期。

图 2.5 - 9 刘家庄北地道路 L10 及其北侧的祭祀遗存（下为北）

资料来源：中国社会科学院考古研究所安阳工作队：《河南安阳市殷墟刘家庄北地 2008 年发掘简报》，《考古》2009 年第 7 期。

---

① 岳占伟：《安阳殷墟新出土甲骨 600 余片》，《中国文物报》2002 年 10 月 25 日。
② 安阳市文物考古研究所编著《安阳殷墟徐家桥郭家庄商代墓葬》，科学出版社，2011，第 128 页。

祭祀坑 H524 位于 L10 北侧的斜坡上。坑口北高南低，平面形状呈东西向的椭圆形，长径 8 米、短径 5.5 米。此坑仅清理了上层填土，坑内上层填土可分两小层。第一层出土人骨架 3 具、马骨架 2 具。人牲皆为女性，马为雄性。第二层出土人骨架 3 具、马骨架 14 具、黄牛骨架 9 具、猪骨架5 具。人骨架均残缺不全，一具缺左胫骨，为男性；一具仅残存头骨和尺骨、桡骨，疑为男性；另一具仅有头骨，性别不详；年龄均在 16～30 岁。14 具马骨架中只有 2 具比较完整，其余均残缺不全。9 具黄牛骨架均不完整，不排除多个骨架为同一个体的可能性。5 具猪骨架中仅有一具完整，其余均为肢解后埋入，有明显的砍割痕迹。

唐际根等建议称这些祭祀遗存为"路祭"遗存，但没有解释"路祭"的具体含义。[①] 笔者倾向于 L10 两侧是某个群体的祭品处理场所，其祭祀对象不一定与道路有关。

此外，还发现有数处埋葬成堆的卜甲（如 T0615H318）、成群的猪（如 T0608G8）、牛腿（如 T2300M718）或成堆的积石（如 T0403 第 5 层下），也有把牛脚和狗脚盛箱埋藏的（如 T0315M53）。这些遗存也应与祭祀活动有关。[②]

2007 年在殷墟新安庄西地发掘了 4 座祭祀坑或"杀殉坑（场）"，另有多处灰坑（窖穴）或水井内发现人或动物骨架，可能也与祭祀有关。[③]

祭祀坑 2007AXAH11 坑口略呈椭圆形，斜壁较规整，底略小于口。口长径约 3.6 米、短径约 2.95 米。坑底有 9 具人骨架，其中 4 个为未成年人，2 个未成年人仅有头颅，身体可能被殷墟四期灰沟 G1 破坏，另外 2 个未成年人皆俯身，均少一只脚。5 个成年人，或俯身或仰身，或缺左腿、缺右腿、少脚，或头颅、下肢等与身体分离，无完整人体骨骼。

祭祀坑 2007AXAH207 坑口略呈椭圆形，直壁。坑口长径约 2.3 米、短径约 1.2 米、残深约 0.35 米。坑底有一具完整的马骨架。坑西侧约 0.5米处有一座较大的殷代墓葬 M139，M139 的时代为殷墟二期，其叠压层位

① 唐际根等：《洹北商城与殷墟的水网路网》，《考古学报》2016 年第 3 期。
② 中国社会科学院考古研究所安阳工作队：《河南安阳市殷墟刘家庄北地 2008 年发掘简报》，《考古》2009 年第 7 期。
③ 中国社会科学院考古研究所安阳工作队：《河南安阳市殷墟新安庄西地 2007 年商代遗存发掘简报》，《考古》2016 年第 2 期。

与 H207 相同。简报推测 H207 可能是 M139 的陪葬坑，进而据 M139 时代，把 H207 的时代推定为殷墟二期。若果为陪葬坑，则属于殉，与祭祀无关。但商代椭圆形的殉葬马坑比较少见，故笔者倾向于 H207 不是陪葬坑，而是祭祀坑，但祭祀对象尚不明确。

祭祀坑 2007AXAH221 面积较大，发掘部分长 14 米、宽 7.9 米、最深约 1.9 米。坑内填土分三层。第一层出土少量陶片和兽骨，西南角有少量散乱人骨。第二层出土少量陶片，层底有很多人骨、牛骨、马骨、狗骨、猪骨等，人骨和其他动物骨骼杂乱分布在一起，几乎无完整个体，保存较好的有数具无头马骨架以及数具叠压在一起的不完整人骨架。第三层又分两小层：第 3A 层主要分布在坑南部，出土少量陶片、兽骨和人骨；第 3B 层主要分布在坑东部，出土少量碎陶片。简报认为 H221 原是一处取土坑，后作为垃圾坑。在填坑过程中，还杀人和牛、马、猪、狗、羊等进行祭祀，成了公共祭祀场所。H221 作为垃圾坑和祭祀坑的年代为殷墟三、四期。

此外，殷墟发掘的晚商祭祀坑还有 1997 年殷墟王裕口南地祭祀坑 H3[1] 和 2000 年殷墟孝民屯东洹河畔的一座祭祀坑。[2]

1996～1997 年在桓台史家遗址清理商代晚期祭祀坑 9 座。[3] 张学海认为史家遗址的晚商祭祀坑不早于殷墟二期，它们与城壕北部的墓地有关，"是祭祀祖先的遗迹"。[4] 史家晚商祭祀坑的研究还有待资料的发表，笔者暂把它归入居址内的祭祀遗存。

2003 年在济南大辛庄遗址的北区和东区也发现有祭祀坑，坑内出土牛、猪和羊等动物骨骼。[5]

郑州荥阳关帝庙遗址是一处晚商时期的环壕聚落遗址，该遗址共发掘到 17 座晚商祭祀坑。发掘区南部是当时地势最高的区域，祭祀坑多集中在

---

① 中国社会科学院考古研究所安阳工作队：《河南安阳市王裕口南地殷代遗址的发掘》，《考古》2004 年第 5 期。

② 岳占伟：《安阳孝民屯东龙山文化至汉代及唐宋时期遗址》，《中国考古学年鉴（2001）》，第 196 页。

③ 光明、龙国、连利、志光：《桓台史家遗址发掘获重大成果》，《中国文物报》1997 年 5 月 18 日，第 1 版；淄博市文化局、淄博市博物馆、桓台县文物管理所：《山东桓台县史家遗址岳石文化木构架祭器物坑的发掘》，《考古》1997 年第 11 期。

④ 张学海：《史家遗址的考古收获与启示》，《中国文物报》1998 年 2 月 4 日，第 3 版。

⑤ 山东大学东方考古研究中心、山东省文物考古研究所、济南市考古研究所：《济南市大辛庄商代居址与墓葬》，《考古》2004 年第 7 期。

该区域，组成一个大的祭祀场。祭祀坑坑口多呈圆形或椭圆形，坑内一般出土完整的或经过大块肢解的牛骨，个别坑出土完整的猪骨架，部分坑内还发现有人骨。如祭祀坑 H228 坑底有一具完整的牛骨架；H924 填土分两层，其中第一层填土中有一具猪骨架。①

河北临城补要遗址北区曾发掘到 5 座中晚商时期的祭祀坑。其中，祭祀坑 H52、M37 分别出土 1 具女性骨架，H319 出土 1 具猪骨架，H320 出土 1 具狗骨架。这 4 座祭祀坑位置临近，可能是一组相互关联的祭祀遗存。②

邯郸市复兴区户村镇陈岩嵛遗址以晚商堆积为主，另有周代文化层。2005 年在这里发现有晚商时期的祭祀坑 H7。H7 圆形、直壁、平底，直径 1.4 米、深 1 米。底部有完整的狗骨架 1 具，填土中出土残刻辞卜甲，文字残存半个。该遗址还出土周代刻辞卜甲。③

安徽阜南台家寺遗址也发掘到商代的"祭祀坑""奠基坑"。④

洛阳五女冢遗址也曾发掘到商代祭祀坑 H175，出土羊骨架 1 具。⑤

第六节　商文化与墓葬有关的祭祀遗存

一　丧葬过程中的祭祀遗存

丧礼属于后世所分五礼中的凶礼，通常所说的祭祀则属于五礼中的吉礼。丧礼中也有对亡灵的供奉进献等行为，一般称作奠。奠有始死奠、小敛奠、大敛奠、大遣奠等。经学家们有时也把丧礼中的奠和吉礼中的祭统称作祭。如《礼记·檀弓上》载："曾子曰：'始死之奠，其余阁也与。'"孔颖达疏："'始死之奠'者，鬼神所依于饮食，故必有祭酹，但始死未容

---

① 河南省文物考古研究所：《河南荥阳市关帝庙遗址商代晚期遗存发掘简报》，《考古》2008 年第 7 期。

② 北京大学考古文博学院、河北省文物局、邢台市文物管理处、临城县文化旅游局：《河北临城县补要村遗址北区发掘简报》，《考古》2011 年第 3 期。

③ 高建强：《河北邯郸陈岩嵛遗址》，国家文物局主编《2005 中国重要考古发现》，文物出版社，2006，第 45～47 页。

④ 武汉大学历史文化学院《安徽阜南台家寺遗址发现商代高等级聚落》，《中国文物报》2017 年 4 月 28 日，第 8 版。

⑤ 洛阳市文物考古研究院编著《洛阳五女冢遗址：田野考古发掘报告》，中州古籍出版社，2014，第 146、148 页。

改异，故以生时庋阁上所余脯醢以为奠也。"① 《礼记·檀弓下》云："葬日虞，弗忍一日离也。是日也，以虞易奠。卒哭曰'成事'。是日也，以吉祭易丧祭。"② 关于祭与奠的区别，孙诒让《大司马》疏："礼例，凡有尸谓之祭，无尸谓之奠。散文祭奠亦通称，故遣奠谓之丧祭。"③

在这里，笔者把丧礼中的奠也看作祭祀。商文化墓葬内器物和牺牲的放置位置与周代墓葬大体相似（腰坑除外），④ 笔者参考文献关于周代丧葬制度的记载来解释商代墓葬内的祭祀现象。就文献所载，与墓葬有关的祭祀只有落葬时对后土的祭祀，这类遗存当分布于墓穴内或墓穴附近。文献中还有"奠窀"的礼俗，它是大遣奠的反映，笔者也把它作为祭祀来考察，这类遗存分布于墓穴内。

（一）奠窀遗存

在商文化墓葬的二层台上有放置牺牲腿骨的现象。鹤壁刘庄下七垣文化墓地 M14 墓主下肢骨左侧出土有幼年家猪的肱骨、桡骨一对，骨骼摆成"M"形，墓主脚部右侧出土动物骨骼一块（见图 2.6 - 1）。刘庄墓地的M15、M120、M323 也出土有猪骨，M256 出土的兽骨可能是猪骨。江汉地区、海岱地区史前时期墓葬均有随葬猪下颌骨、头骨等现象，虽然有学者认为此反映了一种原始的宗教观念，⑤ 但一般认为猪骨随葬数量的多少是墓主社会地位或财富多寡的反映。⑥ 刘庄报告分析说，刘庄墓地墓葬"随葬的有家猪猪头和家猪肢体残块，而非仅仅是以数量见长的猪上下颌骨"，与史前其他墓地墓葬以出土猪颌骨为主的现象有别。⑦ 偃师商城中属于偃

① （汉）郑玄注，（唐）孔颖达疏《礼记正义》卷 7《檀弓上》，第 198 页。
② （汉）郑玄注，（唐）孔颖达疏《礼记正义》卷 9《檀弓下》，第 273 页。
③ （清）孙诒让：《周礼正义》卷 56《大司马》，王文锦、陈玉霞点校，中华书局十三经清人注疏本，1987，第 2363 页。
④ 商文化墓葬一般有腰坑，腰坑内有一具狗骨架，有的大墓还有人骨架。一般认为它们是陪墓主人到冥世，保卫墓主人的。它们更多地带有殉的性质，带着较强的巫术色彩，不应归入祭祀之列。
⑤ 王仁湘：《新石器时代葬猪的宗教意义——原始宗教文化遗存探讨札记》，《文物》1981年第 2 期。
⑥ 罗运兵：《汉水中游地区史前猪骨随葬现象及相关问题》，《江汉考古》2008 年第 1 期。
⑦ 河南省文物局编著《鹤壁刘庄——下七垣文化墓地发掘报告》，科学出版社，2012，第25、377 页；赵新平、韩朝会：《河南鹤壁刘庄遗址》，《2005 中国重要考古发现》，第 35 ~ 40 页。

师商城分期三期 5 段的墓葬 1984 ⅥT5M3，墓主人右下肢骨右侧出土牛肩胛骨 1 块。[①] 刘庄 M14、偃师商城 1984 ⅥT5M3 均没有二层台。盘龙城楼子湾相当于二里岗上层一期的墓葬 PLWM3 二层台上有牛腿骨 1 条，该墓随葬青铜鼎、斝、觚、爵各 1 件。[②] 这也是目前所知商代最早的二层台有祭牲的墓葬。藁城台西商代中期墓葬 M102 头端二层台随葬一陶罐，陶罐两侧放置水牛角 1 对、羊肩胛骨和猪的肢骨。[③]

图 2.6 – 1　刘庄墓地 M14

资料来源：《鹤壁刘庄——下七垣文化墓地发掘报告》，彩版八。

① 《偃师商城》第 1 卷，第 424 ~ 427、765 页。
② 湖北省文物考古研究所编著《盘龙城——1963 ~ 1994 年考古发掘报告》，文物出版社，2001。
③ 《藁城台西商代遗址》，第 154、155 页。

尽管先商文化和早、中商文化的墓葬内出现了放置牺牲腿骨的现象，但并不普遍。晚商时期，商文化墓葬二层台放置牺牲腿骨现象才流行起来。① 早在殷墟发掘之初，李济就把墓葬 18.4 出土的羊腿骨与《仪礼·既夕礼》"彻者入，踊如初，包牲，取下体"的记载相联系。② 20 世纪 50 年代陈公柔、沈文倬在讨论先秦丧葬制度时，均将大司空村殷代墓葬二层台上的兽腿骨与典籍中的"奠苞"相联系。③

《礼记·礼运》云："夫礼之初，始诸饮食……及其死也，升屋而号，告曰：'皋某复！'然后饭腥而苴孰，故天望而地藏也……皆从其初。"孔颖达疏："'苴孰'者，至欲葬设遣奠之时，而用苞裹孰肉，以遣送尸，法中古修火化之利也。""'皆从其初'者，谓今世饭腥苴孰，与死者北首生者南乡之等，非是今时始为此事，皆取法上古中古而来，故云'皆从其初'。"④ 即用苞包取熟肉为死者送葬的礼俗可早至中古。或以为伏羲为上古，神农为中古，五帝为下古；或以为伏羲为上古，文王为中古，孔子为下古。无论何种解释，经学家们都认为遣奠之礼俗至少可追溯至商代。我们有理由相信商代的丧礼已经有遣奠之礼仪，商代墓葬二层台上的兽腿骨就是后世典籍中所说的"奠苞"遗存。

周代"奠苞"礼在礼书中有较为详细的记载。《周礼·夏官·量人》云：量人"掌丧祭奠苞之俎实"。郑玄注："苞亦有俎实，谓所包遣奠。"⑤《仪礼·既夕礼》记载了士阶层的奠苞过程："彻巾，苞牲，取下体。不以鱼腊。""及窆……藏器于旁，加见。藏苞筲于旁。"⑥ 孙诒让《大司马》疏："'送之至墓，告而藏之'者……告谓告于柩。藏之，谓藏于棺旁椁内也。"⑦ 即用苞包取大遣奠的祭品羊、猪的腿骨，并在送葬时送到墓地，等落葬时把明器放在棺的一边，苞、筲等放在棺的另一边。

---

① 郜向平：《商系墓葬研究》，科学出版社，2011，第 132～138 页。
② 李济：《俯身葬》，《安阳发掘报告》第 3 期，1931 年。收入《李济文集》（卷二），上海人民出版社，2006。
③ 陈公柔：《士丧礼、既夕礼中所记载的丧葬制度》，《考古学报》1956 年第 4 期；沈文倬：《对"士丧礼、既夕礼中所记载的丧葬制度"的几点意见》，《考古学报》1958 年第 2 期。
④ （汉）郑玄注，（唐）孔颖达疏《礼记正义》卷 21《礼运》，第 666～668 页。
⑤ （汉）郑玄注，（唐）贾公彦疏《周礼注疏》卷 30《量人》，第 792 页。
⑥ （汉）郑玄注，（唐）贾公彦疏《仪礼注疏》卷 39《既夕礼》、卷 40《既夕礼》，第 754～755、760～761 页。
⑦ （清）孙诒让：《周礼正义》卷 56《大司马》，第 2363 页。

周代奠竁用牲的种类主要是牛、羊、猪。如《仪礼·既夕礼》载："彻巾，苞牲，取下体。不以鱼腊。"郑玄注："取下体者，胫骨象行，又俎实之始终也。士苞三个，前胫折取臂臑，后胫折取骼，亦得俎释三个。"①王或天子的奠竁，除了大牢，还有马牲。《周礼·夏官·大司马》曰："丧祭，奉诏马牲。"郑玄注："王丧之以马祭者，盖遣奠也。奉犹送也，送之至墓，告而藏之。"②《礼记·檀弓下》孔颖达疏、《仪礼·既夕礼》贾公彦疏也有相似的论述。殷墟商代晚期墓葬中的牺牲以牛、羊为主，还有猪、鸡、鱼、狗等，个别等级较高的贵族墓葬有马腿。所取这些牲体的部位也以下体——腿为主，但也有用头或全牲的，只是所占比例很小。这些墓葬的资料多是以墓葬登记表的形式发表的，登记表多没有指明牺牲在墓葬内的具体位置（腰坑内的牺牲除外），但报告正文在讲述墓葬内"殉牲"时，强调大部分腿骨是在二层台上。这些牺牲，除了牛、羊、猪的腿骨为奠竁之实外，其他牲体也当与大遣奠、奠竁有关。这是殷礼与周礼不完全相同的地方。

周代不同等级的奠竁所用牺牲种类组合是不同的，即少牢、太牢之异，天子在太牢基础上再加马牲，③数量也是有分别的。《礼记·杂记上》云："遣车视牢具。"郑玄注："言车多少，各如所包遣奠牲体之数也。然则遣车所包遣奠而藏之者与？遣奠，天子大牢，包九个；诸侯亦大牢，包七个；大夫亦大牢，包五个；士少牢，包三个。大夫以上乃有遣车。"孔颖达疏："遣车，送葬载牲体之车也。牢具，遣奠所包牲牢之体，贵贱各有数也。"④《礼记·檀弓下》亦云："国君七个，遣车七乘，大夫五个，遣车五乘。"郑玄注："个，谓所包遣奠牲体之数也。"⑤

笔者结合殷墟西区墓地、郭家庄西南墓地的分组研究成果，对晚商墓葬二层台上放置牺牲腿骨的现象做过考察，发现同一墓组或分族的墓葬二层台放置的动物腿骨的种属具有一致性，这或是血缘关系或族在商代社会生活中发挥较大作用的体现；二层台有动物腿骨的墓葬在其所在墓组的同

---

① （汉）郑玄注，（唐）贾公彦疏《仪礼注疏》卷 39《既夕礼》，第 754 页。
② （汉）郑玄注，（唐）贾公彦疏《仪礼注疏》卷 41《既夕礼》，第 785 页。
③ 见（汉）郑玄注，（唐）孔颖达疏《礼记正义》卷 9《檀弓下》，第 281 页。
④ （汉）郑玄注，（唐）孔颖达疏《礼记正义》卷 41《杂记上》，第 1178 页。
⑤ （汉）郑玄注，（唐）孔颖达疏《礼记正义》卷 9《檀弓下》，第 280 页。

时期墓葬中规模较大，二层台所置动物腿骨种类多少和墓葬的等级没有必然的关系（马牲除外）。① 虽然目前学界对商代是否存在族墓地有分歧，但笔者的观点没有改变。

周代祭祀以右体为贵，但在丧礼中反用左体。《仪礼·既夕礼》云："厥明，陈鼎五于门外，如初。其实：羊左胖，髀不升……豕亦如之，豚解……"郑玄注："反吉祭也。言左胖者，体不殊骨也。""周贵肩贱髀。"贾公彦疏："云'反吉祭也'者，以其《特牲》、《少牢》吉祭皆升右胖，此云'左胖'，故云反吉祭也。云'言左胖者，体不殊骨也'者，既言左胖，则左边共为一段，故云体不殊骨。虽然，下云'髀不升'，则除髀以下，胈胳仍升之，则与上肩肋脊别升，则左胖仍为三段矣。而云体不殊骨，据脊肋以上，胈胳已下，共为一，亦得为体不殊骨也。""案《祭统》云：'殷人贵髀，周人贵肩。'"② 体现在奠竁中，就是用左腿骨。《老子·道经》第31章有"吉事尚左，凶事尚右"③ 的说法，与经书不同。

据袁靖、杨梦菲等对前掌大墓地资料的考察，该墓地"是把动物的一条左前肢或右前肢完整地放入墓里了，当时随葬的动物部位仅限于前肢……如果是在同一座墓里随葬两种以上动物前肢的话，其左、右侧都必须是相同的……即便随葬多种动物的前肢，但是同一种动物的前肢仅随葬1条"。④ 其他商文化墓葬中的腿骨都没有鉴定是左肢或右肢、前肢或后肢。袁靖等根据这些墓葬的平面图分析，"不少还可以确认是前腿"。⑤ 那么商代奠竁以前肢为主，但不限于左肢或右肢，这与相关记载不符。

（二）落葬过程中的祭祀遗存

1. 墓葬填土中的祭祀遗存

商文化晚期大墓的填土中往往发现有人或动物的骨架。如西北冈M1001墓道的夯土中有有墓坑的殉葬者和无墓坑的殉葬者两种。有墓坑的

① 谢肃：《商文化墓葬二层台上放置动物腿骨现象与"奠竁"礼比较研究》，《华夏考古》2009年第2期。
② （汉）郑玄注，（唐）贾公彦疏《仪礼注疏》卷39《既夕礼》，第748～749页。
③ 任继愈：《老子新译》，上海古籍出版社，1985，第128页。
④ 中国社会科学院考古研究所编著《滕州前掌大墓地》，文物出版社，2005，第762～763页。
⑤ 袁靖、梁中合、杨梦菲：《论山东滕州前掌大墓地随葬动物的特征》，中国社会科学院考古研究所编《二十一世纪的中国考古学——庆祝佟柱臣先生八十五年华诞学术文集》，文物出版社，2006，第903～908页。

殉葬者位于北、西墓道。北墓道者被扰，有腰坑。西墓道者有铜觚、爵、斝、鼎等随葬品，是未成年人。他们当是殉葬。无墓坑的大多头被砍去，身首分离。单无头躯体，南墓道就有 59 具，东墓道 1 具，东耳室 1 具。南墓道中的无头躯体按所在位置和埋藏深度可以分为两群八组。北群在墓道北端，距地表深 4.4～6.6 米；南群在墓道中段，距地表深 1.7～2.8 米。人骨皆俯置，大都南北向，东西并列。每组人骨架也并非在一个平面，彼此高度相差在半米间（见图 2.6-2）。填土中还出土有保存完好的人头骨 73 个，其中南墓道 42 个，可以分为 14 组；北墓道 14 个，分为 6 组；东墓道 6 个，分作 3 组；西墓道 11 个，分作 4 组。这些人头骨多位于地面下至 3.5 米深的范围内，只有北墓道第 6 组深 3.9 米，紧靠墓道底，是个例外。在墓坑的夯土中也发现有破碎的人头骨。① 西北冈 M1500 墓坑和墓道口内有 114 个人头骨，其中 111 个没有被扰动过。报告以地表下 9.8 米为准把没有被扰动过的人头骨分为上下两层，下层 72 个，上层 39 个。"下层人头似乎跟木室周围'置器面'的分布有关，或者是墓主尸体进入墓室以后，封闭全墓以前所埋入。"上层人头骨是填北墓道时"层层埋入，每层大致都埋在那层深处道口尽头，情形与其他各大墓略同"。② 在 M1550 墓坑北部，正对北墓道内口，去道口约 1 米，地面下 7.8 米，与 49、55 号殉葬坑同层，即墓坑填土中，在一张草席上放着一条牛的前腿和一条羊前腿。南墓道的填土中分层埋有 8 个人头骨。北墓道夯土中埋 235 个人头骨，它们分 24 排，各排皆东西向，大体可以分作 15 层。③ M1400 墓坑北部填土中分层埋 29 个人头骨。M1443 墓坑地面下 6.74 米、距木室（按：椁室）顶面约 1 米的夯土中发现 1 个人头骨。早期盗洞中有 6 个人头骨。④ 刘家庄北 M988 是殷墟三期有 4 个墓道的大墓，其填土中埋有 26 个人头骨。⑤ 武官大墓

---

① 梁思永、高去寻：《中国考古报告集之三·侯家庄·第二本·1001 号大墓》，中研院历史语言研究所，1962，第 36～48 页。
② 梁思永、高去寻：《中国考古报告集之三·侯家庄·第七本·1500 号大墓》，中研院历史语言研究所，1974，第 31～32 页。
③ 梁思永、高去寻：《中国考古报告集之三·侯家庄·第八本·1550 号大墓》，中研院历史语言研究所，1976，第 18～25 页。
④ 梁思永、高去寻：《中国考古报告集之三·侯家庄·第九本·1129、1400、1443 号大墓》，中研院历史语言研究所，1996，第 52、124 页。
⑤ 徐广德、岳占伟：《安阳市刘家庄北地殷代遗址与墓葬》，中国考古学会编《中国考古学年鉴（2000）》，文物出版社，2001，第 195 页。

（50WGKM1）的墓室填土中分三层埋有 29 个人头骨（不包括盗坑中的 5 个人头骨）。①

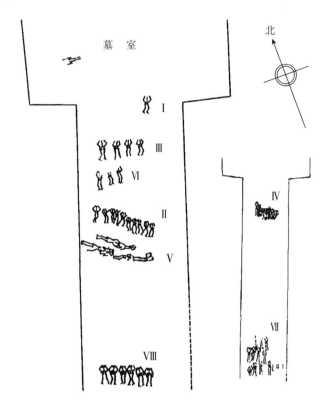

图 2.6 - 2　殷墟西北冈 M1001 南墓道中无头人骨架的分布

资料来源：梁思永、高去寻：《中国考古报告集之三·侯家庄·第二本·1001 号大墓》，第 38、39 页，改绘。

墓葬填土中有人或动物骨骼的现象也见于商文化晚期的中小型墓葬（见图 2.6 - 3、图 2.6 - 4、图 2.6 - 5）。如殷墟西区墓地有 105 座商代墓葬的填土中有狗骨，大多为一只，少数墓葬有两只，个别的有四只（如 M767）。填土中的狗多捆缚后活埋，不同于腰坑中多杀死再埋入者。其中第一墓区 29 座墓葬填土中埋狗，属于殷墟二期的有 6 座、三期的有 6 座、四期的有 16 座，1 座不知道期别。另有 M418 和 M467 两墓的填土中分别填埋一羊腿、一羊，它们分别属于殷墟四期、

①　郭宝钧：《一九五〇年春殷墟发掘报告》，《考古学报》第 5 册，1951 年。

三期。① 以后又发掘的殷墟西区 M1713 在距墓口深 3.6 米、二层台面上 0.5 米的填土内铺了一层红色画布，红色底子上画黄白色点线纹，画布上有一狗骨架。② 郭家庄墓地有 17 座墓葬的填土中有动物骨骼，均是狗。其中殷墟二期 2 座、三期 9 座、四期 5 座，分别占各期墓葬的约 1/7、1/6 和 1/14。武安赵窑商代晚期墓地中的 M17、M20 墓葬填土中分别有羊头骨一个。③ 由于埋羊的墓葬数量较少，笔者还看不出埋羊、埋狗是否和各个墓组的习俗有关。

0　　　　　50厘米

图 2.6 - 3　殷墟郭家庄 M50 填土中的狗骨架

资料来源：中国社会科学院考古研究所编著《安阳殷墟郭家庄商代墓葬》，中国大百科全书出版社，1998，第 11 页。

----

① 中国社会科学院考古研究所安阳工作队：《1969—1977 年殷墟西区墓葬发掘报告》，《考古学报》1979 年第 1 期。

② 中国社会科学院考古研究所安阳工作队：《安阳殷墟西区一七一三号墓的发掘》，《考古》1986 年第 8 期。

③ 河北省文物研究所、河北文化学院：《武安赵窑遗址发掘报告》，《考古学报》1992 年第 3 期。

0   50厘米

图 2.6 – 4　殷墟西区 M467 填土中的羊骨架

资料来源：中国社会科学院考古研究所安阳工作队：《1969—1977 年殷墟西区墓葬发掘报告》，《考古学报》1979 年第 1 期。

　　填土中亦有埋陶器的，如郭家庄 M50、M66，前者有一陶簋，后者有一陶罐。这些陶器很可能原本是盛有粢盛等祭品的。

　　在一些大墓的填土中还发现有器物。如妇好墓的墓室填土中就分六层埋有器物，第一层距墓口深 1 米，出土陶爵 1 件；第二层距墓口深 3 米，出玉臼 1 件；第三层距墓口深 3.5 米，出石铲和石磬各 1 件；第四层距墓口深 4.3 米，出土铜戈 2 件，弓形器 1 件，镞、海贝、铜泡、玉嘴形饰等；第五层距墓口深 4.6 米，出土玉戈、玉圭各 1 件；第六层距墓口深 5.6 米，在墓室中部偏南出土大量骨笄和象牙器皿，它们摆放整齐，估计原是放在木匣内的，在"木匣"之南，还出土有成堆的器物 80 余件。这些器物可

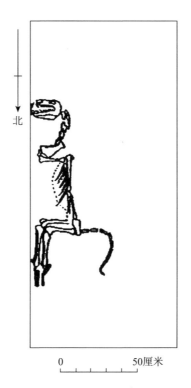

北

0   50厘米

图 2.6 – 5　殷墟西区 M655 填土中的狗骨架

资料来源：中国社会科学院考古研究所安阳工作队：《1969—1977 年殷墟西区墓葬发掘报告》，《考古学报》1979 年第 1 期。

以分作两层，上层有玉盘、戈、石豆、石鸟、阿拉伯绶贝、陶埙、铜镜、铜丁字形器、镞等及散乱的骨笄多件；下层中部出土弓形器、铜镜、小型雕刻，南部出土弓形器、玉管、小玉璧、骨匕、蚌蛙、蚌戈、红螺壳、玛瑙珠朱绘骨片、牙形璧等。[①]　西北冈 M1500 南墓道填土中出土大理石刻兽三对，每对东西排列，首尾衔接，头北尾南，放在同一水平面上。最北一对是夔龙，其尾后一对是水牛，尾后最南一对是老虎。南墓道被扰乱的土中，发掘时水平面下 2.8 米处出土一件石俎。西墓道西段水平面下 2.8 米有仪仗痕迹。[②]　西北冈 M1400 东墓道西段夯土中出土一群器物，器物在地面下 6.9～7.3 米，下距墓道底，浅处 0.3 米，深处 0.7 米。器物分两组，

① 中国社会科学院考古研究所编著《殷墟妇好墓》，文物出版社，1980，第 9～11 页。
② 梁思永、高去寻：《中国考古报告集之三·侯家庄·第七本·1500 号大墓》，第 40～46 页。

主要的一组是 5 件铜器，最西 3 件分别是勺、壶、人面型。人面型背面洼凹，内发现朽木痕迹少许。它们东边 10 厘米左右有盂、盘各一。铜器东南 0.5 米处为一组 5 件陶器，都是凸面凹背，背面装一横鼻的圆饼形器（估计是器盖）。五器周围有朽木痕迹，似为装盛五器的木盒类残迹。南墓道中段也出土 11 件铜器，器类有罍、尊、觯、瓢、爵等。罍内有一觯，尊内有残瓢下部、残石璧、残爵流。这些铜器在地面下 2.75 ~ 2.9 米的夯土中，下距墓道底约 2 米强。[①] M1443 地面下 6.65 米、距木室（按：椁室）顶 1 米多的墓坑夯土中出土璧一件；在南墓道最北端夯土中，地面下 1.2 米处出土佩饰一组。[②]

这些墓葬填土中的器物反映了在下葬后填埋的过程中，要举行某种活动，这种活动可能与祭祀有关。[③] 而 M1400 墓道填土中的人面型铜器，或与文献中的方相氏有关。

2. 墓葬近旁与墓葬同时的祭祀遗存

在某些商文化大墓附近分布有一些祭祀坑，埋有没有头颅的人躯体，而大墓中却有没有躯体的人头骨。《一九五○年春殷墟发掘报告》推测，武官大墓填土中的人头骨可能和大墓附近"排葬坑"中的无头人骨架有关系。[④] 但这些"排葬坑"与武官大墓的距离过远（距离最近者也在 50 米以上），且"排葬坑"附近没有发掘，可能还有类似的祭祀坑，所以它们中的人骨和武官大墓中的人头骨关系不会太大，也即这些"排葬坑"不会是武官大墓埋葬过程中或刚埋讫时形成的。但报告提供了很好的思路。

1984 年在发掘传出司母戊鼎的墓葬 84AWBM260 时，在其墓道填土中发现有集中埋在一起的 22 个人头骨（见图 2.6 - 6），墓室填土中发现有约 6 个个体的无头的人骨架。在墓室和墓道两侧发现了 3 座祭祀坑，其中 M133、M179 各埋无头的人骨架 8 具（见图 2.6 - 7），另一座祭祀坑 M256

---

① 梁思永、高去寻：《中国考古报告集之三·侯家庄·第九本·1129、1400、1443 号大墓》，第 52、56 页。

② 梁思永、高去寻：《中国考古报告集之三·侯家庄·第九本·1129、1400、1443 号大墓》，第 124 ~ 125 页。

③ 唐际根：《殷商时期的"落葬礼"》，古方、徐良高、唐际根编《一剑集》，中国妇女出版社，1996，第 50 ~ 56 页。

④ 郭宝钧：《一九五○年春殷墟发掘报告》，《考古学报》第 5 册，1951 年。

没有发掘。《殷墟259、260号墓发掘报告》推测这3座祭祀坑是从属于84AWBM260的，墓道填土中集中埋在一起的22个人头骨的躯体可能埋在了这些祭祀坑中。同时发掘的墓葬84AWBM259的二层台上有14个人头骨，在该墓东、西两侧各有一个祭祀坑，两坑共埋无头的人骨架14具，正好和该墓二层台上的人头骨数相等。报告推测二层台上人头骨的躯体被埋

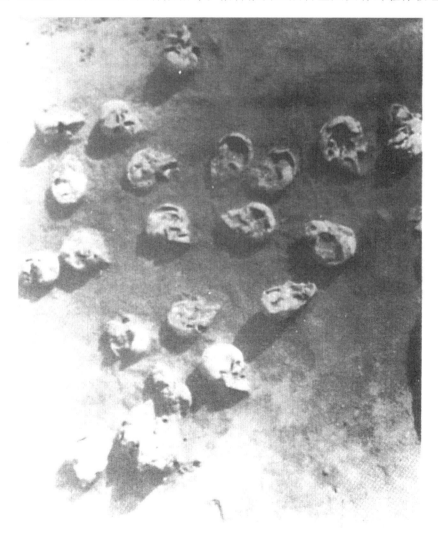

图2.6－6 殷墟西北冈M260墓道填土中的人头骨

资料来源：《殷墟的发现与研究》，图版一三。

北

图 2.6-7 殷墟西北冈 M260 附近祭祀坑 M179 平面图

资料来源：中国社会科学院考古研究所安阳队：《殷墟 259、260 号墓发掘报告》，《考古学报》1987 年第 1 期。

在了这两个祭祀坑中。① 也即祭祀坑与墓葬大体同时，M259 和 M260 均属于殷墟二期。

在滕州前掌大商周墓地的部分大墓旁边也有相关祭祀坑分布。如在前掌大村北相当于殷墟四期的"中"字形墓 BM4 的东侧有 4 座"小墓"。其

---

① 中国社会科学院考古研究所安阳队：《殷墟 259、260 号墓发掘报告》，《考古学报》1987 年第 1 期。

中 BM5、BM6 墓主为仰身直肢儿童，BM1 为俯身葬，BM5 坑窄而浅，仅能容身覆土掩埋而已。这 3 座"墓"都没有随葬品，报告认为是殉葬墓，[①]杨锡璋、高炜认为可能是祭祀坑。[②]《滕州前掌大墓地》较详细地发表了这批材料。张长寿据《滕州前掌大墓地》，提出前掌大北区墓地大型墓葬BM3（西周早期早段）、BM4（商代晚期）东侧两座小型儿童葬 BM5、BM6，大型墓葬 BM214、BM215（均属商代晚期）东侧小型儿童葬BM212、BM217，均是大型墓葬的祭祀坑。[③]

BM4 开口于③层下，BM3、BM5、BM6 开口于②层下，故祭祀坑BM5、BM6 形成时间可能与墓葬 BM3 更接近。BM1 距离 BM3、BM4 过远，当与这两座墓葬没有关系。墓葬 BM215 开口于③层下，墓葬 BM214 和祭祀坑 BM212、BM217 均开口于②层下，所以祭祀坑 BM212、BM217 与墓葬BM214 形成时间更接近。前掌大墓地的这些祭祀坑也应是相关墓葬落葬过程中形成的祭祀遗存。

在商代一些墓葬附近也发现埋有牺牲的坑，由于报道简略或发掘时没有弄清它们与墓葬的关系，今且把它们附于此。

郑州商城属于二里岗下层二期的祭祀坑 C9.3H301 内出土人、牛骨。[④]C9.3H301 位于今郑州卷烟厂院内，在关于郑州商城的平面图中，一般把该区域标注为"郑州烟厂墓葬区"。虽然该区域罕有商代墓葬资料发表，但大家已经习惯视其为二里岗时期的墓地。刘能把 C9.3H301 归入墓地内的祭祀坑。[⑤]

在郑州商城内城墙所开探沟 CET7 内发现处于同一层位的两座小墓CEM6、CEM7，还发现一座勉强能埋下猪身的椭圆形小坑，内埋一猪。此猪坑或与这两座墓葬（发掘面积有限，可能还有墓葬）的祭祀有关。这两

---

① 中国社会科学院考古研究所山东工作队：《滕州前掌大商代墓葬》，《考古学报》1992 年第 3 期。

② 杨锡璋、高炜：《殷商与龙山时代墓地制度的比较》，《中国商文化国际讨论会论文集》，第 208~219 页。

③ 张长寿：《前掌大墓地解读》，氏著《丰邑行》，中国社会科学出版社，2014，第 25~59页。原载《安志敏先生纪念文集》，文物出版社，2011。

④ 《郑州商城——1953~1985 年考古发掘报告》，第 490~491、494 页。

⑤ 刘能：《商文化中非正常埋葬现象的考古学观察》，硕士学位论文，北京大学，2006。

座小墓和猪坑属于二里岗上层一期。①

藁城台西遗址曾发现两座商代中期的兽坑 H81、H111，发掘者认为它们分别是 M102 和 M101 的"殉兽坑"。② 其中 H81 埋大量幼兽骨骼。

1990 年在殷墟孝民屯南的一处墓地中发现一批圆形或不规则形的埋牲坑。其中 90AGH9 清理出马骨架和人骨架；90AGH1 清理出大量牛腿骨、头骨和肋骨；90AGH5 清理出鹿角和大量骨器。③

这些与墓葬关系不确定的祭祀坑，既可能是某座墓葬下葬过程中的遗存，也可能是不属于某座特定墓葬的遗存（即下文所述之"墓地内或附近的祭祀遗存"）。

3. 落葬过程中祭祀遗存的性质

关于这类祭祀遗存的祭祀对象，《殷墟 259、260 号墓发掘报告》认为，84AWBM260 墓道和墓室填土中的人头骨和无头人骨架是祭祀墓主的牺牲。但没有论证。笔者赞同报告对 84AWBM259、M260 中人头骨与它们附近祭祀坑中无头人骨架关系的分析。那么分布于这些墓葬附近的祭祀坑当是落葬过程中的祭祀，是丧礼的一部分，而不是卒哭以后属于吉礼的追祭或对包括墓主在内的众祖先的祭祀。由此笔者推测，商文化大墓附近的其他祭祀坑，也是大墓落葬过程中的祭祀遗存。④

后世典籍云在埋葬时要祭祀后土。《周礼·春官·冢人》："大丧既有日，请度甫竁，遂为之尸。"郑玄注："为尸者，成葬为祭墓地之尸也。郑司农云：'既有日，既有葬日也。始竁时，祭以告后土，冢人为之尸。'"⑤《周礼·春官·小宗伯》云："成葬而祭墓，为位。"郑玄注："成葬，丘已封也。……先祖形体托于此地，祀其神以安之。"贾公彦疏："云'成葬'者，谓造丘坟已讫，以王之灵柩托于此土，故祭后土之神，使安祐之。当设祭位于墓左也。"⑥《礼记·檀弓下》云："有司以几筵舍奠于墓

---

① 河南省博物馆、郑州市博物馆：《郑州商代城遗址发掘报告》，《文物资料丛刊》（1），第 1~47 页；《郑州商城——1953~1985 年考古发掘报告》，第 189 页。

② 《藁城台西商代遗址》第 35、157 页。H81 在报告图四中为 H91。

③ 《中国考古学（夏商卷）》，第 358~359 页。

④ 杨宝成也认为商文化"紧挨着大墓两侧的祭祀坑内的人牲，都是在墓主埋葬时举行祭祀活动时被屠杀的牺牲"。参见杨宝成《殷墟文化研究》，第 107 页。

⑤ （汉）郑玄注，（唐）贾公彦疏《周礼注疏》卷 22《冢人》，第 568 页。

⑥ （汉）郑玄注，（唐）贾公彦疏《周礼注疏》卷 19《小宗伯》，第 498 页。

左，反，日中而虞。"郑玄注："舍奠墓左，为父母形体在此，礼其神也。"
孔颖达疏："此谓及窆之后事也。……有司以几筵及祭馔置于墓左，礼地
神也。"①《周礼·春官·冢人》曰："共丧之窆器。"贾公彦疏："凡封者，
封即窆，谓下棺。"②《礼记·杂记下》载："乡人，五十者从反哭，四十者
待盈坎。"孔颖达疏："'四十者待盈坎'者，谓窆竟以土盈满其坎……"③
由此来看，《礼记·檀弓下》孔颖达疏"及窆之后事"当是在"窆竟"
（落棺后）而未盈满墓穴之时。

由上可知，关于祭祀后土的时间，郑司农以为是在始窆时，郑玄、贾
公彦认为是在坟丘造好后，孔颖达认为在下棺之后。祭祀中充当尸的是冢
人，祭祀者为有司，参与造坟丘的四十岁以下的乡人可能也参与了祭祀。
祭祀的神灵是地祇。

《礼记·檀弓下》记载延陵季子在埋葬其长子后，"既封，左袒，右还
其封且号者三，曰：'骨肉归复于土，命也。若魂气则无不之也，无不之
也。'"孔颖达疏："言'复归'者，言人之骨肉，由食土物而生，今还入
土，故云'归复'。"④《礼记·祭义》记载宰我问孔子鬼神的含义，孔子回
答说："……众生必死，死必归土，此之谓鬼。骨肉毙于下，阴为野土……"⑤
可见迟至春秋时期人们就有逝者埋葬后即把骨肉归复于土的观念。落葬时
祭祀地祇，祈求安佑之，自是自然不过的事情了。

临葬祭祀后土的习俗一直延续到清代。钱大昕《十驾斋养新录》卷2
云："今世营葬必于其侧立石题后土之神，临葬设酒脯祀之，盖古礼也。"⑥

商代是否有"后土"，甲骨卜辞没有明证，但后土是土地神，属于地
祇，而甲骨卜辞中有大量关于祭祀地祇的记载。笔者认为商文化墓葬填土
中和墓葬附近在落葬过程中形成的祭祀遗存可能就是祭祀地祇（后土）的
遗存，其目的在于祈求土地神保护墓主。

西周和春秋时期也有较多墓葬的填土中出土狗、羊、马、牛等牺牲的

---

① （汉）郑玄注，（唐）孔颖达疏《礼记正义》卷9《檀弓下》，第272页。
② （汉）郑玄注，（唐）贾公彦疏《周礼注疏》卷22《冢人》，第569页。
③ （汉）郑玄注，（唐）孔颖达疏《礼记正义》卷42《杂记下》，第1208～1209页。
④ （汉）郑玄注，（唐）孔颖达疏《礼记正义》卷10《檀弓下》，第313～314页。
⑤ （汉）郑玄注，（唐）孔颖达疏《礼记正义》卷47《祭义》，第1325页。
⑥ （清）钱大昕：《十驾斋养新录》卷2《礼地神》，陈文和、孙显军点校，江苏古籍出版
　社，2000，第29页。

骨架。除此之外，北赵晋侯墓地、羊舌墓地、陶寺北墓地、华县东阳墓地、上村岭虢国墓地、上蔡郭庄墓地、辉县固围村墓地等在墓葬墓穴之外发现有专门挖掘的祭祀坑。这些祭祀坑与墓葬填土中的牺牲等都是祭祀墓地地祇的遗存，是对殷礼的继承。①

二 墓地内或附近的祭祀遗存

在商代墓地附近常常有一些祭祀遗存，从空间上看它们不从属于某一墓葬，在时间上它们也不与某一墓葬的埋葬同时。这类遗存见于安阳殷墟西北冈、小屯丙组基址北段、后冈、大司空、郭家庄等墓地。

1. 殷墟西北冈王陵区的祭祀遗存

殷墟西北冈是商代晚期的王陵区，此墓区东西长约 450 米，南北宽约 250 米。发掘者把它分作东、西二区。在殷墟西北冈王陵区共发现殷代小墓 1483 座左右，② 其中大部分为祭祀坑（见图 2.6 - 8）。20 世纪 30 年代，中研院历史语言研究所在殷墟侯家庄西北冈王陵区发现了 1221 座殷代小墓，③ 东区 1117 座、西区 104 座。其中的 1046 座全部发掘完毕。20 世纪 50 年代以来，考古所在这里发掘了 260 多座祭祀坑。

1950 年在这里发掘了 17 座"排葬坑"和 9 座"散葬坑"。另在探沟 WK4 中发现"一个后代的圆井，上存马骨一架，人骨一架，玉器一件"，④ 这些骨架和玉器也应该是一个祭祀坑。1959 年发掘"排葬坑"一排 10 座和一座长方形竖穴墓。⑤ 1976 年发掘 191 座祭祀坑，其中有 10 座于 1959 年清理过。它们位于王陵区的东区，东距 1950 年发掘的祭祀坑约 13 米。⑥

---

① 谢肃：《周代祭祀遗存研究》，待版。

② 《殷墟的发现与研究》，第 113 页。该书第 120 页又说小墓有 1487 座。《中国考古学（夏商卷）》第 302 页沿用了 1487 座的说法。

③ 胡厚宣统计是 1228 座，陈梦家统计是 1259 座（参见胡厚宣《殷墟发掘》，学习生活出版社，1955，第 88 页）；高去寻统计是 1221 座（参见高去寻《安阳殷代王室墓地》，杨锡璋译，秦健民校，李伯谦编《商文化论集》，文物出版社，2003，第 295～300 页；原载《殷都学刊》1988 年第 4 期）。

④ 郭宝钧：《一九五〇年春殷墟发掘报告》，《考古学报》第 5 册，1951 年。

⑤ 中国科学院考古研究所安阳发掘队：《1958—1959 年殷墟发掘简报》，《考古》1961 年第 2 期；中国社会科学院考古研究所安阳工作队：《安阳武官村北的一座殷墓》，《考古》1979 年第 3 期。

⑥ 安阳亦工亦农文物考古短训班、中国科学院考古研究所安阳发掘队：《安阳殷墟奴隶祭祀坑的发掘》，《考古》1977 年第 1 期。

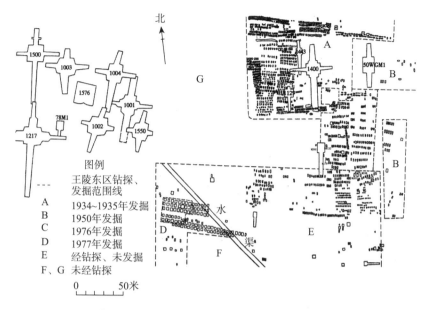

图 2.6 - 8 殷墟西北冈大墓和祭祀坑分布示意

资料来源:《中国考古学(夏商卷)》,第 301 页。

此批祭祀坑中的 M133 位于 1984 年发掘的 M260 东侧,可能与 M260 同时,[1] 是该墓落葬过程中的祭祀遗存。

1977 年又钻探发现 120 座祭祀坑,1978 年发掘了其中的 40 座。[2] 1984 年又发掘 4 座祭祀坑,[3] 其中 M255 在叠压于 M260 墓道的殷代文化层内,没有明显的墓边,埋一俯身直肢的少年骨架。其余 3 座祭祀坑与其所属墓葬同时,为其所属墓葬落葬过程中的祭祀遗存。

西区尚有较大面积的区域没有钻探发掘,这里也可能有小墓(包括祭祀坑)存在。

西北冈的小墓有一部分分布在大墓附近。它们中有的是大墓的殉葬墓,有的或与埋葬大墓时对地祇(后土)的祭祀有关,还有一部分小墓则

---

[1] 中国社会科学院考古研究所安阳队:《殷墟 259、260 号墓发掘报告》,《考古学报》1987 年第 1 期。

[2] 中国社会科学院考古研究所安阳工作队:《安阳武官村北地商代祭祀坑的发掘》,《考古》1987 年第 12 期。

[3] 中国社会科学院考古研究所安阳队:《殷墟 259、260 号墓发掘报告》,《考古学报》1987 年第 1 期。

是大墓的陪葬墓。① 但大部分小墓不是分属于某些大墓的，它们组成了一个祭祀场，已经发掘的"西北冈东区应是商王室用于祭祀其先祖的一个公共祭祀场地"。②

这些小墓大多为长方形竖穴土坑，小部分为方坑。方坑都成片地分布在长方形坑的中间，如 M1400 西墓道以南，M1129 附近的许多方坑。在1976 年发掘区南也曾钻探出两组方坑，一组 70 多个，一组 60 多个。这些坑多南北向，也有部分长方形坑为东西向。

高去寻按 20 世纪 30 年代发掘小墓的所埋内容，把它们分作"人葬"、"动物葬"和"器物葬"三组。这也可以涵盖 1950 年以来发掘的诸祭祀坑。其中"人葬"又区分为单人全躯葬、多人全躯葬、身首分离葬、头骨葬、无头躯体葬和儿童瓮棺葬等六种形式。儿童瓮棺葬都分布于西区大墓附近，其性质还有待研究。动物葬较人葬要少，所埋动物有马、牛、象、猪、狗、羊、猴、狐、河狸和鹰等。有的坑单独埋动物，有的坑兼埋有人。与动物共埋在一个坑中的人"应是管理、饲养动物的奴隶"。③ 也有极少的坑内埋不同的动物，如 1978 年发掘的 M2 埋四肢被捆缚的狗、羊、河狸各一只；M35 埋一猪一象。器物葬可以分为车坑和器物坑两种。车坑只有一座，位于东区，内埋 4～5 辆车，为拆车葬。④ 器物坑只有两座。一座编号为 M1435，位于西区，埋有 3 件铜鼎，该坑也可能是某座墓的异穴殉葬（或陪葬）坑。另一座编号为 M229，位于东区，埋有 5 件器物，⑤ 计有铜鼎 2 件、铜斗 1 件、硬陶瓿 2 件，坑内还埋幼童 1 名。

1978 年还发掘了 3 座"未埋任何骨架的空坑"，简报认为"可能是原先予定举行的一次祭祀活动，后来因故没有举行或没有按原计划屠杀牺

---

① 关于这类殉葬墓和陪葬墓，《殷墟的发现与研究》和《殷墟文化研究》都进行过详尽的论述。
② 《殷墟的发现与研究》，第 121 页。
③ 《殷墟的发现与研究》，第 117 页。
④ 高去寻认为车坑在西区，埋 6 辆车（高去寻：《安阳殷代王室墓地》，李伯谦编《商文化论集》，第 295～300 页；原载《殷都学刊》1988 年第 4 期），但从《殷墟的发现与研究》第 113 图图五八看，该车坑在东区。今从《殷墟的发现与研究》。据刘一曼讲，石璋如曾告知她，该坑最少有 5 辆车；后李永迪又告知她，该坑有车 4～5 辆，车器上百件。
⑤ 从 M229 的平面图和照片看，器物没有叠放在一起，即可能埋入时器物内是盛有东西的，即献祭的不是器物，而是器物所盛。

牲，所以便留下了空坑"。① 其实这三座所谓的"空坑"也可能是酒祭或血祭等类似活动留下的祭祀坑，唯这类祭品不易保存罢了。历年发掘表明，在祭祀场的东部，祭祀坑所埋绝大部分是人牲，只有少数祭祀坑埋有马和其他动物，这些坑分布也较零散。而1977年所发掘的区域，绝大多数坑埋的是马。简报推测当时"对人和动物等不同牺牲，大体上是分区掩埋的"。② 当然也有不同牺牲埋在相近区域的，如1976年发掘的属于第17组的M1～M3，M1、M2分别埋人牲，M3埋猪。

除少数分布在大墓附近的"小墓"外，其余均集中而有规律地排列着。发掘者根据坑口的大小、方向、所埋内容、所埋骨架的姿势和数量以及坑间的距离等把它们分成不同的组。1934～1935年发掘的"小墓"被梁思永分成10组，东区9组，西区1组；每组又分成若干排。以后石璋如根据每排中"小墓"的性质和排列的段落不同，把每排分成若干段，每段分成若干墓。③ 1976年发掘的191座坑被分成了22组，1978年发掘的40座被分作了15组。1976年和1978年发掘所分的组中，同一组被认为是同一次祭祀的遗存。

这些祭祀坑大多没有伴出可资断代的器物，所以它们的绝对年代多不能确定。就1976年发掘的191座祭祀坑来说，有部分东西向祭祀坑打破南北向祭祀坑。东西向祭祀坑M12、M238出土属于殷墟二期的陶器，M239出土有铜器，而且它与M238属于一组。因此，推测其他东西向祭祀坑也属于殷墟二期。又据1959年发掘的位于祭祀坑附近的墓葬武官北地M1（南北向）属于殷墟一期，推测不晚于东西向坑的南北向坑属于殷墟一期。④ 1978年发掘的40座祭祀坑中，祭祀坑M1～M4和灰坑H1打破殷墟晚期文化层，而该文化层又叠压其他祭祀坑。H1出土殷墟四期器物。据

① 中国社会科学院考古研究所安阳工作队：《安阳武官村北地商代祭祀坑的发掘》，《考古》1987年第12期。

② 中国社会科学院考古研究所安阳工作队：《安阳武官村北地商代祭祀坑的发掘》，《考古》1987年第12期。

③ 石璋如：《中国考古报告集之三·侯家庄·第十本·小墓分述之一·1005、1022等八墓与殷代的司烜氏》，中研院历史语言研究所，2001。此报告发表了石璋如归入第七组第七排第一段的M1372、M1371、M1344、M1320、M1036、M1022、M1005、M1186等8座祭祀坑的资料，并认为它们与《周礼·秋官·司烜氏》中的"司烜氏"有关。

④ 杨锡璋、杨宝成：《从商代祭祀坑看商代奴隶社会的人牲》，《考古》1977年第1期。

此推测 M1～M4 属于殷墟晚期，其他祭祀坑属于殷墟早期。1984 年发掘的祭祀坑 M255 在叠压于 M260 墓道的殷代文化层内，没有明显的墓边，M260 为殷墟二期，故祭祀坑 M255 不早于殷墟二期。

后世有在墓地埋动物等作陪葬的事例。《汉书·贡禹传》记载，贡禹奏："……及弃天下（指汉武帝崩后），昭帝幼弱，霍光专事，不知礼正，妄多藏金钱财物，鸟兽鱼鳖牛马虎豹生禽，凡百九十物，尽瘗藏之，又皆以后宫女置于园陵，大失礼，逆天心，又未必称武帝意也。昭帝晏驾，光复行之。至孝宣皇帝时，陛下（乌）［恶］有所言，群臣亦随故事，甚可痛也！"[1] 在西汉茂陵、杜陵、安陵等帝陵和章丘吕国吕台陵墓、齐王墓及象鼻山一号墓等诸侯王陵发现埋有动物的外藏坑，刘瑞、刘涛认为它们是陪葬性质。[2] 西北冈王陵区内部分埋藏动物的坑，也应是陪葬用的。但就现发表材料很难把它们从祭祀遗存中区分出来。

2. 小屯丙组基址北段墓葬附近的祭祀遗存

抗战前在小屯丙组基址以北曾发掘到 6 座墓葬（编号分别为 M362、M331、M388、M333、M326 和 M329）和 6 座祭祀坑（编号分别为 M357、M383、M382、M376、M334 和 M410），石璋如认为这 6 座墓葬是祭祀坑的祭祀对象，祭祀坑不是一次埋入的。[3] 就对卜辞和西北冈东区祭祀遗存的研究，这 6 座祭祀坑可能是祭祀这 6 座墓葬的遗存，但其祭祀对象也可能包括没有埋在这里的祖先。

祭祀坑 M334 埋 9 具凌乱的人骨。M376 至少埋 5 具人骨架，大都自膝部被切断，上躯不存，均俯置。M357 至少埋羊骨 42 具、犬骨 41 具，北部兽骨旁还有绿土。M383 至少埋羊骨 6 具、犬骨 1 具，其内也有绿灰土。M382 埋羊骨 4 具、犬骨 4 具。M410 的形制不清，在距地表 0.14 米处发现羊骨。M410 也当是祭祀遗存。

其中 3 座中型墓 M331、M333、M388 有随葬器物，《殷墟的发现与研

---

① （汉）班固：《汉书》，中华书局，1962，第 3070～3071 页。

② 刘瑞：《西汉诸侯王陵墓的内藏、外藏及百官藏》，中国社会科学院考古研究所编《二十一世纪的中国考古学——庆祝佟柱臣先生八十五华诞学术文集》，文物出版社，2006，第 717～733 页；刘瑞、刘涛：《西汉诸侯王陵墓制度研究》，中国社会科学出版社，2010，第 402～403 页。

③ 石璋如：《小屯第一本·遗址的发现与发掘·丙编·殷墟墓葬之五·丙区墓葬》，第 310 页。

究》第 66~69 页认为 M388 和 M333 都属于殷墟一期偏早阶段，M331 属于殷墟一期偏晚阶段。《中国考古学（夏商卷）》第 277~278 页认为 M333 略早，M388 和 M331 可以与大司空一期相衔接。

祭祀坑 M376 打破 H362，H362 出土自组卜辞，[①] 故 M376 不早于武丁早期。

墓葬 M326、M329 均叠压于黄灰土层下，开口距地表 0.58 米或 0.59 米，而祭祀坑 M334 开口于地面土下，打破黄灰土，开口距地表深 0.37 米。故其晚于墓葬，埋祭祀坑时这两座墓葬已经泯灭于地下了。

笔者倾向于这些祭祀坑属于殷墟早期。它们也是祭祀祖先的遗存。

但从这些祭祀坑与丙组基址的位置看，它们也有可能是丙组基址使用过程中的祭祀遗存。只是已经无从考证了。

3. 后冈祭祀坑

1959 年在高楼庄北约 105 米处的后冈南坡上发现了圆形祭祀坑 59AHGH10。[②] 1977 年又对该坑进行了发掘。[③] 圆坑口距地表深 0.8 米，底距地表深 3.6 米，口径 2.2 米，底径 2.3 米。坑壁平整光滑，似经过拍打，底平坦，经过夯打。坑底北部有一层似是有意铺垫的很薄的小石子和砂土。

圆坑内的堆积可以分作五层。第一层是红烧土，厚 0.9 米，包含有大块的烧土，这表明这些烧土是原生的。第二层是深灰土，厚 0.36~0.6 米，填土中一半是木炭块和木炭粒，还有被烧焦的骨头和蚌壳。第一层和第二层（不包括第一层人骨架）当是燎祭的遗存。

第二层下有很多人骨，即第一层人骨架；第三层是质地较松的灰黄土，厚 0.3~0.5 米，此层内有厚 0.15~0.25 米的陶片层。陶器的口部压在器底上，可能是完整的器皿被压碎或有意打碎的，已经复原 31 件。有些陶器的底部和腹部粘有很多谷物，说明在埋入时，陶器是装有谷物的，即陶器是奉献谷物的附属，其本身不是祭品。部分陶器的表面有朱砂。陶片层下有一层厚约 0.13 米的小卵石层，卵石层下是第二层人骨架。第四层是

---

① 《殷墟的发现与研究》，第 69 页。H362 年代大体与自组卜辞年代接近。
② 郭沫若：《安阳圆坑墓中鼎铭考释》，《考古学报》1960 年第 1 期；中国科学院考古研究所安阳发掘队：《1958—1959 年殷墟发掘简报》，《考古》1961 年第 2 期。
③ 《殷墟发掘报告（1958—1961）》，第 265~279 页。

质地稍硬的红褐土，厚0.5~0.6米，此层有19个人骨架，即第三层人骨架。第五层是松散的灰黄土，厚0.2~0.3米。

三层人骨架共73个个体（见图2.6－9）。第一层人骨架有25个个体，全躯的16具、头骨7个、无头躯骨架2具。人骨架集中在西北、东南，头骨多在东南。此层人骨上多有一层朱砂，没有固定葬式。15号人骨架的下颌有刀砍的痕迹。经鉴定，此层有青年男性6人、壮年男性3人、儿童4人，其余不明。此层出土有鼎、戈等铜器和贝、谷物及丝、麻织品等。

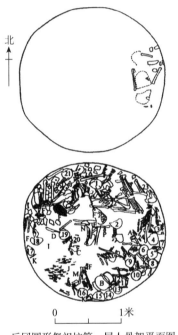
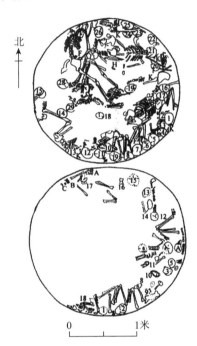

后冈圆形祭祀坑第一层人骨架平面图
上：第1具人骨架出图位置
下：1~24为第2~第25具人骨架出土位置
A.铜鼎 B.铜卣 C.铜戈 D.铜刀 E.铜戈
F.贝 I.谷粒 J.成束的丝麻 K.骨笄
L.铜泡 M.铜璜形器 N.象牙棒

后冈圆形祭祀坑第二、三层人骨架平面图
上：1~29为第二层人骨架 G.玉璜 H.玉鱼
O.玉鱼 K.骨笄 F.贝
下：1~18为第三层人骨架 A.贝 B.骨笄 C.花骨

图2.6－9　殷墟后冈圆形祭祀坑第一、二、三层人骨架平面图

资料来源：刘一曼、徐广德：《论安阳后冈殷墓》，《中国商文化国际学术讨论会论文集》，第192页。

与第一层人骨架有一层陶片相隔的第二层人骨架，有29个个体，19具全躯、9个头骨、1具无头躯骨架。骨架集中分布在坑北部和东南部，中部稀少。头骨集中在坑的东南边，排列成半圆形。多数人骨架上有朱砂。葬式不一，其中有似经捆绑的跪扑人骨架 2 具。人骨架未经正式鉴定，初步观察，有青年男性 8 人、儿童 5 人。同出土有少量装饰品和一些贝。

第三层人骨架有 19 个个体。主要分布在坑的东南部，保存较差。全躯 2 具，无小腿或足骨的 5 具，人头骨 10 个，上颌骨 1 个，残腿骨 1 条。葬式不一。经鉴定，其中青年男性 2 人、青年女性 3 人、儿童 4 人、婴儿 2 人，其余不明。同出土少量的装饰品和海贝。

第一层骨架中出土的铜器，计有鼎 1 件（有 30 字的铭文），爵 1 件（有铭文"母己"）、卣 1 件、刀 1 件、戈 2 件、镞 1 件及铜铃、铜泡各 1 件。铜铃和铜泡与 45 枚海贝串在一起戴在第一层人骨架中人骨架 16 号的手腕上。第二层人骨架中的 21 号人骨架右臂上出土玉璜 1 个，右腕出土玉鱼 1 个。29 号人骨架颈部有玉鱼 1 个。第三层人骨架中的 17 号人骨架下出土一串由玛瑙等串成的串珠。出土骨笄 10 件，分别在第一、二、三层人骨的头部。还出土有象牙棒、花骨等。

丝、麻和纺织品大多出在第一层人骨架及铜器的表面。丝、麻绡成两股或三股线；麻也有绡成辫状的。丝线和麻线都成束地放着。还有两股丝绳与丝麻共出。纺织品有丝织品和麻布两种。

在坑西南伴随第一层人骨架出土了一堆谷物，在陶罐的腹底和铜鼎、戈上也有谷物残迹。这些谷物似是粟粒。

出土的贝比较多，保存完好者有 718 枚。三层人骨架中都有，但以第一层人骨架为多。这些贝或系在手臂或系在腰部。如第二层人骨架中的 27 号人骨架的右盆骨上排列 3 串贝，各串分别有 20 个、10 个和 5 个贝。有的贝放在口中，有的放在麻袋里，装在麻袋里的一堆贝达 300 枚之多。

据研究，中层人骨架及其以上堆积是一次祭祀的遗存，中层人骨架以下的堆积又是一次祭祀活动的遗存。两次祭祀活动相隔时间不长。在祭祀坑 59AHGH10 的附近分布着大量的商代墓葬，截至 1991 年共发掘了 105 座。这些墓葬可以分作 8 组，其中第 1～5 组和第 6、7 组及第 8 组分别属于三个不同族的墓地。第一墓组有带墓道的大墓 6 座。而后冈祭祀坑使用大量人牲，所出器物的级别也高。如形态硕大、制作精美的戍嗣子鼎有 30 字的铭文，记载了戍嗣子受商王赏赐的事情。这足见主持祭祀者身份的高贵。结合其周围的遗迹，其所祀对象当是以其西北 200 米左右的大墓墓主为代表的一群祖先。而主祭者则可能是该组大墓墓主的后代。[①]

徐自强则认为此祭祀坑与祭天的燎祭有关。[②] 且备一说。

1957 年在后冈西南的薛家庄村北清理了 3 个灰坑。灰坑的形状很不规整。坑内发现人骨架 7 具，其中一个坑埋有 5 具。[③] 这个埋 5 具人骨架的坑可能是祭祀坑。[④] 但由于与周围遗迹关系不清楚，故其所祭对象不易确定，今且附于此。

4. 大司空村祭祀坑

1971 年，安阳市博物馆在殷墟大司空村附近发掘了一座殷代"杀殉坑"71M14。[⑤] 此坑在大司空村遗址的东南，东北距 1953 年发掘的殷代墓葬区 200 多米，北距 1962 年安阳发掘队发掘地点 70～80 米，南距 1959 年发掘的后冈祭祀坑 600 多米。

此坑被战国文化层叠压，口呈椭圆形，东西长 2.8 米，南北长 3.34米。周围有深 0.3 米的坑壁，底是不规则的鍑底，最深 0.6 米。坑内发现头颅 31 个，躯体 26 具（见图 2.6 - 10）。葬式以俯身直肢为多，还有俯身屈肢和仰身直肢。大多被砍头，一般 5～6 个头颅在一起，只有 17 号头颅和躯体连在一起。对 5 个头颅做了鉴定，2 个是小孩，3 个是 30 岁左右的男性。骨架中没有伴出器物。填土中有残玉柄形器。

该祭祀坑填土中出土足尖较高的鬲足，发掘者认为其属于《1958—1959 年殷墟发掘简报》中所说的大司空村一期，此坑当晚于大司空一期，属于殷代晚期。其实《1958—1959 年殷墟发掘简报》所说的大司空一期相当于以后细分期中的大司空一期，也即殷墟一期晚段。[⑥] 那么此坑的年代当以不早于殷墟一期晚段为是。

黄展岳认为 71M14 是祖宗墓地的祭祀坑。[⑦]

---

① 刘一曼、徐广德：《论安阳后冈殷墓》，《中国商文化国际讨论会论文集》，第 182～200 页。

② 徐自强：《广汉、安阳祭祀坑比较研究》，李伯谦编《商文化论集》，第 585～593 页；原载《三星堆与巴蜀文化》，巴蜀书社，1993。

③ 河南省文化局文物工作队：《河南安阳薛家庄殷代遗址墓葬和唐墓发掘简报》，《考古通讯》1958 年第 8 期。

④ 刘一曼、徐广德：《论安阳后冈殷墓》，《中国商文化国际讨论会论文集》，第 182～200 页。

⑤ 安阳市博物馆：《安阳大司空村殷代杀殉坑》，《考古》1978 年第 1 期。

⑥ 《殷墟的发现与研究》，第 25 页。

⑦ 黄展岳：《中国古代的人牲人殉》，第 64 页。

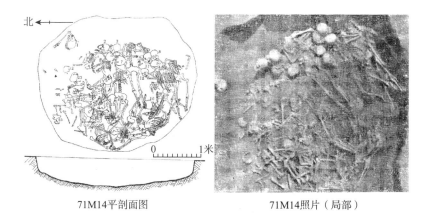

北 ←

71M14平剖面图　　　　　　　　71M14照片（局部）

图 2.6 – 10　殷墟大司空祭祀坑 71M14

资料来源：安阳市博物馆：《安阳大司空村殷代杀殉坑》，《考古》1978 年第 1 期。

5. 郭家庄墓地祭祀坑

安阳文源绿岛小区位于郭家庄东偏南。2006 年要在这里建 10 座楼，在文源绿岛小区 7 号楼 B 座位置发掘商代墓葬 2 座、祭祀坑 1 座。祭祀坑 H1，开口层位不详。圆形，直径 1.8 ~ 1.88 米，周壁光滑平整。距坑口 2.1 米处出土狗骨架一具，距坑口 2.5 米处出土青年男性人骨架一具，在距坑口 2.5 ~ 2.8 米处出土牛骨架一具（见图 2.6 – 11）。牛骨架下未进一步清理。受发掘面积限制，H1 周围尚未发现其他商代遗址或大型墓葬，报告认为"H1 祭祀坑的对象和祭祀功能尚待考证"。[①] H1 具体属于晚商哪个阶段不详。

文源绿岛小区墓葬与 1982 ~ 1995 年发掘的郭家庄西南、郭家庄南等墓葬属于同一个墓地。祭祀坑 H1 应是郭家庄墓地内的祭祀坑。

6. 小结

这些祭祀坑的共同之处就是虽然分布在墓地内或附近，但从空间上看不出它们与某一墓葬的关系，即不从属于某一墓葬。据甲骨卜辞中的王卜辞记载，"在进行祭祀活动时，有时祭一个祖先，有时祭几个祖先，可祭盘庚以后各代先王，亦可祭盘庚以前不埋葬在殷墟的历代

---

① 《安阳殷墟徐家桥郭家庄商代墓葬》，第 40 ~ 41 页。

北

0   50厘米

图 2.6 - 11　殷墟郭家庄墓地祭祀坑（文源绿岛 H1）

资料来源：《安阳殷墟徐家桥郭家庄商代墓葬》，第 40 页。

先公先王"。① 杨锡璋、杨宝成据此推测，西北冈王陵区东区由众多祭祀坑组成的面积数万平方米的区域是"当日商王室专门用于祭祀祖先的一个公共祭祀场所"。②

1）贞：御自唐、大甲、大丁、祖乙百羌、百宰？三　二告（《合集》300）

2）贞：叀〔来〕羌用自成、大丁、〔大〕甲、大庚、下乙？（《合集》231）

3）甲午贞：乙未酚高祖亥……大乙羌五、牛三，祖乙〔羌〕……小乙羌三、牛二，父丁羌五、牛三，亡告？兹用。（《合集》32087）

---

① 安阳亦工亦农文物考古短训班、中国科学院考古研究所安阳发掘队：《安阳殷墟奴隶祭祀坑的发掘》，《考古》1977 年第 1 期。

② 杨锡璋、杨宝成：《从商代祭祀坑看商代奴隶社会的人牲》，《考古》1977 年第 1 期。

非王卜辞中也有合祭祖先的辞例：

> 4）甲辰：宜丁牝一，丁各反于我，翌于大甲？用。一　二
> 乙巳卜：岁祖乙牢，叔鬯一，祖甲□丁各？一　二（《花东》
> 34）

> 5）丁丑：岁祖乙黑牝一，卯胴二于祖丁？一　二（《花东》49）

第 5）辞中的"胴"，从肉从司，可能是牲肉。[①]

> 6）丁未卜：其御自祖甲、祖乙至妣庚，曹二牢，麦自皮鼎彭兴？
> 用。一　二　三（《花东》149）

> 7）乙巳：岁祖乙牢、牝，氾于妣庚小宰？一
> 甲寅：岁祖甲牝，岁祖乙牢、白豕，岁妣庚宰，祖甲氾奴卯？
> 二（《花东》115）

> 8）由豕御妇妊妣壬……（《合集》21725）

> 9）丁未卜：自祖乙于祖壬宰殟？一　二　三（《合集》22044）

> 10）癸未卜：由于四祖□大牢？三（《合集》22057）

1）~10）辞中的祭祀均没有指明祭祀地点，这样的祭祀可以在宗庙进行，也可以不在宗庙进行。而上述墓地内或附近的祭祀遗存，当是对以墓地内所埋葬祖先为代表的众祖先的祭祀遗存，其中也可能包括没有埋入该墓地的祖先。每次祭祀可以是一个祖先，也可以是几个祖先。族墓地内或附近的祭祀，参加者当以族的成员为主体，主祭者或即族长。

1973 年在洛阳北窑遗址发掘了 32 座西周墓葬。[②] 其中 M14 为带两条墓道的墓葬，北墓道在距离墓室 8 米远处向东拐。M14 属于西周中期。以 M14 为中心的墓葬群，都有腰坑，墓主人头均向北。故简报认为其是"殷人墓"，并推测 M14 的墓主人是殷代贵族后裔，葬于作坊区内，很可能生前为青铜器作坊的掌管者。

---

① 《殷墟花园庄东地甲骨》（六），第 1580 页。
② 洛阳博物馆：《洛阳北窑村西周遗址 1974 年度发掘简报》，《文物》1981 年第 7 期。

M14 附近发现 3 座圆形祭祀坑，均直壁，平底。其中北墓道西侧的两个祭祀坑（马坑1、马坑2）东西相距0.8米，口径2.5米。坑底出土肢解的马骨，两坑各发现马头骨2个。北墓道东侧的祭祀坑口径1.2米，出土3层羊骨架，共4具。其中上层1具、中层2具、下层1具。简报认为：3座祭祀坑与 M14 层位相同，"当与该墓有关"。另外，小型墓 M16 位于埋羊的祭祀坑西侧，深度与羊坑相当，死者俯身葬，不排除也是祭祀坑的可能（见图 2.6 – 12）。

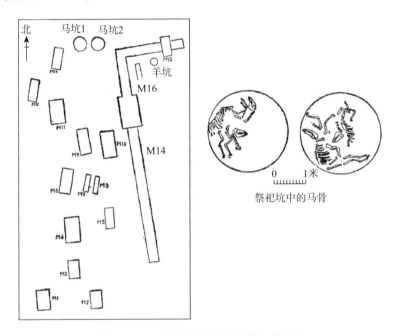

祭祀坑中的马骨

图 2.6 – 12　洛阳北窑遗址墓葬与祭祀坑

资料来源：洛阳博物馆：《洛阳北窑村西周遗址 1974 年度发掘报告》，《文物》1981 年第 7 期。

北窑殷遗民墓地的这几座祭祀坑，反映了殷遗民对殷礼的继承。其祭祀对象当不限于 M14 的墓主人，也可能包括墓地内的其他墓主人及没有埋入墓地的祭祀者的祖先。

第三章

商文化的祭品制度和祭祀方法

甲骨文和传世文献中保留有大量关于商代祭祀的祭品和祭祀方法的资料，本章欲将这些资料与考古发现的商文化祭祀遗存相结合，来探讨商文化的祭品制度和祭祀方法。

第一节　商文化的祭品制度

从甲骨文和传世文献看，商代的祭品可以分为人牲、牺牲、粢盛、币帛和其他等，下文分述之。

一　人牲

商代祭祀时往往用人作为祭品，学界称其为人牲。据笔者不完全统计，考古发现的商文化埋有人牲的祭祀坑在 483 座以上，其中 461 座以上单独埋人牲，22 座以上除埋人牲外还埋有其他牺牲；人牲个体数在 2712 具以上，[①] 若加上 20 世纪 30 年代在殷墟西北冈发掘的小墓中的人骨，[②] 则多达 4700 具左右。这些人牲多分布在宫殿宗庙区（庙祭）和墓地内或附近的祭祀场内，在社祀、建筑过程中的祭祀或巫术、城墙附近的祭祀、门祀及落葬过程的祭祀中也普遍使用人牲。手工业作坊内的祭祀或巫术中也

[①]　此数据是笔者 2006 年的统计结果，不包含 2006 年以来的新发现。下文同。

[②]　据胡厚宣统计，近 2000 具。胡厚宣：《中国奴隶社会的人殉和人祭（上篇）》，《文物》1974 年第 7 期。

有使用人牲的现象。

甲骨卜辞中也有关于使用人牲进行祭祀的记载。甲骨文中被用作人牲的人被称作人、羌、伇、奚、仆、工、刍、垂、臣、妾、伐、俘、兑、夷、执、印等。下文分别就各种人牲列举一些卜辞为证。

1. 人

1）不其降册千牛、千人？ 一　二（《合集》1027 正）

2）□寅卜，凹贞：冒三千人伐？（《合集》7345）

3）其用人牛十又五。

　　丁酉卜：自上甲龘用人……（《合集》32374）

2. 羌

4）三百羌用于丁。（《合集》295）

5）贞：用羌于祖乙正？（《合集》424 正）

6）辛亥卜，旅贞：又来羌其用？在四月。（《合集》22539）

3. 伇，甲骨文作"𠂤"

7）贞：屮于妣甲垂（𢼊）、伇、卯宰？（《合集》787）

8）贞：册妣庚十伇，卯十宰？ 一（《合集》698 正）

4. 奚

指女性俘虏，[①] 有时在卜辞中用作人牲。

9）辛丑卜：奚御祖乙？ 一（《合集》32524）

甲骨文中有"𢾖"字，常用作用牲法。从字形看，殆为用钺砍杀奚。

---

① 姚孝遂：《商代的俘虏》，氏著《姚孝遂古文字论集》，中华书局，2010，第 144～188 页。原载吉林大学古文字研究室编《古文字研究》第 1 辑，中华书局，1979。

有时也用作名词，殆为砍头的奚。

10）御父庚三牢又黻二，彭萑至□父庚。

御小辛三牢又黻二，彭萑至……一（《合集》21538）

11）辛亥，〔子〕卜：其至三牢又黻二……（《合集》21539）

5. 仆，甲骨文作""

12）□□卜，設贞：五百仆用？

□□〔卜〕，設贞：五百仆用？（《合集》558）

13）贞：五〔百仆勿用〕？

癸丑卜，設贞：五百〔仆用〕？旬壬戌凷用仆〔百〕。（《合集》562 正）

6. 工

14）戊辰卜：今日雍己夕，其乎（呼）执（）工？大吉。

勿乎（呼）执（）工，其作尤？

……执（）工于雍己……（《屯南》2148）

在14）辞中作人名，"工"在辞中是用作人牲的一类人。①

7. 刍

15）……来刍陟于西示。（《合集》102）

"陟"在辞中作祭名。刍是某类人，在辞中用为人牲。但以刍为人牲，

①　肖楠：《试论卜辞中的"工"与"百工"》，《考古》1981 年第 3 期。

在卜辞中比较少见。①

8. 垂，甲骨文作"𣎴"

16）贞：燎于高妣己屮青，曹三𠬝、垂，卯宰？（《合集》710）

17）屮于母己十垂屮卯宰。［《合集》6475 反（2）朱书］

罗琨认为："垂字很可能是由儿童的象形演化而来，表示未成年者。"②

9. 臣

18）贞：今庚辰，夕用献（甗）小臣三十、小妾三十于妇？九月。（《合集》629）

19）癸酉卜，贞：多妣献（甗）小臣三十、小女三十〔于〕妇？（《合集》630）

18）、19）辞例中的小臣是对用作人牲的人的称谓，或以为其身份就是奴隶。③

10. 妾、奴、𡥀

甲骨文分别写作"𡚬""𡥀""𢽈"。它们在卜辞中有时用作人牲，当是女性人牲。

20）贞：今庚辰，夕用献（甗）小臣三十、小妾三十于妇？九月。（《合集》629）

21）王其侑母戊一奴，〔王〕此受又。（《合集》27040）

22）丁巳卜：其燎于河宰，沉奴？（《合集》32161）

23）其曹奴。（《合集》32162）

24）贞：有伐𡥀𡥀？（《合集》655 正甲）

---

① 罗琨：《商代人祭及相关问题》，胡厚宣等著《甲骨探史录》，第 112～191 页。

② 罗琨：《商代人祭及相关问题》，胡厚宣等著《甲骨探史录》，第 152 页。

③ 杨升南：《商代人牲身份的再考察》，《历史研究》1988 年第 1 期。

第20）~24）辞中的妾、㛈、奴均用作人牲。

11. 伐

　　25）贞：御于三父三伐？一　二　三

　　　　于三父三伐。一　二　二告　三　（《合集》930）

12. 俘

　　26）贞：我用 ![字] 俘？二　（《合集》903 正）

第26）辞中的俘指用作人牲的俘虏。

13. 觉

　　27）甲辰：岁祤甲觉一，友龀？二　三　（《花东》228）

觉，是殷王朝西北的邦族，友读为又。① 第27）辞中的觉指用为人牲的觉族之人。

14. 夷

甲骨文写作"![字]"，或隶定作"尸"。在卜辞中偶用作人牲。

　　28）贞：翌丁未用十夷于丁，卯一牛？（《合集》828 正）

15. 执

　　29）乙亥卜：执其用？〔王受又又〕大吉。

　　　　自大乙用执王受又又。（《合集》26991）

---

① 刘一曼：《花东 H3 祭祀卜辞研究》，《三代考古》（二），第 428 ~ 449 页。

16. 印，甲骨文写作 "𢀛"

30）贞：御妇印，勿执？（《合集》802）

据胡厚宣统计，有关人祭的甲骨有 1350 片，有关人祭的卜辞有 1992 条，共用人牲 13052 人，还有 1145 条卜辞未记用人牲数，若按一人计，则甲骨卜辞中记载的用人牲数为 14197 人。而其中又以武丁时代的卜辞最多，计 1006 条，9021 人，另有 531 条卜辞未记人数；其次是廪辛、康丁、武乙、文丁时期，计用 3205 人，另有 444 条卜辞未记人数；再次是祖庚、祖甲时期，计用 622 人，另有 57 条卜辞未记人数；帝乙、帝辛时期用 104 人，另有 56 条卜辞未记人数。[①] 而考古发现的人牲最集中之地——殷墟小屯和西北冈之能确定年代的人牲多属于殷墟二期，这和甲骨文所记人祭主要盛行于武丁时期是一致的。

据不完全统计，商文化宫殿宗庙区发现人牲在 817 具以上，墓地内或附近祭祀祖先的人牲在 1504 具以上，他们的祭祀对象主要是祖先神，两者合计有人牲 2321 具以上，占现在所发现人牲总数的 85% 以上。据罗琨不完全统计：武丁时期有明确祭祀对象的人祭卜辞有近 300 条，其中 200 条以上是为祭祀见于《史记·殷本纪》的先公先王和旧臣所卜。[②] 这充分说明了人祭的对象主要是祖先神。考古所见人牲的主要祭祀对象和甲骨卜辞中人牲的主要祭祀对象是一致的。

二 牺牲

1. 牛

商代常用的祭牲。据不完全统计，商文化发现的埋有牛牲的祭祀坑数目在 51 座以上，其中 32 座单独埋牛牲，19 座除埋牛牲外还有其他牺牲；牛牲数量在 210 头以上。牛牲被广泛用于宫殿宗庙区祭祀（庙祭）、手工业作坊内祭祀或巫术、宫室类建筑营造过程中的祭祀、奠窆等，而墓地

[①] 胡厚宣：《中国奴隶社会的人殉和人祭（下篇）》，《文物》1974 年第 8 期。胡厚宣的统计当不包括以后出土或发表的小屯南地甲骨和花园庄东地甲骨。但胡厚宣将"登人"等也释作人祭，这样就夸大了人祭卜辞的数量。这里引用胡厚宣统计数字仅是做参考。

[②] 罗琨：《商代人祭及相关问题》，胡厚宣等著《甲骨探史录》，第 112～191 页。

祭祀祖先的祭祀发现的牛牲较少。甲骨文中指代牛的字有牛、牡、牝、牢等。

牛，卜辞中作牛的泛称，是常用的祭牲。有贞问用千牛进行祭祀的辞例：

> 31）丁巳卜，争贞：降睪千牛？ 一　二　告　二
>
> 　　　不其降睪千牛、千人？ 一　二 （《合集》1027）

甲骨卜辞中有 、，或隶定作牡、牝，分别表示公牛和母牛，在卜辞中也常用为祭牲。对男性祖先很少看到特别注明用牝牲的，对女性祖先，则以用牝牲居多，但也常常可以看到用牡牲的卜辞。[1]

> 32）庚戌卜：其又岁于二祖辛重牡？ （《合集》27340）
>
> 33）屮大母牝用。二 （《合集》19972）

牢，甲骨文作""，指经圈养用以祭祀的牛。[2]

> 34）丙申卜：沉三牢燎一牢？ （《合集》33385）
>
> 35）商兄丁延三百牢，雨，宗牢。 （《合集》22274）

甲骨文中还有""""""""""等，亦用作祭牲。严一萍认为它们分别表示一岁、三岁、四岁、六岁的牛和公牛。[3] 宋镇豪亦认为甲骨文"有在牛字角上划短道道者，用来示意豢养牛畜的年龄"。[4]

---

[1] 张秉权：《祭祀卜辞中的牺牲》，《中央研究院历史语言研究所集刊》第 38 本，1968 年。

[2] 张秉权：《祭祀卜辞中的牺牲》，《中央研究院历史语言研究所集刊》第 38 本，1968 年；姚孝遂：《牢宰考释》，山西省文物局、中国古文字研究会、中华书局编辑部合编《古文字研究》第 9 辑，中华书局，1984，第 25～35 页。

[3] 严一萍：《说文牺、㸌、牣、㸬四字辨源》，《中国文字》第 2 卷；转引自于省吾主编《甲骨文字诂林》，第 1534～1535 页。

[4] 宋镇豪：《中国风俗通史（夏商卷）》，第 196 页。

但孙海波认为"ᛊ"是一和牛的合文。① 《甲骨文字诂林》第 1535～1537 页按语也从孙海波的说法，并认为上述几个字均是合文。

笔者从严一萍先生的说法。并补充一辞例：

36）祀于父乙一ᛊ。（《合集》2214）

若"ᛊ"为"一"和"牛"的合文，则此辞讲不通。

后世文献有祭祀尚幼牛的说法。如《国语·楚语下》载："郊禘不过茧栗，烝尝不过把握。"② 《礼记·王制》云："祭天地之牛，角茧栗；宗庙之牛，角握；宾客之牛，角尺。"③ 角茧栗，指角如蚕茧或栗子的牛犊；角握，指角长一握的牛；角尺，指角长一尺的大牛。古人以牛角的大小来判断牛的年龄，我们今天以牛的牙齿来判断牛的年龄。

从甲骨卜辞看不出商代祭祀是否崇尚幼牛。

后世文献记载，不同的祭祀对祭牲的毛色有不同的要求。如《周礼·地官·牧人》载：牧人"掌牧六畜而阜蕃其物，以共祭祀之牲牷。凡阳祀，用骍牲毛之；阴祀，用黝牲毛之；望祀，各以其方之色牲毛之。凡时祀之牲，必用牷物。凡外祭、毁事，用尨可也。"④ 甲骨文中也有对用作祭牲的牛的不同颜色的记载。

ᛝ，牲之赤色者通谓"ᛝ"，即赤色的牲。或隶定作"骍"。⑤

37）父己岁叀ᛝ。（《合集》27013）

䵊，甲骨文作"ᛝ""ᛝ"等，在卜辞中有时当赤色牛讲。⑥

---

① 孙海波：《甲骨文编》，第 613 页，转引自于省吾主编《甲骨文字诂林》，第 1534 页。

② 徐元诰撰《国语集解》，王树民、沈长云点校，中华书局，2002，第 516 页。

③ （汉）郑玄注，（唐）孔颖达疏《礼记正义》卷 12《王制》，第 391～392 页。

④ （汉）郑玄注，（唐）贾公彦疏《周礼注疏》卷 13《牧人》，第 321～322 页。

⑤ 于省吾主编《甲骨文字诂林》，第 1526 页"ᛝ"字按语。

⑥ 陈梦家：《殷墟卜辞综述》，第 240 页。

38）〔辛〕□〔卜〕，□〔贞〕：〔王宾〕祖辛祭戠牛，亡尤？（《合集》23000）

39）其戠牛？兹用。（《合集》35995）

甲骨文中有"𠂤"字，隶定作"勿"，它往往与牛、牡、牝、马等字构成词组，指杂色的牲。[1]

40）癸酉卜：叀勿牡岁甲祖？用。一（《花东》37）

41）乙亥：人岁祖乙二牢，勿牛，白羴，𰻞𬀪一，子祝？二　三（《花东》142）

42）勿马。

勿马。二（《花东》349）

甲骨文中还有"牣"字，王国维把它释作"物"，认为是杂色的牛。[2] 金祥恒认为"牣"是"牛"和"勿"的合文。[3]

考古发现的商文化牛牲，徒余骸骨，已无法知晓其毛色了。

2. 猪

在商代也是常用的祭牲。据不完全统计，考古发现的商文化埋有猪牲的祭祀坑数目在 39 座以上，其中单独埋猪牲的祭祀坑在 19 座以上，除猪牲外还埋有其他牺牲的祭祀坑数目在 20 座以上；猪牲数量在 169 头以上。猪被广泛地用于宫殿宗庙区祭祀（庙祭）、手工业作坊内祭祀或巫术、城墙附近祭祀、奠窆等（见图 3.1-1）。

猪在甲骨卜辞中可以分为豕、彘、豝、豭、豰、豚、豚、家、豯等。

豕，甲骨文作"𰀁""𰀂"等形，象侧视猪之形。[4] 卜辞中有田猎获

---

① 甲骨文中还有"𠂤"字，其常与"勿"混用，它们的区别参见《殷墟花园庄东地甲骨》（六），第 1699 页。

② 王国维：《观堂集林》卷 6《释物》，中华书局，1959，第 287 页。

③ 金祥恒：《释牣》，《中国文字》第 7 卷；转引自于省吾主编《甲骨文字诂林》，第 2469～2470 页。

④ 赵诚：《甲骨文简明词典——卜辞分类读本》，中华书局，1988，第 199 页。

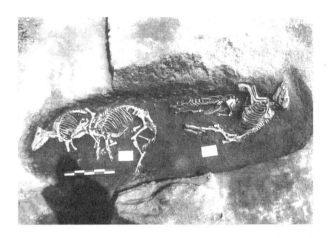

图 3.1 - 1 偃师商城宫殿宗庙区祭祀场 B 区 H524 内的猪牲

资料来源：中国社会科学院考古研究所：《河南偃师商城商代早期王室祭祀遗址》，《考古》2002 年第 7 期。

豕、逐豕的记载，是以豕也指野猪。但古代有时捕获的野兽要经过豢养才用作祭牲。《周礼·夏官·服不氏》云："服不氏掌养猛兽而教扰之。凡祭祀共猛兽。"① 即服不氏掌管饲养、驯服猛兽，祭祀时供给猛兽做兽牲。

43) 允获豕。(《合集》160 反)

44) ……麦田无灾。又大豕。吉 (《合集》28311)

45) 贞：呼逐豕？获。(《合集》10237)

后世用豕泛指猪。如《急就篇》卷三："六畜蕃息豚豕猪。"颜师古注："豕者，彘之总名也。"②

彘，甲骨文作""""等形。在甲骨文中除少数用作国族人名外，多用作祭名。

甲骨文中还有""，一般也隶定作"彘"，在卜辞中通常用作名词，指祭牲，为猪的一种。甲骨卜辞不见获彘、逐彘等记载，可见彘非野生。《淮南子·氾论训》："夫飨大高而彘为上牲者，非彘能贤于野兽麋鹿也，

① （汉）郑玄注，（唐）贾公彦疏《周礼注疏》卷 30《服不氏》，第 810~811 页。

② 转引自宗福邦、陈世铙、萧海波主编《故训汇纂》，商务印书馆，2003，第 2162 页。

而神明独飨之，何也？以为彘者，家人所常畜而易得之物也，故因其便以尊之。"①

46）贞：侑于父乙白𧱖（彘）新穀？（《英藏》79）

47）癸巳卜，争贞：侑白𧱖（彘）于妣癸不……（《合集》2496）

48）贞：侑犬于娥，卯𧱖（彘）？（《合集》14778）

豠，甲骨文作"𧱤"，即公猪。

豕，甲骨文作"𧱙"，意为去势的公猪。

𤞤，甲骨文作"𧱚"，赵诚隶定作"豭"，认为"豠"是公猪的通称，"豭"专指没有去势的公猪。②

49）甲子卜：㞢二𤞤二豠于下乙？（《合集》22276）

豝，甲骨文作"𧱛"，即母猪。

它们在卜辞中都用作祭牲。

豚，甲骨文作"𧱜""𧱝"等形，意为小猪。在卜辞中用作祭牲，但卜辞多不言"豚"的用牲法，或与径直用全牲有关。卜辞中贞问一次祭祀最多用百豚：

50）贞：肇（𧱞）丁用百羊、百犬、百豚？十一月。一（《合集》15521）

51）甲辰：岁妣庚家一？（《花东》61）

---

① 刘文典：《淮南鸿烈集解》卷13《氾论训》，第459页。
② 赵诚：《甲骨文简明词典——卜辞分类读本》，第199～200页。

第51）辞中的“家”，当是祭牲。“家字的本义是表示房屋内有豕。可能当时某些供祭祀的猪，饲养在有顶棚有墙的圈内，其意义与牢、宰近似。”①

52）辛卜：其宜，叀大豕？（《花东》139）

第52）辞中的“豕”是花园庄东地H3甲骨中的新见字，在辞中用作祭牲。从字形看，其意当与“家”相似，也是经圈养的豕。②

3. 羊

也是商代常用的祭牲。据不完全统计，考古发现的商文化埋羊牲的祭祀坑数目约为37座，其中9座单独埋羊牲，其余28座除羊牲外还埋有其他牺牲；羊牲的数目在190只以上。羊被广泛地用于宫殿宗庙区祭祀（庙祭）与宫室类建筑祭祀营造过程中的祭祀、奠窶等类祭祀。在小屯丙组基址北段墓葬附近属于祭祀祖先的祭祀坑中发现有较多的羊牲。如丙组基址北段的祭祀坑M357就埋有42具以上羊牲（见图3.1－2）。

甲骨文有“羊”“宰”“羏”“羓”等字，在卜辞中它们都可以用作祭牲。不同之处是“羊”为统称，“宰”为经圈养的用以祭祀的羊。③“羏”和“羓”或以为是合文，分别表示公羊和母羊。后世也以羊为主要祭品。

卜辞中贞问一次祭祀用羊牲的数量最多达百只以上。

53）贞：昔乙酉，箙奔（旋）御□〔大丁、大甲、祖〕乙百鬯、百羌，卯三百宰？（《合集》302）

54）庚戌卜：朕耳鸣，㞢御于祖庚羊百㞢用五十八，㞢女三十㲋？今日。（《合集》22099）

55）癸巳贞：御于父丁其五十小宰？

……御〔于〕父丁其百小宰？（《合集》32675）

56）丙午卜，扶：㞢大丁羏用？（《合集》19817）

① 刘一曼：《花东H3祭祀卜辞研究》，《三代考古》（二），第428～449页。

② 刘一曼：《花东H3祭祀卜辞研究》，《三代考古》（二），第428～449页。

③ 张秉权：《祭祀卜辞中的牺牲》，《中央研究院历史语言研究所集刊》第38本，1968年；姚孝遂：《牢宰考释》，《古文字研究》第9辑，第25～36页。

上图为祭祀坑平面图，下图为剖面图：B1～B42 羊骨　C1～C41 犬骨。

图 3.1－2　殷墟小屯丙组基址北段祭祀坑 M357 内的羊牲、犬牲

资料来源:《丙区墓葬》，第 277 页。

花园庄东地甲骨卜辞中还有"羒"字，指经过圈养的供祭祀的公羊。①

57）乙亥：岁祖乙小羒？子祝，在麗。一（《花东》354）

4. 犬

在商代也是常用的祭牲。据不完全统计，考古发现的商文化埋犬牲的祭祀坑约 68 座，其中单独埋犬牲的约有 39 座，其余约 29 座除犬牲外还埋有其他牺牲；犬牲数量在 334 只以上，数量仅次于人牲，为动物牲之首。其中小屯丙组基址北段的祭祀坑 M357 就埋有 41 具以上的犬牲。犬被广泛地用于宫殿宗庙区祭祀（庙祭）、社祭、与建筑营造有关的祭祀或巫术、城墙附近祭祀，落葬过程中的祭祀也普遍用犬牲。殷墟西北冈和小屯丙组

———————

① 刘一曼：《花东 H3 祭祀卜辞研究》，《三代考古》（二），第 428～449 页。

基址北段等祖先祭祀遗存中也发现有犬牲。

在卜辞中，犬多用作牺牲。《礼记·少仪》云："犬则执缲，守犬、田犬则授挽者，既受，乃问犬名。"孔颖达疏："犬有三种：一曰守犬，守御宅舍者也；二曰田犬，田猎所用也；三曰食犬，充君子庖厨庶羞用也。"①《说文·犬部》："献，宗庙犬名羹献，犬肥者以献之。"段玉裁注："献，本祭祀奉犬牲之偁，引申为凡荐进之偁。"②《礼记·曲礼下》："凡宗庙之礼……犬曰羹献。"郑玄注："羹献，食人之余也。"孔颖达疏："人将所食羹余以与犬，犬得食之肥，肥可以献祭于鬼神，故曰'羹献'也。"③据此，商代祭祀之犬当以食犬为主，殉葬之犬则当为守犬和田犬。

在甲骨卜辞中，作为祭品的犬多没有说明用牲法，而言明用牲法的也多是燎、埋。可能是因为犬个体小，祭祀时多用全牲之故。考古发现的犬牲也多是全牲。在极少量卜辞中，犬牲被施以了毛、戠、此、饮、卯、曶等用牲法。卜辞中贞问一次祭祀用犬的数量最多达百只。

58）辛巳卜？毛羊百犬百……百？（《屯南》917）

59）戠犬。（《合集》1825）

60）□辰卜，㱿贞：戠〔犬〕……（《合集》16204）

61）惟犬一此雨？

二犬此雨？

三犬此雨？（《合集》31191）

62）于兄己饮犬。一　二　三（《合集》22276）

63）辛酉卜：卯犬子庚？（《合集》22295）

64）……燎……牛一曶犬……（《屯南》1458）

猳，甲骨文作"𤛆"，指雄犬，④也用作祭牲。

---

①　（汉）郑玄注，（唐）孔颖达疏《礼记正义》卷35《少仪》，第1033、1036页。

②　（汉）许慎撰，（清）段玉裁注《说文解字注》，上海古籍出版社，1988，第476页。

③　（汉）郑玄注，（唐）孔颖达疏《礼记正义》卷5《曲礼下》，第157~158页。

④　于省吾主编《甲骨文字诂林》，第1572页"猳"字按语。

65）□□卜：亡阒敊二猴二牡？（《合集》22276）

后世文献中有专门掌管祭祀用犬的职官。《周礼·秋官·犬人》云：
犬人"掌犬牲。凡祭祀，共犬牲，用牷物。伏、瘗亦如之。凡幾、珥、
沈、辜，用駹可也。凡相犬、牵犬者属焉，掌其政治"。① 《周礼·地官·
槁人》云：槁人"掌豢祭祀之犬"。孙诒让《周礼正义》疏："此亦谓将
祭之前别系者，与充人为官联也。"② 《殷契萃编》第 935 片辞有"犬
中"，郭沫若认为"犬中盖犬人之官名中者，《周礼·秋官》有犬人职"。
陈梦家赞同郭沫若的观点，并补充说："武丁卜辞的多犬和帝辛卜辞的
犬某都是犬人之官。多犬与犬是司犬之官，犹多马与马乃司马之官。"③
但尚不能从甲骨文中得出商代在祭祀前对将用的犬牲进行特别系牲的
结论。

5. 马

在商代也用来做祭牲。据不完全统计，考古发现的商文化埋马牲的祭
祀坑约 43 座，其中单独埋马牲的祭祀坑约 33 座，其余 10 座除马牲外还埋
有其他牺牲；马牲数量在 140 匹以上。马牲集中发现于小屯北组墓葬、西
北冈王陵区（见图 3.1 - 3）。在苗圃北地铸铜作坊遗址内和大司空村制骨
作坊遗址内、小屯南地也有发现。殷墟西区墓地中，"甲"字形大墓
M699、M700 墓室内有马腿（奠窒）。

一般认为马非起源于中原本地，而是外来物种，黄河流域的家马出现
于殷墟时期。④ 目前发现的最早用马祭祀遗存是小屯南地的祭祀坑 H33，
其绝对年代属于盘庚、小辛、小乙时期。虽然新郑郑国"祭祀遗址"内曾
发现二里岗上层一期的埋马坑 MK45，⑤ 但此为孤例。

甲骨卜辞中有马用作祭牲祭祀祖先的辞例。但甲骨卜辞用马祭祀的对

---

① （汉）郑玄注，（唐）贾公彦疏《周礼注疏》卷 36《犬人》，第 956～957 页。
② （清）孙诒让：《周礼正义》卷 31《槁人》，第 1243 页。
③ 陈梦家：《殷墟卜辞综述》，第 514 页。郭沫若说亦转引自陈梦家文。
④ 袁靖、安家瑗：《中国动物考古学研究的两个问题》，《中国文物报》1997 年 4 月 26 日，
第 3 版；袁靖：《河南安阳殷墟动物考古学研究的两点认识》，《考古学集刊》第 15 集，
第 236～242 页。
⑤ 河南省文物考古研究所编著《新郑郑国祭祀遗址》，大象出版社，2006，第 347 页。

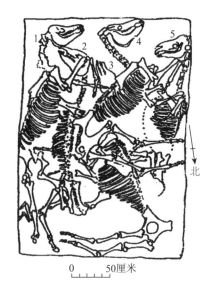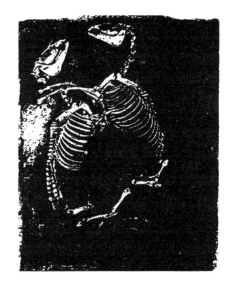

图 3.1－3　殷墟西北冈的埋马祭祀坑（左：M8、右：M34）

资料来源：中国社会科学院考古研究所安阳工作队：《安阳武官村北地商代祭祀坑的发掘》,《考古》1987 年第 12 期。

象只限于部分男性祖先。[①]

66）丙申卜扶：延涮马大丁？用。（《合集》19813 正）

67）甲子卜扶：禣马至祖乙？（《合集》19847）

68）甲辰卜：禣孚马自大乙？（《合集》32435）

69）癸未贞：虫今乙酉又父□岁于祖乙，五马？兹用。二［《甲》696 +697，《合集》32512（3）］[②]

甲骨卜辞中还有用马来禳梦的记载。

70）丙寅卜：其御，隹宁见马于癸子，虫一伐、一牛、一羟，册

---

① 刘一曼、曹定云：《殷墟花东 H3 卜辞中的马——兼论商代马匹的使用》,《殷都学刊》2004 年第 1 期。

② 屈万里在《殷墟文字甲编考释》（《殷都学刊》2004 年第 1 期）第 111 页把《甲》696 +697 片中的"马"释作"彩"，刘一曼、曹定云在《殷墟花东 H3 卜辞中的马——兼论商代马匹的使用》中将其改释为"马"，今从后者。

梦？用。一　二（《花东》29）

第70）辞为非王卜辞，意思是：子做了个梦，为此贞问，是否用宁献来的马，再用一人、一牛和鬯酒进行祭祀。唯后世以菜行祭来禳送噩梦。《周礼·春官·占梦》云：占梦"季冬，聘王梦……乃舍萌于四方，以赠恶梦，遂令始难欧疫"。郑玄注："杜子春读萌为明，又云：'其字当为明。明谓欧疫也。谓岁竟逐疫，置四方。书亦或为明。'玄谓舍读为释，舍萌犹释菜也。古书释菜释奠多作舍字。萌，菜始生也。赠，送也。欲以新善去故恶。"① 即：季冬，占梦问王所梦……用菜祭四方，以送走噩梦，随后令方相氏驱逐疫鬼。

后世文献也有用马祭祀的记载。《周礼·地官·牧人》云："牧人，掌牧六牲而阜蕃其物，以共祭祀之牲牷。"郑玄注："六牲谓牛、马、羊、豕、犬、鸡。"② 此马为祭牲也。《左传》襄公九年载："宋灾……祝、宗用马于四墉，祀盘庚于西门外。"杜预注："用马祭于四城以禳火……凡天灾有币无牲，用马祀盘庚，皆非礼。"③ 《周礼·夏官·校人》："凡将事于四海、山川，则饰黄驹。"贾公彦疏："谓王行所过山川，设祭礼之然后去，则杀黄驹以祭之，山川地神，土色黄，故用黄驹也。"④ 《史记·封禅书》云："故雍四畤……五月尝驹……"⑤

孙诒让《周礼正义·大司马》疏云："'丧祭奉诏马牲'者，马为牧人六牲之一。蔡邕集月令答问云：'礼不以马为牲。'与此经违，非也。惠士奇云：'古有乘马，有食马。《穆天子传》'献食马二百'是也。食无马牲，自秦汉始。'"⑥

就生人来讲，马对商人的主要用途是驾车，⑦ 而北组墓葬中车马坑内

---

① （汉）郑玄注，（唐）贾公彦疏《周礼注疏》卷25《占梦》，第654～655页。
② （汉）郑玄注，（唐）贾公彦疏《周礼注疏》卷13《牧人》，第321页。
③ （周）左丘明传，（晋）杜预注，（唐）孔颖达正义《春秋左传正义》卷30，第861～866页。
④ （汉）郑玄注，（唐）贾公彦疏《周礼注疏》卷33《校人》，第864页。
⑤ （汉）司马迁：《史记》卷28《封禅书》，第1376页。
⑥ （清）孙诒让：《周礼正义》卷56《大司马》，第2363页。
⑦ 刘一曼和曹定云对商代马用于驾车的用途做过论述，见其作《殷墟花东H3卜辞中的马——兼论商代马匹的使用》（《殷都学刊》2004年第1期）。

的马，当是奉献给祖先供驾车用的。殷墟西区墓葬 M699、M700 内的马腿骨可能就是奠竃之马骨。它反映了商贵族在大遣奠中用马做供亡灵食用的祭品。

6. 鸡

甲骨卜辞中的"鸡"皆为地名，不见用作祭牲者。但商文化墓葬内屡有鸡骨出土，小双桥"综合类祭祀坑"内也有鸡骨出土。[①]

后世常用鸡做祭品。如《周礼》专设"鸡人"一职，"凡祭祀，面禳，衅，共其鸡牲"。郑玄注："衅，衅庙之属。衅庙以羊，门、夹室以鸡。"贾公彦疏："'凡祭祀面禳'者，祭祀，谓宗庙之属。面禳，谓祈祷之属。"[②]

7. 青

甲骨文作"𢀺"。在卜辞中多表示方位，或隶定作"南"。但其也常用作祭牲，或隶定作"豰"。《说文·豕部》："豰，小豚也。"[③] 其在卜辞中引申为一切畜子的统称。[④]

71）……卜，争贞：燎曹百羊、百牛、百豕、青五十？（《英藏》1256）

72）庚寅𢀺一牛妣庚，曹十伐、十宰、十青。一（《合集》893 正）

商文化考古中屡有年幼的祭牲发现。如偃师商城宫殿区祭祀场第一期多用幼小的猪做祭品，邢台粮库晚商陶窑附近祭祀坑埋的就是小牛。

8. 鱼

在偃师商城的祭祀遗迹中发现有较多的鱼，它们当是祭品。在殷墟的商代晚期墓葬中也常有鱼骨出土，它们大多是随葬品。

甲骨卜辞中有用鱼来祭祀的辞例：

---

① 宋国定：《郑州小双桥遗址出土陶器上的朱书》，《文物》2003 年第 5 期。
② （汉）郑玄注，（唐）贾公彦疏《周礼注疏》卷 20《鸡人》，第 515 页。
③ （汉）许慎撰，（清）段玉裁注《说文解字注》，第 455 页。
④ 于省吾主编《甲骨文字诂林》，第 2872 页"𢀺"字按语。

73）□丑贞：王令◪尹□取祖乙鱼，伐告于父丁、小乙、祖丁、羌甲、祖辛？（《屯南》2342）

上辞中的"◪"为族名，◪尹即◪族之尹。①

后世祭祀也用鱼做祭品。《国语·鲁语上》曰："水虞……取名鱼，登川禽，而尝之寝庙，行诸国，助宣气也。"韦昭注："名鱼，大鱼也。"《国语·楚语上》云："其祭典有之曰：国君有牛享，大夫有羊馈，士有豚犬之奠，庶人有鱼炙之荐，笾豆、脯醢则上下共之。不羞珍异，不陈庶侈。"韦昭注："庶人祀以鱼。"《国语·楚语下》亦曰："庶人食菜，祀以鱼。"②《诗经·周颂·潜》是周王用鱼献祭宗庙的乐歌。该诗提到的鱼有鳣鱼、鲔鱼、白鲦、鲿鱼、鰋鱼、鲤鱼等。可见周代对鱼已经有了比较详尽的分类。《诗·召南·采蘋》毛亨传："古之将嫁女者，必先礼于宗室，牲用鱼……"③《礼记·月令》云：季春之月，"天子始乘舟，荐鲔于寝庙，乃为麦祈实"。即季春向寝庙进献鲔鱼，祈求丰收。又云：季冬之月，"命渔师始渔。天子亲往，乃尝鱼，先荐寝庙"。④

《山海经·东山经》还有用鱼来行衃礼的记载。

9. 其他

后世往往将田猎所得用作祭祀的祭品。《春秋穀梁传》桓公四年云："四时之田，皆为宗庙之事也。……四时之田用三焉，唯其所先得，一为干豆，二为宾客，三为充君之庖。"⑤《礼记·王制》亦云："天子、诸侯无事，则岁三田：一为干豆，二为宾客，三为充君之庖。无事而不田，曰不敬，田不以礼，曰暴天物。"⑥《公羊传》也有类似的记载。《周礼·夏官·大司马》载：中春，"遂以蒐田……献禽以祭社……中夏……遂以苗

---

① 《小屯南地甲骨》，第 1005 页。
② 徐元诰：《国语集解》，第 168、488、516 页。
③ （汉）毛亨传，（汉）郑玄笺，（唐）孔颖达疏《毛诗正义》卷 1《采蘋》，第 73 页。
④ （汉）郑玄注，（唐）孔颖达疏《礼记正义》卷 15《月令》、卷 17《月令》，第 483、560 页。
⑤ （晋）范宁集解，（唐）杨士勋疏《春秋穀梁传注疏》卷 3，第 39 页。
⑥ （汉）郑玄注，（唐）孔颖达疏《礼记正义》卷 12《王制》，第 373 页。

田……车弊献禽以享祊……中秋……遂以狝田……罗弊致禽以祀祊……中冬……遂以狩田……致禽馌兽于郊，入献禽以享烝。"① 则是将田狩之获祭社、宗庙、四方。

据姚孝遂考证，商代也往往把田猎所获用于祭祀。② 这些用于祭祀的田猎所得牺牲有豕、鹿、犰（狐）、兕、虎等。豕已见前文，兹不赘述。

（1）鹿、麇、麕

在偃师商城宫殿宗庙区的祭祀区、小双桥遗址的祭祀遗迹内、小屯乙一基址附近和王城岗二里岗上层时期祭祀坑 WT227H555、葛庄晚商祭祀坑 H72 均发现有鹿的骨骼，合计数量在 7 只以上。它们是祭祀用鹿牲的遗留。其中王城岗祭祀坑 WT227H555 的上部较规整地埋 2 具完整的鹿骨架，一大一小，小鹿在前，大鹿在后。大鹿骨架高 1.3 米、长 1 米，小鹿骨架高 1 米、长 0.8 米。这两具鹿骨架下又露出另一只鹿的肩胛骨（见图 3.1 - 4）。该祭祀坑没有全部发掘。③

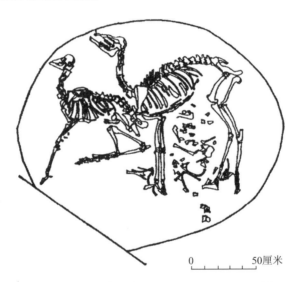

0   50厘米

图 3.1 - 4　王城岗埋鹿祭祀坑 WT227H555 平面图

资料来源：《登封王城岗与阳城》，第 159 页。

---

① （汉）郑玄注，（唐）贾公彦疏《周礼注疏》卷 29《大司马》，第 768 ~ 781 页。

② 姚孝遂：《甲骨刻辞狩猎考》，《古文字研究》第 6 辑，第 34 ~ 66 页。

③ 《登封王城岗与阳城》，第 157 ~ 159 页。

甲骨卜辞中也有用鹿（鹿）做祭牲祭祀的记载。

74）贞：子宜隻鹿？［禥于］……（《合集》10316）

75）王其劓敝鹿。大吉（《合集》29405）

76）乙卯贞：酌乡于父丁，虫鹿？（《合集》32083）

卜辞中还有祭祀用麑的记载。

77）辛未卜：其征絮麑？（《花东》395）

麑在甲骨文中作"麑"，"似鹿无角，义为子鹿"。① 王城岗祭祀坑中的小鹿也许就是麑。

卜辞中也有祭祀用麋的记载，《说文·鹿部》："麋，鹿属。"②

78）庚申卜，狄贞：王虫辞麋（麋）？用。吉（《合集》27429）

后世祭祀祖先亦用鹿麋做祭品。《仪礼·少牢馈食礼》："司士又升鱼、腊，鱼十有五而鼎，腊一纯而鼎，腊用麋。"③《周礼·天官·醢人》："醢人掌四豆之实。朝事之豆，其实……麋臡……鹿臡……凡祭祀，共荐羞之豆实，宾客、丧纪亦如之。"④

（2）虎

在小屯乙一基址的北边曾发现十多个虎头骨，它们可能也是祭祀的遗留。

甲骨卜辞中也有用虎祭祀祖先神的记载：

79）乙未卜：其禥虎阼于祖甲？

---

① 于省吾主编《甲骨文字诂林》，第1647页"麑"字按语。
② （汉）许慎撰，（清）段玉裁注《说文解字注》，第471页。
③ （汉）郑玄注，（唐）贾公彦疏《仪礼注疏》卷47《少牢馈食礼》，第907页。
④ （汉）郑玄注，（唐）贾公彦疏《周礼注疏》卷6《醢人》，第138、141页。

乙未卜：其禵虎于父甲涌？（《合集》27339）

（3）象

20 世纪 30 年代在殷墟西北冈王陵区西区发掘了两座象坑，分别埋有一头象。这两座象坑可能和祭祀有关。1978 年在西北冈发掘了一座埋象的祭祀坑 M35，坑中埋一头象和一只小猪，象还佩戴有铜铃（见图 3.1 - 5）。小双桥遗址的"综合类祭祀坑"中也发现有象头骨和象牙。

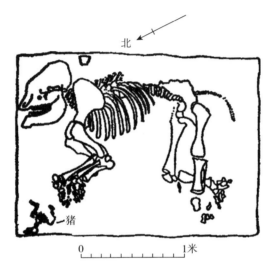

图 3.1 - 5　殷墟西北冈祭祀坑 M35（象坑）平面图

资料来源：中国社会科学院考古研究所安阳工作队：《安阳武官村北地商代祭祀坑的发掘》，《考古》1987 年第 12 期。

甲骨卜辞中也有用象做祭品祭祀的辞例：

80）丁丑，伐一象。（《乙》1002）

81）矢象（《丙》170）

82）□□〔卜〕，宾贞：□氏象……屮〔于〕祖乙？（《合集》8983）

第 82）辞残沥，但辞中的象极可能就是祭祀祖乙的祭品。或以为《礼记·玉藻》文"笏，天子以球玉，诸侯以象"中的象指象牙，进而认为上辞中的象为象牙。① 但将卜辞中的象释作象牙，在其他辞例中讲不通。

（4）兔

在偃师商城宫殿区祭祀遗迹内出土的动物骨头中，有"疑为兔骨的遗骸"，② 殷墟商代晚期墓葬中也发现随葬有兔骨。

兔，甲骨文作"⚲"，或隶定作"毚"，在卜辞中多用作兽名，也用作人名。常常是捕获的对象，但没有径直用兔做祭品的辞例。

后世宗庙祭祀中，兔常常和牛、猪、羊、鸡、犬、鱼等诸牺牲、粢盛、酒、玉、帛等一样被用作祭品。如《礼记·曲礼下》："凡祭宗庙之礼，牛曰'一元大武'，豕曰'刚鬣'，豚曰'腯肥'，羊曰'柔毛'，鸡曰'翰音'，犬曰'羹献'，雉曰'疏趾'，兔曰'明视'，脯曰'尹祭'，槁鱼曰'商祭'，鲜鱼曰'脡祭'。水曰'清涤'，酒曰'清酌'。黍曰'芗合'，粱曰'芗萁'，稷曰'明粢'，稻曰'嘉蔬'，韭曰'丰本'，盐曰'咸鹾'。玉曰'嘉玉'，币曰'量币'。"③

（5）狐

1978 年在殷墟西北冈王陵区公共祭祀场发掘到一座埋狐的祭祀坑 M17（见图 3.1－6 右）。

甲骨卜辞中也有用狐祭祀的记载：

83）……用狐于祊？（《合集》10254）

（6）兕

甲骨文作"乒"，过去一般认为是"犀"，④ 近年学界多认为"兕"是野生的圣水牛。⑤ 在刻辞中兕多为捕获的对象，也有将所获之兕用于祭祀

---

① 四川省文物考古研究所编《三星堆祭祀坑》，文物出版社，1999，第 446 页。

② 中国社会科学院考古研究所：《河南偃师商城商代早期王室祭祀遗址》，《考古》2002 年第 7 期。

③ （汉）郑玄注，（唐）孔颖达疏《礼记正义》卷 5《曲礼下》，第 156～157 页。

④ 于省吾主编《甲骨文字诂林》，第 1604 页"兕"字按语。

⑤ 〔法〕雷焕章：《商代晚期黄河以北地区的犀牛和水牛》，葛人译，《南方文物》2007 年第 4 期；王娟、张居中：《圣水牛的家养/野生属性初步分析》，《南方文物》2011 年第 3 期；杨杨：《商代田猎刻辞研究》，博士学位论文，中国社会科学院研究生院，2014，第 23～27 页；杨杨：《田猎卜辞中的动物》，《郑州师范教育》2017 年第 1 期。

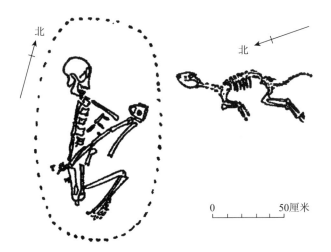

左：M4（猴坑）　右：M17（狐坑）

图 3.1－6　殷墟西北冈祭祀坑 M4、M17 平面图

资料来源：中国社会科学院考古研究所安阳工作队：《安阳武官村北地商代祭祀坑的发掘》，《考古》1987 年第 12 期。

祖先的辞例：

84）贞：禘咒于〔祖〕……（《合集》15920 正）

85）于祖乙〔屮〕咒。（《合集》974 正）

86）禘咒于〔咸〕。（《合集》974 正）

87）其鼐咒祖丁？

　　其鼐咒父丁？（《合集》32603）

88）……于惊录获白咒，叡于……在二月，隹王十祀，彡日，王来正盂方白。（《合集》37398）

第 88）辞是兽头骨刻辞，记述了帝乙十年二月征伐盂方伯途中猎获白咒并将其用于叡祭之事。此兽头为何种动物，过去或说是咒头，[1] 或说是牛头，[2] 李志鹏在观摩过该兽头后，也倾向于是野牛头。[3] 在殷墟甲骨文

---

[1]　屈万里：《殷墟文字甲编考释》，中研院历史语言研究所，1961，第 3939 片释文。

[2]　陈梦家：《殷墟卜辞综述》，第 44～46 页。

[3]　刘一曼告知。

中，《补编》11299、11301 等也是兕骨刻辞，记载田猎获兕之事。此外，西北冈大墓 M1004 出土牛鼎的底部铸有"兕"字铭文，相当象形。[①] 以上资料表明，在商代"兕"并不是罕见的动物。但毛色特别的兕（如白兕）则是很珍贵的，故在祭祀后，还要在其上刻辞，以资纪念。

（7）麐

甲骨文中作""，在卜辞中用为祭牲。但已难确知其为何物了。

89）辛卯卜：子障宜，虫幽麐？用。一 （《花东》34）

90）己卜：虫麐、牛妣庚？（《花东》139）

后世田猎所得也不是立即就用作祭品，有的要经过驯养，才用于祭祀。《周礼·夏官·服不氏》云："服不氏掌养猛兽而教扰之。凡祭祀共猛兽。"[②] 即服不氏掌管饲养、驯服猛兽，祭祀时供给猛兽做兽牲。姚孝遂曾据卜辞有"获生鹿"及用设陷阱的办法捕获鹿、麋、麐等动物的记载，推断商代有了对鹿的驯养。

（8）龟

卜辞中有用龟的辞例：

91）〔丙〕午卜：其用龟？一 （《合集》17667）

92）……用龟？一月。（《合集》9001）

91）、92）两辞中的用龟，可能与祭祀有关。但尚未发现用龟做祭品的遗存。

（9）猴、河狸

1978 年在殷墟西北冈王陵区发掘的祭祀坑 M4 埋一只猴（见图 3.1 - 6

---

① 《殷墟的发现与研究》，第 278 ~ 279 页。也有将牛鼎的铭文释作"牛"者，如梁思永、高去寻《中国考古报告集之三·侯家庄·第五本·1004 号大墓》，第 131 页。今从《殷墟的发现与研究》。

② （汉）郑玄注，（唐）贾公彦疏《周礼注疏》卷 30《服不氏》，第 810 ~ 811 页。

左），其侧身屈肢，呈捆绑状，伴出有一个铜铃。M2 分别埋河狸、狗、羊各一只（见图 3.1 - 7）。这些祭祀坑中的动物，都是祭品。

1. 狗　2. 羊　3. 河狸

图 3.1 - 7　殷墟西北冈祭祀坑 M2 平面图

资料来源：中国社会科学院考古研究所安阳工作队：《安阳武官村北地商代祭祀坑的发掘》，《考古》1987 年第 12 期。

甲骨卜辞中尚未发现用猴、河狸祭祀的辞例。

（10）鹰、鹤、凤

1976 年在殷墟西北冈王陵区公共祭祀场发掘的祭祀坑 M217 内埋有 5 只鸟，报告推测为鹰，同坑还埋有一人。该坑中的鹰当是祭祀祖先的祭品。在小双桥遗址大型祭祀坑Ⅳ H6 中发现有鹤的骨骼，[①] 该坑中的鹤骨也是鹤用作祭品的反映。20 世纪 30 年代在殷墟小屯发掘的北组墓葬中的 M210 也曾出土 6 根鸟腿骨和少数杂乱的骨骼，只是不知道为何鸟。

---

① 河南省文物考古研究所、郑州大学文博学院考古系、南开大学历史系博物馆学专业：《1995 年郑州小双桥遗址的发掘》，《华夏考古》1996 年第 3 期。

尚未发现甲骨卜辞中有用鹰、鹤等祭祀的辞例。

卜辞里有炫凤鸟祈雨的辞例：

93）戊戌卜，隹炎凤，雨？（《合集》34483）①

（11）蚌蛤

蚌蛤之大者又称蜃。后世文献中有用蚌蛤做祭品的记载。如《周礼·地官·川衡》载：川衡，"祭祀、宾客，共川奠"。郑玄注："川奠，笾豆之实，鱼、鳝、蜃、蛤之属。"②《周礼·天官·醢人》云："醢人掌四豆之实……馈食之豆，其实葵菹、蠃醢、脾析、蠯醢、蜃、蚳醢、豚拍、鱼醢。"即醢人掌管宗庙祭祀时四次用豆进献的食物，其中在馈食礼中进献的豆，盛的食物有葵做的菹、蜗牛肉酱、牛百叶、蛤肉酱、大蛤肉酱、蚁卵做的酱、小猪两肋的肉和鱼酱。③

在殷墟后冈圆形祭祀坑 H10 第二层堆积中发现有烧过的贝壳和骨头。此贝壳当是蚌蛤之用为祭品的遗留。只是将蚌蛤烧燎以祭与后世文献将蚌蛤做成酱再献祭神灵是有区别的。

兹将甲骨卜辞所见祭牲和考古发现的祭牲按种类列一对照表（见表 3-1）。从表中可以看出，卜辞所载祭牲种类，除去今天不知为何物者，与考古所见祭牲种类和数量基本是吻合的。只有马牲卜辞少，考古发现却较多。这可能是因为祭祀后商人对不同祭牲采用了不同的处理方式，而马牲多被瘗坤，是以其尸骨得以保存至今。

表 3-1　甲骨卜辞所见祭牲与考古发现祭牲对照

祭品	人牲	牛	猪	羊	犬	马	鸡	青	鱼	鹿	麇	麂	虎	象	兔	狐	兕	麝	龟	鹰	鹤	猴、河狸	蚌蛤
卜辞祭牲	多	多	多	多	多	有	无	有	有	有	有	有	有	无	有	有	有	无	无	无	无	无	无

① 《合集》释文把该辞析为两辞：（1）隹风。（2）戊戌卜，炎雨。
② （汉）郑玄注，（唐）贾公彦疏《周礼注疏》卷16《川衡》，第418页。
③ 杨天宇：《周礼译注》，上海古籍出版社，2004，第84、85页。

续表

祭品	人牲	牛	猪	羊	犬	马	鸡	青	鱼	鹿	麋	麂	虎	象	兔	狐	咒	**鷹**	龟	鹰	鹤	猴、河狸	蚌蛤
考古发现	多	多	多	多	多	较多	有	有	有	有		有	有	有	有	有		有	无	有	有	有	有

注：表中的"多"代表祭牲个体的数量多；"少"代表祭牲个体的数量少；"有"代表有这种祭牲，数量很少；"无"代表没有这种祭牲；空白表示不知道有没有。

三　粢盛和鬯酒

1. 粢盛

在偃师商城宫殿区内的祭祀区 A 区内和 B、C 祭祀区以外的一些"祭祀场"或祭祀坑内堆积有大量的稻谷籽粒。其中 A 区内一处以稻谷等农作物为主的祭祀场平面呈圆形，面积达 130 多平方米，主体部分深 1.4 米。小屯丙组基址范围内也曾发现有绿土坑，石璋如认为与埋谷物有关。在后冈圆形祭祀坑 H10 的西南部伴随第一层人骨架出土了一堆谷物，在陶罐的腹底和铜鼎、戈上也有谷物残迹。报告推测在埋入时，谷物可能是装在陶器内的。这些谷物似是粟粒。小屯丁组基址 2 座"基上墓"所埋人牲的头前堆积有很厚的绿灰土，内有谷壳碎末，简报推测为粟类外壳。葛家庄遗址晚商祭祀坑 H72 第 2 层堆积的羊骨下铺有一层炭化粟。[1] 1997 年殷墟王裕口南地祭祀坑 H3 的第 2 层堆积中有一件陶瓮，盛有谷物。[2] 这些祭祀遗迹中的谷类遗存都是祭祀时的祭品。

卜辞中的农作物有禾、黍（甲骨文作 🌾、🌾、🌾 ）、稷（甲骨文作 🌾、🌾 ）、秾（甲骨文作 🌾、🌾，相当于今天的小麦[3]）、麦（甲骨文作 🌾、🌾，相当于今天的大麦[4]）、稻（甲骨文作 🌾、🌾 ）、秜、稌、糯、

---

[1]　河北省文物研究所、吉林大学边疆考古研究中心、邢台市文物管理处：《河北邢台市葛家庄遗址 1999 年发掘简报》，《考古》2005 年第 1 期。

[2]　中国社会科学院考古研究所安阳工作队：《河南安阳市王裕口南地殷代遗址的发掘》，《考古》2004 年第 5 期。

[3]　于省吾：《甲骨文字释林》，第 247～249 页。

[4]　于省吾：《甲骨文字释林》，第 247～249 页。

粿等。① 其中黍、稷多被用作祭品，鬯有时也被用作祭品。

94）贞：异黍（）？一　二　三（《合集》00235 正）

95）□□〔卜〕，争贞：〔翌〕乙亥异☒黍（）〔于〕祖乙？（《合集》01599）

96）□丑卜，宾贞：翌乙〔未彫〕黍异于祖乙□？〔王〕固曰：山帝，□□〔不〕其雨。六日〔甲〕午夕月山食，乙未彫，多工率条遣。一（《合集》11484 正）

97）癸未卜：其征异稷（）于羌甲？（《合集》32592）

鬯，唐兰释作"稻"。②

98）……其取鬯于示。二（《合集》15685）

卜辞中还有用米做祭品的辞例：

99）辛亥贞：其异米于祖乙？（《屯南》189）
100）己巳贞：王其异南☒米，叀乙亥？
　　己巳贞：王米宜其异祖乙？（《合集》34165）

《周礼·地官·舍人》云：舍人"掌米粟之出入，辨其物"。孙诒让《周礼正义》疏："谓诸谷米粟出入之事。已舂者为米，未舂者为粟。"③《周礼·地官·舂人》云："舂人，掌共米物。祭祀，共其齍盛之米。"郑玄注："米物，言非一米……齍盛，谓黍稷稻粱之属，可盛以为簠簋实。"④

---

① 宋镇豪：《中国风俗通史（夏商卷）》，第 128~144 页。
② 唐兰：《殷墟文字记》，北京大学讲义石印本，1934。今据《唐兰全集》第 6 册，上海古籍出版社，2015，第 59 页。
③ （清）孙诒让：《周礼正义》卷 31《舍人》，第 1233 页。
④ （汉）郑玄注，（唐）贾公彦疏《周礼注疏》卷 16《舂人》，第 429 页。

上辞中的"米"当泛指已春的谷物。

卜辞中还有糜、𥹹用作祭品的辞例：

101）癸亥：岁子癸乩一，叀自丁糜？（《花东》48）

糜，"从黍从米，指采摘加工之后的黍粒"。①

102）庚寅：岁妣庚小宰，𤱓自丁𥹹？一（《花东》416）

"𥹹"是花园庄东地甲骨卜辞中的新见字，从来从米，殆为加工后的来（小麦）粒。②

后世粢盛被广泛地用于诸种祭祀。

2. 酒

商代的酒大致可以分为酒、醴与醠（甲骨文作𩰋、𩰋）、鬯、果酒和药酒。③ 其中果酒和药酒不见于甲骨文记载。

酒字在甲骨文中作"酉"形，"酉为盛酒的器皿，其内有小点，表示器内盛了酒，应为酒字"。④

103）戊卜：以酒檽神？（《花东》53）

甲骨文中无"醴"字，往往用"豊"假借为"醴"。它是度数较低的米酒。醠是用束茅过滤过的醴酒。在安阳郭家庄墓葬 M160 曾出土一件青铜尊，尊内有一件残竹篓，其可能就是过滤醴酒的工具。⑤ 鬯是用黍酿制的高档酒，可以分为用黑黍酿制的秬鬯和有郁金香草的郁鬯两类。这几种酒常被用来祭祀。

---

① 刘一曼：《花东 H3 祭祀卜辞研究》，《三代考古》（二），第 428～449 页。
② 刘一曼：《花东 H3 祭祀卜辞研究》，《三代考古》（二），第 428～449 页。
③ 宋镇豪：《中国风俗通史（夏商卷）》，第 166～175 页。
④ 《殷墟花园庄东地甲骨》（六），第 1582 页。
⑤ 《安阳殷墟郭家庄商代墓葬》，第 123 页。

104）癸未卜，贞：酘醴蚩◻酉（酒）用？十二月。（《合集》15818）

105）乙酉卜，贞：来乙未酚酘于祖乙？十二月。（《合集》1594）

106）丁丑卜：酘其酒于父甲，有庸，蚩祖丁用？（《屯南》1055）

107）乙亥卜：异◻三祖丁牢王受又？吉。（《合集》27180）

在商文化祭祀场所没有发现明确的酒的遗存。但在郑州商城杜岭铜器窖藏中出土 1 件石臼和石杵，与其共出的还有铜方鼎、铜鬲等，在石臼和石杵上还有朱砂痕迹。它们当和铜鼎等一样，属于祭祀时的祭器。它们的功用在于祭祀时"筑郁和鬯"。[①] 小双桥遗址曾采集到 3 件被称作"石祖"的圆柱形石器，[②] 其实也是"筑郁和鬯"的石杵。妇好墓填土中出土玉臼 1 件，椁室中出土玉杵 1 件，臼上尚有朱砂。臼、杵出土位置不同，但报告分析说"两者恰可配套，无疑是一套研磨朱砂的用具"。[③] 妇好墓所出的臼和杵，应是祭祀时捣筑郁鬯的礼器。

此外，在洹北商城一号宫殿建筑基址内、小屯丙组基址的丙一基址范围和殷墟西北冈王陵区发现有"空坑"，这些空坑可能和祭祀后瘗埋粢盛有关，也可能与酒祭有关。

四　币帛

次，甲骨文中作◻、◻等形。在甲骨卜辞中，次有时用作祭名。

108）甲戌〔卜〕，扶：于来丁酉，父乙次？（《合集》19946 正）

109）……蚩翌父乙次。（《合集》19945）

《周礼·春官·男巫》云："男巫掌望祀望衍授号。"郑玄注："衍读

---

① 河南省博物馆：《郑州新出土的商代前期大铜鼎》，《文物》1975 年第 6 期；宋镇豪：《中国风俗通史（夏商卷）》，第 173 页。

② 河南省文物研究所：《郑州小双桥遗址的调查与试掘》，《郑州商城考古新发现与研究（1985—1992）》，第 246、248 页。

③ 《殷墟妇好墓》，第 149 页。

为延……延，进也，谓但用币致其神。"① 于省吾认为以上诸辞中的"次"当读作"延"，甲骨卜辞中的次祭和《周礼·春官·男巫》中的延祭有着因革关系。② 而赵诚把此字隶定作"涎"，进一步解释说涎祭就是致币于神之祭，并径直认为商代的币就是贝，涎祭就是致贝之祭。③ 但《说文·巾部》云："幣，帛也。从巾，敝声。"④ 古代币实指帛。在古代，币被广泛地用作礼物和祭品。故与其说是致贝之祭，不如说是致币帛之祭。

甲骨卜辞中还有用纺织品絑（𢆶）、帛（𢎥）等做祭品祭祀的辞例。

110）辛亥卜：弹启妇好絑三，峀启妇好絑二，用。往毄？一（《花东》63）

111）壬子卜：子以妇好入于狀，子乎多御正见于妇好，启絑十，往毄？（《花东》37）

110）、111）二辞中的弹、峀为人名，多御正为官名。此二辞的大意是：子是否呼令弹、峀、多御正进献纺织品絑于妇好，用以祭祀毄。⑤

112）己卜：又毭又五帛御子而妣庚？一（《花东》409）

关于帛的形制，《周礼·春官·大宗伯》云："孤执皮帛……"郑玄注："皮帛者，束帛而表以皮为饰。皮，虎豹皮。帛，如今璧色缯也。"贾公彦疏："束者，十端，每端丈八尺，皆两端合卷，总为五匹，故云束帛也。"⑥

甲骨文中的衣多用为"卒"，但也有极少用为本义的辞例。

113）河爽以丙衣，𠂇衣？（《合补》10640）

① （汉）郑玄注，（唐）贾公彦疏《周礼注疏》卷26《男巫》，第690页。
② 于省吾：《甲骨文字释林》，第382~387页。
③ 赵诚：《甲骨文与商代文化》，辽宁人民出版社，2000，第184页。
④ （汉）许慎撰，（清）段玉裁注《说文解字注》，第358页。
⑤ 刘一曼：《花东H3祭祀卜辞研究》，《三代考古》（二），第428~449页。
⑥ （汉）郑玄注，（唐）贾公彦疏《周礼注疏》卷18《大宗伯》，第476页。

王子杨认为辞中的"丙"读作"两","丿"读为"奇偶"之"奇"。该辞大意是卜问致送给河神配偶河娥两件衣裳好还是单件衣裳好。[①]

在后冈圆形祭祀坑 H10 中发现有丝、麻和纺织品遗存。它们大多出在第一层人骨架及铜器的表面。丝、麻绐成两股或三股线；麻也有绐成辫状的。丝线和麻线都成束地放着。还有两股丝绳与丝麻同出。纺织品有丝织品和麻布两种。丝织品每平方厘米经纬线分别为 21 根、20 根。麻布发现 12 片，最大的一片长 5 厘米、宽 3.5 厘米，每平方厘米经纬线分别为 10 根、8 根。还有一片类似麻布口袋的东西，有折叠的接缝，在这块麻布上还缝有一段发辫似的麻绳。在这些麻布间夹杂有贝和被烧过的河蚌壳。除去覆盖在铜器上的丝织品和麻布可能为幂巾外，其余当是币帛类祭品。但这些丝、麻制品与先儒对束帛的描述差别很大。

就甲骨卜辞和考古发现来说，币帛在商代是不经常被用作祭品的。而后世币帛广泛地用于祭祀。

五 其他

1. 车

甲骨卜辞有用车祭祀祖先的辞例。

114）其🔯兄辛叀又车用又……（《合集》27628，见图 3.1 - 8）

"🔯"不可识，《甲骨文字诂林》认为它在卜辞中做祭名。[②]兄辛就是廪辛，这是康丁用车🔯祀其兄廪辛的卜辞。

小屯乙七基址南"北组墓葬"中的 5 座车坑中的车和西北冈王陵区东区车坑内被拆开的车就是祭祀祖先的祭品。

后世也发现有用车祭祀祖先的遗存。在属于春秋中晚期、被认为是秦宗庙遗址的凤翔马家庄一号建筑基址的中庭东部发现了 2 座车坑（其中一

---

① 王子杨：《甲骨文中值得重视的几条史料》，《文献》2015 年第 3 期。

② 于省吾主编《甲骨文字诂林》，第 935 页"🔯"字按语。

图 3.1 - 8 《合集》27628

坑被盗扰，发现有马骨)。① 它们当和其附近的牛、羊坑等一样是建筑基址使用过程中形成的遗存，即宗庙祭祀的遗存。

后世有以车为祭品的记载。如《汉书·郊祀志》载：秦并天下后，祭祀天下山川，对雍州山川于通常祭品外，"加车一乘，骝驹四"。② 东周时期还出现了用车模型来祭祀的现象。③《史记·封禅书》载秦人祭祀四畤，"畤驹四匹，木禺龙栾车一驷，木禺车马一驷，各如其帝色"。裴骃集解引《汉书音义》："禺，寄也，寄生龙形于木也。" 司马贞索隐："禺，一音寓，寄也。寄龙形于木，寓马亦然。一音偶，亦谓偶其形于木也。"④

2. 贝

甲骨文中有用贝祭祀的辞例：

---

① 陕西省雍城考古队：《凤翔马家庄一号建筑群遗址发掘简报》，《文物》1985 年第 2 期。

② （汉）班固：《汉书》卷 25 上《郊祀志》，第 1206 页。

③ 赵海洲、曹建敦：《东周时期车马祭祀探论》，《中原文物》2007 年第 2 期。

④ （汉）司马迁：《史记》卷 28《封禅书》，第 1376 ~ 1377 页。

115）丙戌卜，□贞：巫曰：禧贝于妇？用，若。〔五〕月。（《合集》5648）

116）甲申卜，贞：孚丁亡贝？

贞：孚丁其山贝？（《合集》11423 正）

二里头文化就有海贝、骨贝、石贝和蚌贝的出土。[1] 商文化墓葬中贝被广泛用来口含、手握、做装饰品和随葬。殷墟西区 M620 和大司空村 M312 还出土有铜贝，[2] 前掌大商代晚期墓葬 M119 的墓主人脚下有成堆的海贝。[3]

但用贝做祭品则比较少见。后冈圆形祭祀坑 H10 出土有比较多的贝，保存完好者有 718 枚。三层人骨架中都有，但以第一层人骨架中为多。这些贝或系在手臂或系在腰部。有的贝放在口中，有的放在麻袋里，装在麻袋里的一堆贝达 300 枚之多。这些贝除去系在手臂或腰部的为饰牲之物外（见下节），大多是用于祭祀的祭品。妇好墓距墓口深 4.3 米的墓室填土中出土 70 枚贝，[4] 这可能是落葬过程中祭祀的祭品。

3. 玉

据王宇信对甲骨卜辞的研究，[5] 商代用玉祭祀，但行祭的次数要比用其他祭品的次数少，数量也少，最多为三玉（《屯南》225）、二珏（《合集》1052 正）。这与考古发现中罕见用玉器做祭品是相一致的（祭祀坑中的玉柄形器等当是饰牲之物，不是祭品）。用玉、珏祭祀的对象只限于先公、先王和旧臣，自然神只有河（滆）、山等。所祭先王、先公有王亥、大乙、太甲、祖乙、南庚、丁等在商人历史上有特殊地位的先公先王，旧臣有黄尹。

117）甲午卜，設贞：王奏兹玉，成佐？

---

① 《中国考古学（夏商卷）》，第 123 页。
② 《殷墟的发现与研究》，第 322 页。
③ 中国社会科学院考古研究所山东工作队：《山东滕州市前掌大商周墓地 1998 年发掘简报》，《考古》2000 年第 7 期。
④ 《殷墟妇好墓》，第 220 页。
⑤ 王宇信：《殷人宝玉、用玉及对玉文化研究的几点启示》，《中国史研究》2000 年第 1 期。

甲午卜，設贞：王奏兹玉，成弗佐？（《合集》6653 正）

118）丙子卜，宾贞：侑（☒）珏彭河？二（《合集》14588）

119）……河珏，惟王自正。十月。（《合集》24951）

120）戊午卜：王燎于淹□宰，埋三宰☒一玉？一（《合集》14362）

121）癸巳贞：其燎玉山，雨？（《合集》33233 正）

卜辞中还有☒、璧（☒）、良（☒）、舁、玨、絸（☒）等表示具体玉器的字，有时也用作祭品。①

122）丙卜：蚰小白☒〔子〕……（《花东》359）

123）癸巳卜：子☒，蚰日璧啟丁？用。（《花东》37）

124）庚子卜：子☒，蚰舁☒良啟？（《花东》178）

125）辛亥卜：子啟妇好玨，往☒，在狀？（《花东》195）

126）乙巳卜：又☒，蚰之舁丁絸五？用。二（《花东》475）

甲骨卜辞中不见用玉祭祀天的辞例。这与后世文献中用玉祭天的记载不同。

在商文化一些大墓的填土中有玉器出土，如妇好墓距墓口深 4.3 米的墓室填土中出土有玉嘴形饰，距墓口深 4.6 米的填土中出土玉戈、玉圭各 1 件，距墓口深 5.6 米的填土中出土玉管、小玉璧、牙形璧等。② 西北冈 M1443 地面下 6.65 米，距木室（按：椁室）顶 1 米多的墓坑夯土中出土璧一件；在南墓道最北端夯土中地面下 1.2 米出土佩饰一组。③ 这些玉器可能就是落葬过程中祭祀地祇（后土）的祭品。

---

① 刘一曼：《花东 H3 祭祀卜辞研究》，《三代考古》（二），第 428 ~ 449 页。
② 《殷墟妇好墓》，第 9 ~ 11 页。
③ 梁思永、高去寻：《中国考古报告集之三·侯家庄·第九本·1129、1400、1443 号大墓》，第 124 ~ 125 页。

六 对祭祀卜辞中和商文化祭祀坑内的青铜容器之属的考察

后世对祭品和祭器是有严格区分的。《周礼·地官·乡师》曰：乡师，"正岁，稽其乡器，比共吉凶二服，间共祭器，族共丧器，党共射器，州共宾器，乡共吉凶礼乐之器"。郑玄注："祭器者，簠簋鼎俎之属，间胥主集之。丧器者，夷槃、素俎、楬豆、輤軸之属，族师主集为之。"① 《史记·张仪列传》："祭器必出。"司马贞索隐："凡王者大祭祀必陈设文物轩车彝器等，因谓此等为祭器也。"② 可见，文献中的祭器是指祭祀时的用具。我们常说的鼎、尊等青铜容器之属，若用于祭祀，则属于祭器。

甲骨卜辞中有一些诸如"爵""鬲"等后世作为祭器的字，有学者认为它们在卜辞中是做祭品用的。

1. 爵

127）庚戌卜，王曰贞：其爵用？（《合集》24506）

赵诚认为127）辞中的爵就是"用爵以祭"。③ 甲骨卜辞中还有类似辞例：

128）己丑卜：妇石燎爵于南庚？（《屯南》2118）

129）……〔咸〕辇燎爵于祖丁……（《合集》22184）

2. 鬲

130）甲戌卜，贞：其尊鬲，改十牛于丁？（《合集》1975）

131）于父丁其尊鬲。（《合集》32235）

或以为130）、131）二辞中的"鬲"用其本义，"谓奉进'鬲'为祭品"。④ 相似的辞例还有：

---

① （汉）郑玄注，（唐）贾公彦疏《周礼注疏》卷11《乡师》，第293页。

② （汉）司马迁：《史记》卷70《张仪列传》，第2299页。

③ 赵诚：《甲骨文简明词典——卜辞分类读本》，第222页。

④ 于省吾主编《甲骨文字诂林》，第2743页"鬲"字按语。

132）癸酉卜：卯戠至于父丁尊其鬲？（《屯南》1090）

133）甲寅贞：来丁巳尊甗于父丁祖三十牛？

　　　 𡆥羌叀牛？

　　　乙卯贞：其尊甗又羌？（《合集》32125）

或认为133）辞中的"甗"用作"献"。① 而甗在此辞中的语境与鬲在130）～132）诸辞中的语境完全一样。若鬲为祭品，则甗亦为祭品。

其实，127）～133）诸辞中的爵、鬲和甗也可以解释为奉献给神灵的是它们之所盛，而非它们本身。

卜辞中还有卣。

134）祖丁吞鬯三卣。（《合集》27301）

135）□□卜，贞：王〔宾〕康祖丁，伐□人、卯二牢、鬯二卣，亡尤？

　　　丁酉卜，贞：王宾文武丁，伐三十人、卯六牢、鬯六卣，亡尤？（《合集》35355）

134）、135）二辞中的"卣"是个量词，表示的是奉献给神灵鬯酒的数量。相同的用法还见于文献，如《尚书·洛诰》："予以秬鬯二卣，曰明禋，拜手稽首，休享。"② 或者是，在祭祀中用作祭品的是卣内的鬯酒，而不是卣。

甲骨文中还有斝、豆、毁、盂、盘等字，但均不见用作本义者。甲骨文中的鼎或用作本义，但不能表明其就是祭品。

下面笔者再对商文化祭祀坑内的青铜容器之属做一考察。

首先来看商文化中心区单独埋青铜容器之属的坑。

商文化中心区也曾发现有埋青铜容器之属的器物坑，但比较罕见。如郑州商城发现的张寨南街、向阳食品厂和南顺城街等三个青铜器器物坑③

---

① 于省吾主编《甲骨文字诂林》，第2718页"甗"按语。

② （汉）孔安国传，（唐）孔颖达疏《尚书正义》卷15《洛诰》，第416页。

③ 河南省文物考古研究所、郑州市文物考古研究所编著《郑州商代铜器窖藏》，科学出版社，1999。

及洹北商城发现的青铜器器物坑①。关于郑州的铜器坑，安金槐认为是祭祀后对祭祀用过的青铜器的窖藏，② 张国硕认为是祭祀城墙和护城河（即后世的城隍）的遗存。③ 而多数学者认为这是窖藏坑。④ 王文华、宋国定、陈万卿从这三个器物坑出土青铜器的组合入手分析，提出这"可能是同一批铜器经过统一规划后分不同地点同时埋藏的"。⑤ 其实学界普遍认为这三个器物坑所出器物都是王室祭祀重器，它们的铸造年代又是相差很大的（对具体器物的铸造年代意见尚不一致），即同坑器物的铸造年代也是不同的。如果商人有祭祀后瘗埋青铜容器之属的习俗，那么早期的青铜容器又何以会保留到晚期才被瘗埋呢？这是祭祀后瘗埋青铜容器之属说所不能解释的。而有的器物在出土时是装在其他器物中的，这又说明这些青铜容器在埋藏时是没有装盛祭品的。笔者认为郑州的三个青铜器坑与祭祀无关。洹北商城的青铜器坑为窖藏，学界没有异议。

在殷墟西北冈王陵区西区曾发掘到一个长方形坑，内埋1个大铜鼎、2个小铜鼎。⑥ 这座器物坑不排除异穴殉葬（或陪葬）的可能。此外就是小屯丁组基址（小屯东南地）中F1的2号门西侧埋有3个陶罐，其中编号为A的罐内装有有铭文"武父乙"的铜盉，简报推测其"当也与修建房基进行祭祀有关"，⑦ 报告没有对A坑及铜盉的埋藏性质做解释。⑧ 笔者还不能推定此陶罐和铜盉埋于此的用意，其在目前的考古发现中也是孤例。

总之，就目前的考古发现看，商文化中心区没有单独埋青铜彝器的祭祀坑。

---

① 孟宪武：《安阳三家庄发现商代窖藏铜器》，《考古》1985年第12期。
② 安金槐：《关于郑州商代青铜器窖藏坑性质的讨论》《再论郑州商代青铜器窖藏坑的性质与年代》，两文后收入氏著《安金槐考古论集》，中州古籍出版社，1999，第257～260、261～270页；两文分别原载于《华夏考古》1989年第2期和1997年第1期。安金槐观点还见于《郑州商城——1953～1985年考古发掘报告》的相关章节。
③ 张国硕：《郑州商城铜器窖藏坑性质辨析》，《中原文物》2018年第1期。
④ 陈旭：《郑州杜岭和回民食品厂出土青铜器的分析》，《中原文物》1986年第4期。
⑤ 王文华、宋国定、陈万卿：《浅论郑州商代铜器窖藏的年代与性质》，张松林主编《郑州文物考古与研究》（一），科学出版社，2003，第1484～1494页。
⑥ 高去寻：《安阳殷代王室墓地》，李伯谦编《商文化论集》，第295～300页；原载于《殷都学刊》1988年第4期。
⑦ 中国社会科学院考古研究所安阳工作队：《河南安阳殷墟大型建筑基址的发掘》，《考古》2001年第5期。
⑧ 《安阳殷墟小屯建筑遗存》，第22、28页。

在盘龙城曾发现三个器物坑，报告认为是祭祀坑。① 但没有做具体的论证，不足以采信。

接下来我们来看商文化中与牺牲共存的埋有青铜容器之属的祭祀坑。

在郑州商城、偃师商城宫城内和小双桥遗址的一些祭祀遗迹中有陶器与祭品伴出，但这类祭祀遗迹占现在所发现祭祀遗迹的比重很小。

在殷墟的一些祭祀坑中也有陶器和铜器（主要是容器）伴出。具体如小屯乙七基址南边的北组墓葬中有 M51（陶鬲、簋、豆）、M238（青铜觚、爵各 3 件，罍、壶、卣、斝各 1 件，方彝 2 件，青铜镞、戈、刀、弓形器等）、M188（青铜觚、爵、鼎、甗、瓿、簋各 1 件，斝 2 件）、M197（陶觚、爵、鬲、盆、罐或罍），占北组 50 座祭祀坑的 8%（M31 为墓葬，不计入祭祀坑之列）。中组墓葬中有 M164（青铜弓形器、戈等，陶圜底罐、盆、器盖、中柱盂、罍各 1 件），占 80 座祭祀坑的 1.25%。

西北冈王陵区“小墓”多是祭祀坑，但 20 世纪 30 年代发掘的资料发表得不完整，笔者仅对 20 世纪 70 年代发掘的 231 座祭祀坑做一考察。② 这批祭祀坑中伴出陶、铜器（主要是容器）的有 M12（陶罍 2 件、器盖 6 件）、M15（陶器盖 1 件，被盗）、M137（铜戈 1 件）、M221（铜刀 1 件）、M229（铜鼎 2 件、铜斗 1 件、硬陶瓿 2 件）、M230（陶柱盆、残陶罍片）、M238（陶鬲 1 件、小陶罍 1 件、陶器盖 1 件）、M240（石钺 1 件）共 8 座，占 3.5% 左右。

其他比较著名的祭祀坑中伴出有青铜器、陶器的有后冈圆形祭祀坑（铜鼎、卣、爵各 1 件，刀 1 件，戈 2 件，镞 1 件，铃、泡各 1 件；陶器有鬲 2 件，甗 1 件，甑 1 件，簋 3 件，盆 3 件，罐 8 件，圜底罐 9 件，罍 2 件，瓿 1 件，瓮 2 件）和 1975 年发掘的小屯村北房址 F11 中部的方形祭祀坑。③ 与建筑营造有关的有些祭祀（或巫术）坑内也出有器物，兹不一一介绍了。

① 《盘龙城——1963~1994 年考古发掘报告》，第 125~128、263 页。
② 安阳亦工亦农文物考古短训班、中国科学院考古研究所安阳发掘队：《安阳殷墟奴隶祭祀坑的发掘》，《考古》1977 年第 1 期；中国社会科学院考古研究所安阳工作队：《安阳武官村北地商代祭祀坑的发掘》，《考古》1987 年第 12 期。
③ 中国科学院考古研究所安阳发掘队：《1975 年安阳殷墟的新发现》，《考古》1976 年第 4 期。

这些伴出器物的祭祀坑在整个祭祀坑中所占比例很小。

再从这类祭祀坑伴出器物的组合看，除北组墓葬的 M51、M238、M188、M197 和后冈圆形祭祀坑所出器物组合与墓葬相似外，其他的祭祀坑没有固定的组合。而小屯村北 F11 中部的方形祭祀坑中只出土青铜器盖，西北冈祭祀坑 M12 出土器盖 6 件、陶罍 2 件，这些器盖原本应该是和器物配合使用的。它们单独出现在祭祀坑中，当是祭祀完毕处理祭品时无意的遗留。这些没有固定组合的器物不应该是祭祀所用全部祭器的反映，即祭祀完毕，有一部分器物没有随祭品埋入祭祀坑。而大量的没有伴出青铜容器之属的祭祀坑，也不能说明祭祀时没有用青铜容器。后冈圆形祭祀坑内的陶器的底部和腹部粘有很多谷物，因此，做祭品的是这些器物内的谷物，而不是器物本身。

总之，笔者认为商文化总体上没有把青铜容器之属用作祭品的习俗；祭祀完毕，也没有瘗埋青铜容器之属的习俗。而有的祭祀坑内与牺牲等伴出的器物当是偶然的遗留，这与文献中对祭器用途的记载是相一致的。

文献记载表明：祭祀完毕，祭器是不随祭品一起被处理掉的，而是被收藏起来，以备以后使用。

《周礼·春官·天府》云："天府掌祖庙之守藏与其禁令。凡国之玉镇、大宝器，藏焉。若有大祭、大丧，则出而陈之；既事，藏之。"[1] 《尚书·顾命》描写在宗庙陈宝器的场景："越玉五重，陈宝，赤刀、大训、弘璧、琬琰，在西序。大玉、夷玉、天球、河图，在东序。胤之舞衣、大贝、鼖鼓，在西房。兑之戈、和之弓、垂之竹矢，在东房。大辂在宾阶面，缀辂在阼阶面，先辂在左塾之前，次辂在右塾之前。"[2]

除了祭祀，祭器中的彝器还可以用来宴飨宾客。

《礼记·坊记》："敬则用祭器。"郑玄注："祭器，笾、豆、簋、铏之属也。有敬事于宾客则用之，谓飨食也。盘、盂之属为燕器。"[3] 相同的记载又见于《周礼·春官·小宗伯》："辨六彝之名物，以待果将。辨六尊之名物，以待祭祀、宾客。"[4] 具体事例见于《国语·周语中》：晋随会聘于

---

① （汉）郑玄注，（唐）贾公彦疏《周礼注疏》卷 20《天府》，第 529~530 页。

② （汉）孔安国传，（唐）孔颖达疏《尚书正义》卷 18《顾命》，第 502~503 页。

③ （汉）郑玄注，（唐）孔颖达疏《礼记正义》卷 51《坊记》，第 1411 页。

④ （汉）郑玄注，（唐）贾公彦疏《周礼注疏》卷 19《小宗伯》，第 491 页。

周，定王飨之，曰："……品其百笾，修其簠簋，奉其牺象，出其尊彝，陈其鼎俎……"① 一些青铜器铭文也指出了该器兼具祭祀和宴飨的多重功用。西周早期的《小臣宅簋》："……用作乙公尊彝，子子孙孙永宝，其万年用飨王出入。"陈梦家云："此器为乙公的祭器，而又用以'飨王出入'是兼为实用之器。"② 再如《卫鼎》："卫肇作厥文考己中宝鼎……乃用飨王出入吏人暨多朋友……"唐兰指出："此为祭器但又扩展为宴飨用器。"③

由于祭器是礼器，是身份的象征，不同身份的人拥有不同的祭器。这样就出现了转借祭器的现象。《礼记·曲礼下》："无田禄者不设祭器，有田禄者先为祭服。君子虽贫，不粥祭器。虽寒，不衣祭服。"郑玄注："祭器可假，祭服宜自有。"《礼记·王制》："大夫祭器不假。"孔颖达疏："正义曰：皇氏云：'此谓有地大夫，故祭器不假。若无地大夫，则当假之……'"《礼记·礼运》："大夫具官，祭器不假，声乐皆具，非礼也。是谓乱国。"孔颖达疏："凡大夫无地，则不得造祭器。有地虽造而不得具足，并须假借。若不假者，惟公孤以上得备造，故《周礼》：'四命受器。'郑云：'此公之孤，始得有祭器者也。'又云：'王之下大夫亦四命。'"④

祭祀时使用借来的祭器，那么祭祀完毕，这些器物当然不可能被瘗埋掉。

由于青铜容器之属（彝器）要长期保存，所以周代贵族往往把祖先的功德铭刻于彝器之上，借彝器之载体使祖先功业流芳千古。

除了以上用途，祭器还用来随葬。《礼记·檀弓上》："仲宪言于曾子曰：'夏后氏用明器，示民无知也。殷人用祭器，示民有知也。周人兼用之，示民疑也。'曾子曰：'其不然乎，其不然乎。夫明器，鬼器也；祭器，人器也。夫古之人胡为而死其亲乎？'"⑤

总之，文献记载表明：祭祀完毕，祭器是不随祭品一道被处理掉的，即被焚烧或瘗埋。而文献关于祭祀过程的描述也说明了瘗埋无祭器。如《史记·封禅书》载：元鼎四年冬，汉武帝郊雍，"议曰：'今上帝朕亲郊，

---

① 徐元诰：《国语集解》，第 59 页。

② 陈梦家：《西周铜器断代》，中华书局，2004，第 34 页。

③ 唐兰：《西周青铜器铭文分代史征》，中华书局，1986，第 248 页。

④ （汉）郑玄注，（唐）孔颖达疏《礼记正义》卷 4《曲礼下》、卷 13《王制》、卷 21《礼运》，第 114、430~431、680 页。

⑤ （汉）郑玄注，（唐）孔颖达疏《礼记正义》卷 8《檀弓上》，第 231 页。

而后土无祀，则礼不答也。'有司与太史公、祠官宽舒议：'天地牲角茧栗。今陛下亲祠后土，后土宜于泽中圜丘为五坛，坛一黄犊太牢具，已祠尽瘗，而从祠衣上黄。'"于是在汾阴立后土祠，"如宽舒等议"。① 《礼记·曲礼上》更明确地说："祭器敝则埋之。"②

《隋书》卷 6 载：梁武帝萧衍天监三年（504），"又有司以为衲竟，器席相承还库，请依典烧埋之。佟之等议：'案《礼》"祭器弊则埋之"。今一用便埋，费而乖典。'帝曰：'荐藉轻物，陶匏贱器，方还付库，容复秽恶。但敝则埋之，盖谓四时祭器耳。'自是从有司议，烧埋之"。③ 笔者认为梁武帝所言是符合人情的。商代也大抵如此。

七　小结

通览甲骨卜辞和考古发现的祭祀遗存，商文化的祭品主要有人牲、牺牲、粢盛、鬯酒、币帛、玉、车、贝等，后世文献所记载的祭品在商代大体已经具备。在众多的祭品中，尤以人牲和牺牲为多，而后世人牲较少见。诸种牺牲中，又以牛、猪、犬、羊为多。就这些祭品的性质而言，除部分人牲、马牲及象等是供神灵奴役，币帛、玉、车、贝等供神灵使用外，绝大多数和饮食有关。《礼记·礼运》云："夫礼之初，始诸饮食，其燔黍捭豚，污尊而抔饮，蒉桴而土鼓，犹若可以致其敬于神。"孔颖达疏："经云'礼之初，始诸饮食'，谓祭祀之礼，故始诸饮食。"④ 商文化的祭品以饮食类为主，这是礼始诸饮食的反映。而商文化非饮食类祭品的存在，则反映了商文化的祭礼已较其初始阶段有了较大的发展。

具体到诸类祭祀，商文化宫室类建筑区祭祀（庙祭）的祭品有人牲、牛、猪、羊、犬、马、鱼、象、虎、鹿、鸡、兔、鹤、不知名的鸟等动物性以及粢盛、鬯酒、车等，是诸类祭祀中祭品种类最丰富的祭祀之一。但具体到某一遗址或某一时期，则诸遗址间或不同时期的祭品又是有差别的。如偃师商城宫城祭祀区的牺牲以猪为主，C 区有 100 多头，⑤ 而商文

---

① （汉）司马迁：《史记》卷 28《封禅书》，第 1389 页。
② （汉）郑玄注，（唐）孔颖达疏《礼记正义》卷 3《曲礼上》，第 85 页。
③ （唐）魏徵等：《隋书》卷 6《礼仪一》，中华书局，1973，第 109 页。
④ （汉）郑玄注，（唐）孔颖达疏《礼记正义》卷 21《礼运》，第 666、667 页。
⑤ 简报推测猪的数量在 300 头以上。不计此后祭祀 D 区的 96 头。见第二章第一节。

化全部的宫殿宗庙区祭祀遗存中发现的猪牲也才 120 多头。小双桥遗址除有较多的人牲外，还有较多的牛牲，小双桥宫室类建筑区的牛牲占整个商文化宫室类建筑区牛牲的 96%。而商代晚期的宫殿宗庙区祭祀用牲则以人牲为主。出现这种现象的原因，其一是考古发掘的局限性。假若没有偃师商城宫城祭祀区的发掘，则猪牲在商文化宫殿宗庙区祭牲中所占的比例就很小。而郑州商城至今没有发现与其庞大的早商宫殿宗庙建筑群相匹配的祭祀遗存，洹北商城也没有发现与其宫殿宗庙区匹配的祭祀遗存。商代的其他都邑也尚在探寻中。其二可能是商代不同时期在祭祀用牲的种类上有变化。但晚商甲骨卜辞中有大量的用牛、猪、羊、犬等祭祀祖先的记载，故这种可能性比较小（卜辞反映的人牲数量在不同时期的变化除外）。其三是商代不同时期对祭祀后牺牲的处理方式不同。第二、三种原因只是推测。

考古所见社祀的祭品只有人牲和犬牲。而卜辞中社祀的祭品尚有牛牲、羊牲、猪牲、粢盛和鬯酒等，后世社祀祭品种类更丰富。就考古发现，尚看不出商文化社祀祭品在商代早晚期的变化。

手工业作坊范围内的祭祀遗存所见祭品只有人牲和牺牲。早商时期用人牲和猪牲，晚商时期人牲和猪牲数量减少，少见于早商的牛牲和马牲数量增加。

目前发现的与建筑有关的祭祀或巫术遗存大多属于商代晚期。基址夯筑之初的祭祀使用儿童和犬牲。基址夯筑过程中的祭祀使用人牲、牛牲、羊牲和犬牲，人牲中有一部分表现为"瓮棺葬"。基址夯筑甫就的祭祀或巫术遗存主要使用人牲、犬牲，可能也有羊牲，在小屯丁组基址的两座祭祀坑中还发现有粟类谷壳（粢盛）。与基址夯筑之初、夯筑过程的祭祀或巫术遗存不同的是，基址夯筑甫就的祭祀或巫术坑中有较多的陶、铜质容器、戈之属与人牲或动物牲伴出。

门祀类遗存发现较少，就目前发现看，主要用人牲。

城墙附近的祭祀发现也比较少，主要用人牲、猪牲和犬牲。

目前发现的墓地内或附近祭祀祖先的祭祀遗存都属于商代晚期，此类祭祀的祭品也非常丰富，有人牲、牛牲、猪牲、羊牲、犬牲、马牲、象、鹰、猴、河狸、狐、蚌蛤、粢盛、鬯酒、币帛、车、贝等。但诸遗址之间在祭品上有差别，此当与主祭者的等级差别有关，详见下文。

落葬时祭祀地祇（后土）的祭品，主要是人牲、犬牲、羊牲等，可能也有粢盛。落葬时对地祇（后土）的祭祀也当有等级差别，见下文。

墓葬奠窆则以牛、羊腿骨为主。

有些祭品虽然同见于诸类祭祀遗存，但在不同类别祭祀遗存中致祭方法是有区别的（如选用牲体的部位）。具体如宫殿宗庙区祭祀遗存（庙祭）和墓地内或附近祭祀祖先的祭祀遗存的致祭对象主要是祖先神，也都用人牲，但宫殿宗庙区不见单独的"人头祭祀坑"，而 20 世纪 30 年代在殷墟西北冈王陵区东区（属于公共祭祀场）发现有 209 个人头坑，每坑埋 3 ~ 39 个人头不等。宫室类建筑基址夯筑甫就的巫术坑中有诸多的人牲呈跪姿，而其他类祭祀的人牲或作俯身或作仰身。

接下来谈谈祭祀遗存的等级差别。

首先，商文化各类祭祀之间是存在差别的。就考古发现的诸类祭祀遗迹的数量、诸类祭祀所用祭品的种类多寡和数量多少来说，宫室类建筑区祭祀（庙祭）和墓地对祖先的祭祀是最多的。而它们的祭祀对象主要是祖先神。据晁福林统计，可以确认的祭祀祖先的卜辞有 15000 多条，其数量超过了其他任何一类卜辞。[①] 考古所见祭祀祖先类遗存的数量在所有祭祀遗存中所占比例最大与祭祀卜辞中有关祖先祭祀卜辞最多是一致的，这进一步说明了商人在诸种祭祀中尤其重视祖先祭祀。商文化社祀遗址目前只发现了两处，也可能还有已经发掘了的社祀遗址尚没有辨识出来。从已经发现的社祀祭品的种类和数量来讲，社祀在商人心目中的地位是低于祖先祭祀的，这也和社祀卜辞远远少于祖先祭祀卜辞的实际相一致。在商代，尽管社神已经具有了较高神格和较大职权，但其地位还没有达到像周代那样和祖先神相并列的地步。其他类祭祀无论是祭品的种类，还是祭品的数量，都无法和祖先祭祀相比。

其次，商文化祭祀遗址的分布、同类祭祀遗址中祭品的种类和数量也是有等级差别的。而这种差别与主祭者的等级有关。

目前发现的商文化祭祀遗存，绝大多数分布在商文化的中心遗址或商代的都邑中。这固然与我们对商文化中心遗址所做工作较多有关，但不可否认商文化祭祀遗存与商文化遗址内所生活人群之间存在密不可分的关

---

① 晁福林：《论殷代神权》，《中国社会科学》1990 年第 1 期。

系。社会地位、等级较高者一般居于中心聚落。商文化祭祀遗存之分布状况反映了商文化等级较高者举行祭祀活动较频繁且规模较大的史实。

具体到各类祭祀遗存，也可以看出祭祀的等级。

目前发现的宫殿宗庙区祭祀（庙祭）遗存就其所属可以区分为商王室和高级贵族两种。属于高级贵族的只有小屯西北地一处遗址。在那里发现了 17 座祭祀坑，祭品只有 27 具人牲。祭祀性建筑只有房屋类建筑 F29。而和它同属商代晚期的小屯北组墓葬、中组墓葬、乙一基址附近祭祀遗存则是王室的宫殿宗庙区祭祀（庙祭）遗存。单北组墓葬的祭品就有 201 具人牲、11 头以上猪牲、10 只羊牲、1 只犬牲、3 只鸟、14 匹马、至少 4 辆车。就祭品的种类和数量来说，远远多于小屯西北地宫殿宗庙区祭祀遗存。而据甲骨卜辞，商王室宫殿宗庙区除了房屋类祭所，还有"坛"类祭祖之所。这两处遗址在祭品种类、数量和祭所种类上的差别，实际体现的是商王室和高级贵族的等级差别。

墓地内或附近祭祀祖先的遗存，则可以分为三个等级。殷墟西北冈王陵区祭祀场属于王和王室的祭祀遗存，在分布面积、祭祀坑数量、祭祀次数、祭品种类、祭品数量等方面均远远大于或多于其他墓地内或附近祭祀祖先的祭祀遗存，它当是此类祭祀遗存的最高等级。后冈圆形祭祀坑是高级贵族祭祀祖先的遗存，用了 73 具人牲，还有蚌蛤、币帛、粢盛、酒、贝等祭品。与这些祭品伴出的还有青铜鼎、卣、爵等祭器，祭器是身份和等级的标识。小屯丙组基址北段墓葬附近有 6 座祭祀坑，埋有 14 具人牲、53只以上羊牲和 46 只以上犬牲。后冈圆形祭祀坑和小屯丙组基址北段墓葬附近的祭祀遗存当属于一个等级，即高级贵族在墓地内或附近祭祀祖先的遗存。大司空圆形祭祀坑只埋有 31 具人牲，它可能是一般族祭祀祖先的遗存。郭家庄墓地祭祀坑 H1 大约与大司空圆形祭祀坑相类。

与房屋类建筑营造有关的祭祀（或巫术）遗存在所用祭品上也有等级差别。宫室类建筑基址夯筑之初的祭祀遗迹只发现于属于商王室的小屯乙组基址（也可能和其他建筑多发掘至基址面就停止发掘有关）。商王室宫室类建筑基址夯筑过程中的祭祀或巫术遗存（如小屯甲组和乙组基址中的部分建筑）多埋犬、牛和羊，只有洹北商城一号宫殿基址（有 5 座）、小屯乙七基址（有 1 座）、乙十三基址（有 1 座）的部分此类遗存分别埋 1具人牲。虽然族的聚居区内部分较大的建筑基址在夯筑过程中有祭祀遗存，但所埋一般为"瓮棺葬"（也有成年人牲）。有基址夯筑甫就的祭祀或巫术坑的建筑也多属于商王室。

落葬过程中祭祀地祇（后土）的遗存也可以分出不同的等级。一般的中小型墓葬只是在填土中埋一只犬或羊；规模较大的墓葬，不仅墓室填土中埋人牲，而且在墓葬附近有祭祀坑。而诸如殷墟西北冈可能属于殷王的M1001、M1500等大墓的填土中更是分层埋大量的人牲，其用牲数量远非中小型墓葬可比。

奠鼍只见于墓组中等级较高的墓葬，即只有在"分族"中具有较高地位的人死后才有奠鼍。而且只有个别等级极高的大墓才用马腿奠鼍。

《管子·国准》云："殷人之王，诸侯无牛马之牢，不利其器……诸侯无牛马之牢，不利其器者，曰淫器而壹民心者也。"[1] 王晖据此认为：商代商王在祭器、牺牲等方面对诸侯方国的祭祀权进行限制，不准诸侯方国使用"牛马之牢"去祭祀神灵。他进而把《周易·既济》"东邻杀牛，不如西邻之禴祭，实受其福"解释作：作为商诸侯的文王受祭祀权的限制，只能用新菜进行禴祭。[2] 王晖的结论虽然过于绝对，但商文化不同等级持有不同祭器已为商文化墓葬所证明，商文化同类祭祀遗存间也确实存在因主祭者的等级不同所造成的祭品多寡的等级差异。这种差异固然与不同等级的主祭者所拥有的财富不等有关，但更主要的还应该是当时礼制的规定。

后世文献有对周代以前祭祀等级的追忆。《国语·楚语下》载观射父语："古者先王日祭月享，时类岁祀。诸侯舍日，卿、大夫舍月，士、庶人舍时。"同文还载有观射父关于不同等级的人所祭神灵范围不同的话语："天子遍祀群神品物，诸侯祀天地、三辰及其土之山川，卿、大夫祀其礼，士、庶人不过其祖。"[3] 就目前对商代祭祀遗存的研究，尚看不出不同等级的人在祭祀时间和神灵上的差别，但从祭祀卜辞看，王卜辞所记的祭祀对象或神灵要比非王卜辞广泛。

总之，商代祭祀在各类祭祀之间和不同等级的主祭者所进行的同一类祭祀之间已经有了等级差别，即商代的祭祀已经纳入了礼制的轨道。而这

---

[1] （清）黎翔凤：《管子校注》卷23《国准》，第1392页。
[2] 王晖：《商周文化比较研究》，人民出版社，2000，第110页。
[3] 徐元诰：《国语集解》，第518页。

种祭礼实行之后，"于是乎合其州乡朋友婚姻，比尔兄弟亲戚。于是乎弭其百苛，殄其谗慝，合其嘉好，结其亲昵，亿其上下，以申固其姓。上所以教民虔也，下所以昭事上也"。① 即客观上增强了宗族的凝聚力，维护了统治秩序，促进了社会稳定。

商代墓葬奠竁所用牲体的种类在同一墓组间或分族间所具有的一致性，与后世文献所载奠竁用牲的种类组合与墓主等级间的关系有较大差异。② 这说明血缘关系或族在商代社会中具有较后世更重要的地位。

最后来谈谈殷墟晚期商文化祭祀的相对衰落。

由于商代早、中期祭祀遗存的不完整性，笔者尚不能对整个商文化的祭祀历程做考察。但对资料相对完整的商代晚期商王室的祖先祭祀遗存做一考察，就会发现殷墟晚期商王室祖先祭祀在殷墟二期达到高峰后，呈现相对衰颓之势。具体表现为：王陵区公共祭祀场的祭祀坑大部分属于殷墟早期，殷墟三、四期的祭祀坑较少；③ 小屯宫殿宗庙区的祭祀坑大多属于殷墟二期。

这种相对衰落在卜辞中也有反映。最突出的就是武丁以后人祭卜辞的数量及其所记用人牲数量的减少，对此胡厚宣已有论述，见前文。在卜问单次祭祀用牲数量上，武丁以后也呈下降趋势，具体如武丁时期一次最多为千人、千牛、五百牢，康丁至文丁时期最多为二百人、百牛、百牢，帝乙帝辛时期最多为三十人，用牲也在百头以下。④ 帝辛统治晚期甚至废弃了对祖先等神祇的祭祀。⑤ 而罗琨还注意到武丁时期的占卜内容繁杂，涉及农业、畜牧业、田猎、战争、纳贡、天文气象、疾病生死、吉凶梦幻、出入往来等，祖庚祖甲时期的卜辞内容比较简单，康丁至文丁时期有所反复，帝乙帝辛时卜辞内容更加单纯了，重点是战争和田猎。但此时的战争卜辞"主要是征伐途中吉凶的占卜，而不似武丁时战争卜辞那样有大量的向祖先的告祭，更不再以受命神灵的名义出征"。罗琨在分析其中的原因

---

① 徐元诰：《国语集解》，第 519 页。
② 谢肃：《商文化墓葬二层台上放置动物腿骨现象与"奠竁"礼比较研究》，《华夏考古》2009 年第 2 期。
③ 在 1976 年王陵区祭祀坑发掘后，杨锡璋、杨宝成已经发现了这一现象（见其作《从商代祭祀坑看商代奴隶社会的人牲》，《考古》1977 年第 1 期）。
④ 刘一曼：《安阳殷墓青铜礼器组合的几个问题》，《考古学报》1995 年第 4 期。
⑤ 王晖：《商周文化比较研究》，第 142 ～ 152 页。

时说："随着奴隶制的发展，奴隶制国家机器的不断强化和完善，生产和行政方面重大事务逐渐根据奴隶主阶级的利益纳入一定轨道，形成一套制度。商王已不再需要处处借助鬼神，给自己的统治加上神圣的光环，宗教统治作用退居次要地位。"① 罗琨的意见是正确的。

与商王室祖先祭祀遗存数量在殷墟二期以后减少的现象相对应的是商代晚期后段墓葬随葬器物的日益明器化。在殷墟一期晚段个别墓葬已经出现了明器化的武器，二期则出现了明器化的青铜礼器。但这些明器化的青铜礼器只出土于随葬一套觚、爵的小墓，明器化的青铜礼器只有觚和爵。到了殷墟第三期，随葬明器化青铜礼器的墓葬数量增多，一些有两套觚、爵的墓葬也出现了明器化的青铜礼器，这些明器化的青铜礼器除了觚、爵，新出现了鼎、尊、簋等。殷墟四期随葬明器化青铜礼器的墓葬更加普遍，又出现了甗、斝、卣、觯、罍、盘等新明器。② 自廪辛、康丁、武乙、文丁时期以来墓葬随葬的陶觚、爵，"也产生了变化，由体积较大、制作较精致向体积小、制作简陋的方向发展"，③ 即陶器也日益明器化。随葬器物明器化是人们鬼神观念发生变化的反映。

总之，自殷墟二期以后商王室祖先祭祀遗存数量的减少和武丁以后甲骨卜辞中祭祀卜辞数量的减少及祭祀卜辞反映的祭祀用牲规模的减小是一致的。与其相应的是，殷墟晚期商文化墓葬随葬器物的日益明器化。殷墟晚期祭祀次数和规模的相对缩减及墓葬随葬品的明器化或是神权在殷墟晚期相对衰落的反映。

第二节　商文化的祭祀方法

"祭祀方法是指在祭祀活动中处理人牲、祭品的方法。"④ 甲骨文中保存有大量被称作祭法和祭名的词语，透过它们可以窥商文化祭祀方法之一斑。另外文献中也有关于后世祭祀方法的描述或记载。本节将结合甲骨卜

---

① 罗琨：《商代人祭及相关问题》，胡厚宣等著《甲骨探史录》，第 112～191 页。
② 刘一曼：《安阳殷墓青铜礼器组合的几个问题》，《考古学报》1995 年第 4 期。
③ 杨锡璋、杨宝成：《殷代青铜礼器的分期与组合》，中国社会科学院考古研究所编著《殷墟青铜器》，文物出版社，1985，第 79～102 页。
④ 刘一曼、徐广德：《论安阳后冈殷墓》，《中国商文化国际讨论会论文集》，第 182～200 页。

辞中的祭法和祭名、文献中关于祭祀方法的记载、考古发现，尝试对商文化的祭祀方法做一研究。笔者将卜辞和文献中的祭祀方法分作如下几类。

一　砍头类祭祀方法

1. 伐

甲骨文作[illegible]，象以戈斩人首。在甲骨刻辞中用作用牲法，即斩人首以祭祀。

1）丁酉卜，贞：王宾文武丁，伐三十人，卯六牢，鬯六卣，亡尤？（《合集》35355）

“伐”在卜辞中也用作名词，意为砍了头颅的人牲，具体包括头颅和躯体。[①] 有时，还要对已经砍头的人牲进行肢解。

2）贞：御于父乙[illegible]三牛，册三十伐，三十宰？（《合集》886）

3）贞：册祖乙十伐㞢五，卯十宰㞢五？二（《合集》898）

4）甲寅卜，贞：三卜用，血三羊，册伐二十，鬯三十，牢三十，艮三多于庚妣？三（《合集》22231）

5）……父甲必，舌伐五人，王受有祐？（《屯南》2520）

2）~5）四辞中的“册伐”“舌伐”就是肢解砍掉头的人牲。

也有杀牲后仅取头颅致祭的。

6）乙卯卜：甶十用？一二（《合集》22294）

7）至母戊在妣辛必，其用甶？（《屯南》2538）

8）……用危方甶于妣庚，王宾。（《合集》28092）

9）羌方甶其用，王受又又？（《合集》28093）

---

① 高智群：《献俘礼研究（下）》，中华书局编辑部编《文史》第36辑，中华书局，1992，第11~26页。

6) ~9) 诸辞中的"甶"就是人牲的头颅,诸辞是对用人头祭祀的卜问。[1]

10) ……方伯……祖乙戍（伐?）…… (《合集》38758,人头骨刻辞)

11) ……方伯用…… (《合集》38759,人头骨刻辞)

12) ……伯…… (《合集》38760,人头骨刻辞)

甲骨文中有15片人头骨刻辞,王宇信、杨升南认为:"人头骨刻辞的含义,犹如今民间祭祖,有时要在贡品上书写某物给某位先人一样","人头骨刻辞的性质,完全是为了祭典,是刻辞以报先人,不是留给活人看的,也非着重在纪念,而在旌扬先祖之佑之功,其人头骨无一完整,皆为碎小片,可能在献祭之际即已打碎"。[2] 他们的意见是正确的。这15片有刻辞的人头骨就是用人头致祭的反映。

从考古发现看,有用砍掉的头颅和躯体分别致祭的。如殷墟西北冈王陵区部分大墓的填土中埋人头骨,而在其附近的祭祀坑却埋无头的人骨架;西北冈东区有人头骨祭祀坑和无头的人骨架祭祀坑 (见图3.2-1、图3.2-2);郑州商城宫殿区所谓人头骨骨器作坊的人头骨也当是曾用作祭品的人头骨。

需要强调的是,伐作为用牲法,不仅施用于人牲,还用于其他牺牲。

13) ……巳〔彫〕伐六宰惟白豕。四 (《合集》995)

14) 庚子贞:彫岁伐三宰? (《屯南》582)

---

① 于省吾 (《从甲骨文看商代社会性质》,《东北人民大学学报》1957年第2、3期合刊)、中国社会科学院考古研究所 (《屯南》第1024页)、高智群 (《献俘礼研究 (下)》,《文史》第36辑,第11~26页) 等认为"甶"即人牲的头颅。但也有学者认为"甶"在第8)、9) 辞中用的是引申义——首领。如姚孝遂、肖丁合著《小屯南地甲骨考释》,中华书局,1985,第66、87页。

② 王宇信、杨升南主编《甲骨学一百年》,社会科学文献出版社,1999,第248~250页。

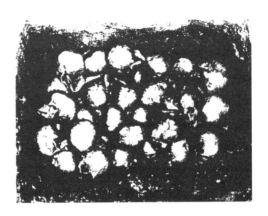

图 3.2 – 1　殷墟西北冈人头骨祭祀坑

资料来源:《殷墟的发现与研究》,图版一三。

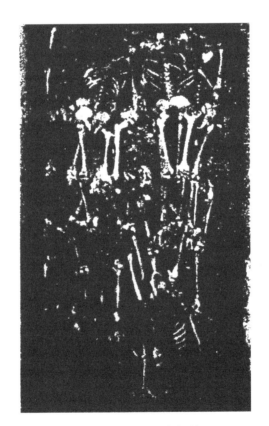

图 3.2 – 2　殷墟西北冈祭祀坑 M87

注: 无头人骨架 10 具。

资料来源:《殷墟的发现与研究》,图版一五。

15）庚戌贞：侑河伐牢宜大牢？兹用。（《合集》32230）

16）壬寅贞：伐卯彘羊？一（《合集》32066）

殷墟小屯乙一基址附近的猪骨，有的只有头骨，有的只有身体。它们当是被施以伐的用牲法后，将头和身体单独致祭了。

2. 馘

从聝从戉。《周礼·春官·叙官》"守祧……奚四人"，郑玄注："奚，女奴也。"[1] 馘象以钺砍女奴的头。[2] 在甲骨刻辞中馘也用作用牲法。

17）丙寅卜，亘贞：王馘多屯，〔若〕于〔下〕上？一　二　三

贞：王馘多屯，若于下乙？一　二　三（《合集》808 正）

其中的"屯"，姚孝遂认为是俘虏的名称。[3] 马季凡认为"屯"是商代的方国，"多屯"就是多个屯国的人。她把此辞解释作：用钺砍掉多个屯人的脑袋，来祭祀地上人间和天上诸神，会顺利吗？用钺砍掉多个屯人的脑袋，来祭祀下乙（即祖乙），会顺利吗？[4]

3. 屠首

18）贞：翌庚申我伐，易日？庚申明，雾，王来途（屠）首，雨小。一（《合集》6037）

于省吾认为"途"有二义，一为道途之途，一为动词，读作"屠"，意思是屠戮。[5] 马季凡把此辞解释作：卜问我（商王自称）在庚申举行伐祭，会有好天气吗？后段是验辞，庚申天明时起了雾，王在主持屠首仪式时，下起了雨。[6]

① （汉）郑玄注，（唐）贾公彦疏《周礼注疏》卷17《春官宗伯》，第437页。

② 胡厚宣：《中国奴隶社会的人殉和人祭（下篇）》，《文物》1974年第8期。

③ 姚孝遂：《商代的俘虏》，《古文字研究》第1辑，第337~390页。

④ 马季凡：《商代中期的人祭制度研究》，《中原文物》2004年第3期。

⑤ 于省吾：《殷契骈枝》（三），第22页；转引自马季凡《商代中期的人祭制度研究》，《中原文物》2004年第3期。又见于省吾《甲骨文字释林》，第109~110页。

⑥ 马季凡：《商代中期的人祭制度研究》，《中原文物》2004年第3期。

黄天树认为上辞中的"途"当释作"达","读如字，当'致'讲，'达首'即'致首'"，即为将举行的伐祭置备人牲。可备一说。①

4. 彝

甲骨文作 ![字]、![字] 等。"象双手进献被砍掉头颅的反缚双手的俘馘之形"，此当是其本义。在甲骨卜辞中彝也用作祭名，其祭祀地点多在先王宗庙，部分则在田猎地区。②

> 19）癸丑卜：彝在庭？（《合集》30285）
>
> 20）甲戌卜：乙亥王其彝于大乙宗？不用。三
>
> 　　王于祖乙宗彝。三（《合集》32360）

在商文化宫殿宗庙附近发现的没有头颅的人牲，有的当与彝祭有关。

1971 年安阳殷墟出土 10 枚有字卜骨，有的"卜辞中的'豕'、'豚'、'牛'、'羊'、'犬'等字，大都在字首削去一二笔，形成明显的斑痕，尤以第十二号卜骨最为明显，很可能是含有某种意义"。③《河北藁城县台西村商代遗址 1973 年的重要发现》把这些削去字首的字与一无首的狗骨架相联系。④ 如果这些字表示的是砍去脑袋的牺牲，那么它们被施以了"伐"等用牲法。

济南大辛庄出土甲骨文中有"豕"字头旁有一点者（豕），孙亚冰和宋镇豪认为此表示砍去豕的头或敲掉豕的牙齿。⑤ 孝民屯铸铜遗址南部祭祀坑 H226 出土大量牛的下颌骨，这些牛下颌骨皆为 1/2 部位，牙齿全部被拔去，总数超过 100 件。祭祀坑 H265 集中出土 3700 多枚牛牙齿。⑥ 如

① 黄天树：《甲骨文中有关猎首风俗的记载》，《中国文化研究》2005 年第 2 期。
② 詹鄞鑫：《释甲骨文彝字》，《北京大学学报》1986 年第 2 期。
③ 郭沫若：《安阳新出土的牛胛骨及其刻辞》，《考古》1972 年第 2 期。
④ 河北省博物馆河北省文管处台西发掘小组：《河北藁城县台西村商代遗址 1973 年的重要发现》，《文物》1974 年第 8 期。
⑤ 孙亚冰、宋镇豪：《济南市大辛庄遗址新出甲骨卜辞探析》，《考古》2004 年第 2 期。
⑥ 王学荣：《殷墟孝民屯大面积发掘的主要收获》，《中国文物报》2005 年 6 月 15 日，第 1 版。殷墟孝民屯考古队：《河南安阳市孝民屯商代铸铜遗址 2003～2004 年的发掘》，《考古》2007 年第 1 期。

果这些字首削去一二笔、表示牺牲的字果真表示敲掉牺牲的牙齿，则孝民屯遗址被拔去牙齿的牛下颌骨和牙齿，就是这种用牲法的反映。

甲骨文中有"屮"字，黄锡全认为其是"人们熟知的牛头象形字"，[①]唐钰明进一步认为其不是象形字，而是从屮从一的会意字，屮表示牛头，一表示供板或盛器。[②]《礼记·郊特牲》又有"用牲于庭，升首于室"[③]的记载，故此字形就是现实生活中用牛头祭祀的反映。小双桥遗址的牛头祭祀坑极可能就是"升首于室"后对牛头的瘗埋。

除了《礼记·郊特牲》，后世文献还有用牲首祭祀的记载。如《礼记·明堂位》云："有虞氏祭首，夏后氏祭心，殷祭肝，周祭肺。"[④]《周礼·夏官·小子》载：小子"掌珥于社稷，祈于五祀"。郑玄注引郑司农语"珥社稷，以牲头祭也"。《周礼·夏官·羊人》载：羊人，"祭祀，割羊牲，登其首"。郑玄注："登，升也。升首，报阳也。升首于室。"[⑤]

从考古发现看，商代人牲的砍头方法主要有两种。一种是从前面的鼻处下砍，把头骨剖为上下两段，上段只有头顶，呈钵形；下段则有上下颌骨连在颈椎上。如小屯丙组基址内的M361。另一种是从脑后下砍，所留的颈椎很短，有的下颌也被砍坏了。如小屯丙组基址内的M358。也有的头颅砍得很完整，上下颌齐全，还带有若干节颈椎。

二　肢解类祭祀方法

1. 卯

甲骨文作𫦈，读为"刘"，是一种用牲法。郭沫若推测此用牲法"因卯之字形取义，盖言对剖也"。[⑥]偃师商城祭祀坑中，有的猪牲肢体被剖为两半，盖用的是"卯"这种用牲法。

---

① 黄锡全：《甲骨文"屮"字试探》，《古文字研究》第 6 辑，第 195 ~ 206 页。
② 唐钰明：《屮、又考辨》，中国古文字研究会、中华书局编辑部编《古文字研究》第 19 辑，中华书局，1992，第 401 ~ 407 页。
③ （汉）郑玄注，（唐）孔颖达疏《礼记正义》卷 26《郊特牲》，第 817 ~ 818 页。
④ （汉）郑玄注，（唐）孔颖达疏《礼记正义》卷 31《明堂位》，第 952 页。
⑤ （汉）郑玄注，（唐）贾公彦疏《周礼注疏》卷 30《小子》《羊人》，第 794、795 页。
⑥ 郭沫若：《卜辞通纂》第 39 片考释，转引自于省吾主编《甲骨文字诂林》，第 3442 页。

21）……贞：翌丁未酚燎于丁十小宰，卯十刿牛？八月。（《合集》39）

后世文献亦有将牲体对剖的记载。《国语·周语中》载："禘郊之事，则有全烝；王公立饫，则有房烝；亲戚宴飨，则有肴烝……余一人敢设饫禘焉……"韦昭注："全烝，全其牲体而升之"；"房，大俎也。《诗》云：'笾豆大房。'谓半解其体，升之房也"；"饫，半体也。禘，全体也"。①《仪礼·士昏礼》载："陈三鼎于寝门外东方，北面，北上。其实特豚，合升，去蹄。"郑玄注："合升，和左右胖升于鼎也。""左右胖"就是把牲体解割为左右两部分。贾公彦疏："以夫妇各一，故左右胖俱升，若祭，则升右也。"②

2. 毛

甲骨文作𠂤，又孳乳为𠂤、𥝫等形，分别隶定为"舌""袥"，均读作"砣"。《史记·李斯列传》"十公主砣死于杜"，司马贞索隐："砣音宅，与'磔'同，古今字异耳。磔谓裂其支体而杀之。"③毛在典籍中通作磔。④毛在甲骨卜辞中为用牲法和祭名，为割裂牲体而祭。

22）戊申：其毛于土牛？（《合集》34190）

3. 岁

在甲骨文中作𢦤、𢦤等，象斧钺之形。在卜辞中用作用牲法和祭名。用作用牲法时，"岁"读为"刿"，割也，"谓割牲以祭也"。《尚书·洛诰》云："戊辰，王在新邑，烝祭岁，文王骍牛一，武王骍牛一。"⑤此岁当即甲骨卜辞中"岁祭"。⑥

---

① 徐元诰：《国语集解》，第57~58页。
② （汉）郑玄注，（唐）贾公彦疏《仪礼注疏》卷4《士昏礼》，第69、70页。
③ （汉）司马迁：《史记》卷87《李斯列传》，第2552页。
④ 于省吾：《甲骨文字释林》，第167~172页。
⑤ （汉）孔安国传，（唐）孔颖达疏《尚书正义》卷15《洛诰》，第418页。
⑥ 唐兰：《天壤阁甲骨文存》，1939。今据《唐兰全集》第6册，第319页。

23）庚申卜，行贞：王宾大庚岁二牛，亡尤？在……（《合集》22793）

24）〔戊〕子卜，旅贞：王宾大戊岁二宰，亡尤？（《合集》22833）

4. 箙

甲骨文作𠆤、𠆤。或隶定作"葡"，读作"副"，也即《周礼》中的"疈"。在卜辞中箙用作祭名和用牲法。《周礼·春官·大宗伯》云：大宗伯"以疈辜祭四方百物"。郑玄注："'疈'为'罢'。郑司农云：'……罢辜，披牲以祭，若今时磔狗祭以止风。'……疈，疈牲胸也。疈而磔之，谓磔攘（或作"禳"）及腊祭。"① 作为用牲方法，当是劈开牲胸。②

25）丙〔申〕卜，贞：𠃊尊，岁羌三十，卯三宰，箙一牛，于宗用？六月。（《合集》320）

5. 敨

甲骨文中作𠆤、𠆤，或隶定作"毁"。象以朴击蛇之形，即《说文》"攺"③ 字的初形。在卜辞中用作用牲法，其义同《庄子·胠箧》"昔者龙逢斩，比干剖，苌弘胣，子胥靡"句中的"胣"，为"既剖割其腹肠而又肢解其肢体"。④ 也有学者认为"敨"从它从殳，作为用牲法，它的意思当是"用棍棒类物实施击杀"的杀牲方式。⑤ 敨广泛施用于人牲和其他动物牲。

26）戊辰卜，争贞：敨羌自妣庚？

---

① （汉）郑玄注，（唐）贾公彦疏《周礼注疏》卷18《大宗伯》，第456～457页。
② 于省吾：《释葡》，《骈续》第19～20页；转引自于省吾主编《甲骨文字诂林》，第2556～2557页。
③ （汉）许慎撰，（清）段玉裁注《说文解字注》，第123页。
④ 于省吾：《甲骨文字释林》，第161～167页。
⑤ 马季凡：《商代中期的人祭制度研究》，《中原文物》2004年第3期。

贞：改羌自高妣己？ 一 二 三（《合集》438 正）

6. 冊

甲骨文作 ▢，在卜辞中有时用作用牲法。冊，读作"删"，通作"刊"，俗作"砍"。① 被施用于人牲和其他动物牲。

27）甲申卜：乙酉山祖乙三宰、冊三十牛？ 一（《合集》1513）

甲骨文中还有▢、▢等字形，一般隶定作"柵""册"，它们有时也用作用牲法，和"冊"相通。

7. 凡

甲骨文作▢。在甲骨卜辞中有时用作用牲法。于省吾认为"凡"作用牲法时，应读作"判"。《史记·龟策列传》："镌石拌蚌。"裴骃集解云："徐广曰：'……拌，音判。'"司马贞索隐亦曰："拌音判。拌，割也。"② 拌即古"判"字。"凡"当是"割"义。③

28）贞：我……凡牛東羊……（《合集》7773）

"凡"有时也用作祭名。白玉峥以《毛诗·周颂·般·序》言"《般》，巡守而祀四岳河海也"，认为凡"盖以巡行之便，行祭祀山川之礼者"，具体祭法如后世的燔柴祭天。④ 但甲骨卜辞中的凡祭对象只有祖先，不见有四岳、河、海和天。笔者认为"凡"用作祭名或因用作用牲法而名，其义以于省吾说为是。

考古发现的商文化祭祀遗存中常有被肢解的人牲或动物牲，其祭祀方法当和上列用牲法或祭名有关。如西北冈祭祀坑 M141 内的人牲"被肢解、

---

① 于省吾：《甲骨文字释林》，第 172～175 页。
② （汉）司马迁：《史记》卷 128《龟策列传》，第 3232～3233 页。
③ 于省吾：《甲骨文字释林》，第 175 页。
④ 白玉峥：《契文举例校读》，《中国文字》第 8 卷，第 34 册；转引自于省吾主编《甲骨文字诂林》，第 2847、2848 页。

剐截，骨骼紊乱，重叠三四层，堆积高达 1 米"。①

三 击杀类祭祀方法

1. 毁

甲骨文作豈、豈等形，或隶定作"敳"。从豆从殳，作以殳扑豆形。《说文·殳部》："毁，繇击也。"②《仪礼·少牢馈食礼》云："司马刲羊，司士击豕。"郑玄注："刲、击，皆谓杀之。"于省吾认为"毁"在典籍中作"剽"，"即今方言切物曰剁的本字"。③ 但于省吾所引《礼仪·少牢馈食礼》"司马刲羊，司士击豕"，贾公彦疏："豕言击，动之使鸣，是视牲也；羊言刲，谓杀之，是视杀也。大夫视牲、视杀同日，故互见皆有，故郑云刲击皆谓杀之。"④ 马季凡认为这种用牲法是以棍棒击杀。⑤ 笔者从马说。"毁"这种用牲法在卜辞中比较少见，一般用于人牲。

> 29）乙卯卜，贞：王宾祖乙奭妣己，姬婢二人、毁二人、卯二牢，亡尤？
>
> 甲申卜，贞：王宾祖辛奭妣甲，姬婢二人、毁二人、卯二牢，亡尤？（《合集》35361）

第 29）辞中的"姬"，于省吾认为是祭名，"姬"与"饎"古字通。⑥ 上辞是贞问用婢二人姬祭，再毁二人、卯二牢来祭祀祖先，是否没有过尤。

2. 弹

甲骨文作弹、弹、弹、弹、弹。其中弹、弹从弓上有弹丸，从支（在古文字偏旁中，"又"有时通作"支"）。甲骨卜辞中用作用牲法，为弹击

---

① 安阳亦工亦农文物考古短训班、中国科学院考古研究所安阳发掘队：《安阳殷墟奴隶祭祀坑的发掘》，《考古》1977 年第 1 期。

② （汉）许慎撰，（清）段玉裁注《说文解字注》，第 119 页。

③ 于省吾：《甲骨文字释林》，第 213 ~ 214 页。

④ （汉）郑玄注，（唐）贾公彦疏《仪礼注疏》卷 47《少牢馈食礼》，第 904 页。

⑤ 马季凡：《商代中期的人祭制度研究》，《中原文物》2004 年第 3 期。

⑥ 于省吾：《甲骨文字释林》，第 214 页。

之义，并由此引申作祭名。①

    30）二十人其弹。（《合集》27017）

    31）……弹十牛。（《合集》30780）

丘湾社祀遗址发现的人牲中约一半头骨破碎，M4 头部、M10 腕骨旁各有一石块，俞伟超推测人牲主要是被砸死的。② 笔者认为这些被砸死的人牲就可能被施以了"弹"这种用牲法。

"弹"也见于后世文献和考古发现，如《左传》宣公二年载：晋灵公"从台上弹人而观其避丸也"。③ 濮阳西水坡春秋阵亡战士排葬墓中有的头骨中残存有弹丸，盖因"弹"而亡。④

上列所谓击杀类用牲法或祭名，表现在考古发现上，当是牺牲有为钝器所击打的痕迹。过去对商文化遗骨很少或基本不进行这方面考察。近年在小双桥遗址的发掘中，始对祭牲遗骨进行了这样的考察，发现一些人牲或动物牲的遗骨有明显的为钝器所击打痕迹（见第二章第一节），此当是被施以了击杀类用牲法所致。

四　刺、射类祭祀方法

1. 束

甲骨文作 $\ast$ 、 $\ast$ 、 $\ast$ 、 $\ast$ 、 $\ast$ 、 $\ast$ 。在甲骨卜辞中有时用作用牲的动词，读作"刺"。⑤《尔雅·释诂》："刘、狄、斩、刺，杀也。"⑥《公羊传》僖公二十八年："公子买戍卫，不卒戍，刺之。"公羊寿传："刺之者何？杀之也。"⑦ "束"作为用牲法，意为刺杀。

---

① 赵诚：《甲骨文简明词典——卜辞分类读本》，第 241 页。
② 俞伟超：《铜山丘湾商代社祀遗迹的推定》，《考古》1973 年第 5 期。
③ （周）左丘明传，（晋）杜预注，（唐）孔颖达正义《春秋左传正义》卷 21，第 594 ~ 595 页。
④ 郝本性：《试论郑州出土商代人头骨饮器》，《郑州商城考古新发现与研究（1985—1992）》，第 15 ~ 20 页。
⑤ 于省吾：《甲骨文字释林》，第 174 ~ 176 页。
⑥ （晋）郭璞注，（宋）邢昺疏《尔雅注疏》卷 1《释诂》，第 22 页。
⑦ （汉）公羊寿传，（汉）何休诂，（唐）徐彦疏《春秋公羊传注疏》卷 12，第 256 页。

32）妣庚宰束羊豕。二（《合集》22226）

33）虫田……羌束，不遘雨？（《屯南》984）

2. 射

文献记载有祭祀射牲之事。如《国语·楚语下》载观射父语："天子禘郊之事，必自射其牲，王后必自舂其粢。诸侯宗庙之事，必自射牛、刲羊、击豕，夫人必自舂其盛。"[1]《周礼·夏官·射人》曰：射人，"祭祀，则赞射牲"。郑玄注："烝尝之礼有射豕者。"《周礼·夏官·司弓矢》云：司弓矢，"凡祭祀，共射牲之弓矢"。郑玄注："射牲，示亲杀也。杀牲，非尊者所亲，惟射为可。"孙诒让《周礼正义》疏："凡内外大祀天地、宗庙、社稷、望祀，王皆有射牲法。"[2]

甲骨文中也有关于射牲祭祀的信息。《戬寿堂殷墟文字》九页二版云："其射二牢，虫尹。"杨树达认为此辞是"因祭伊尹而射牲"。[3] 金祥恒认为此版卜辞应读作："其射，虫尹？虫……伐……""二牢"应是另一辞。但他赞同杨树达用《周礼》"射牲"来解释此片刻辞，并认为《战后宁沪所获甲骨集》2.145 片刻辞（即《合集》39460）就是在宗庙前祭祀射牲的图画文字（见图3.2－3）。[4] 笔者赞成金祥恒的见解。

殷墟小屯南地埋有人和马的祭祀坑 H33 的马左腿内上髁处有一枚铜镞。报告认为是"在祭祀时先将人和马杀死（或射死）一次埋入坑内的"。[5] 报告的分析是有道理的，即这匹马极可能被施以了"射"的杀牲法。大司空村制骨作坊遗址内的祭祀坑 H415 内马骨架的两前肢之间出土一枚铜镞，这枚镞或能表明这匹马牲也是被施以了"射"的用牲法。2004年在孝民屯东 220KV 变电站发掘到的一座人祭坑中的一具人骨架的手腕部

---

① 徐元诰：《国语集解》，第 519 页。

② （清）孙诒让：《周礼正义》卷 58《射人》、卷 59《司弓矢》，第 2439、2565～2566 页。

③ 杨树达：《射牢》，《卜辞琐记》第 4 页；转引自于省吾主编《甲骨文字诂林》，第 2607、2608 页。

④ 金祥恒：《甲骨文躲牲图说》，《中国古文字大系·甲骨文献集成》第 30 册，四川大学出版社，2001，第 345～347 页；原载于《中国文字》第 20 册，1966 年 6 月，第 2315～2323 页。

⑤ 中国社会科学院考古研究所安阳工作队：《1973 年小屯南地发掘报告》，《考古学集刊》第 9 集，第 45～137 页。

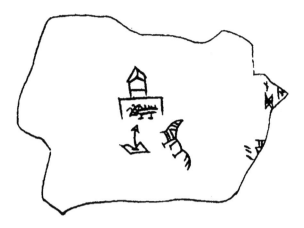

图 3.2 - 3 《合集》39460 摹本

资料来源：《中国古文字大系·甲骨文献集成》第 30 册，第 345 页。

位嵌入一枚铜镞，[1] 该人牲可能也被施以了"射"的用牲法。

在小双桥遗址发现的人牲和动物牲的遗骨上，有的有明显为锐器所伤的痕迹（见第二章第一节），此当是被施以刺、射类用牲法的表现。

五　烧燎类祭祀方法

1. 燎

甲骨文作 ，象燃木之形。或隶定作"寮"。在卜辞中为用牲法，也作祭名。商代的燎祭"并不限于天神，他们可用寮祭之礼祀其先祖，亦用以祭社、山、云、河等自然神祇"。[2] 所用祭品主要是牺牲，也有玉等。

34）甲午贞：大御六大示，燎六小宰，卯三十牛？　（《屯南》2361）

35）甲申卜，争贞：燎于王亥其珏？

甲申卜，争贞：勿珏？（《合集》14735 正）

---

① 岳洪彬告知。

② 黄然伟：《殷礼考实·寮祭》，氏著《殷周史料论集》，三联书店（香港）有限公司，1995，第 17 ~ 27 页。

36）戊午卜：王燎于涂□宰，埋三宰🀲一玉？一（《合集》14362）

37）癸巳贞：其燎玉山，雨？（《合集》33233 正）

《吕氏春秋·季冬纪》曰："收秩薪柴，以供寝庙及百祀之薪燎。"① 高诱注："燎者，积聚柴薪，置璧与牲于上而燎之，升其烟气。"② 单就《吕氏春秋·季冬纪》所说燎祭所祀神灵的范围来讲，其与甲骨卜辞中所见燎祭是一致的。而诸如《礼记·祭法》《尔雅·释天》等经书把燎祭视作祭天专用的祭典，则是较商代燎祭的祭祀范围明显缩小了。

2. 此

甲骨文作𝀸、𝀹。甲骨卜辞中用作祭名，即柴祭。《说文·示部》："柴，烧柴尞祭天也。"③ 此祭的祭法当与燎祭相似。④

38）三豚此，雨？

叀犬一此，雨？

二犬此，雨？

三犬此，雨？（《合集》31191）

39）其焌此，有雨？（《合集》32300）

40）丁亥卜：其莽年于大示，即日此，有雨？吉。（《屯南》2359）

3. 焌

甲骨文作𝀺、𝀻。或隶定作"𡚥"，"象人立于火上之形"。在卜辞中常作祈雨之祭。⑤ 《左传》僖公二十一年："夏，大旱，公欲焚巫尪。"⑥

---

① 《淮南子·时则训》作："收秩薪，以供寝庙及百祀之薪燎。"张双棣：《淮南子校释》卷5《时则训》，北京大学出版社，1997，第609页。

② （战国）吕不韦著，陈奇猷校释《吕氏春秋新校释》卷12《季冬纪》，第622、626页。

③ （汉）许慎撰，（清）段玉裁注《说文解字注》，第4页。

④ 陈邦福：《殷契说存》，第4页，转引自于省吾主编《甲骨文字诂林》，第836页。赵诚：《甲骨文简明词典——卜辞分类读本》，第237页。

⑤ 陈梦家：《殷墟卜辞综述》，第602页。

⑥ （周）左丘明传，（晋）杜预注，（唐）孔颖达正义《春秋左传正义》卷14，第398页。

《礼记·檀弓下》《说苑》《春秋繁露·求雨》等均有求雨焚巫或暴巫的记载。此殆商代烄祭的遗风。

　41）贞：烄🌟，有雨？

　　　勿烄🌟，亡其雨？（《合集》1121 正）

　42）□□卜：其烄弄？（《合集》32288）

王宇信认为第42）辞是"记烧焚玉质的弄器以贿神求雨"。[1]

4. 𤊾

甲骨文中有🔥、🔥。陈梦家认为是"爇"的初文，为烧柴以祭。[2]

　43）丁酉卜，設贞：杞侯爇（🔥），弗其骨凡有疾？一（《合集》13890）

　44）己丑卜：爇（🔥）兕目岳羊？二

　　　戊寅卜：雨？（《合集》34272 正）

5. 𢧵

甲骨文作🪓、🪓、🪓。郭沫若认为"𢧵"在卜辞中做动词用，和"柴""尞"的意思相近。[3]其祭祀对象为四方、都邑、出入日。

　45）𢧵于东？一

　　　勿𢧵于东？一

　　　贞：𢧵于西北？一　二

　　　勿𢧵于西〔北〕？一　二

　　　贞：𢧵于南？一　二

────────────

① 王宇信：《殷人宝玉、用玉及对玉文化研究的几点启示》，《中国史研究》2000年第1期。
② 陈梦家：《殷墟卜辞综述》，第594~596页。
③ 郭沫若：《卜辞通纂·考释》，1933年。兹据《郭沫若全集（考古编第二卷）》，科学出版社，1983，第351页。

　　　　勿𢦏于南？一　二（《合集》14395 正）

　　46）戊戌卜：内𢦏三牛？一

　　　　戊戌卜：内呼雀𢦏一牛？一

　　　　戊戌卜：内呼雀𢦏于出日、于入日𡧛？一（《合集》6572）

但岛邦男认为𢦏是"戗"的初文，是与舞同类的祭仪。[1] 且备一说。

6. 禘

甲骨文作𥝫、𥝬。在甲骨卜辞中有时用作祭名。叶玉森认为象束薪之形，意为燔燎。[2] 严一萍认为"帝者以架插薪而祭天"，它与燎、柴"在集薪之方式与范围"等方面相似。[3]

　　47）癸亥贞：今日雨，帝于亚狝犬一？（《合集》341551）

禘的对象主要是四方神、先公、巫、自然神和旧臣，献祭的目的主要是求雨、求年。[4]

以上所列之烧燎类祭祀方法或祭名，都是祭祀的一个环节，它们不同于祭祀后对祭品的焚烧。[5] 作为祭祀的一个环节，它们当发生在祭祀场所内，而祭祀后对祭品的烧燎可能不在祭祀场所内（也可能在），尤其是那些经常使用的祭祀场所。故只要不是分布于祭祀场所内的烧燎遗迹，即便有牺牲，也不是烧燎类祭祀。而分布于祭祀场所内的烧燎类祭祀遗存，当与上述祭祀有关。

---

① 〔日〕岛邦男：《殷墟卜辞研究》，温天河、李寿林译，台北，鼎文书局，1975，第 206 页；转引自李立新《甲骨文中所见祭名研究》，博士学位论文，中国社会科学院研究生院，2003。

② 叶玉森说见李孝定编《甲骨文字集释》第 27 页，转引自刘源《商周祭祖礼研究》，商务印书馆，2004，第 70 页。

③ 严一萍：《美国纳尔森艺术馆藏甲骨卜辞考释》，《中国文字》第 6 卷，转引自于省吾主编《甲骨文字诂林》，第 1082 页。

④ 刘源：《商周祭祖礼研究》，第 71 页。

⑤ 祭祀完毕常常用焚烧的方式把祭品处理掉。如《史记·封禅书》："已祠，胙余皆燎之。"清代郊区的祭坛都设有瘗坎和燎牲炉，用以处理陈供的祭品。参见詹鄞鑫《神灵与祭祀——中国传统宗教综论》，江苏古籍出版社，1992，第 238 页。今清代太庙、社稷坛、地坛等遗址还保存有燎牲炉遗迹。

在殷墟小屯丙组基址范围内发现有众多的烧燎遗迹，从这些遗迹看，有的烧燎不加牲，有的烧燎加牲。

六 瘗埋类祭祀方法

1. 埋

甲骨文作 ![字]、![字]、![字]、![字]，象实牲于坎中之形。视所埋之牲，或从牛，或从羊，或从犬，或从豕，唯埋宰时，有用 ![字] 者。有释作"臽"者，[①] 也有释作"坎"者。[②] 在卜辞中，"埋"常用作用牲法和祭名。从甲骨卜辞看，其祭祀对象仅见河，可能还有祖先神。

48）……埋（![字]）于河二宰。四月。二（《合集》14610）

49）燎于河一宰，埋（![字]）二宰。（《合集》14559）

甲骨卜辞中还有 ![字] 字，也可释作埋（详见第二章第五节）。但在卜辞中，其祭祀对象为门，仅此一例。

50）丙申卜，王贞：勿 ![字] 凶（![字]）于门，辛丑用？十二月。（《合集》19800）

从甲骨卜辞看，埋祭所埋为人牲或动物牲。

2. ![字]

甲骨文作 ![字]，或隶定作"舂"。"象瘗埋人于坎而又舂捣之。卜辞均用为动词，盖古瘗埋之礼。"[③]

---

① 于省吾：《甲骨文字释林》，第 270 ~ 275 页。
② 裘锡圭：《释"坎"》，氏著《古文字论集》，中华书局，1992，第 48 ~ 49 页；原载于《古文字研究》第 4 辑。为《甲骨文字考释》（八篇）之一。
③ 于省吾主编《甲骨文字诂林》，第 2682 页。

51）辛酉卜，争贞：劣用于西？（《合集》6025）

与建筑营造有关的祭祀遗存多与此有关。如殷墟小屯丁组基址中 F1
的 2 号门西侧有祭祀坑 M18，长方形竖穴，其北壁西端有壁龛。龛内有一
跪状人骨架，头颅是砍下后放入的，已被压扁。该人骨架为跪姿，颇似
"劣" 字中的人。该坑坑底还埋 3 具人牲，均俯身、砍头，头骨皆破碎，
应为夯打所致。祭祀坑内填夯土（见图 3.2 - 4）。[①] 该祭祀坑内人牲所施
的用牲法，或是劣字构形之本义。

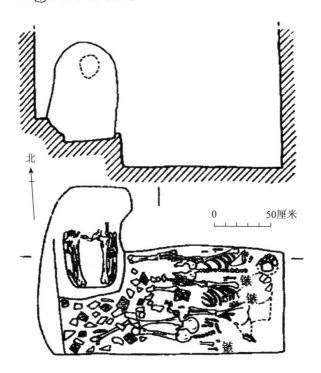

图 3.2 - 4　殷墟小屯丁组基址祭祀坑 M18 平、剖面图

资料来源：中国社会科学院考古研究所安阳工作队：《河南安阳殷墟大型建筑遗址的
发掘》，《考古》2001 年第 5 期。

---

① 中国社会科学院考古研究所安阳工作队：《河南安阳殷墟大型建筑基址的发掘》，《考古》
　2001 年第 5 期。

七　奉献活牲

周代祭祀、聘、享等活动中常用到活牲。活牲在文献中称作"牵""饩"。《诗·小雅·瓠叶》郑玄笺："牛羊豕为牲，系养者曰牢，熟曰饔，腥曰饩，生曰牵。"① 《左传》僖公三十三年言："唯是脯资饩牵竭矣。"杜预注："资，粮也。生曰饩。牵谓牛羊豕……饩腥曰饩。牵生曰牵。"孔颖达疏："牛羊豕可牵行，故云'牵谓牛羊豕'也。"② 活牲也称"饩"。《诗·小雅·瓠叶》孔颖达疏："僖三十三年《左传》曰：'饩牵竭矣。'饩与牵相对，是牲可牵行，则饩是已杀……其实饩亦生。哀二十四年《左传》云：'晋师乃还，饩臧石牛。'是以生牛赐之也。《论语》及《聘礼》注云：'牲生曰饩。'而不与牵、饔相对，故为生也。"

《论语·八佾》载："子贡欲去告朔之饩羊，子曰：'赐也！尔爱其羊，我爱其礼。'"何晏注："郑曰：'牲生曰饩。礼，人君每月告朔，于庙有祭，谓之朝享……'"邢昺疏："……诸侯告朔以特羊，则天子以特牛与？天子用特牛告其帝及其神，配以文王、武王。诸侯用特羊告太祖而已。"③

活牲虽然被广泛用于祭祀、聘享和赏赐中，但文献只记有被赏赐的活牲的处理方法。《论语·乡党》曰："君赐牲，必畜之。"邢昺疏："谓君赐己牲之未杀者，必畜养之，以待祭祀之用也。"④ 祭祀中奉献给神灵的活牲在祭祀完毕，当不会被继续畜养，很可能瘗埋掉。否则孔子不会说子贡"尔爱其羊"。《春秋》僖公三十一年记鲁国"四卜郊，不从，乃免牲"。《穀梁传》云："免牲者，为之缁衣熏裳，有司玄端，奉送至于南郊。免牛亦然。"⑤ 即不进行郊祭了，但为郊祭准备的牺牲还是要进行"饰牲"后，把活牲送至南郊。只是这些活牲最后被如何处理掉，就不知道了。

甲骨文有"牽"字，宋镇豪释作"牵"，他认为牵"本义是缚牛引

---

① （汉）毛亨传，（汉）郑玄笺，（唐）孔颖达疏《毛诗正义》卷15《瓠叶》，第936页。下文所引《瓠叶》孔疏亦见该页。
② （周）左丘明传，（晋）杜预注，（唐）孔颖达正义《春秋左传正义》卷17，第474页。
③ （魏）何晏注，（宋）邢昺疏《论语注疏》卷3《八佾》，第39～40页。
④ （魏）何晏注，（宋）邢昺疏《论语注疏》卷10《乡党》，第137页。
⑤ （晋）范宁集解，（唐）杨士勋疏《春秋穀梁传注疏》卷9，第152～153页。

縻", 指牛车或"服牛", 牵在卜辞中不作"祭祀圣品"。[①] 但《甲骨文字诂林》"犇"字的按语认为它在卜辞中"皆为祭祀用牲"。[②] 此盖有"牵"字的刻辞太少且过于残沥之故。笔者倾向于"牵"在卜辞中指奉献于神灵的活牲。

52）……牵……二牛……（《补编》2676）

商文化的祭祀遗存中常常有姿势作挣扎状、极有可能是活埋的牺牲, 他们可能是原奉献给神灵的活牲, 在祭祀仪式结束后被瘞埋了。具体如殷墟西北冈祭祀坑 M222 内的五具幼童骨架（见图 3.2－5、图 3.2－6：2）和 M119 内人骨架（见图 3.2－6：1）。

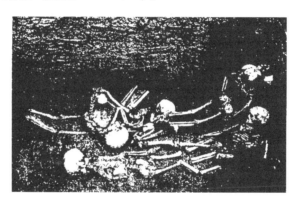

图 3.2－5　殷墟西北冈祭祀坑 M222 内被活埋的 5 个幼童
资料来源：《安阳殷墟奴隶祭祀坑的发掘》,《考古》1977 年第 1 期。

八　其他

1. 烹煮加工

四祀邲其卣铭文（见图 3.2－7）记载了商王祭祀文武帝乙的过程。李学勤将其考释如下：

① 宋镇豪：《甲骨文牵字说》, 胡厚宣主编《甲骨文与殷商史》第 2 辑, 上海古籍出版社,
　1986, 第 65~83 页。
② 于省吾：《甲骨文字诂林》, 第 3214 页。

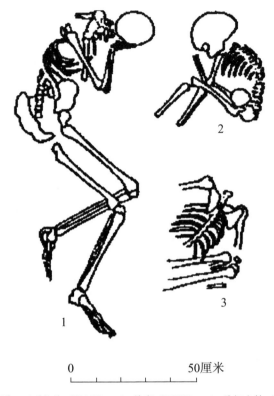

0   50厘米

1. 侧身屈肢，双手抱头（M119）　2. 幼童（M222）　3. 肢解人牲（M141）

图 3.2－6　殷墟西北冈部分人牲

资料来源：《安阳殷墟奴隶祭祀坑的发掘》，《考古》1977 年第 1 期。

　　乙巳，王曰：障

　　文武帝乙宜。

　　在邵大庭，遘

　　乙翼日。丙午，𩇩，

　　丁未，煮。己酉，王

　　才（在）榛，郊其易（赐）贝，

　　才（在）四月，佳（惟）

　　王四祀翼日。[1]

---

[1]　李学勤：《郊其三卣与有关问题》，胡厚宣主编《全国商史学术讨论会论文集》，《殷都学刊》增刊，1985，第 453～463 页。其释文中的"𩇩"字用省略号表示，当是为印刷便利故；榛一般隶定作"榆"或"桵"。

图 3.2 - 7　四祀邲其卣铭文

资料来源：中国社会科学院考古研究所：《殷周金文集成》第 10 册，中华书局，1990，第 331 页。

其中，"**𡧥**"《说文》读作"寫"，"寫，置物也"，段玉裁注："谓去此注彼也。"① 是讲将食物自一器倾注入他器。宋镇豪认为铭文记载的是："商王帝辛在召大庭举行障宜的祭祀父王文武帝乙的活动，亲自操持其烹调礼仪，自乙巳日开始，到次日丙午主持了将食物或调料投放入炊器的仪式，到第三日丁未又用煮的烹饪法，文火炖烧，熟而敬献神灵。"② 这篇铭文记载了商代烹煮祭品进行祭祀的实况。

甲骨卜辞中有祭名"雍"，意为进熟食以祭。③

　　53）甲子贞：其御雍于父丁百〔小〕〔宰〕？（《屯南》4404）

　　54）贞：翌乙卯，酨，我雍伐于宜？乙卯允酨，明，雾。四

---

① （汉）许慎撰，（清）段玉裁注《说文解字注》，第 472、340 页。
② 宋镇豪：《中国风俗通史（夏商卷）》，第 194～195 页。
③ 于省吾：《甲骨文字释林》，第 180～181 页。

贞：翌乙卯，勿酌，我雍伐于宜？四

癸酉卜，宾贞：翌乙亥，酌雍伐于〔宜〕？四

贞：翌乙亥，勿酌雍伐〔于宜〕？四

贞：翌乙亥，酌雍伐于宜？四（《合集》721 正）

甲骨卜辞中有祭名"醮"（或隶定作"隽"），甲骨文作䰣、䰣。从鬲从隽，"谓煮物以祭"。①

甲骨文中还有"鼎""鼎"等字，常用作祭名。其中，鼎甲骨文作䰣、䰣、䰣、䰣、䰣、䰣、䰣；鼎甲骨文作䰣。它们均从鼎，当是祭祀时用鼎烹煮食物的反映。

55）□岁鼎尊王受又？（《合集》30728）

56）劓飨庭，鼎尊灵……（《合集》31045）

57）癸……

劓登，于止若？

其作鼎，在二灵，王受又？

于宗，又正，王受又？

虫鼎，用兄，又正，王受又？

劓鼎，用兄？

王宾？

劓宾？（《屯南》2345）

58）庚寅卜，扶：示壬鼎三牛？（《合集》19813 反）

王宇信等认为 58）辞意为："庚寅日占卜，贞人扶问卦，先公示壬鼎盛三头牛为祭么？"②

1984 年在殷墟西北冈发掘的墓葬 84AWBM259 二层台上有 14 个人头

① 于省吾主编《甲骨文字诂林》，第 1716 页"隽"字按语。

② 王宇信、杨升男、聂玉海主编《甲骨文精粹释译》，云南人民出版社，2004，第 1541 页。

骨，其中一个盛放在青铜甗内。① 1999 年发掘的殷墟刘家庄北 1046 号墓棺、椁之间有两具人骨架，其中一具无头，而其头部位置有一青铜甗，内置一头骨，报告认为此头骨和躯体是同一人。② 这两个盛在青铜甗内的人头骨可能就经过了烹煮加工（见图 3.2－8）。郭家庄 M160 出土的有盖提梁鼎（编号 M160∶32）在出土时盖与器口锈蚀在了一起，揭开盖时，散发出一股腥臭味，鼎内还有尚未完全腐烂的猪肉、猪皮及肋骨。③ 该鼎内的猪肉也可能经过了烹煮。在花园庄 54 号墓出土的青铜簋中发现经过烹饪的谷粒。④

殷墟西北冈84AWBM259出土青铜甗及内人头骨　　殷墟刘家庄北M1046出土青铜甗及其在墓室内位置

图 3.2－8　殷墟出土盛有人头骨的青铜甗

资料来源：唐际根：《斧钺下的生灵：中国文明的阴暗面》，微信公众号：历史研习社，2019 年 4 月 3 日。

　　这些置于青铜礼器中的人头骨、猪肉和谷粒，虽然与祭祀无关，但可视为商代用熟食祭祀的反映。

　　文献记载有后世祭祀不同的神灵所用生、熟不同肉的规定。《礼记·礼器》云："礼之近人情者，非其至者也。郊血，大飨腥，三献爓，一献孰。"即"郊祭天用牲血，合祭先王用生的牲肉，祭祀社神、稷神和五祀

---

①　中国社会科学院考古研究所安阳队：《殷墟 259、260 号墓发掘报告》，《考古学报》1987 年第 1 期。

②　中国社会科学院考古研究所安阳工作队：《安阳殷墟刘家庄北 1046 号墓》，《考古学集刊》第 15 集，第 359～389 页。

③　《安阳殷墟郭家庄商代墓葬》，第 81 页。

④　赵志军：《关于夏商周文明形成时期农业经济特点的一些思考》，《华夏考古》2005 年第 1 期。

之神用沉在汤下面的半生的肉，祭祀各种小神用熟肉"。① 今天河南民俗祭祀祖先用半熟的肉，殆古礼之遗。

对考古发现的商代牺牲，多没有进行生、熟的鉴定或判断，尚不能将其与后世文献记载做进一步的比照。

后世文献亦有关于祭祀用炊熟的粢盛祭祀的记载。《周礼·地官·饎人》载："饎人掌凡祭祀共盛。"郑玄注："炊而共之。"孙诒让《周礼正义》疏："凡祭祀之齐盛，皆于灶炊之。《士虞礼》、《特牲馈食礼》谓之'饎爨'，《少牢馈食礼》谓之'廪爨'是也。"② 在偃师商城祭祀区和殷墟后冈圆形祭祀坑 H10 均发现有谷物，但没有说明生熟，估计是生的。则商代祭祀的粢盛有生、熟两种。

2. 饰牲

后世文献记载有在祭祀之前对牺牲进行"饰"的程序。《周礼·地官·封人》云：封人，"凡祭祀，饰其牛牲，设其楅衡，置其絭"。郑玄注："饰谓刷治洁清之也。"孙诒让《周礼正义》疏："《大史》'饰中'、《小子》'饰牲'、《羊人》'饰羔'、《校人》'饰币马''饰黄驹'，凡云饰者，义并如是。陈祥道、曾钊并谓饰为文饰，引《庄子·列御寇》篇'牺牛衣以文绣'为证。案：祭牲必先刷治洁清而后被以文绣，陈、曾亦经义所㫰，然非其本义也。"③ 孙诒让所言为是，但饰牲并不限于文绣。

新蔡楚简中习见"缨（婴）之以衭（兆）玉"的词句。

59）……痒（牂），缨（婴）之㠯（以）〔衭〕（兆）玉；嚞（举）……（新蔡简甲二：2）

60）……嚞（举）祷于二天子各两痒（牂），瑅（婴）之㠯（以）衭（兆）玉……（新蔡简甲三：166、162）

61）遝（就）祷三楚先屯一痒（牂），瞿（婴）之衭（兆）玉。壬唇（辰）旮（之日）祷之……（新蔡简乙一：17）④

---

① 杨天宇：《礼记译注》上册，上海古籍出版社，2004，第 296 页。
② （清）孙诒让：《周礼正义》卷 31《饎人》，第 1240 页。
③ （清）孙诒让：《周礼正义》卷 22《封人》，第 893 页。
④ 河南省文物考古研究所编著《新蔡葛陵楚墓》，大象出版社，2003，第 187、193、302 页。

《说文·羊部》："羘，牡羊也。"① 59）～61）三简中的"羘"就是祷祠时供奉的牺牲。

《山海经》中亦有类似祭祀用玉的词句。《西山经》载：祭祀瀚山神"婴以百珪百璧"。《中山经》云：祭祀泰逢等神灵"皆一牡羊副，婴用吉玉"。② 罗新慧认为，新蔡简和《山海经》中的婴玉就是祭祀饰牲时，将玉饰悬系在牺牲身上。③ 此言得之。

《逸周书·世俘》记载有周武王在周庙南门或周都南门举行的献俘礼。其中有仪节"武王乃夹于南门，用俘，皆施佩，衣衣，先馘入"，④ 此中的"施佩""衣衣"就是给俘虏或人牲戴上玉饰，穿上新衣，也就是"饰牲"。⑤

在商文化一些祭祀遗迹中常有人牲的身上佩戴有玉柄形器、蚌饰、贝等饰品。过去常把这类器物当作随葬品，其实它们应该是祭祀用牲前"饰牲"的饰品。如殷墟小屯村西商代晚期祭祀坑 M50 埋一儿童，在此儿童的腹部发现有由 1 件玉柄形器、1 件骨珠、6 件条形蚌片、1 件穿孔蚌饰组成的成组饰品，报告根据这组饰品的排列情况推测它们可能是缝在麻布上的。⑥ 再如后冈圆形祭祀坑 H10 中部分人牲的手臂或腰部系有贝，在部分人牲的胸或腹下也压有贝。具体如第一层人骨架中的 16 号人骨架的左手腕上戴有由铜铃、铜泡和 45 枚贝等串缀在一起的饰物。第二层人骨架中的 27 号人骨架的右盆骨上有 3 串贝，第一串 20 枚，第二串 10 枚，第三串 5 枚，这些贝的孔都向下，"似有线穿贯"。⑦ 它们都是饰牲之物。

3. 幂

甲骨文中有⬚字，象以巾覆尊之形。王襄认为是古"幎"字，今

① （汉）许慎撰，（清）段玉裁注《说文解字注》，第 146 页。

② 袁珂校注《山海经校注》卷 5《中山经》，巴蜀书社，1992，第 38、155 页。

③ 罗新慧：《说新蔡楚简"婴之以兆玉"及其相关问题》，《文物》2005 年第 3 期。

④ 黄怀信、张懋镕、田旭东：《逸周书汇校集注》卷 4《世俘解》，上海古籍出版社，2007，第 439 页。

⑤ 谢肃：《〈世俘〉"皆施佩，衣衣，先馘入"解》，《中国史研究》2017 年第 1 期。

⑥ 《安阳小屯》，第 164、167 页。

⑦ 《殷墟发掘报告（1958—1961）》，第 272、278 页。文献中也有以贝为饰物的记载。《说文·女部》："婴，颈饰也。从女賏，賏，其连也。"桂馥《义证》引赵宦光曰："古人连贝为婴。"《诗·鲁颂·閟宫》有"贝胄朱绶"。毛传："贝胄，贝饰也。"《仪礼·既夕礼》云："綪、綮、贝勒县于衡。"郑玄注："贝勒，贝饰勒。"《史记·佞幸列传》有"贝带"，集解引《汉书音义》曰："……以贝饰带。"索引："《淮南子》云：'赵武灵王服贝带……'"

作"冪",并据《礼记·礼器》"牺尊疏布鼏",推测"所覆之物为尊则作⬚，鼎则从鼎作鼏"。[①] 在甲骨卜辞中，⬚就是"祭祀时用巾覆盖着祭牲"。[②]

62）贞……⬚三牢……箙一牛？（《合集》15823）

63）贞：戊……其⬚羌……〔卯〕三牢？（《合集》471）

《礼记·檀弓上》云："丧不剥奠也与？祭肉也与？"郑玄注："剥犹倮也。有牲肉则巾之，为其久设，尘埃加也。脯、醢之奠不巾。"[③]

《周礼·天官·幂人》载：幂人"掌共巾幂。祭祀，以疏布巾幂八尊，以画布巾幂六彝"。[④] 即幂人负责供给祭祀时覆盖器物的巾，用粗疏的布巾覆盖祭祀天地的八尊，用画有花纹的布巾覆盖祭祀宗庙的六彝。这是周代的礼节。《礼记·礼运》曰："……与其越席，疏布以幂……君与夫人交献，以嘉魂魄。"孔颖达疏："越席，谓蒲席。疏布，谓粗布。若依《周礼》，越席、疏布是祭天之物。此经云'君与夫人'，则宗庙之礼也。此盖记者杂陈夏殷诸侯之礼，故虽宗庙而用越席疏布也。"[⑤] 也有用茅草覆盖牺牲的。

殷墟后冈圆形祭祀坑 H10 出土的铜鼎口沿和一件中胡二穿戈上发现有平纹丝织品，这些丝织品就是覆盖祭器（铜鼎内也可能有肉）的巾。在商文化墓葬的随葬品上也常见有纺织品的痕迹。如妇好墓出土青铜礼器中就有 50 多件器物的表面粘附有纺织品残片，有的是单层，有的是多层。这些纺织品中有麻织品，也有丝织品。丝织品中有 9 例为用朱砂涂染的平纹丝织物，它们多粘附在一些大、中型礼器上。[⑥] 这些用朱砂涂染的丝织品大概相当于《周礼》中的"画布"。墓葬中的随葬品虽然不是祭祀遗存，但其幂以巾，此当与祭祀中的巾幂相似。而墓葬中的礼器，自是为墓主人而

① 王襄：《类纂》正编卷 7，第 36 页，转引自于省吾主编《甲骨文字诂林》，第 2697 页。
② 赵诚：《甲骨文简明词典——卜辞分类读本》，第 240 页。
③ （汉）郑玄注，（唐）孔颖达疏《礼记正义》卷 8《檀弓上》，第 244 页。
④ （汉）郑玄注，（唐）贾公彦疏《周礼注疏》卷 6《幂人》，第 143～144 页。
⑤ （汉）郑玄注，（唐）孔颖达疏《礼记正义》卷 21《礼运》，第 676～677 页。
⑥ 《殷墟妇好墓》，第 17～18 页。

备，妇好墓中既有疏布，又有画布，这似可说明孔颖达的说法是正确的，即商代祭祀祖先的幂巾用疏布，也用画布。

4. 宜

甲骨文作 🔲、🔲、🔲，或隶定作"俎"。在甲骨卜辞中，"宜"既用作用牲法，殆为对人、动物牲的解杀，[1] 也用作祭名。罗振玉认为卜辞中的宜字"象置肉于且上之形"，[2] 此当是宜之本义。偃师商城发现的祭祀遗存中有的"牺牲可能原本放置在漆案（盘）之上"，[3] 若果真是漆案，此当是宜祭。

文献记载，虞夏商周均使用俎。《礼记·明堂位》云："俎，有虞氏以梡，夏后氏以嶡，殷以椇，周以房俎。"[4]

至于宜祭所用牺牲，甲骨卜辞中只有人和牛、羊牲。《左传》隐公五年云："鸟兽之肉不登于俎……则公不射，古之制也。"[5]《仪礼》在"牛俎""羊俎"之外还记有"豕俎""鱼俎"。西周中期的三年癲壶（《集成》15.9726、9727）有"羔俎""豲俎"。

据记载，为俎有时用全烝，有时用房烝，有时用肴烝。《国语·周语中》载："禘郊之事，则有全烝；王公立饫，则有房烝；亲戚宴飨，则有肴烝……余一人敢设饫禘焉……"韦昭注："全烝，全其牲体而升之"；"房，大俎也……谓半解其体，升之房也"；"肴烝，升体解节折之俎也"；"饫，半体也。禘，全体也"。[6] 周代对房烝和肴烝所用牲体部位还有贵贱的区别。[7]

殷墟大司空村 M53 曾出土一件石俎。[8] 石俎位于墓主头端，其周围有陶簋、罐、瓿、爵、斝、尊、鼎、铜瓿等器物（从 M53 平面图看，M53 有

---

① 张新俊：《甲骨文中所见的俎祭》，《殷都学刊》1999 年增刊。

② 罗振玉：《殷虚书契考释·中》，第 38 页，转引自于省吾主编《甲骨文字诂林》，第 3325 页。

③ 中国社会科学院考古研究所：《河南偃师商城商代早期王室祭祀遗址》，《考古》2002 年第 7 期。

④ （汉）郑玄注，（唐）孔颖达疏《礼记正义》卷 31《明堂位》，第 951 页。

⑤ （周）左丘明传，（晋）杜预注，（唐）孔颖达正义《春秋左传正义》卷 3，第 95~96 页。

⑥ 徐元诰：《国语集解》，第 57~58 页。

⑦ 见《礼记·礼运》《仪礼·少牢馈食礼》《礼记·祭统》相关节及郑玄注。

⑧ 中国科学院考古研究所安阳发掘队：《1962 年安阳大司空村发掘简报》，《考古》1964 年第 8 期。

头箱，石俎和这些器物在头箱内），该石俎和这些器物都是随葬的。小屯乙七基址的"基上墓"M186出土一件木俎（？），西北冈大墓M1500南墓道扰土中出土一件石俎。但这些俎，均无俎实，笔者不能据以判断商代为俎对牲体贵贱的选择。

第四章

商文化周边地区的祭祀遗存

一 桓台史家岳石文化木构器物坑

1996～1997年在山东桓台史家遗址清理岳石文化晚期木构架祭祀器物坑1座。其年代与二里岗下层相当，绝对年代相当于商代早期。[①]

桓台史家遗址是一处龙山、岳石和商文化遗址。1996～1997年发现的木构器物坑位于遗址的中部偏北，也即遗址的最高处（现地貌）。该木构器物坑是先挖一个东西约9米、南北约4米、深约4米的不规则的近椭圆形的大坑，然后在坑的中央用木头构筑"井"字形的结构，坑口处该木构架东西约1.62米，南北约1.56米。木构架外侧分层填土（共7层）。木构架内底部分7层埋置器物，共厚约1.1米，诸层器物之间有木头痕迹，简报推测是器物之上用木板或树皮之类搭建的简陋支撑架遗留。器物以上是松散的黄褐色土，厚约2.6米，除杂有黄土块外，没有其他包含物（见图4-1）。

木构架外的第一层填土（编号K1，也即最上一层填土）厚0.42米，"该层层面上有一层比较坚硬、可以分成较薄细层的活动面"。而木构架范围内不见活动面。据此笔者认为，该木构坑建成后，在木构坑的旁边当有人的活动。这样就存在两种可能：其一，木构坑建成后，没有立即被填埋，即该坑的构筑原不是为埋器物之属；其二，该坑本是为埋器物之属而

① 光明、龙国、连利、志光：《桓台史家遗址发掘获重大成果》，《中国文物报》1997年5月18日，第1版；淄博市文化局、淄博市博物馆、桓台县文物管理所：《山东桓台县史家遗址岳石文化木构架祭祀器物坑的发掘》，《考古》1997年第11期。

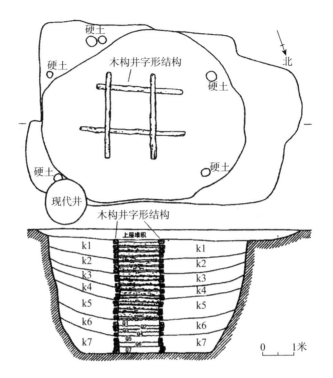

K1～K7 木钩架外侧填土层　Q1～Q7 器物层

图 4 - 1　桓台史家岳石文化木构器物坑平、剖面图

资料来源：淄博市文化局、淄博市博物馆、桓台县文物管理所：《山东桓台县史家遗址岳石文化木构架祭祀器物坑的发掘》，《考古》1997 年第 11 期。

建，埋置完器物后，可能在坑口有所标识，来此的人不进入此木构范围内。两相比较，笔者倾向于前者。

此木构坑（即 7 层器物层），出土有陶器、石器、骨角蚌器和卜骨等。"根据完整器、可复原器以及能看出器形的个体器物统计，坑中出土器物计 355 件，其中陶器 334 件"[①]。陶器主要是罐，约占陶器总量的 88％。

村民在此器物坑附近取土时曾发现一周夯土墙基，在发掘此器物坑时，也发现两处黄褐色花斑硬土，简报推测是器物坑周围夯筑墙基的残留。

此器物坑之所在是晚于其的商文化祭祀区的中心，据此，简报认为其

---

① 简报所说之完整器当是较完好的器物，考古界所说的完整器包括简报所说的完整器和可复原器。

与商文化祭祀坑的性质相同，并以器物坑结构复杂、器物放置方式、一些器物内有谷物、坑底出土有刻有卜辞的羊肩胛骨等为佐证。其实这些都不是此器物坑为祭祀坑的必然条件。而埋牺牲的商代祭祀坑与此器物坑的内涵也是迥异的。

其他学者对此器物坑也有论述，如张国硕曾撰文认为史家遗址的木构祭祀器物坑是祭祀大地的祭坑，其族属或为商族，或为东夷族人。[①] 杨良敏认为此坑是与农业祭祀有关的遗存，并认为此坑中的陶器（包括诸如甗足之类陶器残片）、石器、骨笄、谷物都是祭品。[②] 张光明、夏林峰认为该坑与祭祀大地、农业有关。[③] 杨良敏和张国硕还引用文献来论证此器物坑为祭祀坑。但他们所引文献都是华夏族的文献，且这些文献中也不见以陶器等为祭品的记载。华夏族文献对于东夷族的文化现象，只能看作民族学材料。

总之，史家岳石文化木构器物坑在岳石文化考古发现中仅此一例，目前多认为其是祭祀坑，但论证过程尚不能令人满意。笔者对其祭祀坑的性质表示质疑，但也没有更多的证据，故附于此。作为社会生活中的重要行为，祭祀必然是程式化的、经常性的行为。如果桓台史家器物坑是祭祀遗存，那么在岳石文化中必定还有类似的遗存，笔者期待类似遗存的发现。

二 四川地区商代祭祀遗存

四川地区商代的考古学文化主要是三星堆文化和十二桥文化。自三星堆遗址三星堆文化祭祀器物坑发现以来，学术界围绕其性质进行了广泛讨论，笔者在第一章已经做了介绍。现再择要介绍一下《三星堆祭祀坑》的观点。

《三星堆祭祀坑》修正了简报的观点，在分析了器物坑出土器物的功用后，提出由于政权更迭，"宗庙被毁之后，以一定的宗教祭祀仪式，将器物与宗庙一同焚毁，然后埋入坑中。为反映这种宗教祭祀礼仪因素"，

---

① 张国硕：《史家遗址岳石文化祭祀坑初探》，《中国文物报》1998 年 5 月 27 日，第 3 版。
② 杨良敏：《试析山东桓台县史家遗址岳石文化木构器物坑的性质》，《史学集刊》1998 年第 3 期。
③ 张光明、夏林峰：《山东桓台县史家遗址发掘收获相关问题的探讨》，《管子学刊》1999 年第 4 期。

报告仍然将两个坑定名为"祭祀坑"。报告还强调，其"与商周时期一般祭祀坑的性质不完全相同"，① 即虽称其为祭祀坑，"并不意味着两个坑的用途就一定是为了某种祭祀活动"。②

除了这两个祭祀器物坑，三星堆文化中还有一些器物坑，被认为和祭祀有关。

1929 年在三星堆遗址月亮湾燕家院子附近发现一座器物坑，出土有玉石璧、琮、璋、圭、斧等三四百件器物。或认为此玉器坑是祭祀天地、山川诸神后瘗埋下的。③ 1964 年在三星堆遗址月亮湾台地出土的石器可能也出自器物坑，器物有成品、半成品和石坯。④ 1974 年在三星堆遗址月亮湾的梭子田曾发现玉石料坑，1984 年在三星堆遗址东城墙南端狮子闹也发现了玉石器器物坑。⑤ 1987 年在三星堆遗址真武村"仓包包"取土时发现一器物坑，出土有铜牌饰 3 件、玉瑗 8 件、玉箍形器 1 件、玉凿 1 件、石璧21 件、石斧 3 件。绝大部分器物有被火烧过的痕迹。据取土者讲，坑内撒有朱砂，坑底有烧骨渣和灰烬。《三星堆遗址真武仓包包祭祀坑调查简报》认为这三个器物坑都是祭祀坑，祭祀对象是"天地山川诸自然神灵之一"。⑥ 2000 年在三星堆遗址月亮湾发掘区的一个灰坑（可能是祭祀坑）中发现璧、琮、瑗残片各 1 件。⑦ 1976 年在广汉市高骈乡机制瓦厂出土铜牌饰、玉戚、玉刀、玉矛等。⑧ 1987 年在盐亭县麻秧乡蒙子村山坡上发现

---

① 《三星堆祭祀坑》，第 442 页。

② 《三星堆祭祀坑》，第 7 页。

③ 林名均：《广汉古代遗物之发现及其发掘》，《说文月刊》第 3 卷第 7 期，1942 年。郑德坤：《四川古代文化史·广汉文化》，华西大学博物馆专刊之一，1946 年；转引自四川省文物考古研究所三星堆工作站、广汉市文物管理所《三星堆遗址真武仓包包祭祀坑调查简报》，四川省文物考古研究所编《四川考古报告集》，文物出版社，1998，第 78~90 页。

④ 冯汉骥、童恩正：《记广汉出土的玉石器》，《文物》1979 年第 2 期。该文认为 1929 年和1964 年三星堆遗址出土的玉石器出自窖藏。

⑤ 赵殿增：《早期中国文明·三星堆文化与巴蜀文明》，江苏教育出版社，2005，第 239 页。关于狮子闹器物坑的发现年代，赵殿增的文章里有 1984 年、1985 年和 1987 年等三种说法，今从《三星堆祭祀坑》第 15 页的 1984 年说法。

⑥ 四川省文物考古研究所三星堆工作站、广汉市文物管理所：《三星堆遗址真武仓包包祭祀坑调查简报》，《四川考古报告集》，第 78~90 页。

⑦ 赵殿增：《三星堆古玉与三星堆祭祀活动》，氏著《三星堆考古研究》，四川人民出版社，2004，第 328~343 页；原载于《海峡两岸中国古玉研讨会论文集》，2001 年 9 月。

⑧ 敖天照、王友鹏：《四川广汉出土商代玉器》，《文物》1980 年第 9 期。

一器物坑，出土石质列璧一组 10 枚。① 2015 年在三星堆遗址青关山台地发掘到三星堆遗址第四期的不规则圆形器物坑（编号 H105），该坑出土大量可复原陶器以及部分残玉器、金箔饰、绿松石器、兽牙、铜渣等。②

以上这些器物坑的年代有早有晚，但大体在商代的范围内。即便有的可能早到夏代，但其作为三星堆文化的一种文化现象，其发展是连贯的，故这种文化现象也可能延续到相当于商代的三星堆文化晚期。

在三星堆遗址青关山台地发掘了 3 座大型建筑基址（编号 F1、F2、F3）。其中 F1 长逾 65 米，宽近 16 米，建筑面积逾 1000 平方米。F1 是由多间"正室"以及相对应的"楼梯间"组成，柱网密集，推测当属干栏—楼阁式建筑。F1 墙基和"檐柱"底部均由红烧土块垒砌并夹杂有大量的卵石。十余处红烧土墙基、"檐柱"和室内夯土地面中有掩埋玉璧、石璧和象牙的现象，发掘者认为这"应为房屋修建过程中的祭祀活动所致"。F1 的使用年代为商代（三星堆三期）。

F3 基址长逾 20 米，宽度已近 10 米。F3 室内夯土地面中也有掩埋象牙的现象。发掘者推测 F3 与 F1 同时。③

商文化房屋修筑过程中罕有在墙基、柱洞、地面掩埋玉石器、象牙等的现象，但陕北的石峁等新石器末期遗址的城墙等建筑内常有玉器出土。如 2012 年在石峁外城东门的瓮城石墙北端的倒塌墙体和倒塌堆积中发现有玉铲和玉璜。其中 2 件玉铲出土于北端东西向短墙向北倒的墙体内，它们东西间隔约 2 米，东侧玉铲平置于石块错缝间，石块间还有少许草拌泥。南端墙体的倒塌堆积中发现了阴刻石雕人头像残块。④ 或认为这些出土于城墙中的玉器是用来辟邪的。⑤ 2016～2018 年在陕西省延安市芦山峁遗址

① 赵紫科：《盐亭出土古代石璧》，《四川文物》1991 年第 5 期；赵殿增：《绵阳文物考古札记》，《四川文物》1991 年第 5 期。
② 四川省文物考古研究院雷雨：《三星堆遗址考古的新突破》，《中国文物报》2016 年 3 月 25 日，第 5 版。
③ 四川省文物考古研究院雷雨：《三星堆遗址考古的新突破》，《中国文物报》2016 年 3 月 25 日，第 5 版。
④ 陕西省考古研究院、榆林市文物考古勘探工作队、神木县文体局：《陕西神木县石峁遗址》，《考古》2013 年第 7 期。
⑤ 叶舒宪：《从石峁建筑用玉新发现看夏代的瑶台玉门神话》，《百色学院学报》2013 年第 4 期；叶舒宪：《玉石之路与华夏文明的资源依赖》，《上海交通大学学报》（哲学社会科学版）2013 年第 6 期。

的大营盘梁发掘确认了三座院落，它们始建年代为庙底沟二期晚段，沿用至龙山时代末期。在大型房址、院墙、广场的夯土中，多次发现有猪下颌骨、玉器，发掘者认为其是奠基遗存。① 这种用玉现象与三星堆相似。天马－曲村遗址曾发掘到周代房址 J6F11，在其北、西、南三面墙体内发现了 5 枚石圭，在居住面下发现 1 枚石圭。报告认为这些石圭"或与营造房屋过程中的某种祭祀或仪式有关"。② 曲村 J6F11 在中原地区尚是孤例，其很可能是受到陕北高原自石峁遗址以来的传统影响所致。

自三星堆两个祭祀器物坑发现以来，学界就对其出土的祭祀文物进行了广泛的探讨研究，笔者在此基础上将其与华夏地区的祭祀做一简单的比较。

1. 祭祀或崇拜的对象

由于三星堆文化祭祀器物坑与周围遗迹的关系不明确，故其祭祀或崇拜对象很难确定。学者们多就祭祀器物坑出土的器物对三星堆文化的祭祀或崇拜对象进行推测。

或认为三星堆一、二号祭祀器物坑出土的青铜人像和青铜人头像是组织、主持祭祀活动的巫师或首领的形象；人面具和眼形饰是三星堆古国人崇拜的祖先神，它们的特征与《华阳国志·蜀志》"蜀侯蚕丛，其目纵"记载相符。③ 或认为两个器物坑出土的人头像、人面像（面具）是祖先亡灵的形象。④

二号祭祀器物坑出土有大小两种青铜树的造型，其中Ⅰ号树被推测为祭祀日神的扶桑，Ⅱ号树被推测是祭祀月神的若木。⑤ 也有学者推测其为

① 陕西省考古研究院、西北大学文化遗产学院、延安市文物研究所马明志、翟霖林、张华、王蕾、杜林渊：《陕西延安芦山峁遗址发掘取得重要收获》，《中国文物报》2018 年 11 月 16 日，第 7 版。

② 北京大学考古学系商周组、山西省考古研究所编著《天马－曲村（1980—1989）》，科学出版社，1999，第 160 ~ 162 页。

③ 徐学书：《关于三星堆出土青铜人面像之探讨》，《四川文物》广汉三星堆遗址研究专辑，1989，第 50 ~ 52 页；巴家云：《三星堆遗址青铜"纵目"人面象研究——兼和范小平同志商榷》，《四川文物》1991 年第 2 期；赵殿增：《三星堆祭祀坑文物研究》，氏著《三星堆考古研究》，第 214 ~ 233 页。

④ 《三星堆祭祀坑》，第 447 页。

⑤ 《三星堆祭祀坑》，第 444 ~ 445 页。

社树。① 或认为器物坑出土的兽面纹、兽面像和用于镶嵌神像的眼泡反映了蜀人对自然神灵精怪的崇拜。② 而其他出土玉石器的器物坑则被认为是祭祀山川的遗存。

总之,这些神灵有祖先、天神、地祇等,神灵众多,但看不出以哪种神灵为主,即没有主次。商文化中虽然有天神、地祇等诸多神灵,但其以祖先祭祀为主。

2. 神像与主、尸

三星堆两个器物坑出土有一些不同形式的铜人头像和铜人面具。《广汉三星堆遗址一号祭祀坑发掘简报》推测人头像是砍头的人牲。报告修正为青铜人头像和铜人面具"可能是代表不同世代或不同身份的接受其祭祀的祖先的形象",而兽面具和兽面都不是现实中兽类的形象,它们代表的是自然神祇。③ 三星堆还出土有铜跪坐人像,报告认为是祭祀中祈祷的巫祝的形象。二号坑出土的K2③:296神坛上的小立人像,反映的是居于宗庙殿堂中央向神灵献祭的大祭司之类的形象,是祭祀中的主祭者。④

那么三星堆文化中的神灵是有神像的,主祭者和参加祭祀者也都有塑像。而商周文化既不为神灵塑像,也不为主祭者和祭祀参与者塑像。只是以主作为神灵之所依托。周代祭祀中还用尸作为所祭神灵的化身来接受祭祀,商文化祭祀中可能也已经有尸。⑤ 即孔子说的"祭祀之有尸也,宗庙之有主也,示民有事也"。⑥ "三星堆宗教信仰的表现形式与中原地区最大的区别就在于直接铸造神灵的偶像来进行供奉和祭祀。"⑦

3. 青铜容器类祭器

商文化中有鼎、鬲、甗、爵、尊、罍、瓿、盘等青铜容器,在祭祀中

① 俞伟超:《先秦两汉美术考古材料中所见世界观的变化——1987年初夏在〈中国美术史·秦汉篇〉讨论会上的讲话》,《庆祝苏秉琦考古五十五周年论文集》编辑组编《庆祝苏秉琦考古五十五周年论文集》,文物出版社,1989,第111~120页。

② 《三星堆祭祀坑》,第447页。

③ 《三星堆祭祀坑》,第443页。

④ 《三星堆祭祀坑》,第443~444页。

⑤ 方述鑫:《殷墟卜辞中所见的"尸"》,《考古与文物》2000年第5期;葛英会:《说祭祀立尸卜辞》,《殷都学刊》2000年第4期;晁福林:《卜辞所见商代祭尸礼浅探》,《考古学报》2016年第3期。

⑥ (汉)郑玄注,(唐)孔颖达疏《礼记正义》卷51《坊记》,第1410页。

⑦ 陈淳、韩佳瑶:《从青铜器看三星堆的"巫"与殷商的"礼"》,《中国文物报》2004年2月13日,第7版。

用作祭器。目前三星堆文化中只发现有尊、罍、瓿、盘等。器物形制相似，但用途不一定相同。有学者注意到：三星堆文化有的青铜容器内装海贝、玉器，湖南宁乡出土青铜容器中装满玉珠、玉管或小型铜斧，而不是像中原地区那样盛装酒类液体。并认为这些相似的铜器在不同地区"可能具有不尽相同的意义"。① 这种分析是有益的。但三星堆和宁乡的青铜器所盛与中原地区不同，也可能是埋藏环境特殊所致，即这些器物埋藏时的状态不是其正常使用功能的反映。即便在中原地区，也有一些青铜器出土时是套放的，并不呈现其使用时的状态。也许是出于埋藏或搬运至埋藏地点的便利，宁乡和三星堆的其他器物就盛装在了青铜容器里。

此外，商文化青铜容器的数量和组合是与其所有者或主祭者的等级相联系的，即它们是藏礼的礼器。而三星堆文化的青铜容器只出土于两个祭祀器物坑，很难说它们也具有"器以藏礼"② 的功能。故不宜径直称之为礼器。

三星堆器物坑中商文化因素浓厚的青铜容器的用途的揭秘，还有待资料的积累，尤其是墓葬资料的积累。

由于缺乏文献依据和可资对比的考古及民族学资料，目前对三星堆文化器物坑性质和三星堆文化宗教祭祀类文物的研究臆测多于论证。在文献和可对比资料不可能增加的情况下，对这些问题研究的深入，需依仗三星堆文化自身考古资料的积累，这些资料不仅包括房址、墓葬，还应包括作坊等。我们期待三星堆文化考古资料的日渐丰富。

三　汉中地区商代祭祀遗存

汉中地区的商时期文化或称之为"宝山文化"。③ 宝山文化的青铜器埋藏和宝山遗址宝山文化的一些烧烤坑和器物坑被认为和祭祀有关。

汉中地区的城固和洋县历史上屡有属于宝山文化的青铜器出土。据赵丛苍统计，单自 1955 年至 1990 年，两县就有 14 个地点出土了 26 批青铜

---

① 陈剑、于春：《长江上游地区文明化进程学术研讨会纪要》，《考古》2005 年第 5 期；王巍：《三星堆文化外来因素的分析——兼论早期蜀文明与中原夏商文明的关系》，《中国社会科学院古代文明研究中心通讯》第 8 期，2004 年 8 月。

② 杨伯峻编著《春秋左传注》，中华书局，1990，第 788 页。

③ 西北大学文博学院编著《城固宝山——1998 年发掘报告》，文物出版社，2002，第 180 页。

器，共计654件。[①] 这些出土地点是：龙头镇、王家湾、西坝、原公、吕村、五郎庙、湑水、陈邸、莲花、宝山、苏村塔冢、苏村小冢、柳家寨、马畅安冢、范坝、六陵渡、张村、洋县北环路、张堡、龙亭等（见图4-2）。洋县文博馆还收集到一批不知出土地点的铜器。2004年在龙头镇和宝山镇柳家寨村湑水河边又出土了2批青铜器。[②]

以上出土青铜器的地点，有出土数百件的，也有出土一两件的。它们集中分布在湑水河和汉水两岸东西约40公里、南北约10公里的地域内。铜器多出土在高出周围地带的台地上，也有出土在河边的。在出土铜器的台地中部往往有一个高五六米、俗称某某疙瘩或某某冢的土堆。这些土堆大多已被夷平。钻探知，这些土堆下的堆积为生土或文化层。铜器多埋在土堆周围地表下1~4米深处，也有埋在土堆半腰处的。铜器通常直接埋在土坑中，或用织物包裹。坑有圆形和长方形等形状。有的坑中的器物放置有一定的次序。如曾三次出土铜器的龙头镇南街的"火疙瘩"，该土包原来占地约1.63亩，高约10米。1980年和1981年分别出土铜器63件、14件，两次出土点在火疙瘩的东北角，相距约1.6米。出土铜器的地面有一层厚约1厘米的灰土。靠外的器物在挖土时被扰乱，靠内的器物呈东西向几排摆放。2004年，出土点在火疙瘩的西北方，与前两次的出土点相距约80米。出土的鬲、鼎并排紧挨竖置，甗的位置不详。

出土的铜器有鼎、鬲、簋、尊、罍、瓿、壶、卣、盘、瓳、爵、斝、觚等华夏文化所俗称的彝器，戉、戈、矛、钺、戚、刀、镞、镰形器等武器（可能部分为仪仗），及铜泡、面具、璋形器、饰件等，其中武器数量最多。多数遗迹的共存器物年代接近，也有早晚器物同出于一个遗迹的。这些铜器的时代多相当于殷墟一、二期，也有二里岗上层的，个别晚于殷墟三期。[③]

① 赵丛苍：《城固洋县铜器群综合研究》，《文博》1996年第4期。
② 柴福林、何滔滔、龚春：《陕西城固县新出土商代青铜器》，《考古与文物》2005年第6期。
③ 赵丛苍：《城固洋县铜器群综合研究》，《文博》1996年第4期。

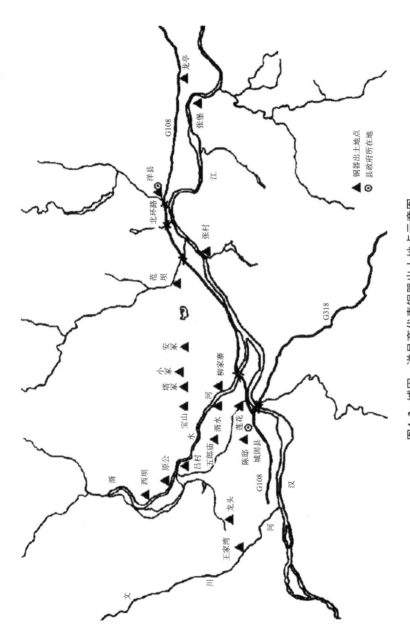

图4-2 城固、洋县商代青铜器出土地点示意图

资料来源：赵丛苍主编《城洋青铜器》，科学出版社，2006，第Ⅴ页。

关于这些青铜器坑的性质，或认为是窖藏。① 赵丛苍则以青铜器出土点的分布规律和埋藏形式推测这些器物坑"主要是与祭祀等礼仪活动有关；有的或与突发原因的财富储藏有关；少数的不排除作为墓葬随葬品的可能，但目前还缺乏证据。埋有铜器的那些人为或自然的高土堆，有的可能是当时举行祀典等重大活动的场所，或亦与防御功能有关"，② 并推测"城洋地区的祭祀对象则有可能是山川河流等自然神祇"。③ 对这些青铜器埋藏性质的揭秘，还有待资料的积累和研究的深入。

宝山遗址宝山文化陶器坑 K01 出土的陶器基本是"盛储器和礼器而没有炊器，烧制皆较好，坑内未见灰烬等烧烤遗迹"。报告据此推测，"其既不会是制陶废品丢弃处，也不会是烧烤坑，而可能是一处祭祀遗迹即祭祀坑"。④

宝山遗址宝山文化烧烤坑 SH19、SH27、SH33、SH51 等的下部，各发现一个较完整的牛头骨；烧烤坑 SH9、SH17 等的底部发现有较完整的鹿头骨、兽头骨及龟背甲；烧烤坑 SH48 的底部除发现有一堆动物骨骼外，还发现一个高颈尊形罐，内装粟粒般大小的植物籽粒。报告认为这些遗迹是祭奠类活动的遗迹。⑤

如果上述这些有动植物遗存的烧烤坑是祭祀遗存，那么它们所体现的宝山文化的祭品制度是和商文化相似的，即都以食品作为祭品。而出土青铜器的器物坑和宝山陶器坑 K01 则不见食物类祭品，若说它们也是祭祀遗存，那么祭品只能是坑内的器物。而商文化，甚至华夏文化是不以彝器和武器做祭品的，商文化总体上在祭祀完毕也不瘗埋祭器。总之，对宝山文化的青铜器埋藏性质的进一步研究，还有待材料的积累。

---

① 唐金裕、王寿芝、郭长江：《陕西省城固县出土殷商铜器整理简报》，《考古》1980 年第 3 期；李烨、张历文：《洋县出土殷商铜器简报》，《文博》1996 年第 6 期。
② 赵丛苍：《城固洋县铜器群综合研究》，《文博》1996 年第 4 期。王睿也认为是祭祀遗存，见其作《关于青铜器窖藏性质的反思》，中国历史博物馆考古部编《中国历史博物馆考古部纪念文集》，科学出版社，2000，第 144～152 页。
③ 赵丛苍主编《城洋青铜器》，第 276 页。
④ 《城固宝山——1998 年发掘报告》，第 177 页。
⑤ 《城固宝山——1998 年发掘报告》，第 176 页。

四　长江中游地区商代青铜器埋藏性质的讨论

在长江中游地区屡有商代青铜器发现，尤以湖南湘江下游地区出土的商代青铜器为多。这些青铜器多发现于山坡、山顶、河湖畔，或在野外，或在同时期的遗址内。出土的器物有经过长期使用的，也有尚存铸造时的范土的。长江中游地区类似的青铜器埋藏现象一直持续到周代。一些报道和论文认为它们是祭祀遗存，祭祀对象是山川、湖泊、风雨、星辰等。[①]也有学者认为它们不是祭祀遗存。[②]

持祭祀说者均不同程度地引用后世文献作为证据。但不管是出土文献，还是传世文献均没有祭祀山川等以彝器为祭品或祭祀后瘗埋彝器的记载。

据陈梦家对殷墟卜辞的研究，[③] 商代祭祀的山有兕、目、㠱、羊等，

---

① 此类简报有（1）湖南省博物馆：《湖南醴陵发现商代铜象尊》，《文物》1976 年第 7 期。该文认为醴陵狮形山出土象尊是"祭祀名山、湖泊、河川时掩埋的器物"，还认为宁乡黄材寨子山兽面纹铜罍、师古寨 5 个铜铙、岳阳黄秀桥洞庭湖畔出圆尊和铜铙、长沙浏阳河畔宝堤垸出鸮卣都是用于此类祭祀的。（2）衡阳市博物馆：《湖南衡阳市郊发现青铜牺尊》，《文物》1978 年第 7 期。认为湖南衡阳东郊东方红渔场出土牺尊与祭祀山川有关。（3）湖南益阳市文物管理处：《湖南益阳出土商代铜铙》，《文物》2001 年第 8 期。认为湖南益阳千家洲乡三亩地村出土铜铙与祭祀苍天、河神有关。（4）彭锦华：《沙市近郊出土的商代大型铜尊》，《江汉考古》1987 年第 4 期。认为湖北沙市立新乡东岳村出铜尊的器物坑是与祭祀密切相关的窖藏。（5）荆州地区博物馆王从礼：《记江陵岑河庙兴八姑台出土商代铜尊》，《文物》1993 年第 8 期。认为湖北江陵岑河镇庙兴村八姑台出土铜尊与祭祀湖泊有关。（6）戴修政：《湖北石首出土商代青铜器》，《文物》2000 年第 11 期。认为湖北石首桃花山九佛岗出土青铜器与祭祀山川有关。此类论文有（1）高至喜：《中国南方出土商周铜铙概论》，湖南省博物馆、湖南省考古学会合编《湖南考古辑刊》第 2集，岳麓书社，1984，第 128～135 页。认为湖南出土的商代铜铙以及醴陵狮形山商代象尊、宁乡月山铺商代四羊方尊、湘潭金盆养鲤商代豕尊等都是祭祀山川、湖泊、风雨、星辰等的遗物。（2）张懋镕：《殷周青铜器埋藏意义考述》，《文博》1985 年第 5 期。（3）王睿：《关于青铜器窖藏性质的反思》，《中国历史博物馆考古部纪念文集》，第 144～152 页。（4）李零：《入山与出塞》，氏著《入山与出塞》，文物出版社，2004，第 3～16页；原载于《文物》2000 年第 2 期。李零：《说"祭坛"和"祭祀坑"》，氏著《入山与出塞》，第 17～38 页。

② 向桃初：《湖南商代铜器新探》，四川大学考古专业编《四川大学考古专业创建三十五周年纪念文集》，四川大学出版社，1998，第 165～178 页；傅聚良：《谈湖南出土的商代青铜器》，《考古与文物》2001 年第 1 期；傅聚良：《长江中游地区商时期铜器窖藏研究》，《中国历史文物》2004 年第 1 期。

③ 陈梦家：《殷墟卜辞综述》，第 594～599 页。

祭祀之法有燎、炎、又、刚、奉年、奉雨等，卜辞中可以确定的祭品只有牺牲。商代祭祀的川有河、洹、洹泉、渨、滴、小泉等，祭祀方法有燎、帝、又、奉年、沉、埋等，所见祭品主要是牺牲和玉，没有彝器。

文献中也有关于祭祀山川的记载，但所记祭品均为牺牲、玉、酒等，不见彝器。

《春秋》昭公十一年："冬，十有一月，丁酉，楚师灭蔡，执蔡世子有以归，用之。"杜预注："用之，杀以祭山。"《左传》作"用隐大子于冈山"。①《左传》襄公十八年、昭公二十四年、定公三年分别记晋国、周王子朝、蔡国用玉祭祀河。《穆天子传》卷1："河宗柏夭受璧，西向沉璧于河，再拜稽首。祝沉牛马豕羊。"②《周礼·夏官·校人》云："凡将事于四海山川，则饰黄驹。"③《论语·雍也》："犁牛之子骍且角，虽欲勿用，山川其舍诸？"④此语虽是孔子称赞冉雍之德所打的比喻，但实是祭祀山川用牲的反映。

《秦骃祷病玉版》是秦惠文王因病而祷华大山明神的祝文，⑤其中涉及祭祀华山的祭品的文字如下："……小子骃敢以芥（玠）圭、吉璧吉丑（纽），以告于峠（华）大山。大山又（有）赐□，已吾复（腹）心以下至于足髀之病，能自复如故，请□祠用牛牺（牺）贰，其齿七，□□□及羊豢，路车四马，三人壹家，壹璧先之；□□用贰牺（牺）羊豢，壹璧先之；而复峠（华）大山之阴阳，以□□咎，□咎□□，其□□里，枼（世）万子孙，以此为尚（常）。句（苟）令小子骃之病日复故，告大令、大将军，人壹□□，王室相如。"文中讲到欲向华山献祭的祭品有玉（圭、璧等）、牺牲（牛、羊）、人牲（三人壹家）、车马等。

新蔡楚简中关于祭山的祭品也是牺牲和玉。

---

① （周）左丘明传，（晋）杜预注，（唐）孔颖达正义《春秋左传正义》卷45，第1284、1288页。《公羊传》以为"用之筑防（城）"，《穀梁传》范宁集解引《左传·僖公十九年》邾人执鄫子事，以为"用之社"。今从《左传》和杜注。
② 王贻梁、陈建敏：《穆天子传汇校集释》卷1，华东师范大学出版社，1994，第48页。
③ （汉）郑玄注，（唐）贾公彦疏《周礼注疏》卷33《校人》，第864页。
④ （魏）何晏注，（宋）邢昺疏《论语注疏》卷6《雍也》，第73页。
⑤ 李学勤：《秦玉牍索引》，《故宫博物院院刊》2000年第2期。

　　1)……五宝（主）山各一羘（羘）……（新蔡简甲二：29）

　　2)……備（佩）玉，于郲山一斑璜……（新蔡简乙三：44、45)①

　　山西侯马西高东周遗址的祭祀遗存被认为是祭祀汾水之神的遗存,②2001 年 3～9 月在此发掘了 733 座祭祀坑。其中埋牺牲的祭祀坑 317 座，牺牲以羊为主，其次是马，少数为牛。埋牺牲的祭祀坑伴出有其他遗物的有 138 座。不埋牺牲的祭祀坑中有遗物的有 108 座，无遗物的有 308 座。遗物的质地有玉、石、铜、蚌、骨等，共 362 件。一般一坑出一件，部分出两件或两件以上。铜器只有环和一件带钩，环均位于马头处，即此祭河的遗存中也没有彝器。

　　可见东周时期不仅黄河流域，而且楚文化区祭祀山川所用祭品均主要是牺牲和玉，也有车、人牲等，但无彝器。而长江中游青铜器埋藏的现象一直持续到周代。

　　秦汉祭祀山川的祭品制度也和东周相似。《史记·封禅书》载：秦统一六国后，祭祀济、淮二川，“春以脯酒为岁祠，因泮冻，秋涸冻，冬塞祷祠。其牲用牛犊各一，牢具珪币各异”。祭祀华西山川与济、淮大同小异。唯祭祀“四大冢鸿、岐、吴、岳，皆有尝禾”，裴骃集解：尝禾，“孟康曰：‘以新谷祭。’”同书又载：“陈宝节来祠。其河加有尝醪。此皆在雍州之域，近天子之都，故加车一乘，骝驹四。”③《汉书·武帝纪》：天汉三年“三月行幸泰山……还幸北地，祠常山，瘗玄玉”。④

　　当然，出土于长江中游地区、被认为与祭祀有关的青铜器埋藏或认为是商人的，或以为是当地文化的。如果是商人的，以上所引甲骨文研究成果、文献和考古发现足以说明它们与祭祀无关。如果是当地文化的，以上所引材料只相当于民族学证据，当地的文化传统可以和华夏族不同，但要说明其为祭祀遗存，尚需其他资料做佐证，譬如当地考古学文化有瘗埋器物祭祀山川的传统。就目前的研究状况，笔者倾向于它们不是祭祀遗存。

---

① 河南省文物考古研究所编著《新蔡葛陵楚墓》，第 188、205 页。

② 山西省考古研究所侯马工作站：《山西侯马西高东周祭祀遗址》，《文物》2003 年第 8 期。

③ （汉）司马迁：《史记》卷 28《封禅书》，第 1371、1372、1374 页。

④ （汉）班固：《汉书》卷 6《武帝纪》，第 204 页。

此外，2002 年在安徽滁州市北郊何郢遗址发现 20 多具与祭祀有关的动物骨骼，这些骨骼相对集中在几个区域。还发现有卜甲和被烧灼过的动物骨骼。发掘者认为这里"应为一地方性的祭祀活动中心"。何郢遗址的商周文化是一个"新的地方文化类型"。① 何郢遗址的部分祭祀遗存或能早到商末。

---

① 张爱冰、宫希成：《滁州发掘商代大规模聚落祭祀遗址》，《中国文物报》2002 年 11 月 29 日，第 1 版；袁靖、宫希成：《安徽滁州何郢遗址出土动物骨骼研究》，《文物》2008 年第 5 期；吕鹏、宫希成：《祭牲礼制化的个案研究——何郢遗址动物考古学研究的新思考》，《南方文物》2016 年第 3 期。

结　语

　　通过对商文化祭祀遗存的梳理，本书初步将其区分为：宫室类建筑区域的祭祀遗存（庙祭遗存）、社祀遗存、手工业作坊内的祭祀或巫术遗存、建筑营造过程中的祭祀或巫术遗存、门祀遗存、城墙附近的祭祀遗存、与甲骨埋藏有关的祭祀遗存、小聚落内临水的祭祀遗存、居址内的其他祭祀遗存、丧葬过程中的祭祀遗存和墓地内或附近的祭祀遗存等。

　　宫室类建筑区域的祭祀遗存指宫室类建筑使用时期的祭祀遗存，它们多分布在宫室类建筑附近，极少量散布在基址范围内。它们是在宫室类建筑内举行祭祀后就近对祭品的处理结果——瘗埋——祭祀坑。它们附近的宫室类建筑是祭祀活动的发生地——宗庙。其祭祀对象的主体是祖先神。

　　社祀遗存只发现两处。结合甲骨卜辞看，商代社的地位并没有后世文献所叙述的那么高。相应地，它们在聚落内部不处于突出或重要位置。

　　商文化的铸铜、制陶、制骨作坊里普遍有埋牺牲的坑。它们应是衅器、祭祀行业神等活动的遗存。

　　商文化在营造城墙之初和营造过程中均要举行祭祀活动，房屋类建筑营造过程中也有祭祀或巫术活动。以宫室类大型建筑为例，祭祀活动发生在基址夯筑之初、夯筑过程中和基址夯筑甫就。这些祭祀遗存分别表现为：叠压在基址下、夯筑在基址夯层中、打破基址。基址夯筑甫就，在基址的门部发现有埋人、犬的巫术坑。商代宗庙类建筑落成，还会举行衅庙之类的落成礼。衅庙类祭祀遗存的有无似可作为判断建筑是否为宗庙类建筑的依据。

　　商文化的庙祭、社祀、手工业作坊内的祭祀或巫术、建筑营造过程中的祭祀或巫术等遗存所反映的礼俗均能在中原地区二里头文化或更早的史前文化中找到渊源。

在垣曲商城、望京楼商城发现有门祀遗存。在郑州商城、垣曲商城的城墙附近发现有祭祀遗存。在殷墟的甲骨坑里还发现有与甲骨埋藏有关的祭祀遗存。郑州梁庄、凤凰台的所谓"水祭"遗存，与后世祭祀坊、水庸类似。

商文化丧葬活动中有奠薶和祭祀地祇的礼俗。奠薶表现为在墓葬二层台上放置牺牲腿骨。祭祀地祇表现为在墓葬填土中埋置牺牲等祭品和在墓穴附近挖坑埋置牺牲等祭品。

商文化墓地内或附近的、在空间上不从属于某墓葬的祭祀坑，是祭祀祖先的遗存。其所祭祖先可能是埋在墓地的祖先，也可能包括没有埋进墓地的祖先。

商文化丧葬中的奠薶、祭祀地祇的习俗在西周仍然被沿用。墓地祭祀祖先的习俗目前仅见于洛阳北窑。

综合考古发现、甲骨文和文献所记祭品，商文化的祭品主要有人牲、牺牲、粢盛和鬯酒、币帛、车、贝、玉等，而以人牲、牺牲类祭品为主。甲骨文和文献所记载的商文化祭品制度与考古发现在总体上是一致的。

从这些祭祀遗存的数量等方面看，商文化祭祀以宫殿宗庙区的祭祀和墓地内或附近对祖先的祭祀为主。在这些祭祀遗存中，由于主祭者身份等级不同，祭祀遗存在规模、祭品的类别和数量等方面相应地有等级差别，这说明商文化的祭祀已经纳入了礼制的轨道。在殷墟二期后商王室祖先祭祀遗存数量呈缩减趋势，这或是殷墟晚期商文化祭祀（神权）相对衰落的反映。

结合甲骨文和文献中关于祭祀方法的记载，本书把能反映到考古发现中的祭祀方法分为砍头类祭祀方法，肢解类祭祀方法，击杀类祭祀方法，刺、射类祭祀方法，烧燎类祭祀方法，瘗埋类祭祀方法，奉献活牲，烹煮加工，及饰牲、幂、宜等。

商文化周边地区的一些遗存也被认为是祭祀遗存，本书综述了这些考古发现，对一些遗存的性质做了初步的探讨。商文化周边地区祭祀遗存研究的深入，还有待考古资料的积累。

参考文献

古籍（含今人译注）

（汉）班固撰，（唐）颜师古注《汉书》，中华书局，1962。

黄怀信、张懋镕、田旭东：《逸周书汇校集注》，上海古籍出版社，2007。

（清）黎翔凤撰《管子校注》，梁运华整理，中华书局《新编诸子集成》本，2004。

刘文典撰《淮南鸿烈集解》，冯逸、乔华点校，中华书局《新编诸子集成》本，1989。

（战国）吕不韦著，陈奇猷校释《吕氏春秋新校释》，上海古籍出版社，2002。

《十三经注疏》，北京大学出版社，1999。

（汉）司马迁：《史记》，中华书局，1959。

（清）孙诒让撰《墨子间诂》，孙启治点校，中华书局《新编诸子集成》本，2001。

（清）孙诒让撰《周礼正义》，王文锦、陈玉霞点校，中华书局十三经清人注疏本，1987。

徐元诰撰《国语集解》，王树民、沈长云点校，中华书局，2002。

（汉）许慎撰，（清）段玉裁注《说文解字注》，上海古籍出版社，1988。

杨伯峻编著《春秋左传注》，中华书局，1990。

杨天宇：《礼记译注》，上海古籍出版社，2004。

杨天宇：《仪礼译注》，上海古籍出版社，2004。

杨天宇：《周礼译注》，上海古籍出版社，2004。

甲骨文著录书及简称、金文著录书、工具书等

董作宾：《殷墟文字甲编》，商务印书馆，1948，简称《甲》。

董作宾：《殷墟文字乙编》，商务印书馆，1948（上辑）、1949（中辑）；科学出版社，1956（下辑），简称《乙》。

郭沫若主编、胡厚宣总编辑《甲骨文合集》，中华书局，1979～1982，简称《合集》。

Hsu Chin-hsiung, *The Menzies Collection of Shang Dynasty Oracle Bones*, The Royal Ontario Museum Toronto, Canada, 1972, 简称《安明》。

李学勤、齐文心、〔美〕艾兰：《英国所藏甲骨集》，中华书局，1985，简称《英藏》。

彭邦炯、谢济、马季凡：《甲骨文合集补编》，语文出版社，1999，简称《补编》。

姚孝遂主编《殷墟甲骨刻辞类纂》，中华书局，1989。

于省吾主编《甲骨文字诂林》，中华书局，1996。

张秉权：《殷墟文字丙编》，中研院历史语言研究所，1957～1972，简称《丙》。

赵诚：《甲骨文简明辞典——卜辞分类读本》，中华书局，1988。

中国社会科学院考古研究所：《小屯南地甲骨》，中华书局，1980、1983，简称《屯南》。

中国社会科学院考古研究所：《殷墟花园庄东地甲骨》，云南人民出版社，2003，简称《花东》。

中国社会科学院考古研究所：《殷周金文集成》，中华书局，1984～1994，简称《集成》。

宗福邦、陈世铙、萧海波主编《故训汇纂》，商务印书馆，2003。

考古报告、简报及新闻报道

安阳地区文物管理委员会：《河南汤阴白营龙山文化遗址》，《考古》1980年第3期。

安阳市博物馆：《安阳大司空村殷代杀殉坑》，《考古》1978年第1期。

安阳市博物馆：《安阳郭家庄的一座殷墓》，《考古》1986年第8期。

安阳市文物工作队：《河南安阳郭庄村北发现一座殷墓》，《考古》1991 年第 10 期。

安阳市文物工作队：《殷墟戚家庄东 M269 号墓》，《考古学报》1991 年第 3 期。

安阳市文物考古研究所编著《安阳殷墟徐家桥郭家庄商代墓葬》，科学出版社，2011。

安阳亦工亦农文物考古短训班、中国科学院考古研究所安阳发掘队：《安阳殷墟奴隶祭祀坑的发掘》，《考古》1977 年第 1 期。

敖天照、王友鹏：《四川广汉出土商代玉器》，《文物》1980 年第 9 期。

北京大学考古文博学院、河北省文物局、邢台市文物管理处、临城县文化旅游局：《河北临城县补要村遗址南区发掘简报》，《考古》2011 年第 3 期。

北京大学考古系、商丘地区文管会：《河南夏邑清凉山遗址发掘报告》，北京大学考古系编《考古学研究》（四），科学出版社，2000。

柴福林、何滔滔、龚春：《陕西城固县新出土商代青铜器》，《考古与文物》2005 年第 6 期。

戴修政：《湖北石首出土商代青铜器》，《文物》2000 年第 11 期。

光明、龙国、连利、志光：《桓台史家遗址发掘获重大成果》，《中国文物报》1997 年 5 月 18 日，第 1 版。

郭宝钧：《一九五〇年春殷墟发掘报告》，《考古学报》第 5 册，1951 年。

国家文物局考古领队培训班：《郑州西山仰韶时代城址的发掘》，《文物》1999 年第 7 期。

国家文物局主编《河南郑州小双桥遗址考古新发现》，《2000 年中国重要考古发现》，文物出版社，2001。

河北省博物馆河北省文管处台西发掘小组：《河北省藁城县台西村遗址 1973 年的重要发现》，《文物》1974 年第 8 期。

河北省文物研究所、河北文化学院：《武安赵窑遗址发掘报告》，《考古学报》1992 年第 3 期。

河北省文物研究所、吉林大学边疆考古研究中心、邢台市文物管理处：《河北邢台市葛家庄遗址 1999 年发掘简报》，《考古》2005 年第 2 期。

河北省文物研究所编著《藁城台西商代遗址》，文物出版社，1985。

河北省邢台市文物管理处编著《邢台粮库遗址》，科学出版社，2005。

河南省博物馆：《郑州商城遗址内发现商代夯土台基和奴隶头骨》，《文物》1974年第9期。

河南省博物馆：《郑州新出土的商代前期大铜鼎》，《文物》1975年第6期。

河南省博物馆、郑州市博物馆：《郑州商代城遗址发掘报告》，文物编辑委员会编《文物资料丛刊》（1），文物出版社，1977。

河南省博物馆、郑州市博物馆：《郑州商代城址试掘简报》，《文物》1977年第1期。

河南省文化局文物工作队：《河南安阳薛家庄殷代遗址墓葬和唐墓发掘简报》，《考古通讯》1958年第8期。

河南省文化局文物工作队第一队：《郑州第5文物区第1小区发掘简报》，《文物参考资料》1956年第5期。

河南省文化局文物工作队第一队：《郑州商代遗址的发掘》，《考古学报》1957年第1期。

河南省文化局文物工作队编著《郑州二里冈》，科学出版社，1959。

河南省文物局编著《鹤壁刘庄——下七垣文化墓地发掘报告》，科学出版社，2012。

河南省文物考古研究所：《河南荥阳市关帝庙遗址商代晚期遗存发掘简报》，《考古》2008年第7期。

河南省文物考古研究所、郑州大学文博学院考古系、南开大学历史系博物馆学专业：《1995年郑州小双桥遗址的发掘》，《华夏考古》1996年第3期。

河南省文物考古研究所、郑州市文物考古研究所编著《郑州商代铜器窖藏》，科学出版社，1999。

河南省文物考古研究所编著《新蔡葛陵楚墓》，大象出版社，2003。

河南省文物考古研究所编著《郑州商城——1953～1985年考古发掘报告》，文物出版社，2001。

河南省文物考古研究所编著《郑州小双桥：1999～2000年考古发掘报告》，科学出版社，2012。

河南省文物研究所：《近年来郑州商代遗址发掘收获》，《中原文物》1984年第1期。

河南省文物研究所：《郑州洛达庙遗址发掘报告》，《华夏考古》1989 年第 4 期。

河南省文物研究所、中国历史博物馆考古部编著《登封王城岗与阳城》，文物出版社，1992。

河南省文物研究所编《郑州商城考古新发现与研究》，中州古籍出版社，1993。

衡阳市博物馆：《湖南衡阳市郊发现青铜牺尊》，《文物》1978 年第 7 期。

湖北省荆沙铁路考古队编著《包山楚墓》，文物出版社，1991。

湖北省文物考古研究所编著《盘龙城——1963～1964 年考古发掘报告》，文物出版社，2001。

湖南省博物馆：《湖南醴陵发现商代铜象尊》，《文物》1976 年第 7 期。

湖南益阳市文物管理处：《湖南益阳出土商代铜铙》，《文物》2001 年第 8 期。

荆州地区博物馆王从礼：《记江陵岑河庙兴八姑台出土商代铜尊》，《文物》1993 年第 8 期。

孔德铭、申明清、李贵昌、孔维鹏：《河南省安阳市辛店商代铸铜遗址发掘及学术意义》，中国社会科学院考古研究所夏商周研究室编《三代考古》（七），科学出版社，2017。

李烨、张历文：《洋县出土殷商铜器简报》，《文博》1996 年第 6 期。

梁思永、高去寻：《中国考古报告集之三·侯家庄·第八本·1550 号大墓》，中研院历史语言研究所，1976。

梁思永、高去寻：《中国考古报告集之三·侯家庄·第二本·1001 号大墓》上下册，中研院历史语言研究所，1962。

梁思永、高去寻：《中国考古报告集之三·侯家庄·第九本·1129、1400、1443 号大墓》，中研院历史语言研究所，1996。

梁思永、高去寻：《中国考古报告集之三·侯家庄·第七本·1500 号大墓》，中研院历史语言研究所，1974。

梁思永、高去寻：《中国考古报告集之三·侯家庄·第五本·1004 号大墓》，中研院历史语言研究所，1970。

林名均：《广汉古代遗物之发现及其发掘》，《说文月刊》第 3 卷第 7 期，1942 年。

洛阳博物馆：《洛阳北窑村西周遗址 1974 年度发掘报告》，《文物》1981

年第 7 期。

洛阳市文物工作队：《1975—1979 年洛阳北窑西周铸铜遗址的发掘》，《考古》1983 年第 5 期。

马得志、周永珍、张云鹏：《一九五三年安阳大司空村发掘报告》，《考古学报》第 9 册，1953。

孟宪武：《安阳三家庄发现商代窖藏铜器》，《考古》1985 年第 12 期。

南京博物院：《江苏铜山丘湾古遗址的发掘》，《考古》1973 年第 2 期。

南京博物院、南京市文物保护委员会、江苏省文物管理委员会、江苏省博物馆合编《江苏省出土文物选集》，文物出版社，1963。

彭锦华：《沙市近郊出土的商代大型铜尊》，《江汉考古》1987 年第 4 期。

群力：《临淄齐国故城勘探纪要》，《文物》1972 年第 5 期。

陕西省雍城考古队：《凤翔马家庄一号建筑群遗址发掘简报》，《文物》1985 年第 2 期。

石璋如：《小屯第一本·遗址的发现与发掘·丙编·殷墟墓葬之二·中组墓葬》，中研院历史语言研究所，1972。

石璋如：《小屯第一本·遗址的发现与发掘·丙编·殷墟墓葬之三·南组墓葬附北组墓葬补遗》，中研院历史语言研究所，1973。

石璋如：《小屯第一本·遗址的发现与发掘·丙编·殷墟墓葬之四·乙区基址上下的墓葬》，中研院历史语言研究所，1976。

石璋如：《小屯第一本·遗址的发现与发掘·丙编·殷墟墓葬之五·丙区墓葬》上下册，中研院历史语言研究所，1980。

石璋如：《小屯第一本·遗址的发现与发掘·丙编·殷墟墓葬之一·北组墓葬》，中研院历史语言研究所，1970。

石璋如：《小屯第一本·遗址的发现与发掘·乙编·殷墟建筑遗存》，中研院历史语言研究所，1959。

石璋如：《中国考古报告集之三·侯家庄·第十本·小墓分述之一·1005、1022 等八墓与殷代的司烜氏》，中研院历史语言研究所，2001。

四川省文物管理委员会、四川省文物考古研究所、广汉市文化局、文管所：《广汉三星堆遗址二号祭祀坑发掘简报》，《文物》1989 年第 5 期。

四川省文物管理委员会、四川省文物考古研究所、四川省广汉县文化局：

《广汉三星堆遗址一号祭祀坑发掘简报》，《文物》1987 年第 10 期。

四川省文物考古研究所编《三星堆祭祀坑》，文物出版社，1999。

四川省文物考古研究所三星堆工作站、广汉市文物管理所：《三星堆遗址真武仓包包祭祀坑调查简报》，四川省文物考古研究所编《四川省考古报告集》，文物出版社，1998。

四川省文物考古研究院雷雨：《三星堆遗址考古的新突破》，《中国文物报》2016 年 3 月 25 日，第 5 版。

宋国定、李素婷：《郑州小双桥遗址又有新发现》，《中国文物报》2000 年 11 月 1 日，第 1 版。

唐金裕、王寿芝、郭长江：《陕西省城固县出土殷商铜器整理简报》，《考古》1980 年第 3 期。

王学荣：《殷墟孝民屯大面积发掘的主要收获》，《中国文物报》2005 年 6 月 15 日，第 1 版。

西北大学文博学院编著《城固宝山——1998 年发掘报告》，文物出版社，2002。

徐广德、岳占伟：《安阳市刘家庄北地殷代遗址与墓葬》，中国考古学会编《中国考古学年鉴（2000）》，文物出版社，2001。

殷墟孝民屯考古队：《河南安阳市孝民屯商代环状沟》，《考古》2007 年第 1 期。

殷墟孝民屯考古队：《河南安阳市孝民屯商代铸铜遗址 2003～2004 年的发掘》，《考古》2007 年第 1 期。

岳占伟：《安阳孝民屯东龙山文化至汉代及唐宋时期遗址》，中国考古学会编《中国考古学年鉴（2001）》，文物出版社，2002。

岳占伟：《安阳殷墟新出土甲骨 600 余片》，《中国文物报》2002 年 10 月 25 日。

张爱冰、宫希成：《滁州发掘商代大规模聚落祭祀遗址》，《中国文物报》2002 年 11 月 29 日，第 1 版。

赵丛苍主编《城洋青铜器》，科学出版社，2006。

赵紫科：《盐亭出土古代石璧》，《四川文物》1991 年第 5 期。

郑州市文物考古研究所编著《新郑望京楼：2010～2012 年田野考古发掘报告》，科学出版社，2016。

中国国家博物馆田野考古研究中心、山西省考古研究所、垣曲县博物馆编著《垣曲商城（二）——1988～2003 年度考古发掘报告》，科学出版社，2014。

中国科学院考古研究所安阳发掘队：《1958—1959 年殷墟发掘简报》，《考古》1961 年第 2 期。

中国科学院考古研究所安阳发掘队：《1962 年安阳大司空村发掘简报》，《考古》1964 年第 8 期。

中国科学院考古研究所安阳发掘队：《1975 年安阳殷墟的新发现》，《考古》1976 年第 4 期。

中国科学院考古研究所安阳工作队：《1973 年安阳小屯南地发掘简报》，《考古》1975 年第 1 期。

中国科学院考古研究所编著《沣西发掘报告》，文物出版社，1963。

中国科学院考古研究所二里头工作队：《河南偃师二里头早商宫殿遗址发掘简报》，《考古》1974 年第 4 期。

中国历史博物馆考古部、山西省考古研究所、垣曲县博物馆编著《垣曲商城（一）——1985—1986 年度勘察报告》，科学出版社，1996。

中国社会科学院考古研究所：《1991 年安阳后冈殷墓的发掘》，《考古》1993 年第 10 期。

中国社会科学院考古研究所：《河南偃师商城商代早期王室祭祀遗址》，《考古》2002 年第 7 期。

中国社会科学院考古研究所安阳队：《安阳鲍家堂仰韶文化遗址》，《考古学报》1988 年第 2 期。

中国社会科学院考古研究所安阳队：《殷墟 259、260 号墓发掘报告》，《考古学报》1987 年第 1 期。

中国社会科学院考古研究所安阳工作队：《1969—1977 年殷墟西区墓葬发掘报告》，《考古学报》1979 年第 1 期。

中国社会科学院考古研究所安阳工作队：《1973 年小屯南地发掘报告》，载《考古》编辑部编《考古学集刊》第 9 集，科学出版社，1995。

中国社会科学院考古研究所安阳工作队：《1979 年安阳后冈遗址发掘报告》，《考古学报》1985 年第 1 期。

中国社会科学院考古研究所安阳工作队：《1987 年安阳小屯村东北地的发

掘》，《考古》1989 年第 10 期。

中国社会科学院考古研究所安阳工作队：《2000—2001 年安阳孝民屯东南
　　地殷代铸铜遗址发掘报告》，《考古学报》2006 年第 3 期。

中国社会科学院考古研究所安阳工作队：《安阳武官村北的一座殷墓》，
　　《考古》1979 年第 3 期。

中国社会科学院考古研究所安阳工作队：《安阳武官村北地商代祭祀坑的
　　发掘》，《考古》1987 年第 12 期。

中国社会科学院考古研究所安阳工作队：《安阳小屯村北的两座殷代墓》，
　　《考古学报》1981 年第 4 期。

中国社会科学院考古研究所安阳工作队：《安阳殷墟刘家庄北 1046 号墓》，
　　考古杂志社编辑《考古学集刊》第 15 集，文物出版社，2004。

中国社会科学院考古研究所安阳工作队：《安阳殷墟西区一七一三号墓的
　　发掘》，《考古》1986 年第 8 期。

中国社会科学院考古研究所安阳工作队：《河南安阳市洹北商城宫殿区 1
　　号基址发掘简报》，《考古》2003 年第 5 期。

中国社会科学院考古研究所安阳工作队：《河南安阳市洹北商城宫殿区二
　　号基址发掘简报》，《考古》2010 年第 1 期。

中国社会科学院考古研究所安阳工作队：《河南安阳市王裕口南地殷代遗
　　址的发掘》，《考古》2004 年第 5 期。

中国社会科学院考古研究所安阳工作队：《河南安阳市殷墟刘家庄北地
　　2008 年发掘简报》，《考古》2009 年第 7 期。

中国社会科学院考古研究所安阳工作队：《河南安阳市殷墟刘家庄北地
　　2010～2011 年发掘简报》，《考古》2012 年第 12 期。

中国社会科学院考古研究所安阳工作队：《河南安阳市殷墟刘家庄北地铅
　　锭贮藏坑发掘简报》，《考古》2018 年第 10 期。

中国社会科学院考古研究所安阳工作队：《河南安阳市殷墟刘家庄北地制
　　陶作坊遗址的发掘》，《考古》2012 年第 12 期。

中国社会科学院考古研究所安阳工作队：《河南安阳市殷墟新安庄西地
　　2007 年商代遗存发掘简报》，《考古》2016 年第 2 期。

中国社会科学院考古研究所安阳工作队：《河南安阳殷墟大型建筑基址的
　　发掘》，《考古》2001 年第 5 期。

中国社会科学院考古研究所编著《安阳大司空——2004 年发掘报告》，文物出版社，2014。

中国社会科学院考古研究所编著《安阳小屯》，世界图书出版公司，2004。

中国社会科学院考古研究所编著《安阳殷墟郭家庄商代墓葬》，中国大百科全书出版社，1998。

中国社会科学院考古研究所编著《安阳殷墟小屯建筑遗存》，文物出版社，2010。

中国社会科学院考古研究所编著《滕州前掌大墓地》，文物出版社，2005。

中国社会科学院考古研究所编著《偃师二里头（1959 年～1978 年考古发掘报告）》，中国大百科全书出版社，1999。

中国社会科学院考古研究所编著《偃师商城》第 1 卷，科学出版社，2013。

中国社会科学院考古研究所编著《殷墟发掘报告（1958—1961）》，文物出版社，1987。

中国社会科学院考古研究所编著《殷墟妇好墓》，文物出版社，1980。

中国社会科学院考古研究所二里头队：《1982 年秋偃师二里头遗址九区发掘简报》，《考古》1985 年第 12 期。

中国社会科学院考古研究所河南第二工作队：《1983 年秋季河南偃师商城发掘简报》，《考古》1984 年第 10 期。

中国社会科学院考古研究所河南第二工作队：《河南偃师商城宫城第三号宫殿建筑基址发掘简报》，《考古》2015 年第 12 期。

中国社会科学院考古研究所河南第二工作队：《河南偃师尸乡沟商城第五号宫殿基址发掘简报》，《考古》1988 年第 2 期。

淄博市文化局、淄博市博物馆、桓台县文物管理所：《山东桓台县史家遗址岳石文化木构架祭祀器物坑的发掘》，《考古》1997 年第 11 期。

专著

北京大学历史系考古教研室商周组编著《商周考古》，文物出版社，1979。

陈梦家：《殷墟卜辞综述》，科学出版社，1956。

丁山：《古代神话与民族》，商务印书馆，2005。

丁山：《中国古代宗教与神话考》，上海文艺出版社，1988。

董作宾：《甲骨学五十年》，艺文印书馆，1955。

杜金鹏：《偃师商城初探》，中国社会科学出版社，2003。

杜金鹏：《殷墟宫殿区建筑遗存研究》，科学出版社，2010。

冯时：《中国天文考古学》，社会科学文献出版社，2001。

傅亚庶：《中国上古祭祀文化》，东北师范大学出版社，1999。

胡厚宣：《殷墟发掘》，学习生活出版社，1955。

湖北省文物考古研究所、北京大学中文系：《九店楚简》，中华书局，2000。

黄展岳：《中国古代的人牲人殉》，文物出版社，1990。

李维明：《郑州青铜文化研究》，科学出版社，2013。

李雪山：《商代分封制度研究》，中国社会科学出版社，2004。

刘瑞、刘涛：《西汉诸侯王陵墓制度研究》，中国社会科学出版社，2010。

刘源：《商周祭祖礼研究》，商务印书馆，2004。

宋镇豪：《中国风俗通史（夏商卷）》，上海文艺出版社，2001。

王晖：《商周文化比较研究》，人民出版社，2000。

王宇信、杨升南主编《甲骨学一百年》，社会科学文献出版社，1999。

王震中：《商代史·卷五·商代都邑》，中国社会科学出版社，2010。

杨宝成：《殷墟文化研究》，武汉大学出版社，2002。

于省吾：《甲骨文字释林》，中华书局，1979。

詹鄞鑫：《神灵与祭祀——中国传统宗教综论》，江苏古籍出版社，1992。

赵诚：《甲骨文与商代文化》，辽宁人民出版社，2000。

赵殿增：《早期中国文明·三星堆文化与巴蜀文明》，江苏教育出版社，2005。

中国社会科学院考古研究所编著《殷墟的发现与研究》，科学出版社，1994。

中国社会科学院考古研究所编著《中国考古学（夏商卷）》，中国社会科学出版社，2003。

论文

安金槐：《关于郑州商代青铜器窖藏坑性质的讨论》，《华夏考古》1989年第2期。

安金槐：《试论郑州商城遗址——隞都》，《文物》1961年第4、5期。

安金槐：《再论郑州商代青铜器窖藏坑的性质与年代》，《华夏考古》1997

年第 1 期。

巴家云：《三星堆遗址青铜"纵目"人面象研究——兼和范小平同志商榷》，《四川文物》1991 年第 2 期。

常玉芝：《郑州出土的商代牛肋骨刻辞与社祀遗迹》，《中原文物》2007 年第 5 期。

晁福林：《卜辞所见商代祭尸礼浅探》，《考古学报》2016 年第 3 期。

晁福林：《论殷代神权》，《中国社会科学》1990 年第 1 期。

晁福林：《试释甲骨文"堂"字并论商代祭祀制度的若干问题》，《北京师范大学学报》1995 年第 1 期。

晁福林：《作册般鼋与商代厌胜》，《中国历史文物》2007 年第 6 期。

陈德安：《浅释三星堆二号祭祀坑出土的"边璋"图案》，四川大学博物馆、中国古代铜鼓研究学会编《南方民族考古》第 3 辑，四川大学出版社，1990。

陈公柔：《士丧礼、既夕礼中所记载的丧葬制度》，《考古学报》1956 年第 4 期。

陈剑、于春：《长江上游地区文明化进程学术研讨会纪要》，《考古》2005 年第 5 期。

陈梦家：《解放后甲骨的新资料和整理研究》，《文物参考资料》1954 年第 5 期。

陈梦家：《射与郊》，《清华学报》第 13 卷第 1 期，1941 年。

陈显丹：《广汉三星堆一、二号坑两个问题的探讨》，《文物》1989 年第 5 期。

陈显丹：《三星堆一、二号坑几个问题的研究》，《四川文物》1989 年专辑。

陈旭：《郑州杜岭和回民食品厂出土青铜器的分析》，《中原文物》1986 年第 4 期。

陈旭：《郑州商城宫殿基址的年代及其相关问题》，《中原文物》1985 年第 2 期。

陈旭：《郑州商文化的发现与研究》，《中原文物》1983 年第 3 期。

陈旭：《郑州小双桥商代遗址的祭祀遗存分析》，河南博物院编《河南博物院建院 80 周年论文集》，大象出版社，2007。

陈志达：《安阳小屯殷代宫殿宗庙遗址探讨》，文物编辑委员会编《文物资料丛刊》（10），文物出版社，1987。

董琦：《城门磔人——垣曲商城遗址研究之二》，《文物季刊》1997 年第
　　1 期。

杜金鹏：《洹北商城一号宫殿基址初步研究》，《文物》2004 年第 5 期。

杜金鹏：《殷墟宫殿区建筑布局和性质简论》，《中国文物报》2005 年 3 月
　　4 日，第 7 版。

樊一、陈煦：《封禅考——兼论三星堆两坑性质》，《四川文物》1998 年第
　　1 期。

方述鑫：《殷墟卜辞中所见的“尸”》，《考古与文物》2000 年第 5 期。

冯汉骥、童恩正：《记广汉出土的玉石器》，《文物》1979 年第 2 期。

傅聚良：《长江中游地区商时期铜器窖藏研究》，《中国历史文物》2004 年
　　第 1 期。

傅聚良：《谈湖南出土的商代青铜器》，《考古与文物》2001 年第 1 期。

傅熹年：《战国中山王陵及兆域图研究》，《考古学报》1980 年第 1 期。

〔日〕冈村秀典：《商代的动物牺牲》，考古杂志社编辑《考古学集刊》第
　　15 集，文物出版社，2004。

高去寻：《安阳殷代王室墓地》，杨锡璋译，秦健民校，《殷都学刊》1988
　　年第 4 期。

高去寻：《殷代墓葬已有墓冢说》，《考古人类学刊》第 41 辑，台湾大学文
　　学院考古人类学系，1980。

高至喜：《中国南方出土商周铜铙概论》，湖南省博物馆、湖南省考古学会
　　合编《湖南考古辑刊》第 2 集，岳麓书社，1984。

高智群：《从晋侯墓地论商周墓地制度的几个问题》，《史林》2002 年第
　　1 期。

高智群：《献俘礼研究（上、下）》，《文史》第 35 辑、第 36 辑，中华书
　　局，1992 年 6 月、8 月。

葛英会：《说祭祀立尸卜辞》，《殷都学刊》2000 年第 4 期。

谷飞：《偃师商城宫城建筑过程解析》，中国社会科学院考古研究所夏商周
　　考古研究室编《三代考古》（七），科学出版社，2017。

郭沫若：《安阳新出土的牛胛骨及其刻辞》，《考古》1972 年第 2 期。

郭沫若：《安阳圆坑墓中鼎铭考释》，《考古学报》1960 年第 1 期。

韩伟：《马家庄秦宗庙建筑制度研究》，《文物》1985 年第 2 期。

郝本性：《试论郑州出土商代人头骨饮器》，《华夏考古》1992 年第 2 期。

侯卫东：《郑州小双桥商代都邑布局探索》，《中国国家博物馆馆刊》2016 年第 9 期。

胡昌钰、蔡革：《鱼凫考——也谈三星堆遗址》，《四川文物》三星堆古蜀文化研究专辑，1992。

胡方平：《试论中国古代坟丘的起源》，《考古与文物》1993 年第 5 期。

胡厚宣：《中国奴隶社会的人殉和人祭（上、下篇)》，《文物》1974 年第 7、8 期。

黄然伟：《殷礼考实·寮祭》，氏著《殷周史料论集》，三联书店（香港）有限公司，1995。

黄天树：《甲骨文中有关猎首风俗的记载》，《中国文化研究》2005 年第 2 期。

黄天树：《殷墟甲骨文"有声字"的构造》，《中央研究院历史语言研究所集刊》第 76 本第 2 分，2005。

黄锡全：《甲骨文"屮"字试探》，四川大学历史系古文字研究室编《古文字研究》第 6 辑，中华书局，1981。

金祥恒：《甲骨文躲牲图说》，《中国古文字大系·甲骨文献集成》第 30 册，四川大学出版社，2001；原载于《中国文字》第 20 册，1966 年 6 月。

李斌：《试论黄河流域新石器时代的建筑奠基习俗》，《中原文物》2017 年第 1 期。

李立新：《甲骨文"□"字考释与洹北商城 1 号宫殿基址性质探讨》，《中国历史文物》2004 年第 1 期。

李零：《入山与出塞》，《文物》2000 年第 2 期。

李零：《说"祭坛"和"祭祀坑"》，氏著《入山与出塞》，文物出版社，2004。

李维明：《论"白家庄期"商文化》，《中原文物》2001 年第 1 期。

李维明：《郑州出土商代牛肋骨刻辞新识》，《中国文物报》2003 年 6 月 13 日，第 7 版。

李学勤：《郑其三卣与有关问题》，胡厚宣主编《全国商史学术讨论会论文集》，《殷都学刊》增刊，1985。

李学勤：《秦玉牍索引》，《故宫博物院院刊》2000 年第 2 期。

李学勤：《释"郊"》，《文史》第 36 辑，中华书局，1992。

李学勤：《谈安阳小屯以外出土的有字甲骨》，《文物参考资料》1956 年第 11 期。

李学勤：《郑州二里岗字骨的研究》，中国社会科学院历史研究所学刊编辑委员会编辑《中国社会科学院历史研究所学刊》第 1 集，社会科学文献出版社，2001。

李志鹏：《二里头文化祭祀遗迹初探》，中国社会科学院考古研究所夏商周研究室编《三代考古》（二），科学出版社，2006。

连劭名：《商代祭祀活动中的坛位》，安徽大学古文字研究室编《古文字研究》第 22 辑，中华书局，2000。

连劭名：《再论甲骨刻辞中的血祭》，吉林大学古文字研究室编《于省吾教授百年诞辰纪念文集》，吉林大学出版社，1996。

梁云：《对鸾亭山祭祀遗址的初步认识》，《中国历史文物》2005 年第 5 期。

林向：《蜀酒探原——巴、蜀的"萨满式文化"研究之一》，四川大学博物馆、中国古代铜鼓研究学会编《南方民族考古》第 1 辑，四川大学出版社，1987。

林小安：《三星堆器物坑探幽》，《文物天地》1995 年第 3 期。

凌纯声：《中国祖庙的起源》，《中央研究院民族学研究所集刊》第 7 期，1959 年。

凌纯声：《中国古代社之源流》，《中央研究院民族学研究所集刊》第 17 期，1964 年。

刘桓：《殷墟卜辞"大宾"之祭及"乍邑"、"宅邑"问题》，《中国史研究》2005 年第 1 期。

刘克甫：《安阳后冈圆形葬坑年代的商讨》，《考古》1961 年第 9 期。

刘绪：《谈一个与早期文明相关的问题》，《中国历史文物》2009 年第 4 期。

刘一曼：《安阳殷墓青铜礼器组合的几个问题》，《考古学报》1995 年第 4 期。

刘一曼：《花东 H3 祭祀卜辞研究》，中国社会科学院考古研究所夏商周考古研究室编《三代考古》（二），科学出版社，2006。

刘一曼：《论殷墟甲骨的埋藏状况及相关问题》，张政烺先生九十华诞纪念文集编委会编《揖芬集——张政烺先生九十华诞纪念文集》，社会科学文献出版社，2002。

刘一曼、曹定云：《殷墟花东 H3 卜辞中的马——兼论商代马匹的使用》，《殷都学刊》2004 年第 1 期

刘一曼、徐广德：《论安阳后冈殷墓》，中国社会科学院考古研究所编《中国商文化国际讨论会论文集》，中国大百科全书出版社，1998。

吕鹏、宫希成：《祭牲礼制化的个案研究——何郢遗址动物考古学研究的新思考》，《南方文物》2016 年第 3 期。

罗琨：《商代人祭及相关问题》，胡厚宣等著《甲骨探史录》，生活·读书·新知三联书店，1982。

罗新慧：《说新蔡楚简"婴之以兆玉"及其相关问题》，《文物》2005 年第 3 期。

罗运兵：《汉水中游地区史前猪骨随葬现象及相关问题》，《江汉考古》2008 年第 1 期。

马季凡：《商代中期的人祭制度研究——以郑州小双桥商代遗址的人祭遗存为例》，《中原文物》2004 年第 3 期。

裴明相：《略谈郑州商代祭祀遗迹》，《中原文物》1987 年第 2 期。

裴明相：《略谈郑州商代前期的骨刻文字》，胡厚宣主编《全国商史学术讨论会论文集》，《殷都学刊》增刊，1985。

裴明相：《论郑州市小双桥商代前期祭祀遗址》，《中原文物》1996 年第 2 期。

彭明瀚：《卜辞取祭考》，《殷都学刊》1995 年第 2 期。

裘锡圭：《释"坎"》，《古文字论集》，中华书局，1992；原载于《古文字研究》第 4 辑，中华书局，1984，为《甲骨文字考释（八篇）》之一。

桑栎、陈国梁：《偃师商城几种丧葬习俗的探讨》，《考古》2017 年第 4 期。

沈建华：《由卜辞看古代社祭之范围及起源》，中国文物研究所编《出土文献研究》第 5 集，科学出版社，1999。

沈文倬：《对"士丧礼、既夕礼中所记载的丧葬制度"的几点意见》，《考古学报》1958 年第 2 期。

施劲松：《三星堆器物坑的再审视》，《考古学报》2004 年第 2 期。

石璋如：《河南安阳小屯殷代的三组基址》，《大陆杂志》第 21 卷第 1、2 期合刊，1960 年。

石璋如：《小屯殷代丙组基址及有关现象》，《中央研究院历史语言研究所集刊外编第四种·庆祝董作宾先生六十五岁论文集》，1961。

石璋如：《殷代坛祀遗迹》，《中央研究院历史语言研究所集刊》第51本，1980。

石璋如：《殷墟遗址中的两处重要遗迹——大连坑与黄土台》，《中央研究院历史语言研究所集刊》第52本第4分，1981。

石璋如：《殷墟最近之重要发现附论小屯地层》，《中国考古学报》第2册，1947。

宋国定：《商代中期祭祀礼仪考》，王宇信、宋镇豪、孟宪武主编《2004年安阳殷商文明国际学术研讨会论文集》，社会科学文献出版社，2004。

宋国定：《郑州小双桥遗址出土陶器上的朱书》，《文物》2003年第5期。

宋镇豪：《甲骨文牵字说》，胡厚宣主编《甲骨文与殷商史》第2辑，上海古籍出版社，1986。

宋镇豪：《甲骨文所见殷人的祀门礼》，宋镇豪主编，刘源副主编《甲骨文与殷商史》新二辑，上海古籍出版社，2011。

宋镇豪：《夏商城邑的建制要素》，中国文物学会、中国殷商文化学会、中山大学编《商承祚教授百年诞辰纪念文集》，文物出版社，2003。

宋镇豪：《中国上古时代的建筑营造仪式》，《中原文物》1990年第3期。

孙亚冰、宋镇豪：《济南市大辛庄遗址新出甲骨卜辞探析》，《考古》2004年第2期。

唐际根：《殷商时期的"落葬礼"》，古方、徐良高、唐际根编《一剑集》，中国妇女出版社，1996。

唐钰明：《屮、又考辨》，中国古文字研究会、中华书局编辑部编《古文字研究》第19辑，中华书局，1992。

佟伟华：《商代前期垣曲盆地的统治中心——垣曲商城》，《中国历史博物馆馆刊》1998年第1期。

王仁湘：《新石器时代葬猪的宗教意义——原始宗教文化遗存探讨札记》，《文物》1981年第2期。

王睿：《关于青铜器窖藏性质的反思》，中国历史博物馆考古部编《中国历史博物馆考古部纪念文集》，科学出版社，2000。

王慎行：《殷周社祭考》，《中国史研究》1988 年第 3 期。

王巍：《三星堆文化外来因素的分析——兼论早期蜀文明与中原夏商文明的关系》，《中国社会科学院古代文明研究中心通讯》第 8 期，2004 年 8 月。

王文华、宋国定、陈万卿：《浅论郑州商代铜器窖藏的年代与性质》，张松林主编《郑州文物考古与研究》（一），科学出版社，2003。

王宇信：《殷人宝玉、用玉及对玉文化研究的几点启示》，《中国史研究》2000 年第 1 期。

王宇信、陈绍棣：《关于江苏铜山丘湾商代祭祀遗址》，《文物》1973 年第 12 期。

王子杨：《甲骨文中值得重视的几条史料》，《文献》2015 年第 3 期。

向桃初：《湖南商代铜器新探》，四川大学考古专业编《四川大学考古专业创建三十五周年纪念文集》，四川大学出版社，1998。

肖楠：《试论卜辞中的"工"与"百工"》，《考古》1981 年第 3 期。

信应君：《梁湖遗址商代大型建筑基址性质初探》，《黄河·黄土·黄种人》2017 年第 10 期。

徐朝龙：《三星堆"祭祀坑说"唱异——兼谈鱼凫和杜宇之关系》，《四川文物》1992 年第 5 期。

徐良高、王巍：《陕西扶风云塘西周建筑基址的初步认识》，《考古》2002 年第 9 期。

徐学书：《关于三星堆出土青铜人面像之探讨》，《四川文物》广汉三星堆遗址研究专辑，1989。

徐自强：《广汉、安阳祭祀坑比较研究》，李伯谦编《商文化论集》，文物出版社，2003；原载于《三星堆与巴蜀文化》，巴蜀书社，1993。

燕生东：《江苏地区的商文化》，《东南文化》2011 年第 6 期。

燕耘：《商代卜辞中的冶铸史料》，《考古》1973 年第 5 期。

杨宝成：《殷代车子的发现与复原》，《考古》1984 年第 6 期。

杨宝成：《殷墓享堂疑析》，《江汉考古》1992 年第 2 期。

杨鸿勋：《〈关于秦代以前墓上建筑的问题〉要点的重申——答杨宽先生》，《考古》1983 年第 8 期。

杨鸿勋：《关于秦代以前墓上建筑的问题》，《考古》1982 年第 4 期。

杨鸿勋：《战国中山王陵及兆域图研究》，《考古学报》1980 年第 1 期。

杨华：《"五祀"祭祷与楚汉文化的继承》，《江汉论坛》2004 年第 9 期。

杨华：《先秦衅礼研究——中国古代用血制度研究之二》，《江汉论坛》
　　2003 年第 1 期。

杨宽：《先秦墓上建筑和陵寝制度》，《文物》1982 年第 1 期。

杨宽：《先秦墓上建筑问题的再探讨》，《考古》1983 年第 7 期。

杨良敏：《试析山东桓台县史家遗址岳石文化木构器物坑的性质》，《史学
　　集刊》1998 年第 3 期。

杨锡璋、高炜：《殷商与龙山时代墓地制度的比较》，中国社会科学院考古
　　研究所编《中国商文化国际讨论会论文集》，中国大百科全书出版
　　社，1998。

杨锡璋、杨宝成：《从商代祭祀坑看商代奴隶社会的人牲》，《考古》1977
　　年第 1 期。

杨锡璋、杨宝成：《殷代青铜礼器的分期与组合》，中国社会科学院考古研
　　究所编著《殷墟青铜器》，文物出版社，1985。

杨育彬、孙广清：《郑州小双桥商代遗址的发掘及其相关问题》，《殷都学
　　刊》1998 年第 2 期。

姚孝遂：《甲骨刻辞狩猎考》，四川大学历史系古文字研究室编《古文字研
　　究》第 6 辑，中华书局，1981。

姚孝遂：《牢宰考释》，山西省文物局、中国古文字研究会、中华书局编辑
　　部合编《古文字研究》第 9 辑，中华书局，1984。

姚孝遂：《商代的俘虏》，吉林大学古文字研究室编《古文字研究》第 1
　　辑，中华书局，1979。

袁靖：《动物考古学的新发现与新进展》，《考古》2004 年第 7 期。

袁靖：《河南安阳殷墟动物考古学研究的两点认识》，考古杂志社编辑《考
　　古学集刊》第 15 集，文物出版社，2004。

袁靖、安家瑗：《中国动物考古学研究的两个问题》，《中国文物报》1997
　　年 4 月 26 日，第 3 版。

岳洪彬、岳占伟：《殷墟宫殿宗庙区内的墓葬群综合研究》，中国社会科学院
　　考古研究所夏商周研究室编《三代考古》（六），科学出版社，2015。

张秉权：《祭祀卜辞中的牺牲》，《中央研究院历史语言研究所集刊》第 38

本，1968。

张长寿：《前掌大墓地解读》，氏著《丰邑行》，中国社会科学出版社，2014；原载于《安志敏先生纪念文集》，文物出版社，2011。

张国硕：《史家遗址岳石文化祭祀坑初探》，《中国文物报》1998年5月27日，第3版。

张懋镕：《殷周青铜器埋藏意义考述》，《文博》1985年第5期。

张明华：《三星堆祭祀坑会否是墓葬》，《中国文物报》1989年6月2日，第3版。

张新俊：《甲骨文中所见的俎祭》，《殷都学刊》1999年增刊。

张学海：《史家遗址的考古收获与启示》，《中国文物报》1998年2月4日，第3版。

赵丛苍：《城固洋县铜器群综合研究》，《文博》1996年第4期。

赵殿增：《绵阳文物考古札记》，《四川文物》1991年第5期。

赵殿增：《三星堆古玉与三星堆祭祀活动》，氏著《三星堆考古研究》，四川人民出版社，2004；原载于《海峡两岸中国古玉研讨会论文集》，2001年9月。

赵殿增：《三星堆祭祀坑文物研究》，氏著《三星堆考古研究》，四川人民出版社，2004。

赵林：《商代的社祭》，《大陆杂志》第57卷第6期，1978年。

赵佩馨：《安阳后冈圆形葬坑性质的讨论》，《考古》1960年第6期。

赵志军：《关于夏商周文明形成时期农业经济特点的一些思考》，《华夏考古》2005年第1期。

郑光：《从三星堆文化看古蜀地与中原的关系》，宋镇豪、肖先进主编《殷商文明暨纪念三星堆遗址发现七十周年国际学术研讨会论文集》，社会科学文献出版社，2003。

郑杰祥：《郑州商城社祭遗址新探》，《中原文物》2010年第5期。

郑若葵：《试论商代的车马葬》，《考古》1987年第5期。

钟柏生：《〈乙〉三二一二版卜辞与作邑前之祭祀》，《中国文字》新15期，1991。

朱凤瀚：《论小屯东北地诸建筑基址的始建年代及其与基址范围内出土甲骨的关系》，北京大学中国考古学研究中心、北京大学震旦古代文明研究中心编《古代文明》第 3 卷，文物出版社，2004。

朱凤瀚：《商人诸神之权能与其类型》，吴荣增主编《尽心集》，中国社会科学出版社，1996。

朱凤瀚：《殷墟卜辞所见商王室宗庙制度》，《历史研究》1990 年第 6 期。

朱延平：《辽西区古文化中的祭祀遗存》，张忠培、许倬云主编《中国考古学跨世纪的回顾与前瞻（1999 年西陵国际学术研讨会文集）》，科学出版社，2000。

邹衡：《试论夏文化》，氏著《夏商周考古学论文集》，文物出版社，1980。

学位论文

郜向平：《商系墓葬研究》，博士学位论文，北京大学，2007。以同名专著出版（科学出版社，2011）。

胡进驻：《殷墟晚商墓葬研究》，博士学位论文，中国社会科学院研究生院，2006。以同名专著出版（北京师范大学出版社，2010）。

李立新：《甲骨文中所见祭名研究》，博士学位论文，中国社会科学院研究生院，2003。

刘能：《商文化中非正常埋葬现象的考古学观察》，硕士学位论文，北京大学，2006。

罗运兵：《中国古代家猪研究》，博士学位论文，中国社会科学院研究生院，2007。以《中国古代猪类驯化、饲养与仪式性使用》为名（科学出版社，2012）出版。

王迪：《中国北方地区商周时期制陶作坊研究》，博士学位论文，山东大学，2014。以同名专著出版（科学出版社，2016）。

魏建震：《先秦社祀研究》，博士学位论文，中国社会科学院研究生院，2006。以同名专著出版（人民出版社，2008）。

杨谦：《商代中原地区建筑类祭祀研究》，硕士学位论文，山东大学，2012。

杨谦：《仪式与晚商社会》，博士学位论文，山东大学，2016。

杨杨：《商代田猎刻辞研究》，博士学位论文，中国社会科学院研究生院，2014。

张明东：《商周墓葬比较研究》，博士学位论文，北京大学，2005。以同名专著出版（中国社会科学出版社，2016）。

后　记

这本小书是在我博士学位论文的基础上修改而成的。

我的博士导师刘一曼研究员是由我的硕士导师陈旭教授在1999年暮春帮我选定的。陈老师叮嘱我跟刘老师学好殷墟考古和古文字。然而遗憾的是，我没能通过2000年中国社会科学院研究生院的博士研究生入学资格考试。还算幸运的是，机缘照顾，我在当年7月份进入中国社会科学院考古研究所史前考古研究室工作，开启了新的学术生活。3年后，得以忝列刘老师门下。

入学后，考古系成立了以王巍研究员为组长，刘一曼、杜金鹏研究员为成员的导师组。先后安排殷玮璋、王世民、刘一曼及袁靖、张雪莲等科技中心的老师为我们上课。刘老师也延请张长寿、曹定云两位先生为我们讲课。刘老师还先后为我联系历史所王宇信、宋镇豪两位先生，让我得以聆听两位先生的课。在此，向诸位授业老师表示诚挚的感谢！

刘一曼老师建议我以商代祭祀遗存研究作为学位论文。我当时的想法很简单，就是希望通过这个作业来学习商代考古、古文字和文献。所以写作过程中对论文的外在形式不太注意。在答辩的时候，老师们也就此及其他问题提出了修改意见。在此向论文外审专家杨育彬先生、陈旭教授表示感谢，向答辩委员会的王巍、曹定云、刘绪、杜金鹏、宋国定等先生表示感谢！向考古系秘书刘凯军老师表示感谢！向在田野实习和考察中提供帮助的唐际根、张擎等先生表示感谢！

此外，还要向考古所史前考古研究室的任式楠、陈超、吴耀利、王仁湘、朱延平、郑若葵、王吉怀、叶茂林、傅宪国、梁中合、陈星灿、赵春青、王小庆、贾笑冰、王明辉、李永强等先生表示感谢！向夏商周考古研究室的刘忠伏、许宏、徐良高、王学荣、谷飞、唐锦琼，汉唐考古研究室的董新林，边疆考古研究中心的孟凡人、赵明辉，科技考古中心的王树芝、李存信，资料信息中心的朱乃诚，科研处的缪雅娟、白雪松，历史所的刘源、王泽文、孙亚冰等先生、老师表示感谢！谢谢你们在工作和学习生活中对我的帮助。

还要向岳洪彬、郭妍利、肖小勇、曹峻等师兄、师姐，魏建震、胡进驻、严志斌、高江涛、徐义华、具隆会、李志鹏、付仲杨、王铮、杨杰等研究生院同学表示感谢！向我的老同学曹建敦表示感谢！

论文虽然在 2006 年写定，但我内心一直惴惴不安。因为按学理，对上古认识的起点是东周，在没有梳理周代材料前，我始终是不自信的。也曾拆出本书的某些章节发表，但并未引起学界的关注而加以讨论。后来有幸在刘绪教授指导下熟悉了曲村的发掘资料；在刘一曼、刘绪两位老师推荐下，获得了社科基金青年项目"周代祭祀遗存研究"，并于去年结项。至此，我对商周祭祀遗存有了相对整体的把握。刘绪老师建议我把商周祭祀遗存整合起来，一起出版。但时隔多年，已经很难回到博士论文的撰写语境中去整合商周两部分内容了，另外项目出版资助方也不相同，所以还是先把《商代祭祀遗存研究》单独出版。

还要感谢暨南大学历史系主任刘增合教授、历史地理研究中心主任吴宏岐教授、郭声波教授！正是他们的帮助，小书才顺利获得暨南大学建设高水平大学资金资助，得以出版。

谢肃

2019 年 4 月 29 日

图书在版编目（CIP）数据

商代祭祀遗存研究／谢肃著. -- 北京：社会科学
文献出版社，2019.11
（暨南史学丛书）
ISBN 978 - 7 - 5201 - 5664 - 6

Ⅰ.①商…　Ⅱ.①谢…　Ⅲ.①祭祀 - 文化遗存（考古
学）- 研究 - 中国 - 商代　Ⅳ.①K878

中国版本图书馆 CIP 数据核字（2019）第 216239 号

·暨南史学丛书·
商代祭祀遗存研究

著　　者／谢　肃

出 版 人／谢寿光
组稿编辑／宋月华
责任编辑／胡百涛
文稿编辑／汪延平

出　　版／社会科学文献出版社·人文分社（010）59367215
　　　　　地址：北京市北三环中路甲 29 号院华龙大厦　邮编：100029
　　　　　网址：www.ssap.com.cn
发　　行／市场营销中心（010）59367081　59367083
印　　装／三河市龙林印务有限公司

规　　格／开　本：787mm×1092mm　1/16
　　　　　印　张：20.25　字　数：331 千字
版　　次／2019 年 11 月第 1 版　2019 年 11 月第 1 次印刷
书　　号／ISBN 978 - 7 - 5201 - 5664 - 6
定　　价／138.00 元